유아교육과정

권 미 량 저

청목출판사

머리말

학교 뒷산으로 산책 가는 길에 함박웃음을 보이는 아이를 만나면 가장 아름다운 세상을 보게 된다. 작은 벌레 하나도 스쳐 지나가지 않고 들여다보는 아이의 눈빛은 세상을 향해 열려 있다. 차츰 작고 하찮은 것에 눈길이 가지 않는 어른들의 일상이 서글프다. 버려진 병뚜껑 하나로 하루가 행복했던 유년기를 되돌아보면 활력과 아름다움이 묻어 있었다. 유아교육은 이런 아이들의 세상을 다시 들여다보고 우리의 해야 할 바를 되새기는 장이 되어야 할 것이다. 이렇게 볼 때 유아교육과정은 이 시대와 문화 속에서 우리의 아이들이 살아가는 발자취일 수 있다. 산책길에 만난 아이의 몸짓과 말이 실제로 유아교육과정 속에는 살아서 움직이고 있어야 한다.

유아교육과정은 현재 유아교육 및 보육 관련 대학에서 교사 자격 취득을 위해 중요한 교과목으로 구성되어 있다. 또한 임용고시를 준비하거나 유아교육을 살피기 위해 기본 교과목이 되고 있다. 그렇다면 유아교육과정은 예비유아교사들이 유아교육을 이해하고, 이에 근거하여 미래 현장의 구성 및 운영의 토대를 세워 나가는 경험이 될 수 있다는 것이다. 이러한 측면에서 유아교육과 현장을 연결하여 이해할 수 있는 유아교육과정 이야기를 담아내고자 하였다. 그러나 글을 마무리하면서 부족함에 다시금 마음을 여미게 된다. 지금부터 또 다시 부족한 점들을 채워 나가는 여정을 시작해야 할 것 같다.

본서는 총 10장으로 구성되어 있다. 제1부는 제1장 유아교육과정의 개념, 제2장 유아교육과정의 이론적 기초, 제3장 유아교육과정의 접근법과 유형을 통해 유아교육과정의 기본적 이해를 돕고자 하였다. 제2부는 제4장 우리나라 유치원 교육과정의 변천, 제5장 제6차 유치원 교육과정과 2007년 개정 유치원 교육과정의 비교, 제6장 우리나라 보육의 변천과 표준보육과정, 제7장 유아교육 프로그램을 통해 유아교육과정의 성격 및 실제를 살펴보았다. 특히 국내외 유아교육과정의 구체적 실제를 통해 유아교육과정의 실천 현상을 이해해 보고자 하였다. 제3부는 제8장 유아교육과정 구성, 제9장 유아교육과정 운영, 제10장 최근 유아교육과정의 쟁점과 논의를 거쳐 유아교육과정의 구성 및 운영의 구체적 방안을 검토하고 앞으로의 미래 방향성을 잡아 나가고자 하였다.

행복한 유아교육현장을 위해서는 유아와 가족, 유아교사 그리고 유아교육 관련 연구자들의 끊임없는 노력과 실천을 해야 한다. 이러한 숙제를 하는 마음으로 예비유아교사와 유아교육 현장에 계신 현장 전문가들에게 작은 보탬이 되기를 소망하면서 아쉬움을 담아 조심스럽게 이 글을 연다. 앞으로 계속 보완하여 이러한 아쉬움을 줄여 나가기 위해 끊임없이 노력을 이어갈 것이다.

이 책이 나오기까지 여러 측면에서 도움을 주신 모든 분들께 감사의 인사를 드리고 싶다. 기도로 버팀목이 되어 주시는 어머니, 든든한 후원자인 남편과 사랑하는 딸 나혜에게 미안함과 감사함을 전한다. 특별히 이 책을 펼 수 있도록 지원해 주신 고신대학교와 탈고를 위해 여러모로 도움을 준 문형은 원장, 장혜진 선생, 심주연 학생에게도 감사하며, 부족한 글의 편집과 출판을 맡아준 청목출판사 사장님과 직원 여러분께 감사드린다.

2009년 8월

청명한 하늘을 이고 있는 영도 앞바다를 보면서

권미량 씀

차 례

제3부 유아교육과정의 구성 및 운영

유아교육과정의 이해

제 1 부

제 1 장

유아교육과정의 개념

인간이 살아온 역사의 한 가운데는 삶의 질을 돌보고자 하는 실천 양식으로 교육이 존재해 왔다. 저출산과 고령화라는 사회적 변화의 소용돌이 속에 유아교육과 그 실천적 논의는 아름답고 행복한 미래를 위한 발자취가 될 수 있을 것이다. 유아와 유아교육과정에 대한 논의는 유아교육의 실천적 과제를 검토하고 내일을 여는 실체를 고찰하여 유아교육의 지평을 넓힐 수 있는 시대적 과제인 것이다.

1. 유아교육의 개념

유아교육의 의미는 시대와 사회의 특성에 따라 다양한 접근으로 해석되어 왔다. 현대 우리나라에서는 저출산과 핵가족이라는 사회 변동의 물결 가운데 있다. 이러한 시대적 상황에서 유아교육의 의미와 정체성을 찾는 것은 중요한 사회적 이슈가 되어지고 있다. 과거 전통사회에서 아이의 출산과 삶을 아우르는 돌봄과 살핌이 현대의 교육영역에서 재논의되어져야 한다는 인식이 급증하고 있다.

1) 유아의 개념

현대사회는 지속가능한 미래 사회라는 시대적 과제에 직면해 있다. 이러한 시대적 현실은 인간의 삶과 관계를 되돌아보고 이에 근거한 교육의 옷깃을 여밀 필요성을 논의하며, 교육 현장의 질적 제고를 요구하고 있다. 복지사회로 나아가는 현 시점에서 유아를 어떠한 관점과 맥락에서 살펴야 할지에 대한 논의와 더불어 유아기와 유아에 대한 개념적 정체성을 세워나가는 것은 유아교육의 질적 성장을 위한 중요한 가교 역할을 할 수 있을 것이다.

(1) 유아기에 대한 이해

유아는 누구이며 유아기는 무엇을 말하는가? 연령적 측면에서 본다면, 유아에 대한 논의는 만 6세 이전의 취학전 시기를 유아기로 보는 견해가 일반적이다. 이러한 유아기에 대한 견해는 초등교육, 중등교육, 성인교육의 일련의 과정 선상에서 취학전 교육, 학령전 교육이라는 계열성의 의미를 담고 있다. 즉 초등교육 이전의 대상이 유아기(幼兒期)라는 의미라고 볼 수 있다. 이러한 개념은 학교에 들어가기 전 학교체제 밖의 시기로 한정되어지는 결과를 낳는다. 따라서 유아기에 대한 관점을 형식적인 교육과 비형식적 교육을 포함한 연계적 관점에서 보아야 한다는 관점이 부각되어졌다. 모리슨(Morrison, 1984)은 이러한 입장에서 유아교육의 대상을 0세에서 8세로 정의하고 있다. 그렇다면 여기서 이러한 유아기에 대한 연령적 해석은 시작이 언제부터인가에 대한 논의가 필요하다.

서구사회에서 영유아는 출생에서부터 그 개념적 의미를 찾아 왔지만 근래에 와서 출생 이전 시기에 대한 논의가 급증하고 있다. 이러한 태아에 대한 관심과 의미 부여는 우리나라 전통 아동관에서 그대로 나타난다. 유안진(1992)은 갓 태어난 영아에게 1세라는 나이를 부여함으로써 태아를 인격체로 보고 있다고 제시한 바 있다.

따라서 이러한 관점을 종합해 볼 때, 유아는 0세(수태)에서부터 8세에 이르는 시기로 보는 견해가 일반적이라고 규정할 수 있다. 그러나 유아의 본질에 대한 이해는 단지 연령적 측면 뿐 아니라 발달과 경험의 특성을 점검할 필요가 있다.

현대사회는 빠르게 변화하고 있다. 산업사회의 발걸음은 사회구조 뿐 아니라 가족구조와 기능의 변형을 가져왔다. 이러한 사회변동은 가족체제와 교육에도 영향을 미침에 따라 과거와는 다른 유아기의 삶을 열어놓게 되었다. 한국전통사회에서 유아는 자연스럽게 태어나 자연스럽게 어미의 젖을 물고, 씨족사회의 인간관계 속에서 자연을 누비며 세상을 만났다. 그러나 현대사회에서는 이러한 유아가 출생에서부터 삶에 이르기까지 많은 변화를 겪게 되었다. 이러한 유아의 생존 양식의 변화는 유아기의 특성을 바꾸었고, 이에 따른 다양한 새로운 지각과 요구가 생겨나고 있다.

이러한 사회 변화는 유아기에 대한 새로운 조명과 접근을 요구하고 있다. 공동체적 생활양식 대신에 개인주의적 삶의 양상이 일상화되어졌고, 자연적 삶의 터전 대신에 구조화된 활동과 놀잇감이 주어지고 있다. 이러한 일상에서 유아들의 삶과 일상을 돌보는 새로운 유아의 돌봄과 섬김의 지혜가 요구되어진다.

(2) 유아에 대한 이해

그렇다면 유아는 어떠한 존재인가? 과거 성인의 축소판으로 보는 견해에서는 유아를 성인과 같은 동질적 특성으로 접근하여 아직 덩치가 작고 미성숙한 존재로 보았다. 즉 신체적, 정신적, 지적, 사회적, 도덕적 특성은 이미 출생 당시에 타고 나는 것이므로, 유아는 성인과 동질적 특성을 가지고 있다고 본다. 그러나 아직 작고 무능하기 때문에 성인과 같은 수준으로 지원해야 할 대상이 되는 것이다. 이러한 접근은 전통적인 본질주의에 기반한 교과중심교육과정을 주장하는 학자들이 견지하는 입장으로 유아의 본질적 독특성과 가치에 대한 의미를 부여하지 않는다.

그러나 17세기 아동을 하나의 인격체로 보는 아동존중사상이 등장하면서 성인의 축소판으로서의 유아관에 대한 비판이 일어나기 시작하였다. 코메니우스(Comenius, 1987)는 '인간을 인간답게 형성하기 위하여 하나님께서는 교육 이외에 다른 어떤 일에도 매이지 않는 어린 시기를 허락하셨다'라고 하면서 인간에게 주어진 일정 기간이나 단계의 특성에 나타나 있는 중요한 섭리를 이해하여야 함을 주장하였다. 유아를 그 특유의 독특한 방식으로 이해해야 한다는 입장은 아동의 흥미와 생활을 중시하는 경험중심교육과정을 통해 그 중요성이 더욱 강조되어 왔다. 이후 학문중심교육과정에서는 이러한 유아의 인지적 이해가 초점이 되어 논의되어 왔다.

그러나 이러한 인지적이고 학문적 접근에 대한 비판은 유아에 대한 이해를 유아 개인에 대한 이해, 인간성 개발, 잠재적 가치 실현을 강조하는 방향으로 이루어졌다. 따라서 인간중심교육과정을 통해 아동이 가지는 본질적 공감을 중시하자는 입장으로 전개되었다.

그러나 최근 들어 이러한 인간중심교육과정이 가지는 개인주의적 성향과 인간소외의 문제, 생태적 가치관의 문제 등의 측면에서 지적들이 이어지고 있다. 즉 유아 개인의 존중을 넘어서 인간중심의 문화와 사고를 창조함으로써 기술중심, 물질중심, 이성중심의 윤리에 근거한 개인주의와 자연파괴의 현상적 결과는 다차원적 존재로서 유아에 대한 재인식과 더불어 삶의 공동체 가운데서 유아를 이해해야 한다는 논의를 일으켜 왔다.

유아를 '마음으로서 인간(man as heart)', '영으로서 인간(man as spirit)', '몸으로서 인간(man as body)'으로 이해하는 것은 인간을 창조적 섭리 가운데 전인적 존재로서 다차원적 존재임에 대한 인식에서 출발해야 한다. 즉 인간은 문화를 창조하고, 역사를 만들며, 사고하고, 말하고, 사회적으로 교통하고, 교역을 하고, 예술을 창조하고, 공의와 신앙을 유지하며, 신앙을 실천할 줄 아는 존재라는 측면에서 유아의 이해가 이루어질 수 있다(김성수, 2005). 이는 인간을 자신의 전인적 이해와 더불어 공간적 차원, 시간적 차원에서조차도 총체적 이해를 필요로 한다.

자연, 사람과 더불어 이루어진 창조세계에 대한 이해, 어제와 오늘 그리고 내일로 이어지는 인간 본질적 삶에 대한 이해가 유아에 대한 이해에서 중요하다고 볼 수 있다. 특히 임재택(2005)은 유아의 삶과 생명력에서 스스로 살아가는 자생력(自生力)과 함께 더불어 살아가는 공생력(共生力)을 살려 살림의 길로 나아가야 함을 지적하였다.

인간은 원래 들숨과 날숨을 통해 호흡하도록 만들어졌다. 인간이 호흡하고 살아가도록 펼쳐진 세상은 자연공동체와 사람공동체를 포함한 자연이다. 이 자연은 인간이 세상을 살아가는 협력체로서 더불어 조화를 이룰 때 인간 본성의 가장 행복한 조화와 균형이 이루어지는 것이다. 유아는 이러한 몸, 마음, 영혼의 조화와 일체를 만들고, 궁극적 의미를 이루는 일상을 실천할 때 진정한 전인으로서 생래적 자생력을 극대화하며, 생의 본질 속에서 더불어 살아가며 생의 의미를 발견하며 행복한 아이로 나아갈 수 있을 것이다.

따라서 이러한 측면에서 유아의 본질적 생명성에 대한 논의가 이루어져야 하며, 이에 대한 유아의 돌봄과 섬김의 일상이 지속적으로 연구되어질 필요가 있다.

2) 유아교육의 개념

유아교육의 개념은 대상 및 실천의 독특성을 가지고 있는 하나의 교육분야이다. 이러한 유아교육의 특성은 대상의 특수성에 따라 현상 및 대상을 다각적인 측면에서 고려하여야만 한다. 유아교육이란 어떤 대상을 어떠한 장소에서 어떻게 접근할 것인가에 따라 다양한 관점을 내포하게 된다. 이러한 측면에서 유아교육에 대한 정의를 내려 보면 다음과 같다.

(1) 유아교육의 대상

유아교육은 말 그대로 유아를 대상으로 한다. 앞서 살펴본 바와 같이 0세에서 8세에 이르는 역동적 존재로서의 유아가 그 대상이다. 이러한 대상은 자연의 원리에 따라 자연성을 담은 존재이다. 인간이 창조된 그 본연의 모습으로 세상을 향해 발걸음을 내딛어야 한다. 이러한 유아를 대상으로 하는 학문이 유아교육이다.

그러나 유아교육의 특수성은 대상을 유아에게 국한시키지 않는다. 유아를 돌보고 살피기 위해서는 부모와 가족을 포함시켜야 한다는 입장이 지배적이다(Jipson, 1991; Wortham, 2002). 부모는 유아의 돌봄의 과정에서 결코 배제될 수 없으며, 함께 나아가야 할 공동체이다. 따라서 부모가 가지는 문제를 함께 안고 풀어나가는 접근이 될 때 진정한 유아교육의 정체성을 찾을 수 있을 것이다.

전통사회에서는 아이를 키운다는 것이 씨족사회 전체의 과업이었다. 함께 돌보고, 타이르고, 훈계하며 키워나갔다. 그러한 현대사회의 개인주의적 구조화는 육아와 유아교육의 문제가 개개 부모의 문제로 좁혀져 가고 있다. 이러한 접근으로 인해 부모는 유아교육의 짐을 떠안고 자녀 갖기를 두려워하고 있다. 따라서 유아교육의 대상이 지역사회의 유아에 대한 인식을 변화시킴으로써 유아, 부모, 지역사회가 함께 손을 잡고 나아가는 교육공동체를 형성할 수 있는 방안으로 나아가야 하는 시대적 과제를 안고 있다.

(2) 유아교육의 장소

유아교육은 어떠한 장소에서 이루어질 수 있는가? 유아교육은 삶의 본질과 닿아 있다. 유아교육은 태내에서 학교에 이르기까지 유아들의 삶의 터전과 함께 해야 한다. 유아교육은 보살핌과 섬김의 의미를 내포하고 있으므로 유아가 그 아름다운 본성을 살리고, 자연성을 펼쳐나가는 과정이어야 한다. 따라서 육아와 보살핌의 터전인 가정에서부터 시작해서 유아교육기관, 지역사회를 포괄하는 전반적인 삶의 영역이 유아교육의 장소가 된다. 단지 형식적 교육의 구조나 틀의 범위를 넘어서서 유아의 삶을 펼치는 영역을 아우를 수 있어야 한다는 것이다. 유아교육의 장소에 대한 논의는 가정, 유아교육기관, 지역사회의 분리된 이해를 넘어서서 통합적이고 관계적 측면에서 논의되어야 한다. 일반적으로는 유아교육에 대한 개념을 논의할 때 비형식적이고 형식적 교육을 모두 포함하고 있다.

그러나 실체로서의 유아교육은 장소의 유기적 관계성이 논의되어야 한다. 가정에서의 유아교육은 전적으로 부모의 책임이 아니라 사회라는 교육공동체의 협력이 있어야 하며, 유아교육기관의 유아교육은 가정을 포함하는 삶과 공동체적 유대관계 속에서 이루어져야 한다. 이렇게 볼 때 유아교육의 장소는 가정, 유아교육기관, 지역사회의 통합적 이해를 통해 교육공동체가 더불어 접근하는 형태로 나아가야 할 것이다.

〈그림 1-1〉 유아교육의 장소와 유아교육

유아교육은 이러한 측면에서 통합적 의미의 장소적 이해가 필요하다. 그러나 실제로 유아교육기관이라 함은 우리나라 체제에서 유아들의 체계적 보호와 교육을 위해 국가가 법과 제도적으로 공인한 시설을 포함하게 된다. 이러한 면에서 현행 우리나라 유아교육기관은 다음의 〈표 1-1〉의 유치원과 보육시설을 포함하고 있다.

〈표 1-1〉 유치원과 보육시설 비교

	유치원	보육시설
관련법규	유아교육법	영유아보육법
관할부처	교육과학기술부	보건복지가족부
대상	유아(만 3세부터 초등학교 취학전까지의 어린이)	영유아(6세 미만의 취학전 아동)
정의	"유치원"은 유아의 교육을 위하여 이 법에 따라 설립·운영되는 학교를 말한다.	1. "보육"은 영유아를 건강하고 안전하게 보호·양육하고 영유아의 발달 특성에 적합한 교육을 제공하는 사회복지서비스를 말한다. 2. "보육시설"은 보호자의 위탁을 받아 영유아를 보육하는 시설을 말한다.
유형	1. 국립유치원: 국가가 설립·경영하는 유치원 2. 공립유치원: 지방자치단체가 설립·경영하는 유치원 3. 사립유치원: 법인 또는 사인이 설립·경영하는 유치원	1. 국·공립 보육시설: 국가 또는 지방자치단체가 설치·운영하는 보육시설 2. 법인보육시설: 사회복지사업법에 의한 사회복지법인이 설치·운영하는 보육시설 3. 직장보육시설: 사업주가 사업장의 근로자를 위하여 설치·운영하는 보육시설 4. 가정보육시설: 개인이 가정 또는 그에 준하는 곳에 설치·운영하는 보육시설 5. 부모협동보육시설: 보호자들이 조합을 결성하여 설치·운영하는 보육시설 6. 민간보육시설: 제1호 내지 제5호에 해당하지 아니하는 보육시설

(3) 유아교육의 특성

유아교육을 어떠한 특성에 초점을 두느냐에 따라 다양한 관점이 있을 수 있다. 유아교육에 대한 개념 정의는 이러한 초점에 따라 다양하다. 교육을 바라보는 관점을 중심으로 몇 가지 접근 방법을 살펴보면 다음과 같다.

■ 국가 발전의 수단이나 도구로 보는 관점

교육을 국가발전의 초석이 될 인재를 양성하는 사회화의 도구로 보는 관점이다. 따라서 이러한 관점에서의 유아교육은 사회에서 필요로 하는 지식을 전수하고 습득하는 과정에 초점을 맞추게 된다. 이러한 입장에서 교육은 사회 시스템 가동의 도구적 역할을 하게 된다.

이러한 입장에서는 국가나 사회의 가치관, 경제관에 근거하여 국가 존속과 유지를 위해 유능한 인재를 양성하고, 사회에 적응하는 기본 인력을 생성하기 위해 교육이 역할을 해야 한다고 보게 된다.

■ 초등학교 준비교육으로 보는 관점

유아교육을 초등학교 취학을 위한 준비과정으로 인식하는 관점이다. 이러한 입장에서 유아교육은 다음 단계의 교육을 위한 준비도 형성의 단계로 초등학교의 교육과 생활을 위한 기초를 형성하는 역할 의미를 가진다. 따라서 교과학습과 관련된 읽기 쓰기, 셈하기(3R's) 등의 기초 기능과 기본생활 습관 및 태도 등에 초점을 맞춘 교육 실행을 중시하게 된다.

■ 보육으로 보는 관점

보호와 교육을 통합적으로 살피는 관점이다. 유아는 발달적 특성상 교육과 보호를 분리할 수 없는 개념으로 보고 통합적인 질적 서비스를 동반하여야 한다고 본다. OECD는 의무교육 연령 이하의 유아를 위한 모든 서비스는 교육과 보호를 분리할 수 없는 개념으로 질적 서비스로 함께 제공되어야 한다고 지적한 바 있다. 따라서 이러한 입장에서의 유아교육은 교육에 있어서의 보호와 삶을 중시하는 보육(Educare)이란 용어로 접근되기도 한다.

■ 조기 재능교육으로 보는 관점

일정한 영역의 기예나 재능을 조기에 발견하여 교육시키는 입장에서 유아교육을 해석하는 관점이다. 이 개념은 적극적 교육 개입을 시켜서 조기에 특정 재능을 발굴하고, 특기를 살리는 교육을 중시하는 입장이다. 영재교육, 조기교육, 예체능교육 등이 이 조기 재능교육에 해당된다.

▣ 살림과 섬김의 공동체로 보는 관점

유아교육을 기존의 기능적 특성에서 접근하기보다는 현장의 의미와 유아의 생명성을 기반으로 하여 살림과 섬김의 공동체를 지향하는 관점이 대두되고 있다. 재개념주의자들의 경우 교육과정의 고정된 틀에 대한 반성적 지적들이 등장하기도 하고, 유아에 대한 새로운 이해를 통한 근본적 교육과정의 변화를 시도하기도 한다. 유아교육의 새로운 패러다임으로 유아의 자연적 본성을 살리는 살림과 보살핌을 중시하며, 자연과 인간의 조화를 지향하는 생태적 유아교육의 접근들이 나타나고 있다.

현대 유아교육의 개념은 유아의 자연적 본성을 살릴 수 있는 새로운 가치체계를 요구하며 유아의 발달적 특성에 대한 이해를 통해 보호와 교육을 통합하는 질적 변화를 요구하고 있다. 그리고 통합과 연계의 특성을 반영한 종합적 시스템으로서의 유아교육의 변환이 필요하다. 이상의 관점을 종합해 보면, 유아교육은 "평생교육의 첫 단계로 전인적 성장·발달을 위하여 0세에서 8세에 이르는 유아와 부모 및 지역사회를 대상으로 가정과 유아교육기관 등에서 형식적·비형식적으로 이루어지는 교육의 총체"라고 볼 수 있다.

2. 교육과정의 개념

교육과정(教育課程, curriculum)은 무엇을 가르치고 배울 것인가에 대한 문제를 체계적으로 다루는 교육학의 한 전문 분야이다. 이러한 교육과정은 '달리는 코스', '경주로'를 의미하는 것으로서 학생이 교육이라는 경주를 해나가는 과정에서 겪는 경험을 총체적으로 나타낸다고 볼 수 있다.

이러한 교육과정은 그 의미상 과정뿐만 아니라 과정에서 보고 듣고 느끼는 모든 경험과 내용을 포함하고 있다. 즉 학습내용이나 경험내용을 총체적으로 포함한 의미의 학습의 과정이라는 의미를 갖게 되었다. 그러나 교육과정은 어디에 강조점을 두느냐에 따라 학자들마다 다양한 시각과 관점을 가지고 있다. 실제 교육과정 분야에서 교육과정은 수없이 많은 다양한 각도에서 정의되어 왔다. 이러한 교육과정은 시대적 변천과정에서 나타난 몇 가지 교육과정 유형으로 살펴볼 수 있다.

1) 교과중심 교육과정

교과중심 교육과정(subject-centered curriculum)은 학교에서 학생들이 배우게 되는 모든 교과와 교재에 근거한 교수요목을 교육과정으로 보는 입장으로 지식의 체계를 중시하는 교육과정이다. 즉 교과중심 교육과정은 '지식의 체계'를 중시하여 이러한 지식의 습득과 이성의 계발에 초점을 맞추게 된다. 교과라는 것은 그 자체가 논리와 체계를 갖고 있으므로 이를 체계적으로 학습하는 과정이 중요하다고 보는 것이다.

교과중심 교육과정은 전통적 교육철학인 이상주의 영향에 입각하여 발전되어진 형태라고 볼 수 있다. 이상주의 철학은 관념론으로 이데아를 추구하기 때문에 교육내용은 절대적 의미인 이데아를 경험할 수 있는 것을 주된 내용으로 삼게 되며, 이러한 논리적 지식이나 체계화된 내용을 교사 주도로 학생들에게 전달하게 된다. 이러한 교과중심 교육과정은 가장 오래된 전통을 가지고 있는데, 그 효시는 고대 그리스시대의 7자유학과(3학: 문법 · 수사학 · 논리학, 4과: 산수 · 기학 · 천문학 · 음악)로서 전통적 교육과정의 형태로 볼 수 있다.

이러한 입장에서 볼 때 교사는 주로 학교나 교육기관에서 정해준 교과서 내용을 충실히 가르치는 역할을 하게 된다. 이 때 교사는 학생들보다 많은 지식과 기술을 지니고 있어야 하며, 교사의 능력과 자질이 무엇보다도 중요하다고 본다. 따라서 교사는 효과적으로 지식을 전달해야 하며, 교사중심적 성격을 띠게 된다. 설명위주의 교수법을 요구하는 경우가 많고, 교과목의 내용 범주 안에서 교수활동이 이루어지게 된다. 이러한 특성으로 인해 학생들의 적극적 참여가 어렵고, 학생들의 흥미나 요구가 반영되기 힘들다는 문제점이 지적되기도 한다.

2) 경험중심 교육과정

경험중심 교육과정(experience-centered curriculum)은 교과중심 교육과정이 사회변화와 요구에 적응하기 어렵고 현실생활과 동떨어져 있다는 주장과 맞물려 나타났다. 1930년대를 전후하여 진보주의 사조의 등장과 관계를 가지면서 실생활에 직접적으로 도움이 되는 교육과정이 필요하다는 움직임이 생겨나게 되었고, 이러한 요구에 근거하여 경험중심 교육과정이 등장하게 되었다. 즉 진보주의 교육의 대표자 격인 듀이(J. Dewey)의 영향 아래 학습자의 흥미, 요구에 기초를 두고 학습자와 경험의 상호작용으로 생기는 경험의 세계를 강조하는 것이다.

경험주심 교육과정이란 '경험의 계열'을 중시하는 교육과정으로 교과와 학생들의 경험의 간격을 없애고자 학생들이 체험하는 모든 경험 자체를 교육과정으로 보게 된다. 따라서 교실 위주의 학습보다 견학, 여행, 전시회, 자치활동 등을 중시하고, 학생 개인의 요구, 흥미, 개성, 능력에 근거를 둔다. 그리하여 학생들이 생활 속에서 개별성을 인정받으며 경험하는 총체적 과정을 중시하게 된다.

이러한 특성은 아동중심, 흥미중심, 생활중심의 교육과정이라는 성격을 띠게 된다. 교육과정의 구성에 있어 학생의 요구나 흥미에 근거하여 내용을 선정하고, 학생의 심리적 특성과 발달수준 등을 고려하여 조직함으로써 현실 생활과 연결된 경험의 통합을 이루고자 한다.

따라서 경험중심 교육과정은 지·덕·체의 조화로운 발달을 이루는 전인교육을 강조하며, 학습자의 자발적 활동이 촉진되어진다. 이를 위해 교사는 심리적 소양과 다양한 경험을 기초로 한 학생과의 협동을 통해 학습자의 흥미나 욕구에 입각하여 교육과정을 구성하게 된다. 이러한 특성은 소양과 지도요령이 미숙한 교사의 경우 통제가 힘들 수 있으며, 학교교육의 기능과 본질을 과소평가할 수 있다는 면이 지적되기도 한다.

3) 학문중심 교육과정

경험중심 교육과정이 학습자의 요구를 지나치게 존중한다는 논의가 1950년대 스미스(Smith), 린드(Lynd), 베스트(Best) 등 본질주의 학자들에 의해 제시되면서 교육과정 변화의 움직임이 생겨나게 되었다. 특히 이러한 가운데 1957년 미국은 커다란 충격에 휩싸이게 되었다. 소련이 인공위성 스푸트닉(Sputnik)을 발사하게 되고, 냉전체제의 시대적 상황에서 소련이 먼저 인공위성을 발사한 사건은 미국의 자존심에 크나큰 상처를 주었다. 이러한 과정은 학교교육에 커다란 반향을 일으키게 되었고, 종래의 경험중심 교육과정은 과학기술의 발달과 시대적 과제 앞에서 커다란 회의를 낳게 되었다.

따라서 경험중심 교육과정이 교육과정 조직에 있어서 지식의 체계성을 소홀히 했다는 지적과 함께 1959년에는 우즈호울회의(Woods Hole Conference)에서 제 분야의 전문학자와 교육전문가들이 모여서 「교육의 과정(The Process of Education)」이라는 보고서를 내었고, 기본교육위원회(Council for Basic Education)라는 단체에서 「기본교육의 중요성」이라는 보고서를 작성하였다. 이는 종래의 진보주의 교육과는 달리 내용면에서 '교과' 또는 '학문'의 내용을 중시하며, 교육과정에서는 '지식의 구조'를 가르치고자 하였다. 즉 체계적 지식과 탐구능력을 길러주는 것을 강조하는 학문중심 교육과정(discipline-centered curriculum)이 나타나게 되었다.

학문중심 교육과정은 탐구과정을 통해 지식의 구조를 파악하도록 해야 한다는 점을 강조하고 있다. 여기서 '지식의 구조'란 학문에 내재되어 있는 전이 가치가 높은 핵심적인 지식으로서, 교과내용의 핵심이 되는 기본구조를 학생 스스로 찾아내어 탐구할 수 있도록 교육과정을 조직하는 것이 중요하다고 본다. 브루너(Bruner)에 의하면 교육과정은 각 교과의 전문가들이 각 교과가 나타내고 있는 지식의 구조를 명백하게 표현할 수 있도록 그 지식을 체계적으로 조직해 놓은 것으로 이러한 지식의 구조를 이해하는 것이 중요함을 강조하였다.

따라서 학문중심 교육과정은 교과를 단순히 암기하는 방식이 아니라 탐구과정을 통해 지식의 구조를 파악하도록 하는 것을 강조하기 때문에 나선형 교육과정을 따르게 된다. 즉 기본 개념, 기본 원리들을 아동의 수준에 맞게 반복하여 가르쳐서 차츰 심화·확대해 나가는 나선형 교육과정으로서의 특성을 가지고 있다. 그러나 이러한 교육과정은 학문체계의 논리성을 강조한 나머지 현장에서 수용하기 힘들다는 점과 정의적 발달을 소홀히 할 수 있다는 면에서 비판이 되기도 한다.

4) 인간중심 교육과정

인간소외 및 물질만능의 풍조, 청소년 비행 등의 사회현상과 맞물려 학문중심 교육과정이 인지적 측면을 지나치게 강조하여 인간의 정의적 발달을 과소평가하고 있다는 지적이 일어나게 되었다. 즉 교육이란 지식과 기술의 습득을 위한 것만이 아니라는 비판의 목소리와 더불어 인간에 대한 이해, 인간성 개발, 타인과의 원만한 관계, 새로운 인간형의 창조 등이 중요한 교육의 초점이 되어야 한다는 주장이 제기되었다.

1970년대 이러한 새로운 시각으로 로저스(C. Rogers), 실버만(C. E. Silberman)과 같은 인본주의 심리학을 토대로 한 인간중심 교육과정(humanistic curriculum)이 등장하게 되었다. 이는 루소(Rousseau)의 자연주의에서 그 사상적 근거를 찾아볼 수 있는데 이러한 입장에 근거해 교육은 인간의 삶 자체에 충실해야 하며, 자기충족감이 넘치는 인간을 육성하는 것을 기본으로 삼게 된다.

인간중심 교육과정에서 교육의 목표는 인성적 성장, 통합, 자율성을 통해 자아실현으로 나아가는 것을 강조하며 사회적으로 잘 적응된 통합적 성장을 강조한다. 따라서 교육과정을 개인에게 내적인 경험을 제공하여 인성적 성장 및 통합을 통해 건전한 태도와 자아실현을 이루는 과정을 강조하는 관점이다. 경험중심 교육과정이 '학교의 지도하에' 학생들이 가지는 경험들을 교육과정으로 보았다면, 인간중심 교육과정은 '학교에서 지도하지 않았음에도 불구하고' 학생들이 가지는 잠재적 교육과정까지도 교육과정에 포함시키고 있다.

이러한 인간중심 교육과정은 인간주의적 교사를 필요로 하는데 이는 학습자의 정의적 측면과 자아실현에 진실된 교사로서의 역할을 하며, 존중과 공감을 통한 인간적 관계를 이룰 수 있다고 본다. 그러나 인간중심 교육과정은 일관된 원리가 없기 때문에 모호하며, 제대로 이루어질 수 있는가에 대한 비판도 이어지고 있다.

3. 유아교육과정의 개념

유아교육과정은 그 철학적 기초, 심리적 기초, 사회적 기초에 따라 다양한 형태를 가질 수 있다. 일반적으로 유아교육과정의 개념은 학자들에 따라 다양하게 정의되고 있다. 유아교육의 특성이 대상, 내용, 방법에 있어서 독특성을 가지고 있기 때문에 이에 근거한 철학적, 심리적, 사회적 기초에 있어서 특성을 가지고 유아교육과정은 정의될 수 있다. 일반적으로 교육과정이라 함은 시각과 관점에 따라서 다음과 같은 다양한 유형을 가질 수 있다.

우선, 교육과정을 학교에서 가르치는 교육내용으로 보는 입장이 있다. 이는 학교 수업시간에 가르치는 교과들을 교육과정으로 보는 것이다. 즉 교과중심 교육과정에서 보는 시각과 동일하게 교수요목을 바로 교육과정으로 보는 것이다.

두 번째로 교육과정을 의도된 학습성과로 보는 입장이 있다. 이는 교육과정을 수업을 통해 도달하여야 할 학습성과로 보는 것이다. 이러한 경우 교육과정은 성취해야 할 수행목표들의 집합으로 제시된다.

세 번째로 교육과정을 문서에 담긴 계획으로 보는 입장이 있다. 이는 문서 속에 무엇이 담겨 있느냐에 따라 교육과정의 모양을 정하는 것이다. 문서 속에 목표들이 나열되고, 교과내용이 열거될 수 있다. 이러한 문서 속에는 국가나 학교기관에서 제시되는 교육목표와 내용, 방법, 평가, 운영 등에 대한 계획이 종합적으로 제시된다.

이렇듯 교육과정을 보는 관점은 다양하지만 각각 나름대로의 근거를 가지고 있다. 따라서 유아교육과정에 대한 정의도 학자나 관점에 따라 매우 다양한 접근을 취하고 있다. NAEYC(1991)는 '교육과정이란 설정된 목적들을 성취하기 위해 유아가 학습할 내용, 목적 성취를 해나가는 과정, 목적들을 성취하도록 돕는 교사의 역할, 교수와 학습이 발생하는 맥락을 나타내는 조직화된 틀'이라고 정의하였다. 이기숙 · 김정원 · 이현숙 · 전선옥(2008)은 영유아교육과정은 교육목표, 내용, 교수방법, 영유아의 흥미와 요구, 경험 등의 요소를 포괄하는 개념으로 보고 영유아교육과정을 '유아교육기관이나 보육시설에서 영유아의 전인적 성장과 발달을 위해 계획되고 조직된 학습 경험의 총체'라고 하였다. 이영석 · 권대도 · 최민수(1996)는 유아교육과정은 유아의 학습경험을 계획하고 편제하는 것 뿐 아니라 학습에 영향을 주기 위한 모든 노력도 포함하고 있다고 하였다. 또한 임재택 · 박재환(2005)은 유아교육과정은 유아교육기관에서 교사와 유아 간의 상호작용을 안내해 주는 '통로' 또는 '과정'이라고 보고 있다.

이러한 다양한 유아교육과정의 개념에 대해 5가지로 체계적으로 나누어 제시한 개념 정리를 살펴보면 로빈슨과 슈바르츠(Robinson& Schwartz, 1982)의 분류가 있다. 로빈슨과 슈바르츠의 유아교육과정 개념 정의의 분류를 정리하면 아래의 〈표 1-2〉와 같다.

〈표 1-2〉 슈바르츠와 로빈슨의 유아교육과정 분류

유아교육과정의 정의	특 성
우연히 일어난 것으로서의 교육과정	· 유아가 자신의 흥미와 요구를 바탕으로 교육활동을 선택하여 이루어가는 교육과정 · 놀이와 활동을 중심으로 학습하는 과정에 초점을 둠
유아가 갖게 되는 경험의 총체로서의 교육과정	· 유아교육 기관에서 경험하게 되는 모든 경험을 교육과정으로 보는 것 · 교사가 의도하지 않은 모든 경험을 포함하는 잠재적 교육과정을 포함함
교수를 위한 계획으로서의 교육과정	· 교육목표, 내용, 방법, 평가 등의 체계적인 교수계획을 의미하는 보편적 개념의 교육과정 · 교육과정이 미리 정해져서 상황에 따른 융통성 있는 반영이 어려울 수 있음
교수요목으로서의 교육과정	· 교육목표, 내용 등의 순서를 일련의 공식적 문서화된 계획으로 작성해 둔 교육과정 · 국가나 사회 수준에서 의도된 형태의 교육과정이 해당될 수 있음
프로그램으로서의 교육과정	· 특정 프로그램을 뜻하는 교육과정 · 교육과정의 개념이 구체화되어 있고, 특정이론이나 가정에 의해 구성된 협의의 개념의 교육과정

4. 유아교육관련 법규

유아교육의 사회적 실천을 위해서는 그 법적 울타리가 무엇보다도 중요하다. 유아의 권리 보호와 유아교육의 실천적 성장을 위해 지금까지 다양한 국내외 시도들이 있어 왔고, 현재 이러한 법적 조치들에 근거하여 유아교육의 사회적 변화를 모색하고 있다. 이에 따라 현행 유아교육관련 법규를 몇 가지 소개하면 다음과 같다.

1) 아동권리협약

아동권리협약은 1989년 유엔총회에서 채택된 국제적인 인권 조약으로서 여기에서 아동이라 함은 18세 미만의 모든 사람을 의미하고 있다. 이러한 아동은 성별, 종교, 사회적 신분, 인종, 국적, 그 어떤 조건과 환경에서도 아동은 차별되어서는 안 된다는 '비차별 원칙'과 공공 또는 민간, 사회복지기관, 법원, 행정당국 또는 입법기관에 의하여 실시되는 아동에 관한 모든 활동에 있어서 아동의 이익이 최우선으로 고려되어야 한다는 '아동최선의 이익의 원칙'을 제시하고 있다. 아동권리협약의 4대 기본권은 다음과 같다.

▣ 생존권(Survival Rights)

삶에 대해 갖는 권리로서 적절한 생활수준을 누릴 권리, 안전한 주거지에서 살아갈 권리, 충분한 영양을 섭취하고 기본적인 보건서비스를 받을 권리 등 기본적인 삶을 누리는데 필요한 권리이다.

▣ 보호권(Protection Rights)

모든 형태의 학대와 방임, 차별, 폭력, 고문, 징집, 부당한 형사처벌, 과도한 노동, 약물과 성폭력 등 어린이에게 유해한 것으로부터 보호받을 권리이다.

▣ 발달권(Development Rights)

잠재능력을 최대한 발휘하는데 필요한 권리로, 교육받을 권리, 여가를 즐길 권리, 문화생활을 하고 정보를 얻을 권리, 생각과 양심 및 종교의 자유를 누릴 권리이다.

▣ 참여권(Participation Rights)

자신의 나라와 지역사회 활동에 적극적으로 참가할 수 있는 권리로 자신의 의견을 표현하고, 자신의 삶에 영향을 주는 문제들에 대해 발언권을 지니며, 단체에 가입하거나 평화적인 집회에 참여할 수 있는 권리이다.

2) 유아교육법

유아교육 공교육체제를 위한 교육개혁방안으로 유아교육법의 필요성이 제기된 이래 유아교육법의 제정은 교육제도적 측면에서 교육법 체계를 구축하게 되었을 뿐 아니라 만 3세에서 만 5세에 이르는 유아들의 교육의 평등 보장에 대한 법적 근거를 제시하게 되었다. 이는 결국 유아교육의 제도적 독립성을 통해 질적 기반을 제공하였을 뿐 아니라 교육인적자원의 기초 수준 교육을 든든하게 세울 수 있는 계기를 마련하였다는 의의를 지닌다. 그러나 그 실효적 가치에 대해서는 아직도 여러 가지 논란이 남아 있으므로 유아교육법이 실제 유아교육의 실천적 가치와 질적 변화의 중추적 역할을 할 수 있도록 다각적인 노력들이 지속되어야 한다.

(1) 유아교육법 제정 과정

유아교육법은 1997년에 유아교육 공교육 체제 확립을 위한 유아교육 개혁 방안 발표에 이어 제1차 유아교육법 상정과 유아교육개혁 방안 확정이 이루어지고 초·중등교육법 제정에 만 5세 무상교육을 포함시키면서 그 토대를 형성하였다. 그러나 국무 총리실 조정안인 제2차 유아교육법 상정이 자동으로 폐기되면서 7년 동안 유아교육법이 제정되지 못하였다. 유아교육법안 시도와 상정에도 불구하고 통과가 무산되어 오다가 2004년 1월 29일 법률 제7120호로 유아교육법이 제정되었다. 이러한 유아교육법은 교육기본법 제9조의 규정에 따라 유아교육에 관한 사항을 정하기 위하여 제정되었다고 명시하고 있다.

(2) 유아교육법의 구성

현재 유치원은 유아교육법에 근거하여 설치 운영되며, 유아교육현장에 대한 다각적인 법적 기준을 제시하면서 국가 및 지방자치단체의 유아교육의 책임을 명시하고 있다. 이러한 유아교육법은 다음의 몇 가지 총칙에 근거하여 유치원 설립 및 운영의 기초를 형성하고 있다.

▣ 유아교육법이 제시하는 용어 정의

이 법에서 사용하는 용어의 정의는 다음 각호와 같다.

1. "유아"라 함은 만 3세부터 초등학교 취학전까지의 어린이를 말한다.
2. "유치원"이라 함은 유아의 교육을 위하여 이 법에 따라 설립·운영되는 학교를 말한다.
3. "보호자"라 함은 친권자·후견인 그 밖의 자로서 유아를 사실상 보호하는 자를 말한다.
4. "반일제"라 함은 1일 3시간 이상 5시간 미만의 교육과정을 말한다.
5. "시간연장제"라 함은 1일 5시간 이상 8시간 미만의 교육과정을 말한다.
6. "종일제"라 함은 1일 8시간 이상의 교육과정을 말한다.

▣ 책임

국가 및 지방자치단체는 보호자와 더불어 유아를 건전하게 교육할 책임을 진다.

▣ 유아교육·보육위원회

① 유아교육 및 영유아보육법 제2조의 규정에 의한 보육에 관한 다음 각호의 사항을 심의하기 위하여 국무총리 소속하에 유아교육·보육위원회를 둔다.

1. 유아교육 및 보육에 관한 기본계획
2. 유치원 및 보육시설간의 연계운영
3. 그 밖에 위원장이 부의하는 사항

② 제1항의 규정에 의한 위원회는 위원장을 포함한 11인의 위원으로 구성하되, 위원장은 국무조정실장이 되고 위원은 다음 각호의 자가 된다. [개정 2005.3.24 제7413호(정부조직법), 2008.2.29 제8852호(정부조직법)]
1. 기획재정부차관 · 교육과학기술부차관 · 보건복지가족부차관 및 여성부차관
2. 교육과학기술부차관 · 보건복지가족부차관 및 여성부차관이 추천하여 국무총리실장이 위촉하는 유아교육계 · 보육계 및 여성계를 대표하는 자 각 2인

③ 제1항의 규정에 의한 위원회의 구성 및 운영에 관하여 필요한 사항은 대통령령으로 정한다.

■ 유아교육위원회

① 유아교육에 관한 정책, 사업의 기획 · 조사 등에 관한 사항을 심의하기 위하여 교육과학기술부에 중앙유아교육위원회를 두고, 특별시 · 광역시 · 도(이하 "시 · 도"라 한다) 교육청에 시 · 도 유아교육위원회를 둔다. [개정 2008.2.29 제8852호(정부조직법)]
② 중앙유아교육위원회 및 시 · 도 유아교육위원회는 유아교육전문가, 유치원대표, 유치원교사대표, 학부모대표 및 관계공무원 등으로 구성한다.
③ 중앙유아교육위원회 및 시 · 도 유아교육위원회의 조직 · 운영 등에 관하여 필요한 사항은 대통령령으로 정한다.

■ 유아교육진흥원

① 국가 및 지방자치단체는 유아교육에 관한 연구와 정보제공, 프로그램 및 교재 개발, 유치원교원 연수 및 평가를 담당하는 유아교육진흥원을 설치하거나 당해 업무를 교육관련연구기관 등에 위탁할 수 있다.
② 제1항의 규정에 따른 유아교육진흥원의 설치 · 운영 및 위탁 등에 관하여 필요한 사항은 대통령령으로 정한다.

3) 영유아보육법

영유아보육법은 영유아의 심신을 보호하고 건전하게 교육하여 건강

한 사회 구성원으로 육성함과 아울러 보호자의 경제적, 사회적 활동이 원활하게 이루어지도록 함으로써 가정복지에 이바지함을 목적으로 제정되었다. 이러한 영유아보육법은 현행 보육시설의 설치 및 운영에 대한 법적 기준으로 보육사업의 성장과 변화의 기반이 되어 왔다.

(1) 영유아보육법 제정과정

전통적으로 영유아의 보호는 가정의 문제로 인식되어 왔다. 그러나 현대 사회의 구조가 변화되고 가족구조와 역할에 있어서 새로운 시각이 조성됨에 따라 영유아의 건전한 육성과 보호자를 지원하여 가정복지로 나아가고자 하는 사회적 필요에 의해서 생겨나게 되었다.

1961년에 제정된 「아동복리법」이 보육사업의 기본 법규를 제시하게 되었고, 1980년 제 5공화국에서 유아교육 사업이 정부 개혁시책이 됨으로써 1981년에 「아동복리법」이 다시 「아동복지법」으로 전문 개정 되었다. 이러한 가운데 1980년대에 보육사업의 교육적 기능에 대한 관심이 증가되면서 「유아교육진흥 5개년 계획」을 통해 새마을 유아원으로 보육시설이 통합되어 운영되었지만 여러 가지 문제로 인해 1989년 「아동복지법」에서 삭제되었던 탁아관계 규정을 다시 포함하게 되었다.

이러한 과정에서 보육문제가 심각한 사회 문제가 제기되면서 아동복지 책임이 개인의 문제가 아니라 사회 공동의 책임이라는 문제제기가 일어나게 되었다. 이러한 사회적 인식과 요구에 기초하여 「영유아보육법」이 제정되었고, 이어 「영유아보육법 시행령(대통령령 제13444호, 1991.8.1)」과 「영유아보육법 시행규칙(보건사회부령 제876호, 1991.8.8)」을 공포하여 시행하게 되었다.

(2) 영유아보육법

현재 보육시설은 영유아보육법에 근거하여 설치 운영되고 있는데, 이러한 영유아보육법은 가정복지의 사회적 과제를 중심으로 형성되었다. 이러한 영유아보육법은 다음의 몇 가지 성격을 규정하며 구성되어 있는데 영유아보육법의 총칙의 몇 가지 조항을 중심으로 제시하면 다음과 같다.

▣ 영유아보육법의 제시하는 용어 정의

이 법에서 사용하는 용어의 뜻은 다음과 같다. [개정 2008.12.19] [[시행일 2009.7.1]]

1. "영유아"란 6세 미만의 취학 전 아동을 말한다.
2. "보육"이란 영유아를 건강하고 안전하게 보호·양육하고 영유아의 발달 특성에 맞는 교육을 제공하는 보육시설 및 가정양육 지원에 관한 사회복지서비스를 말한다.
3. "보육시설"이란 보호자의 위탁을 받아 영유아를 보육하는 시설을 말한다.
4. "보호자"란 친권자·후견인, 그 밖의 자로서 영유아를 사실상 보호하고 있는 자를 말한다.
5. "보육시설종사자"란 보육시설에서 영유아의 보육, 건강관리 및 보호자와의 상담, 그 밖에 보육시설의 관리·운영 등의 업무를 담당하는 자로서 보육시설의 장 및 보육교사와 그 밖의 종사자를 말한다.

[전문개정 2007.10.17]

▣ 보육 이념

① 보육은 영유아의 이익을 최우선적으로 고려하여 제공되어야 한다.

② 보육은 영유아가 안전하고 쾌적한 환경에서 건강하게 성장할 수 있도록 하여야 한다.

③ 영유아는 자신이나 보호자의 성, 연령, 종교, 사회적 신분, 재산, 장애 및 출생지역 등에 따른 어떠한 종류의 차별도 받지 아니하고 보육되어야 한다.

[전문개정 2007.10.17]
[본조제목개정 2007.10.17]

■ 책임

① 모든 국민은 영유아를 건전하게 보육할 책임을 진다.
② 국가와 지방자치단체는 보호자와 더불어 영유아를 건전하게 보육할 책임을 진다.
③ 시장·군수·구청장(자치구의 구청장을 말한다. 이하 같다)은 영유아의 보육을 위한 적절한 보육시설을 확보하여야 한다.
[전문개정 2007.10.17]

제 2 장

유아교육과정의 이론적 기초

유아교육과정을 어떻게 구성하여 운영할 것인가에 대한 질문은 그 유아교육과정이 어떤 성격을 바탕으로 하느냐에 대한 이론적 기초가 기반이 되어야 한다. 따라서 본 장은 유아교육과정의 일반적인 이론적 기초인 철학적 기초, 심리적 기초, 사회적 기초를 살펴보고자 한다.

1. 철학적 기초

유아교육과정은 그 기반에 철학적 뿌리를 요구한다. 철학(philosophy)이란 영어로 '사랑하다: philos(love)'라는 말과 '지혜: sophia(wisdom)'라는 말의 합성어로 지혜를 사랑하는 학문이라는 뜻을 가지고 있다. 그래서 전통적으로 인간, 우주, 자연, 사회, 지식에 대한 끊임없는 탐구를 통해 지혜를 획득하고자 하는 과정에서 철학적 사유의 의미를 찾았다. 물론 분석철학자들은 분석하여 말의 의미를 분명하게 논증할 수 있는 형태로 나아갈 때 철학이 의미가 있다고 주장하기도 한다.

이렇게 철학은 가장 오랜 학문의 전통을 가지고 교육에 관련된 논의에서 기초적 역할을 해 왔다. 교육철학은 교육학의 언어와 논리를 명료화하고, 교육이론이나 교육에 관한 논리적 가정을 드러내며, 교육적 판단의 기준을 제시할 뿐 아니라 평가의 원리를 제공하기도 한다. 따라서 유아교육과정을 계획하고, 실행하는 것은 인간, 유아, 교육에 대한 어떤 사상과 철학을 가지고 있는지에 따라 다른 양상이 있을 수밖에 없다. 따라서 유아교육과정의 이론적 기초에서 철학적 기초는 중요한 뿌리로서 작용하게 되는 것이다.

1) 유아교육의 철학적 사조

일반적으로 유아교육과정을 구성할 때 철학적 기반이 되어지는 논의점들이 있을 수 있다. 대표적으로 아동관, 지식관에 따라 교육에 있어서 다양한 철학적 관점들이 있는데, 이러한 관점에 따라 유아교육과정은 상이한 형태로 구성될 수 있다.

유아교육의 철학을 논의할 때 기본적으로 인간관에 기초한 아동에 대한 정의적 관점을 세우게 된다. 인간관은 인간의 본성과 존재적 특성에 대한 관점으로 오랜 역사를 통해 철학적 논의의 중심에 있어 왔다. 이에 대한 관점은 일반적으로 성선설, 성악설, 백지설의 3가지로 나뉘어서 접근할 수 있다.

성선설은 인간의 본성은 원래 선하게 태어났다고 보는 입장으로 인간의 무한한 가능성과 능력을 통해 선하게 발달할 가능성을 내포하고 있으며, 성악설은 인간의 본성은 원래 악함을 가정하여 원래 기초하고 있는 죄의 본질을 다루게 된다. 그리고 인간의 본성을 백지와 같이 어떠한 특성도 가지고 있지 않기 때문에 환경에 따라 경험하는 대로 달라질 수 있다는 백지설이 있다. 이렇게 인간관에 따라 유아를 어떻게 바라보느냐 하는 유아교육의 접근은 다를 수 있다.

또한 교육에 있어서 지식을 어떻게 보느냐도 중요한 논의점이 될 수 있다. 지식에 대한 인식론적 관점은 수많은 철학자들 사이에 오랜 세월 동안 논의되어 오면서 일반적으로 합리론, 경험론, 상대론의 인식론적 관점으로 접근될 수 있다(임재택, 1993). 합리론은 플라톤을 기점으로 데카르트로 이어지는데 순수한 생득적 사고에서 온다고 보는 입장이지만 경험론은 아리스토텔레스에서 로크로 이어지는 사조로서 경험을 지식의 근원으로 보는 것이다. 또한 상대론은 지식을 경험과 이성의 상호작용에 의해 구성되어진다고 보는 관점이다.

이러한 다양한 인간, 지식에 대한 관점과 교육 실행의 사유에 따라 교육관도 다양한 형태로 나타날 수 있다. 전통적으로 고대 그리스의 인문주의, 소피스트들의 교육적 논의들과 플라톤의 이데아론, 아리스토텔레스, 신본주의, 인본주의, 실학주의, 계몽주의 등의 변화와 더불어 다양한 교육적 논쟁들이 있어 왔다. 이를 토대로 20세기에 접어들면서 교육사상은 진보주의, 본질주의, 항존주의, 재건주의, 실존주의, 분석철학, 신본주의철학 등의 현대 교육철학의 흐름을 낳게 되었다. 이러한 흐름과 더불어 유아교육학계는 낭만주의, 문화전달주의, 진보주의, 구성주의 등의 교육사상적 주류를 갖게 되었다. 유아교육의 다양한 철학적 사조를 살펴보면 다음과 같다.

(1) 진보주의

진보주의(Progressivism) 교육운동은 일찍이 코메니우스, 루소에서 그 사상적 기원을 찾을 수 있지만 17세기에서 19세기의 유럽의 교육개혁의 배경과 더불어 페스탈로치, 프뢰벨, 몬테소리 등에서 그 실천적 의미를 찾아볼 수 있다. 또한 이후 존 듀이에 의해 그 교육방법의 전통이 개척되어 왔다. 특히 듀이는 미국에서 진보주의 교육이념과 실천을 해 오면서 1900년 이후 유럽의 진보주의 전통과 결합하여 진보주의의 사상적 기반을 세우고, 실험학교를 설립하여 자신의 교육학 이론의 타당성과 의미를 적용함으로써 진보주의 사조의 확고한 자리를 잡게 되었다. 이후 듀이의 제자인 킬패트릭(Kilpatrick)과 피아제(Piaget) 등에 의해 발전되어져 왔다.

따라서 진보주의는 학습자들의 흥미에 기초하여 학습자의 특성, 욕구, 필요, 흥미, 실제 문제 등을 파악하여 자연스러운 경험의 과정을 중시한다. 이 때 교사는 단지 지지자, 조력자, 참가자로서의 역할을 하게 된다. 즉 유아교육에서 진보주의 사조는 유아 스스로 경험중심, 흥미중심, 활동중심의 교육을 통해 인지적 경험과 정서적 경험을 조직하게 된다는 관점을 견지하게 된다. 이 때문에 유아교육과정에서 진보주의적 사조의 영향은 흥미 중심의 흥미영역과 자유선택활동, 일상과 관련된 교육활동, 견학 및 탐색 등의 다양한 실천적 특성들을 나타내게 되었다. 듀이는 교육은 생활이고, 성장이며, 끊임없는 경험의 재구성인 동시에 사회적 과정이라고 보았기 때문에 유아의 흥미와 자유에 근거한 경험 속에서 일어나는 상호작용을 중시하였다.

물론 진보주의 교육도 여러 가지 측면에서 비판이 이어져 왔다. 특히 초기에는 인문주의자들과 관념주의자들에 의해 진보주의가 가지는 흥미와 자유에 대한 지나친 강조, 고전문학과 고전어 교육을 소홀히 하는 측면 등에서 비판되어졌다. 특히 미국에서는 1957년 소련의 인공위성 스푸트닉(Sputnik) 발사 사건 이후 진보주의적 사조가 본질적 지식을 소홀히 다루어 기초학력의 저하를 가져오게 되고, 사회적 · 문화적 가치를 소홀히 하게 되었다는 지적이 일어나면서 여러 가지 논의점들을 불러일으켰다.

(2) 문화전달주의

문화전달주의(Cultural transmission)는 환경론적 시각에서 출발하는 것으로 외부세계의 경험 전달을 중시하므로 교육에 있어서 핵심은 외부적 요인이 된다. 교육은 학습자에게 속해 있는 사회와 문화의 의미있는 지식과 윤리를 직접 가르쳐서 전달해 주어야 한다고 보는 관점이다.

문화전달주의는 로크(Locke)의 경험론적 관점에 근거하여 인간은 외부환경에 영향을 받아서 경험과 관찰에 의해 지식과 진리를 이루어간다고 보는 교육 사조이다. 로크는 백지설을 통해 인간의 선천적 관념을 부인하고, 과학적 토대에서 진리로 나아가는 경험이라는 새로운 흐름을 제안함으로써 '환경과 교육이 인간을 만든다'는 명제를 만들었다. 그는 경험과 관찰로 과학적으로 일치되는 지식을 얻는 것이 진리라고 보기 때문에 과학적 방법을 통해 정보를 얻게 되는 것을 방해하는 관념적 접근들은 제거되어야만 한다고 보았다. 따라서 교육에 있어서 인간의 선천적 관념에 대한 의미성을 부인한다.

이러한 경험론에 근거한 인간과 교육에 대한 이해는 이후 파블로프, 손다이크, 스키너 등으로 이어지는 행동주의 이론의 심리학적 전통으로 이어진다. 행동주의 학습이론은 교육에 있어서 행동의 형성을 중시함으로 의미있는 행동을 반복, 강화 등을 통해 만드는 것을 중시한다. 즉 외부자극과 반응의 연합을 통해 행동 형성을 이루는 과정을 통해 어떠한 형태로든 습득시키고자 하는 행동을 학습시킬 수 있다고 보는 것이다. 따라서 외부적 요인에 의해 인간의 변화와 학습이 가능하므로 그 사회와 개인에게 필요한 지식 및 행동을 습득케 할 수 있게 된다.

문화전달주의는 그 사회의 문화가 존속하기 위해서는 후세대를 통해 전달 및 전승을 통해 문화를 유지 계승해야 한다고 보고, 이러한 측면에서 교육의 본질적 의미성을 찾는 접근방법이다. 따라서 교육의 사회화과정(socialization process)을 중시하여 그 사회의 축적된 지식, 신념, 가치, 태도, 행동 등을 체계적으로 전달하는 것을 중요시하고 있다. 따라서 경험론이나 행동주의적 관점에서 교육의 의미와 방법을 찾을 수 있게 된다. 문화전승주의 관점은 행동 학습이론이나 교육공학과 같이 기능주의적 관점에 근거한 교육적 접근과 본질적으로 의미를 같이 하고 있기 때문에 반복, 강화, 모방, 직접적 교수 등의 방법으로 교육적 접근을 이루는 철학적 접근의 기초를 이루어왔다.

(3) 낭만주의

낭만주의(Romanticism)는 이성중심의 계몽주의에 대한 비판으로 인간의 이성적이고 지적 측면보다 감성적이고 정서적 측면을 강조하는 철학 사조이다. 실제로 계몽주의는 인간의 냉철한 이성을 삶의 기준으로 삼으며, 합리주의적 사고방식을 통해 이성이나 진보의 관점으로 접근하고자 하였기 때문에 지적 귀족주의를 형성하는 경향이 나타났다. 낭만주의는 이에 대한 비판과 고발에서 출발하였다고 볼 수 있다.

낭만주의는 루소, 페스탈로치, 프뢰벨과 같은 19세기 사상가들로부터 시작되었지만 프로이트와 게젤 등은 이러한 사상적 전통과 함께 심리학적 이해와 발달적 접근을 이어오고 있다. 특히 닐(Neil)의 섬머힐은 이러한 사상에 근거한 대표적 학교의 모델이라고 볼 수 있다. 그러나 낭만주의는 하나의 일관된 철학 체계를 가진 사상이라기보다는 인간, 사회, 우주, 자연에 대한 태도와 접근방식이라고 볼 수 있다.

낭만주의의 교육방식은 학습자의 자율성과 자연적 성장 발달을 중시한다. 따라서 유아교육과정에서 낭만주의적 영향은 기계적이고 획일화된 학교체제를 거부하고, 유아의 자율성에 근거하여 자연스럽게 스스로 선택하고 해결해 나가는 과정을 통해 자아를 발견하도록 자유를 주어야 한다고 보고 있다. 이러한 입장에서는 학교제도가 본래의 교육목적을 훼손했다면 과감하게 그것을 폐지해야 한다고 주장하기 때문에 이병승 외(2008)는 이 교육적 사조는 가히 '혁명적'이라고 제시하고 있다.

이러한 특성으로 인해 낭만주의는 교육에 있어서 자유를 중시하기 때문에 자유학교라는 이름으로 그 실천적 의미성을 드러내기도 한다. 특히 낭만주의 교육사조의 실천적 사례로서 열린교육, 탈학교론, 개방교육 등이 있다.

열린교육은 학습자의 학습 속도, 흥미와 관심, 개성 등의 차이를 인정하고, 내재적 흥미나 동기에 근거하여 자율적으로 교육이 이루어지도록 접근하는 교육활동의 형태이다. 이러한 열린교육은 유연성, 개별화, 다양성과 자율성을 고려하여 학습의 주제, 교재, 활동과정을 운영하도록 하고 있고, 개별학습(Individualized Learning), 주제학습(Theam Teaching), 협력학습(Cooperative Learning) 등을 중심으로 연구되어지고 있다.

탈학교론은 일리치(Ivan Illich)가 1970년 『탈학교사회(deschooling

society)』를 발표하면서 학교가 본래의 기능을 하지 못하고 소외와 지배구조를 양상하고 있는 불평등성과 모순성을 비판하면서 시작되었다. 즉 탈학교론은 형식적인 학교교육의 제도에 매이지 않는 비공식적이고 실질적인 교육이 중요하다는 주장을 하게 된다. 이후 일리치와 함께 라이머(Evertt Reimer), 프레이리(Paulo Freire) 등은 학교의 모순과 문제를 지적하면서 인간적인 학교의 대안적 접근의 원동력으로 작용하였고, 개방학교나 자유학교 등의 대안적 학교 체제는 이러한 논의와 함께 실천되어져 왔다.

(4) 구성주의

구성주의(Constructivism)란 존재론과 인식론적 철학에 근거를 둔 학문으로서 1960년대와 70년대에 여러 형태의 구조주의와 인지주의적 측면에서 철학적 전환기로 발생한 인지론의 한 형태로 논의가 본격화된 것이다. 즉 인간의 인식의 대상은 무엇인가(what is known)와, 인식은 어떻게 해서 성립하는가(how it is known)에 대한 물음을 통해 교육의 실체와 의미를 드러내고자 하였다.

구성주의의 가장 기본적 사유는 '지식의 구성은 맥락적으로 이루어진다'는 것이다. 전통적 인식론이 지식을 객관적이고 고정적으로 보았다면 구성주의는 삶의 맥락 속에서 구성되는 것으로 보기 때문에 인간은 자신의 경험으로부터 지식과 의미를 구성해 나간다고 본다. 따라서 지식은 객관적인 것이 아니라 구성되는 것이므로 이러한 입장에서 유아는 지식을 구성하는 능동적 존재로 파악하게 된다.

구성주의 사상을 교육에 적용시켜 발전시킨 대표적 학자는 피아제나 듀이, 비고츠키 등을 들 수 있다. 피아제(Piaget)는 지식은 전수받는 것이 아니라 구성하는 것이라고 보고, 개인의 인지적 작용이 어떻게 이루어지는가에 대한 인지적 구성주의를 제시하게 되었다. 반면 듀이(Dewey)는 어떤 상황에 접하여 의혹이 생길 때 그것을 해결하기 위해 사유작용이 일어나게 되기 때문에 능동적 경험의 과정이 학습자에게 의미있는 상호작용이 될 수 있는 것이라고 보고 경험의 실체를 구성주의적 관점에서 설명하였다. 비고츠키는 개인이 속한 사회, 문화, 역사적 상황을 강조하여 사회적 구성주의적 관점에서 이론적 토대를 형성하였다.

대부분의 구성주의자들은 피아제가 기존의 인식론의 인식 대상과 내용에서 벗어나 인식의 방식에 대한 논의를 통해 구성주의의 토대를 만들었다고 간주하고 있다. 그는 동화와 조절이라는 과정을 통해 도식의 형성, 변화, 수정의 인지적 과정을 설명함으로써 인지적 구성주의의 토대를 구축했다. 그러나 피아제 인지이론을 바탕으로 하여 좀더 구성주의의 관점에서 교육에 대한 논의가 일어나게 된 것은 1980년대 말 글라저스펠드(Glasersfeld)의 구성주의에 관한 논문이 발표되면서 본격화되었다. 피아제 인식론에 영향을 받은 글라저스펠드는 지식은 존재의 대상이 아니라 활용의 개념으로 보아야 한다고 보기 때문에 지식 그 자체의 논의를 거부하고, 실생활에 적응되고 기능적으로 작용하는 지식에 의미를 부여하는 급진적 구성주의가 주장되었다.

그러나 인지적 구성주의가 사회와 문화적 역할에 대한 고려가 부족하다는 비판에서 사회적 구성주의가 등장한다. 사회적 구성주의는 비고츠키(Vygotsky)의 영향과 더불어 학습자가 사회적 합의, 문화와 역사적 관계를 통한 사회적 경험을 바탕으로 인지적 작용이 이루어진다고 보는 입장으로 발전되면서 지식형성에 언어의 기능, 사회적 상호작용의 과정을 논의하게 되었다.

이러한 구성주의적 관점에서는 유아가 자신의 인지과정을 통해 스스로 지식을 구성해 나간다고 보기 때문에 유아와 환경의 구체적이고 능동적 상호작용의 과정을 강조하는 유아중심교육과정으로 이어지게 된다.

2) 유아교육의 철학적 기반이 되는 사상가들

유아교육의 뿌리가 되는 철학적 기반을 찾아 거슬러 올라가다 보면 고대 그리스의 플라톤(Platon)에게서 그 기원을 찾을 수 있다. 교육에 있어서 음악, 문학, 게임과 스포츠를 중시하고, 여아교육을 주장한 플라톤은 그의 저서 『국가론』에서 동화, 극화할 수 있는 동시, 음악 등이 유아에게 제시되어야 한다는 사상을 펼치게 된다. 이러한 플라톤의 철학은 이상주의(idealism)로 발전한다. 즉 물질적 가치보다 정신적 가치를 중시하면서 '가치체계의 고정성'을 주장하게 된다. 이는 이후 프뢰벨 등에 의해 이론적 발전으로 이어지게 되었다.

이러한 유아교육에 대한 중요성에 대한 인식은 퀸틸리아누스(Quintilianus), 에라스무스(Erasmus) 등을 통해 유아기 교육 방법에 대한 논의에서도 드러난다. 그러나 그 후 본격적으로 유아기 교육에 대한 관심이 증폭된 것은 17세기 자연 과학의 등장으로 나타난 실제론적 교육철학인 사실주의 영향에 근거한다. 이를 대표하는 학자들은 로크(Locke), 코메니우스(Comenius), 루소(Rousseau), 페스탈로치(Pestalozzi) 등이다.

20세기 초 교사중심적, 교과중심적 교육에 대한 반성으로 부각된 것이 진보주의적 교육사조이다. 이러한 진보주의는 실용주의와 아동중심적 교육관에 근거하는데 이는 지식이나 진리를 변화하는 것으로 보고, 실재란 영원하지 않으며, 변한다고 보았다. 따라서 진리와 가치도 변화하는 조건에 적응할 수 있도록 해야 하는 것이라고 본다. 이러한 진보주의적 교육을 주장한 대표적인 사람은 듀이(Dewey), 킬패트릭(Kilpatrick) 등을 들 수 있다.

이처럼 유아교육의 역사의 한 가운데는 철학적 사조와 더불어 유아교육의 사상적 기반을 제공한 사상가와 교육자들이 존재한다. 이러한 유아교육과정의 형성과정에 철학적 기반이 되었던 대표적인 사상가를 구체적으로 소개하면 다음과 같다.

(1) 루터(Martin Luther, 1483–1546)

16세기에 접어들면서 형식적 교육에 대한 직접적 계기가 된 시대이다. 루터가 종교개혁 당시 시의회에 보낸 편지에서 보면 교육에 대한 정부의 책임을 강조하고 있다. 즉 종교개혁은 근대 공교육 형성에 중요한 사상적 기초가 되었다고 볼 수 있다.

루터는 개인과 사회의 선이 유지되기 위해서 공적으로 의무교육이 필요함을 주장하였고, 이러한 측면에서 학교 교육의 확대와 여성 교육을 제안하였다. 이러한 공교육에 대한 중요성을 제기하면서 다양한 교육의 확대가 본격적으로 논의되어지게 된 것이다. 이러한 철학적 배경은 아동교육에 대한 관심을 촉발시키는 계기가 되기도 하였다.

(2) 코메니우스(John Amos Comenius, 1592–1670)

체코슬로바키아의 교육 사상가인 코메니우스는 인간의 기본 본성에 대해 성선설을 믿으며, 교육은 인간 본성의 자연적 순서에 따라 진행되어야 한다는 신념을 주장하였다. 이러한 그의 관점은 『대교수학』에 잘 나타나 있다.

코메니우스(1987)는 인간의 삶과 거주처가 어머니의 배, 지구, 하늘나라의 3중이라고 보고, 인간의 목적은 하나님과 더불어 영원한 행복을 누리는 것이라고 보았다. 인간의 본성은 본래 선한 것으로서 지식, 덕성, 신앙을 길러주는 것이 교육이어야 하는데, 인격의 형성은 어린시절부터 이루어질 수 있도록 함께 교육되어야 한다고 보았다.

그러나 교육은 자연의 질서가 모든 사람에게 가르치는 기술의 지배적 원리이기 때문에 자연의 원리가 이루어지면 교수과정은 자연의 과정과 같이 쉽고 자발적으로 진행되어갈 것이라고 하였다. 이러한 교육에 대한 기본 이념을 바탕으로 실물을 통한 감각교육 및 시청각 교육의 방법적 기초를 형성하였는데 그의 작품인 『세계도회』는 어린이들을 위한 최초의 그림책으로 평가받고 있다. 이러한 그의 교육철학은 자연주의 교육원리에 영향을 미치게 되었다.

또한 코메니우스는 인간 발달 단계에 따른 교수방법과 교육제도를 주장하였는데, 특히 발달 단계에 유아기 교육을 포함시킴으로써 유아교육의 기초를 세웠다.

(3) 로크(John Locke, 1632–1704)

영국 경험철학의 창시자로 불리는 로크는 경험주의 교육사상가로서 자신의 경험철학에 근거하여 백지설을 주장하였다. 백지설에 따르면 인간은 백지상태로 출생하여 후천적 경험에 의해 모든 관념이 획득되어진다고 보고 있다. 이러한 입장에서 인간 발달과 변화는 후천적 경험에 입각한 교육 접근을 제기하게 된 것이다. 즉 후천적 교육이 강조되면서 교육의 기반적 과제로서 학습 환경의 중요성을 부각되었다.

그의 교육사상은 인간의 정신 능력이 경험에 의해 계발될 수 있다고 보면서 교육의 필요성과 교육방법론에 지속적인 영향을 미치게 되었다. 그러나 경험에 대한 지나친 강조는 인간 발달에 대한 후천적 영향력을 강조함으로 인해 인간을 수동적 존재로 파악하고, 구조적 경험을 강조하는 문제를 안고 있음에 대한 논의 또한 이어져 왔다.

(4) 루소(Jean Jacques Rousseau, 1712–1778)

루소는 자연주의 교육사상의 대표적 사상가로 인위적인 교육을 배척하고 자연성을 강조하는 교육을 주장하였다. 그의 자연주의 교육사상은 『에밀』에 잘 나타나 있다. 여기서 드러나는 인간관은 선하게 성장하려는 선천적 경향성을 가진 존재이다. 중세 시대를 이어온 '성인의 축소판'으로서의 아동관을 거부하고, 아동기를 발달의 단계로 인정하면서 선천적 선이 자연스럽게 발전하도록 하는 것을 교육의 방향으로 잡았다. 『에밀』에서는 교육단계를 동물적 인간(유아기), 야만인(아동기), 로빈슨크루소적 인간(소년기), 사고하는 인간(청년기), 사회인(성인기)의

5단계로 구분하여 교육적 견해를 설명하고 있다.

이러한 자연주의적 가치관은 인간발달의 자연적 시간표를 중시하고, 유아기 발달에 적합한 자연적 성장 발달에 대한 중요성을 부각하게 되었다. 즉 유아의 감각과 직관의 중요성과 유아기 놀이의 중요성에 대한 추후 이론적 기초가 되어진다.

(5) 페스탈로치(John Heinrich Pestalozzi, 1746–1827)

스위스의 교육자 페스탈로치는 루소의 영향을 받아 아동의 본성에 따라 양육해야 한다는 교육방법을 실천하고자 하였다. 교성(敎聖)이라 불리는 교육사상가로서 자연주의적 전통에 근거하여 사랑을 실제로 실천하고자 했던 위대한 교육자였다. 교육은 정신적·도덕적·신체적 조화로 전인적 발달을 향해 나아가는 것이 목적이라고 보며, 인간의 정신적 내면력을 3H인 정신(Head), 심정(Heart), 기술(Hand)로 구분하여 이들의 조화로운 발달을 교육의 원리로 하여 자연의 법칙에 따라 아이가 스스로 적합한 내용을 자발적으로 익히도록 해야 함을 주장하였다.

페스탈로치는 빈민교육, 고아교육, 노작교육, 가정교육의 중요성을 제시하면서 이를 통해 사회 개혁이 가능함을 주장하였다. 특히 가정은 가장 좋은 자연의 장이며, 부모는 자연의 교사라고 보았다. 따라서 지식, 습관, 협동정신, 도덕성 및 신앙심의 배양이 부모의 애정과 권위로 인해 이루질 수 있다는 교육적 의의를 강조한 바 있다.

(6) 프뢰벨(Friedrich Fröbel, 1782–1852)

프뢰벨은 1837년 세계 최초의 유치원 창시자로서 불리우는 독일의 대표적 유아교육 사상가로 꼽히고 있다. 그는 정통 성직자 가정에서 다섯째 아이로 태어났지만 출생 9개월만에 어머니를 여의고 사색적 성격을 띠면서 성장하였다. 산림감독관, 건축사 등의 다양한 시도들을 하다가 페스탈로치의 노선을 따르는 프랑크푸르트의 한 학교에서 교사 경험을 하게 되었고, 홀츠하우젠 남작의 가정에 세 아들을 가르치는 가정

교사로 들어가면서 교육에 대한 자신의 믿음을 일깨워 나갔다. 프뢰벨은 괴팅겐대학교에서 우주에 작용하는 신의 힘을 상징하는 '천체의 법칙'을 발표했다. 그는 그것을 과학과 문화를 종합적으로 재구성하는 데 적용하고자 했다. 그래서 결정학(結晶學)을 공부하기 시작했고, 1814년 베를린대학교에서 광석박물관의 관장이 되었지만, 2년 후 튀링겐의 그리스하임이라는 마을에서 '일반 독일 교육연구소(Universal German Educational Institution)'라는 학교를 설립했다. 1년 후 학교는 케일하우 근처로 옮겨 지속적으로 연구와 논문을 발표하였다. 케일하우학교는 '선동의 근원지'라는 협의를 받아 결국 프뢰벨의 직접적 감독권을 박탈당했다. 그 후 스위스에 있다가 5년 뒤 독일로 돌아와 블랑겐부르크에 '아동의 양육 활동강습소(Child Nurture and Activity Institute)'라는 유아학교를 세웠는데 후에 '유치원(Kindergarten)'이라는 정식 이름으로 이루어졌다.

그러나 프뢰벨은 프로이센 정부로부터 위험인물로 협의를 받아 1851에서 1860년에 유치원 교육을 금지당하게 되었고 이는 학자와 전문가들 사이에서 다양한 구명운동을 일으키기도 했고, 세계적 지원을 받기에 이르렀다. 마렌홀츠 뷜로브 남작부인은 튀링겐의 마리엔탈에 프뢰벨이 설립한 유치원에 감동을 받아 영국과 전유럽에 유치원을 세우게 되었다.

이러한 프뢰벨의 교육의 원리는 이상주의와 상징주의를 기초로 하여 전개되었다. 특히 플라톤의 『국가론(Republic)』에서 유아기에 대한 동화나 음악의 중요성, 코메니우스, 루소, 페스탈로치의 사상 등에 영향을 받아 유아교육 사상을 전개하게 되었다.

유아교육에 있어서 그의 기본 철학과 교육 개념은 『인간교육(*The Education of Man*, 1826)』을 통해 나타나는데 이는 그가 카일하우에서 가졌던 경험과 교육 원리를 종합한 것이다. 프뢰벨의 기본 교육 개념은 '통합의 개념'이라고 볼 수 있다. 신과 인간과 자연의 불가분의 관계를 주장하는데 만물에는 하나의 영원한 법칙이 깃들어 있어 작용하며 지배하게 된다. 이 때 그 작용에는 반드시 통일자가 존재할 수밖에 없으며 이 통일은 곧 만물의 근원인 신이라고 보는 것이다. 따라서 모든 것은 신에게서 왔기 때문에 만물의 본질은 자신의 내부의 신성을 외부에 표현하는 것이라고 본다.

세상의 만물은 신의 조화이며 교육의 궁극적 목적은 이러한 신, 인간, 자연의 통합을 이해하는 것이라고 보는 '통합의 개념'을 제시하게 되었다. 여기서 교육의 원리로 통일의 원리, 발달의 원리, 자기 활동의 원리, 행동의 원리(노작의 원리), 사회화의 원리를 제시하였다. 프뢰벨에 의해 이루어진 교육과정은 유아의 본성과 세계관에 기초한 그의 '통합'의 개념을 잘 나타내고 있다. 따라서 종합하면 세상 모든 만물은 신의 조화이므로 교육의 목적을 신, 인간, 자연의 통합으로 보고, 교육의 궁극적 목적은 신, 인간과 자연의 통합을 이해하는 것이라고 보았다.

이러한 개념을 실천으로 나타낸 그의 유치원 교육과정의 기본요소는 은물, 작업, 게임과 노래, 자연학과 언어, 수교육이었다. 은물은 상징적 학습을 하는 교구였는데 부분이 모여 전체적 통합을 경험하는 완전한 형태로 나아가도록 고안되었다. 이러한 교수방법은 내면적 힘을 기르게 하는 신성 개발을 위한 창조적 자기 활동 과정이라고 보았다.

(7) 오베르랑(Jean Frederic Oberlin, 1740-1826)

오벨르랑은 프랑스 동부의 한 마을에서 출생하여 신학을 공부했고, 1758년 스트라스부르(Strasbourg) 대학을 졸업했다. 이후 1767년 프랑스 동부 보주(Bosges)의 작은 마을 발더바흐(Ban-de-Roche)의 목사로 부임하면서 일생 동안 그의 활동 중심지가 되었다. 그는 프랑스 보주 지역의 가난한 교구민들의 생활수준을 영적·물질적으로 풍요롭게 만들기 위해 농업협동조합을 설립하고, 문화를 진흥시키고, 교육의 개혁을 위해 노력하였다. 특히 마을학교를 세웠으며, 부모들이 일하는 동안 어린아이들을 돌보고 가르치는 일을 시작했다. 마을마다 학교를 세웠고 초등학교, 중간학교, 성인학교라는 7세부터 16세까지의 일관적인 단선형 학교제도를 정비하였다.

이어 1770년에 그는 '편물학교'를 설립하게 된다. 이 작은 마을에 세워진 편물학교는 부모가 일터에 나가 있는 동안에 유아들을 보호하는 탁아기관의 형태였다. 이는 1840년에 설립된 프뢰벨의 유치원보다 70년이나 앞선 시설로 프랑스뿐만 아니라 구라파 대륙에서는 최초의 유치원이라고 불리어지고 있다. 그는 신앙, 학습, 놀이를 유아기부터 지원함으로써 더 나은 성장을 지원할 수 있다는 조기교육 효과에 대한 신뢰를 실천에 옮기고자 하였다는 의미를 가지고 있다. 이 편물학교는 3세 이상의 취학전 유아와 수업시간 이외의 아동들을 대상으로 한 학교였으며, 부모가 일터에 있는 동안 유아들을 보호하는 역할을 하였다.

이 편물학교는 부모가 일터에 있는 동안 어린이들을 보호하는 역할을 맡고 있었지만, 소극적인 탁아기관이라기보다는 적극적인 탁아 기능에 중점을 둔 교육 기관이었다. 프랑스어 학습, 찬송 및 성경 학습, 관찰이나 그림, 지리 등을 내용으로 하였고, 어린 유아들에게는 놀이를 위주로 하고 나이 든 아이들은 바느질하는 방법, 뜨개질하는 방법, 동화 등으로 교육활동을 구성하였다.

(8) 오웬(Robert Owen, 1771–1858)

로버트 오웬은 1771년 영국 중부 웨일즈의 한 마을에서 태어났는데 그 당시 영국사회는 산업혁명의 영향으로 시민과 아동들이 고된 노동생활을 하고 있었다. 지방에서 학교를 다니다가 10세 때 도제로 직조공장에 들어갔는데 고용주가 훌륭한 도서관을 가지고 있어서 독서의 기회를 얻었다. 이후 16세에 맨체스터로 갔고, 19세가 되었을 무렵 맨체스터에 있는 한 대규모 면직공장의 지배인이 되었다. 또한 1800년에는 뉴라나크로 진출해 대공장의 경영을 맡게 되는데, 여기서 그의 교육관을 실천하게 되었다.

영국의 교육 개혁 운동가인 오웬은 공상적 사회주의적 입장에서 영국에서 뉴라나크(New Lanark) 방직공장을 경영하면서 자신의 교육관을 실천하게 되었다. 그 당시 6에서 7세 정도였던 아동의 노동연령을 10세 이상으로 제한하고, 10세 미만인 아동들이 부속학교에 입학해 교육을 받을 수 있도록 배려했다. 고된 고용살이를 경험했던 그는 『신사회관』이라는 책을 출판하게 되고, 이러한 사상에 기초하여 1816년에 방직공장 내에 최초의 유아학교(infant school)인 "성격형성학원"을 창설하였다.

그는 교육의 근본적인 문제는 인간형성의 책임을 개인에게 맡기고 환경의 역할을 간과하는 것이라고 보고, 인간의 본성을 해치지 않고 합리적 성격까지 형성하는 사회 환경의 역할을 강조(Morrison, 2009)하면서 스스로 뉴라나크 방직공장의 생산공동체를 통해 평화로운 사회개혁을 실천하고자 하였다. 따라서 바람직한 성향들이 어린시기에 스며들게 할 수 있고, 이에 환경의 중요성을 부각시켰다.

(9) 듀이(John Dewey, 1859-1952)

듀이는 미국 벌링턴의 평범한 가정의 셋째 아들로 태어나, 벌링턴 공립학교 과정을 마친 뒤 버몬트대학교에 들어갔다. 대학을 마치고 3년 동안 고등학교 교사 경험을 한 후 대학원으로 1882년 존스홉킨스대학교에서 철학을 공부하였다. 이 때 미시간대학교 초빙교수였던 조지 실베스터 모리스의 영향을 받았는데, 그를 통해 신헤겔주의에 영향을 받게 되었다. 이로 인해 이 시기에 듀이는 플라톤과 헤겔의 이상주의 철학에 영향을 받았다. 이후 1884년 존스홉킨스대학교에서 철학박사학위를 받은 뒤 잠시 미네소타대학교에서 철학교수를 지낸 기간을 제외하고는 10년 동안 미시간대학교에 재직했다. 듀이가 교육에 대해 본격적으로 관심을 갖기 시작한 것은 미시간대학교에서였다. 전통적 방식을 답습하는 학교교육의 문제에 대해 고민을 가지고 이러한 문제를 해결할 수 있는 교육철학적 접근에 관심을 가졌다.

1894년 미시간을 떠나 시카고대학교 철학교수 및 철학·심리학·교육학과 과장이 되었고 이곳에서의 구체적 연구 성과를 형성하였다. 다윈의 진화론적 생물학과 심리학에 영향을 받아 헤겔의 이상주의적 이론이 가지는 '관념이 우주의 이성적 질서를 반영한다'는 입장을 버리고, 실용주의에 기초하여 '관념은 환경 속에서 부딪치는 문제를 해결하는 도구이다'라로 보는 도구주의 인식론을 받아들였다. 이러한 영향으로 일상경험 속에서 만나는 자연을 궁극적 실제로 보고, 인간은 그 자연의 산물로서 의미를 찾아가게 된다고 보았다. 『학교와 사회(*The School and Society*, 1899)』와 『아동과 교육과정(*The Child and the Curriculum*, 1902)』을 통해 교육철학의 주요 기본원리가 제시되어 있는데 듀이는 프뢰벨의 상징주의를 비판하고, 실용주의에 기초하여 로크의 경험주의와 다른 입장의 경험주의를 제시하였다. 듀이는 인간과 환경 간의 사회적 상호작용에서 경험의 본질을 찾고자 하였다.

그는 교육의 원리로 경험의 원리를 제시하였는데 이는 '상호작용의 원리'와 '계속성의 원리'를 들고 있다. 이러한 경험은 유아의 내적 조건뿐만 아니라 외적 조건과의 상호작용을 강조하는 것이다. 이러한 입장에서 교육은 생활이며, 계속적인 경험의 재구성이어야 함을 강조한 진보주의적 사상을 기반으로 하고 있다.

이러한 듀이의 진보주의는 전인적 성장을 교육의 궁극적 목적으로 하고, 상호작용, 변화, 계속성을 중요시 하고 있다. 즉 교육은 생활, 성장, 끊임없는 경험의 재구성 및 사회화 과정이라는 입장을 가지고, 흥미, 활동, 상호작용을 교육과정의 중요 요소로 삼게 되었다. 이러한 경험중심, 학생중심의 교육은 미국의 철학, 사회, 역사적 상황을 배경으로 유럽의 철학적 사상을 토대로 진보주의(progressivism) 교육이라는 새로운 교육이론을 체계화하였다.

이러한 교육철학 이념을 실현하기 위해 교육학은 독립된 학과로 인정받게 되었고, 그의 교육이론과 실천방식을 '실험학교'를 통해 시험하면서 다각적인 관심을 불러일으켰다. 듀이는 1904년 시카고 대학을 나와 컬럼비아대학교에서 철학교수와 명예교수로 재직하면서 강의와 학문적 시도들이 이어졌다. 자신의 교육철학과 실천에 대한 다양한 저서들이 발간되어졌는데 1925년 발간된 『경험과 자연(*Experience and Nature*)』이 듀이의 대표적 철학과 교육에 대한 사유를 모아놓은 것으로 꼽히고 있다.

2. 심리적 기초

유아교육과정은 유아를 대상으로 하고 있기 때문에 유아의 심리적 이해는 유아교육과정 구성에 있어서 기초가 되어야 한다. 인간에 대한 다각적인 연구와 입장은 유아교육과정의 접근 방법에도 영향을 끼쳐왔고, 이로 인해 다양한 유아교육과정 프로그램을 등장시키기에 이르렀다. 특히 1920년을 전후하여 아동연구운동이 본격화 되면서 유아교육과정은 심리학적 결과에 영향을 받기 시작하여 다양한 형태로 심리학적 입장을 수반하게 되었다.

1900년대 초에 스텐리 홀(Stanly Hall)을 중심으로 아동연구운동(child study movement)이 아동발달 연구의 기초 토대를 형성시켰고, 이는 이상주의적 프뢰벨식 유아교육과정에서 인간 행동, 사고, 발달, 성장에 대한 연구와 더불어 여러 가지 심리학적 이론의 영향을 받지 않을 수 없었다. 이러한 유아의 발달 및 변화에 대한 대표적인 심리학적 접근 방법의 차이를 살펴보면 〈표 2-1〉과 같다.

〈표 2-1〉 인간 이해의 접근 방법 비교

접근방법	연구주제	기본가정
성숙이론	신경체계, 내분비선, 호르몬, 유전인자	생물학적 과정의 영향 중시.
인지이론	도식, 사고, 언어, 정보처리과정	인지, 지각, 표상, 사고가 행동에 영향 준다.
행동주의	환경, 행동, 관찰학습	경험, 반복, 강화가 발달 이끈다.
정신분석	무의식, 초기 유아기 경험 중시	무의식 동기가 행동과 발달에 영향을 준다.
인본주의	주관적 경험	인간은 자신의 독특한 경험 및 내적 잠재력을 토대로 자유롭게 선택을 한다.

1) 성숙주의 이론

성숙주의 이론은 인간의 발달에 대한 생물학적 내재적 요인에 대한 영향력을 중시하는 입장이다. 이는 다윈, 홀 등의 발달의 예정론적 입장을 근원으로 하고 있다. 이 이론은 홀의 제자였던 게젤(Arnold Gesell, 1880-1961)의 표준행동연구에 의해 확립되었는데, 그는 예정론적 입장을 발전시켜 성숙주의 이론으로 발전시켰다. 게젤은 아동의 성장 발달에서 표준이 되는 행동목록을 만들어 발달적 변화에 대한 규준적 접근(normative approach)을 설정하였다.

이러한 게젤의 성숙이론은 인간발달의 몇 가지 특성을 제시하고 있다. 첫째, 신체발달처럼 인간행동도 계획된 방식에 따라 발달하기 때문에 예측가능하다는 것이다. 즉 일련의 발달적 시간표에 따른 예측가능한 변화를 '성숙'이라는 개념으로 제시하였다. 이러한 입장에서 볼 때 유아는 성숙적·내재적 영향을 받기 때문에 성숙이 이루어질 때까지 기다려야 한다.

따라서 성숙주의 이론에서는 '준비도'의 개념이 중요하다. 인간 발달은 내재적 성장의 영향을 받고 있기 때문에 자연적 시간표에 따른 성숙이 이루어진다고 본다. 따라서 성숙이라는 개념에 근거하여 어떤 것을 할 충분한 준비가 되어 있을 때까지 '기다림'이 중요하다는 것이다. 이 때 성인이나 교사는 준비도를 갖출 때까지 기다리면서 안내하는 역할을 하게 된다. 자연적 발달을 위해서도 충분한 환경과 자기 성장을 위한 터전을 마련해 주며 '준비도'에 따른 교육적 실제를 안내해야 한다고 보았다.

게젤은 성숙주의적 관점에서 인간발달의 과정을 설명하면서 몇 가지 발달의 원리를 제시하였는데 다음과 같다.

▣ 발달방향의 원리

발달이 정해진 순서와 방향으로 이루어진다는 것이다. 일반적으로 발달은 머리에서 꼬리로, 중심에서 말초로 일정한 방향을 가지고 이루어진다는 원리이다.

▣ 상호적 교류의 원리

대칭되는 두 부분이 서로 한 부분씩 발달한 뒤 균형적으로 통합되어 발달되어 간다는 것이다. 아이가 한 손을 먼저 사용한 뒤 다른 한 손을 사용하다 양손을 함께 사용하게 되는 것과 같다.

▣ 기능적 비대칭의 원리

인간은 약간의 불균형이 오히려 기능적일 수 있다는 원리이다. 신생아의 경직성 목반사와 같이 펜싱 자세로 한쪽 팔다리는 구부리고 다른 한 쪽 팔다리는 쭉 펴는 것은 기능적 비대칭의 예로 볼 수 있다.

▣ 자기규제의 원리

영유아 스스로가 자신의 수준에 맞도록 성장을 조절해나가는 것이다. 즉 자신의 능력에 맞추어 자기규제를 하면서 발달해 나가는 과정을 나타낸다.

2) 행동주의 이론

행동주의 이론은 인간 행동의 형성과정을 분석하는 '행동분석(behavor analysis)'에서 출발한다. 즉 행동주의는 경험론적 관점에 따라 환경과 경험을 통한 행동습득을 이론의 핵심으로 보고 있다. 이러한 행동주의는 파블로프, 왓슨, 손다이크, 스키너, 반두라에 이어지기까지 학습원리를 제공하면서 인간행동의 발달과 변화를 설명해 오고 있다. 이러한 행동주의 이론에 근거한 학습이론의 특성을 살펴보면 다음과 같다.

(1) 파블로프의 고전적 조건형성 실험

소화생리학자인 파블로프(Ivan Pavlov, 1849-1936)는 러시아의 한 신부의 아들로 태어나 소년시절은 그렇게 두각을 나타내지 않다가 성인이 되어 과학자로 변화하면서 철저한 실험주의자가 되었다. 그는 1904년 소화생리에 관한 연구로 노벨상을 수상한 이후, 개의 소화과정에 대한 실험과정에서 개가 먹이를 주지 않아도 발자국 소리만 듣고 침을 흘린다는 사실에 흥미를 가지고 새로운 연구문제에 도전하였다. 이러한 개의 타액 실험장치를 통한 실험연구를 거쳐 고전적 조건형성 원리를 확립하게 되었다.

■ 고전적 조건형성

일정한 자극에 의해서 선척적으로 유발되는 반사를 처음에는 그것과 아무 관계없는 중립자극과 연합시킴으로써 그 중립자극이 선천적 반사반응을 유발시키게 되는 과정을 고전적 조건형성이라고 한다. 파블로프는 개의 타액 분비 연구를 통해 이러한 고전적 조건형성의 과정을 설명하였다.

▣ 개의 타액 실험

소화액 분비에 대한 연구 수행을 위해 개의 타액분비 자료를 수집하는 과정에서 개가 먹이를 주지 않아도 발자국 소리만 들어도 침을 흘린다는 사실에 흥미를 가지고 실험을 하여 고전적 조건형성 원리를 확립하게 되었다.

▣ 고전적 조건형성의 관련 요인

① 소거(extinction)

조건반응이 형성된 후라도 무조건 자극을 주지 않고 조건자극만 반복해서 제시할 때 조건반응이 점차 약화되는 현상을 말한다. 즉 조건자극이 형성되었다고 하더라도 음식을 주지 않고 종소리만 몇 번 들려주면 더 이상 타액을 분비하지 않게 된다.

② 자발적 회복(spontaneous recovery)

소거가 이루어진 후 일정 시간이 경과한 후 조건자극을 다시 제시하면 조건반응이 우연히 다시 나타나는 현상을 말한다. 그러나 이는 일시적으로 나타나는 현상이므로 조건자극을 무조건 자극과 주기적으로 결합시켜주지 않으면 사라지게 된다.

③ 자극 일반화(generalization)

조건형성이 된 후 조건화된 자극과 유사한 자극에 조건반응을 나타내는 현상이다. 즉 특정 종소리에 타액 분비가 되도록 조건형성이 된 경우 다른 종소리에도 비슷한 반응을 보이게 되는 것이다. 이 때 일반화 정도는 원래 특정 자극과 새로운 자극의 유사 정도에 따라 일반화의 정도가 비례한다.

④ 자극 변별(discrimination)

원래의 조건자극에만 반응하고, 다른 유사 자극에는 조건반응을 나타내지 않는 현상을 말한다. 이러한 변별은 자극일반화를 변별훈련을 통해 분화시킬 수 있다. 이것은 무조건적 자극과 조건자극을 짝지어서 제시하되 조건 자극과 유사한 다른 자극에는 무조건적 자극을 제시하지 않으면 된다. 즉 특정 종소리만 음식과 결합시켜 제시하고, 유사한 다른 종소리의 경우 음식을 제시하지 않으면 차츰 변별 반응을 나타내게 되는 것이다.

(2) 왓슨의 고전적 조건형성이론

왓슨(John B. Watson, 1878-1958)은 1878년 미국 남부 캐롤라이나의 그린빌에서 태어나 학창시절은 학업에 흥미를 보이지 않고 반항적 기간을 보내다가 듀이 수하에서 철학을 공부하기 위해 시카고 대학교에 진학했지만 관심을 느끼지 못해 전공을 심리학으로 하고 부전공으로 신경학과 철학을 부전공으로 하였다. 그러다가 동물심리학에 관심을 가지면서 박사학위를 받게 되었다. 심리학은 관찰 측정이 불가능한 정신과정이나 의식에 관심을 가지기보다 관찰 측정 가능한 행동에 관심을 가져야 한다고 보았다. 이로 인해 극단적 환경결정론자로서 고전적 조건형성을 인간에게 적용시키는 계기를 마련하였다. 『행동주의 입장에서 본 심리학(1913)』을 통해 행동주의라는 말을 처음으로 사용함으로써 심리학에 새로운 바람을 불러일으키게 되었다.

▣ 왓슨의 고전적 조건형성의 원리

고전적 조건형성의 원리를 인간의 행동에 적용한 미국 행동주의의 창시자로서 왓슨은 극단적 환경결정론자이다. 그는 인간의 모든 행동은 학습된 것으로 보기 때문에 행동이 형성되는 과정에서의 행동연쇄와 반복을 중요시한다. 고전적 조건형성 원리를 아동의 발달에 적용시킨 학자인 왓슨(John B. Watson, 1878-1958)은 이러한 조건형성이 인간 행동의 변화를 유발할 수 있을 뿐 아니라 정서적 행동까지도 변화시킬 수 있음을 입증하고자 하였다. 그는 인간 행동의 조건 형성 가능성을 제시하면서 "나에게 12명의 아이와 잘 형성된 환경을 준다면, 당신이

원하는 사람으로 키워주겠다"는 유명한 말을 남기게 된다.

▣ 정서반응의 행동 획득 실험-알버트(Albert) 실험

왓슨은 정서도 행동으로서 습득될 수 있다는 입장을 견지하였다. 알버트 실험은 자극과 반응의 연합을 통해 정서를 포함한 인간 행동 형성과정을 드러내 주었다. 여기서 유아는 수동적 존재로서 자극과 반응의 연합을 통해 원하는 방향으로 만들어질 수 있다고 믿음으로써 외부 환경의 영향을 극대화시킨 입장이었다.

알버트 실험은 흰쥐에 어떠한 특정 반응이 만들어지지 않은 알버트에게 흰쥐와 더불어 큰소리를 반복적으로 제시하면 큰소리에 대한 놀람의 정서와 결합되면서 흰쥐만 보면 놀라는 정서가 형성된다는 것이다. 이것은 흰쥐뿐 아니라 하얀 토끼, 흰 옷을 입은 간호사, 털코트, 개, 심지어 산타클로스 가면을 보아도 두려움에 울음을 터트리는 일반화가 일어나게 되었음을 보여줌으로써 정서의 고전적 조건형성과 일반화 과정을 설명하고 있다.

이러한 왓슨의 실험은 연구의 도덕성 논란과 더불어 많은 비판을 받게 되었다. 이에 더불어 왓슨은 동료인 메리 존슨(Mary Jones)의 실험에 많은 조언을 하게 되어 탈조건 형성(deconditioning)을 낳게 되었다. 이는 조건형성된 정서를 탈조건 형성을 통해 없앨 수 있음을 나타내고자 하였다. 즉 불안이나 공포를 유발하는 자극을 체계적이고 점진적으로 노출시킴으로서 차츰 탈조건화를 형성토록 하는 것으로 이후 조세프 볼페(Joseph Wolpe, 1958)에 의해 체계적 둔감법 개발로 발전되어졌다.

(3) 스키너의 조작적 조건형성이론

스키너(Burrhus Frederic Skinner, 1904-1990)는 1904년에 미국 펜실베니아주의 한 마을에서 단란한 가정의 변호사의 아들로 태어나 화목한 유년기를 보냈다. 뉴욕 해밀턴 대학교에서 영문학을 전공한 뒤 졸업하여 작가가 되려고 했으나 포기하고 하버드 대학교에서 심리학을 전공

하여 박사학위를 받게 된다. 이후 메네소타대학교, 인디애나대학교를 거쳐 하버드대학교 교수로 재직하면서 많은 연구 업적을 남겼다.

▣ 스키너의 조작적 조건형성 원리

스키너(B. F. Skinner, 1904-1990)는 행동형성의 원리에 있어서 행동을 형성하는 과정에서 '강화'라는 기제를 통해 고전적 조건형성이론에 새로운 지향점을 부여하게 되었다. 그는 비둘기나 쥐를 대상으로 한 많은 실험을 통해 조작적 조건형성의 원리를 제시하기에 이른다. 학습자는 밖으로 드러나는 행동의 이해와 예측이 중요한데 이는 자극-반응의 관계를 통해 이해될 수 있다고 본다. 이것은 행동 뒤에 나타나는 결과에 의해서 그 행동이 학습될 수 있다고 보고, '강화'의 중요성을 강조하였다.

따라서 조작적 조건형성은 긍정적인 결과를 얻을 수 있는 행동은 반복하고, 부정적인 결과나 중립적인 결과가 나오는 행동은 반복하지 않는다는 원리에 근거하여 학습에서 강화의 원리를 제시하게 되고, 이는 조건형성의 교육적 전략에 큰 시사점을 던져주게 되었다.

▣ 스키너의 실험상자

스키너의 실험상자에서 배고픈 쥐는 우연히 지렛대를 밟았고, 먹이가 제공되는 과정이 반복되자 지렛대를 계속 밟는 행동을 하게 됨을 보았다. 여기서 강화는 유기체가 스스로 반응을 할 때, 그러한 반응을 야기시키는 과정으로 설명될 수 있다. 따라서 반응을 야기시키기 위해서는 실험상자에 있는 유기체에게 강화가 되는 강화물을 어떤 방식으로 제공하느냐가 중요한 학습의 방법이 될 수 있는 것이다.

▣ 학습에서의 강화

강화이론에서 강화(强化)라는 것은 반응의 확률 혹은 강도를 증가시키는 과정 및 결과를 포함한다. 이러한 측면에서 강화물은 반응의 확률을 증가시키기 위해 반응 후 제시하는 자극을 의미하게 된다. 강화의 유형은 정적 강화와 부적 강화로 구분될 수 있다. 그리고 강화물의 종류에는 음식이나 수면처럼 기본 요구를 충족시키는 일차적 강화물과 칭찬, 성적, 자격증과 같은 학습된 강화물인 이차적 강화물이 있다. 또한 돈, 지위, 권력 등과 같이 여러 개의 일차적 강화물과 결합된 일반화된 강화물 등이 있을 수 있다. 이러한 강화물은 어떻게 제공되느냐의 스케줄에 따라 그 영향이 달라질 수 있다. 연속강화와 간헐적 강화 등의 강화계획에 따라 강화의 학습효과가 달라질 수 있다.

(4) 반두라의 사회학습이론

캐나다의 엠버타라는 작은마을에서 태어난 반두라(Albert Bandura, 1925-)는 브리티시 컬럼비아 대학교에서 심리학을 전공하고 미국의 아이오와대학교 대학원에서 사회행동과 학습을 연구한 로버트 시어즈(Robert Sears)와 함께 연구를 하면서 사회학습과 공격성에 대한 연구를 하게 되었다. 그리고 1977년 『사회학습이론(*Social Learning Theory*)』을 출간하면서 행동주의 기본관점에 토대를 두고 정신의 의미와 역할을 포함시키는 새로운 이론을 제안하여 심리학의 새 지표를 열게 되었다.

▣ 사회인지이론

왓슨과 스키너와 같은 행동주의자들은 정신적 존재가 있다고 할지라도 교육에 있어서 취급할 의미가 없다고 보고, 단지 관찰 가능한 행동만이 교육에 있어서 의미있는 접근 대상으로 보았다. 그러나 1950년대 사회학습이론(social learning theory)은 행동학습의 과정에서 보이지 않는 인지적 과정에 의미를 부여했다. 대표적인 학자 반두라(Albert Bandura)는 반복적 직접 행동이 아닌 단순한 관찰만으로도 행동이 형성될 수 있다는 '관찰학습'의 개념을 제시하면서 모델을 통한 모델링(Modeling)의 과정을 중시하였다. 이는 반복이나 강화를 통한 행위적 형성이 아니라 타인의 행동을 관찰만 하여도 이를 모방함으로써 새로운 행동을 학습할 수 있다는 면에서 학습이론에 새로운 관점을 제공하였다고 볼 수 있다.

■ 관찰학습의 인지과정

관찰학습의 인지과정은 다음과 같은 네 가지의 과정을 거치게 된다고 본다.

① 주의단계: 행동을 주의깊게 관찰하고, 세심하게 특정 모델의 유사성, 사회적 힘 등에 근거하여 정보를 선택하게 되는 과정이다.

② 파지단계: 모델의 행동을 상징적 형태로 기억해 두는 과정으로서 관찰한 사항이 상징화하고 이해하고 조직화되어야 한다.

③ 재생단계: 운동재생과정은 관찰했던 것을 운동기술을 통해 수행하는 단계로서 자신의 관찰과 비교하며 스스로 교정하고 연습하게 된다.

④ 동기화단계: 어떤 행동을 학습한다는 것은 행동이 나타날 수 있어야 하는데 강화요인이 있어야 수행으로 나타내게 되는 것이다. 이 때 긍정적 결과를 얻을 것이라고 예측하는 동기화가 있어야 수행으로 연결될 수 있다.

■ 사회학습이론의 쟁점

이러한 사회학습이론은 행동주의와 인지주의의 만남이라고도 불리우면서 최근에서 사회인지이론(social cognitive theory)으로 불리고 있다. 즉 조작적 조건형성의 원리를 통해 인간의 학습을 설명하지만 또한 인지과정의 중요성을 인정하고 있다는 것이 이론의 특성이라고 볼 수 있다.

3) 정신분석이론

(1) 프로이트의 심리성적발달이론

정신분석이론의 창시자인 프로이트(Sigmund Freud, 1856-1939)는 오스트리아의 정신과 의사로서 신경증 환자에 대한 임상적 연구를 통해 인간발달의 과정을 이해하고자 하였다.

그는 건전한 성격 발달에 있어서 중요한 요인을 다음의 몇 가지로 제시하였다.

▣ 인간의 정신

프로이트는 인간의 정신을 빙산에 비유하며 의식, 전의식, 무의식으로 구성되어 있다고 하였다. 즉 빙산에서 물 위에 보이는 부분은 의식으로서 우리가 인식할 수 있는 사고, 감정, 지각 등이라고 본다. 물속에 감추어져 있는 부분은 무의식으로 정신의 가장 큰 부분을 차지함에도 불구하고 전혀 볼 수 없고 의식할 수 없다. 또한 전의식은 원할 때 의식화할 수 있는 것으로 기억, 사고, 꿈 등으로 이루어져 있다. 실제로 인간의 대부분의 행동은 무의식의 지배를 받는다는 사실에 근거하여 무의식에 대한 인간 사고와 행동의 영향을 설명하고자 하였다.

▣ 성격의 구조

프로이트(Freud)에 의하면 인간의 성격은 원초아(id), 자아(ego), 초자아(superego)의 체계로 구성되어 이들의 조화를 통해 발달된다고 보고 있다. 원초아는 원초적인 쾌락원리가 지배하고 있고, 자아(ego)는 현실원리가 지배하는 것으로 이성의 작용에 의해 조절되어질 수 있다. 또한 초자아(superego)는 양심과 도덕성에 기초하여 조절과 통제의 역할을 하게 된다. 따라서 건강한 성격은 이러한 구조들이 어떻게 상호작용하느냐에 따라 결정될 수 있다. 예를 들어 오이디푸스적 동일시와 초

자아의 발달이 미약한 사람은 그것이 미약한 만큼 원초아(id)의 힘이 강하기 때문에 충동적이며 원시적인 성격을 가지게 되는 반면 초자아가 강한 사람은 도덕적인 성격을 가지게 된다는 것이다. 그러나 성격역동에서 자아가 초자아와의 별다른 마찰 없이 원초아(id)를 만족시켜 세 가지 요소 간에 균형을 유지하게 되면 건강하고 정상적인 성격을 형성해 나가게 된다.

▣ 심리성적발달단계

인간은 선천적으로 가지고 태어나는 심리 성욕적 에너지인 리비도(libido)가 있다고 본다. 그런데 이는 신체의 어느 부위에 집중되게 되는데 어느 부위에 집중되느냐에 따라 발달단계를 설명하고 있다. 프로이트(Freud)는 이 성감대의 변화에 따라 구강기, 항문기, 남근기, 잠복기, 생식기로 단계를 구분하였다.

① 구강기(0-2세)

이 시기에는 심리성욕적 에너지인 리비도가 입, 입술, 구강, 혀 그리고 뺨 등에 집중되어 있다. 어린 유아가 구강을 통해 성적쾌감을 얻을 때 지나친 충족을 하거나 지나친 좌절을 경험하게 되면, 그 다음 단계로 넘어가지 않고 현재의 단계에 계속적으로 머물려고 하는 경향이 있는데, 이것을 고착(fixation)이라고 한다. 특히 이때는 어린 유아가 수유를 하는 시기이기 때문에 부모의 수유방식은 자녀의 성격에 중대한 영향을 준다.

② 항문기(2-3세)

이 시기는 심리 성욕적 에너지인 리비도가 항문에 집중되어 있는 시기이기 때문에 똥, 오줌 같은 배설물을 보유하고 그것을 배출하면서 쾌감을 느낀다. 따라서 부모의 용변 훈련 방법과 배설물을 대하는 어머니의 느낌에 따라 특정한 성격 및 가치관을 형성한다.

어머니의 훈련방법이나 배변 경험에 따라 항문기 강박적 성격이나 항문기 폭발적 성격이 나타날 수 있다. 이 시기의 적절한 경험은 이후 창의성 및 생산성의 기본이 될 수 있다.

③ 남근기(3-6세)

이 시기는 리비도가 성기에 집중되는 시기로, 자신의 성기를 만지작거리며 자위행위를 하면서 성적 쾌감을 얻는다. 특히 이 시기는 이성의 부모를 사랑하게 되는데 남아는 어머니를 좋아하게 되고 여아는 아버지를 좋아하게 된다. 그러나 현실적으로 남아는 아버지 때문에 어머니를 차지할 수 없음을 알고 아버지를 살해하려고 하는 적의를 품게 되는데, 이것을 오이디푸스 컴플렉스(Oedipus complex)라고 한다. 여아는 반대로 일렉트라 컴플렉스(Electra complex)라고 한다. 따라서 이 시기의 콤플렉스를 적절히 해결하는 과정에서 성역할과 도덕성이 발달된다고 보았다.

④ 잠복기(6-12세)

이 시기는 심리 성욕적 에너지인 리비도가 사라졌기 때문에 아무런 특징이 나타나지 않는 것이 아니라, 그 동안에는 특정 신체의 부위에 집중되어 있기 때문에 각 단계마다 특징이 나타났던 것과는 달리 이 시기에는 리비도가 다만 온 몸에 고루 퍼져 있기 때문에 특정한 성감대를 형성하지 않는 조용한 시기라고 볼 수 있다.

⑤ 생식기(12세 이후)

잠재되어 있던 리비도가 사춘기가 시작되면서 다시 활성화되어 성기에 집중되는데 이성과의 직접적 관계로 쾌감을 얻고자 하는 시기이다. 성기에 집중된 리비도를 적절한 방법으로 잘 해소하면 사회적으로 원만한 인간관계를 형성하고, 책임감이 발달하여 이성과의 사랑도 만족스럽게 된다. 반대로 그렇지 못할 경우에는 부적응적이고 반사회적 성격 특성을 나타낸다.

(2) 에릭슨의 심리사회적 이론

에릭슨(Erik Erikson, 1902-1994)은 프로이트의 심리성적발달이론이 강조하는 성적 에너지에 대해 부정적 입장을 가지고 있다. 그는 인간의 발달이 성적 에너지에 의한다고 보는 프로이트의 이론을 비판하며 사회적 에너지에 의하여 개인과 사회의 상호작용을 통해 과업 성취를 해 나가는 자아의 역할을 강조하였다. 이러한 특성으로 인해 발달에 있어서 자아의 역할을 강조하면서 전 생애를 걸쳐 8단계를 제시하였다.

프로이트의 정신분석학에 기초하였기 때문에 인간의 초기 경험을 중요시하며 어린 시절의 경험이 가지는 발달의 영향을 강조하였다. 그러나 에릭슨은 이러한 경향에 기초하여 사회적 요인들로 인한 인간발달의 범위를 확장하였다.

또한 심리사회적이론은 프로이트가 무의식과 원초아를 중시하였지만 에릭슨은 자아와 의식을 중시했다. 개인이 속해 있는 사회적 관계 속에서 개인의 자아의 역할을 중시하면서 사회문화적 경험을 중시하였다.

무엇보다도 에릭슨은 정신분석이론을 생애 전단계로 확장하여 제시하였다는 측면에서 큰 의의를 가진다. 발달단계를 출생에서 노년에 이르기까지 각 단계마다 거쳐야 하는 발달과업을 통해 각 단계마다 대칭되는 두 개념으로 제시하고, 이 개념이 균형을 이루며 발달해야 다음 단계로 성공적 이행이 가능하다고 보았다. 이러한 에릭슨의 생애 8단계는 다음 〈표 2-2〉와 같다.

〈표 2-2〉 에릭슨의 생애8단계

단계	연령	발달과제
기본적 신뢰감 대 기본적 불신감	출생에서 1세까지	주 양육자와의 신뢰감을 형성하는데, 일관성 있는 관계를 지속하지 못하면 불신감을 형성하게 된다.
자율성 대 수치감과 회의감	1세에서 3세까지	배변 활동의 괄약근 통제, 걷기 등을 자율적으로 수행하면서 자율성이 형성하지만 배변 실수 등의 기대에 적합한 행동을 수행하지 못하면 수치심과 회의감이 형성되기도 한다.
주도성 대 죄책감	3세에서 6세까지	프로이트의 남근기에 해당되며, 어떤 목표나 계획을 수행하려는 과정에서 주도성이 형성된다. 그러나 미숙함과 금지된 것들을 느끼면서 초자아를 내면화하여 죄책감을 경험하게 된다.
근면성 대 열등감	6세에서 12세경까지	여러 가지 기능을 열심히 배우는 과정에서 근면성을 형성하지만 실수나 실패를 하면 열등감을 형성하기도 한다.
정체감 대 역할 혼미	13세경부터 사춘기까지	자신의 위치, 역할, 능력 등에 대한 자아 정체감을 고민하면서 정체감을 형성하려고 한다. 그 과정에서 누군가 동일시 대상을 찾기도 하고, 역할 혼미가 생기기도 한다.
친밀감 대 고립감	20세경부터 초기성인기	직업과 배우자를 찾게 되며 이러한 과정에서 다른 사람과의 친밀감을 형성하기도 하지만 잘 이루어지지 않으면 고립감을 느끼게 된다.
생산성 대 침체성	중년기	자녀 출산 및 양육, 사회적 직업적 성취 등에서 생산성을 발휘하게 되지만 제대로 이루어지지 않을 경우 침체성을 겪게 된다.
자아통합 대 절망감	노년기	자신의 삶을 되돌아보고 인생의 의미를 발견하면 통합감을 형성하게 되나 후회와 실패로 무력감을 느끼면 절망감을 가지게 된다.

4) 인지이론

(1) 피아제 인지발달이론

인지발달에서 대표적인 이론은 인간의 지적 능력의 발달과정 이해에 기초한 스위스의 생물학자이며 심리학자인 피아제(Jean Piaget, 1896-1980)의 인지발달이론이다. 피아제는 인간을 능동적 존재로 주변 환경과 상호작용함을 통해 적응해 나가는 존재로 보았다. 피아제는 인간의 인지를 생물학적 적응의 한 형태로 보았다. 그의 주장에 의하면 인간은 태어날 때부터 환경과의 상호작용을 하여 끊임없이 인지구조를 변화시켜 나간다고 한다.

▣ 인지 구성과정

인지구조에 있어서 기본 개념으로 도식(scheme 또는 schema)이라는 지식의 기본 단위를 제시하고 있다. 이러한 도식은 한 유기체가 외부의 사물을 인지하기 위해 사용하는 유아의 인지구조 즉 '이해의 틀'로서 피아제가 사용한 개념이다. 이러한 인지구조의 발달에 영향을 미치는 요인은 성숙, 물리적 경험, 사회적 경험, 동화와 조절을 통한 평형화 등이 있다.

인간의 정신구조도 외부 환경에 적응하는 것으로 보았는데 이러한 적응은 동화와 조절을 통해 이루어진다. 동화는 외부의 환경이나 요소를 유아(유기체)의 기존 도식 속으로 통합하는 과정이며, 조절은 특정 환경이나 요인이 유아 자신의 기존 도식으로 이해되지 않을 경우 기존의 도식을 변형하여 인지구조를 수정하는 과정이다. 새로운 경험은 긴장과 갈등을 통해 인지구조의 불평형을 유지하게 되는데 이러한 인지구조의 균형을 유지하기 위해 동화와 조절 등을 통해 평형화로 나아가게 된다. 이러한 과정을 통해 인지구조는 더 복잡하고 정교한 형태로 구성되어져 간다.

▣ 인지발달단계

인지 구성의 과정에서 질적으로 상이한 인지발달단계가 존재한다고 보았는데 이것이 피아제의 인지발달단계이다. 이들 각 단계의 주요 발달적 특징을 살펴보면 다음과 같다.

① 감각운동기(0-2세)

첫 번째 단계는 감각운동기(0-2세)로서 지적발달의 최초의 단계로서 생득적인 반사(reflex)기능을 기초로 초보적인 감각적 도식에 의한 활동에 의존하는 단계이다. 즉 감각 운동의 행동적 도식을 형성해서 외부환경을 이해하고 적응해 가는 시기이다. 시각, 청각, 촉각, 미각, 후각의 인간의 오감을 통해 감각적 경험을 하는 가운데 인지의 기초가 발달하는 단계로서 이후의 인지발달의 기초적인 역할을 하게 된다.

이러한 감각운동기 동안 아동들은 어떤 사물이나 사람이 눈앞에서 사라졌다 하더라도 계속 존재한다는 사실을 인식하는 대상영속성의 인지개념을 발달시키기 시작한다. 또한 어떤 사건은 다른 사건을 일으킨다는 인지관계를 인지하기 시작한다. 그러나 이런 능력은 다음 단계인 전조작기에 들어서야 완전히 발달하게 된다.

② 전조작기(2-7세)

두 번째 단계는 전조작기(2-7세)라 하여 약 2세에서 7세 사이의 입학전 아동기를 말한다. 이 때는 인지가 내면화되긴 하였으나 아직 그 작용에 한계가 많아 어른의 사고와 큰 차이를 보이는 시기이다. 전조작적 사고기의 인지발달의 두드러진 특징은 기호적 기능(semiotic function), 자기중심성(ego-centrism), 중심화(centration)의 경향을 보이는 것과 더불어 보존성(conservation)의 개념을 갖고 있지 못하다는 점을 들 수 있다.

③ 구체적 조작기(7-12세)

세 번째 단계는 구체적 조작기(7-12세)로서 전조작적 사고기와는 달리 중심화에서 벗어나는 탈중심화(decentration)가 이루어진다. 즉, 한 가지 차원만 고려하고 두 가지 이상의 차원을 동시에 고려하지 못하는 전조작적 사고기와는 달리 두 가지 이상의 차원을 동시에 고려할 줄 안다. 따라서 자기중심성에서 벗어나게 되고 체계적이고 논리적인 사고가 발달하게 되며, 가역적 사고(reversibility)를 통해 논리적 사고를 할 수 있게 된다.

④ 형식적 조작기(12세 이후)

마지막 단계를 형식적 조작기(12세 이후)라 하는데 대략 15세에 완전한 발달을 이룬다. 이 때부터 논리적·추상적·과학적 사고가 가능해진다. 이 시기에는 순전히 추상적이고 가설적인 수준에서도 체계적으로 사고할 수 있는 능력이 발달한다. 예를 들어서, A는 B보다 크고 B는 C보다 크면 A는 C보다 크다라는 사고가 구체물을 제시하지 않는 가설적인 수준에서도 사고가 가능하다는 것이다.

(2) 비고츠키 인지발달이론

비고츠키(Lev Vygotsky, 1896-1934)는 러시아 태생으로서 인간 발달의 사회, 문화, 역사적 측면을 강조한 인지발달이론을 제시하였다. 피아제가 유기체 개인의 발달 자체를 강조하였다면 비고츠키는 인간 발달의 사회문화적 요인의 중요성을 강조하면서 인간의 사고과정과 학습의 전체적 상호과정을 이론화하였다.

비고츠키는 인지발달에 있어서 사회문화적 기원을 중시하였다. 한 유아가 속해 있는 사회문화는 가치와 신념을 내재하고 지적 적응 도구를 제시하게 된다. 즉 사회의 구조가 한 개인의 행동 및 정신의 구조에 결정적 역할을 한다고 보기 때문에 인간의 사고과정은 사회적 상호작용을 통해 형성되어진다고 본다.

▣ 근접발달영역

비고츠키는 유아가 사람과의 상호작용이 학습 및 발달에 중요한 영향을 가진다고 주장하였다. 그는 근접발달영역(zone of prosimal development)이란 개념을 통해 역동적 발달의 개념을 제시하고 있다.

근접발달영역이란 한 개인이 스스로 문제를 해결할 수 있는 실제적 발달수준과 성인이나 더 나은 또래의 도움을 얻어 문제를 해결할 수 있는 잠재적 발달수준 사이의 영역을 말한다. 즉 현재 수행할 수 있는 문제 해결 수준이 비슷한 두 아이라 할지라도 성인이나 더 나은 또래의 도움을 받아 해결할 수 있는 수준은 다를 수 있으며(Raines & Johnston, 2003), 이러한 차이는 학습자의 발달에 있어서 중요한 차이라고 볼 수 있다는 것이다.

▣ 스케폴딩

발달에 선행하여 학습이 발달을 유도할 수 있다고 보았기 때문에 발달을 주도할 수 있도록 학습을 통해 사회·문화적 환경을 조성해야 하며 이를 위한 다양한 방법이 필요함을 주장하였다. 여기서 교사-학생 간의 상호작용, 학생-학생 간의 상호작용이 중요한 의미를 지니게 된다.

스케폴딩(발판화, scaffolding)은 이러한 상호작용과정을 통해 학습이 점진적으로 이루어져 가는 것을 비유한 개념으로서 일반적으로 콘크리트 구조물을 만들 때 콘크리트가 굳을 때까지 구조물의 모양을 지탱해 주는 거푸집이나 지지대를 가리킨다. 따라서 이러한 스케폴딩을 설정해 주는 것을 비계설정(飛階設定)이라고 하는데, 이는 아동이 혼자 하기 어려운 지식이나 기능을 성인이나 좀더 나은 또래가 도움을 주어 그것을 내면화하도록 지지해 주는 과정을 뜻한다.

▣ 내면화

비고츠키는 내면화(internalization)를 통해 개인이 지식을 획득하는 과정을 설명하려고 하고 있다. 이는 사회적 현상인 개체 외부의 활동을 심리적 현상인 내적 수준으로 실행시켜 나가는 과정으로 이 때 사회와 문화에 대한 지식이 매개가 된다. 이러한 과정에서는 특히 독특한 문화가 가지는 상징인 언어가 중요한 역할을 한다고 보았다. 따라서 발달에서 언어는 사고발달의 중요한 도구적 역할을 하게 된다는 것이다.

이러한 비고츠키의 인지이론은 사회·문화적 환경 속에서 외부가 내부로 내면화되는 과정을 설명함으로써 사회적 상호작용과 학습의 중요성을 중시하는 새로운 견해를 제시하였다. 예를 들어 피아제의 경우 언어발달은 단지 사고 발달의 결과물로 여기는데 반해 비고츠키는 언어가 사고발달의 도구적 역할을 하는 것으로 보고 학습이 발달에 선행한다고 봄으로써 학습의 중요성과 방법적 필요성에 대한 논의를 열어두고 있다.

3. 사회 · 문화적 기초

유아교육과정은 그 사회와 문화적 배경과 요인에 근거하여 이루어져야 한다. 교육은 현장에서 찾아야 하는 역동성을 지니고 있다. 유아의 본질적 특성을 살필 때조차도 그 유아가 속해 있는 문화와 사회에 따라 삶의 양식이 달라질 수 있는 것이다.

따라서 유아교육과정은 대상의 시간과 공간적 특성에 근거하여 구성되어져야 한다는 측면에서 사회 · 문화적 기초는 중요한 고려사항이 될 수 있다. 현대사회는 저출산과 고령화라는 양대 산맥과 같은 급변동의 소용돌이에 처해 있다. 이러한 사회적 변화는 유아교육의 본질적 문제에 대한 반성과 논의를 필요로 하고 있다. 여기서는 이러한 유아교육과정의 사회 · 문화적 기초가 될 수 있는 다양한 요인들을 중심으로 살펴보고자 한다.

1) 유아교육 대상 범주의 변화

현대 사회는 유아교육현장에 대한 변화를 요구하고 있다. 특히 산업화와 여성 취업의 증가에 따라 유아교육에 대한 대상 범주가 달라지고 있다. 여성의 역할 및 자아 성취 욕구가 신장되어짐에 따라 육아의 문제가 개개인 가정에 국한될 수 없다는 사회적 인식이 증가하고 있는 추세이다.

이러한 변동의 물결가운데 우리나라에서는 1992년부터 교육법에 유치원 교육대상으로 3세아를 포함시켰으며, 보육시설의 증가로 3세 미만의 걸음마 시기의 영아에 대한 이론과 연구들이 최근 급속히 증가되어지고 있다. 이러한 사회적 영향으로 유아교육 대상 연령이 차츰 낮아지고 있고 현재 유아교육기관의 요구도가 출생에서부터 시작하여 초등학교 전학년에 이르기까지 넓어지고 있다.

유아교육 대상의 범주가 확대되어진다는 것은 유아교육과정의 성격과 내용에 있어서의 변화를 요구하고 있으며, 이에 대한 현장의 융통성 있는 실천 과제가 주어진다. 현재 우리나라 유아교육기관인 유치원과 보육시설은 유치원 교육과정과 표준보육과정을 통해 이러한 측면의 변화를 받아들이는 변화가 일어나고 있다.

2) 교육 복지적 요구의 증가

유아교육에 대한 내용 범주가 달라져야 한다는 요구가 생겨나고 있다. 과거 교육에 국한되어진 유아교육이 아니라 넓게는 복지적 차원에서의 접근을 포함하게 되어진다. 현행 유아교육에 대한 사회적 요구는 사회복지적 차원에서의 관심과 연결되어 진행된다. 따라서 새로운 복지사회로 나아가기 위해 교육공동체로서의 유아교육을 요구하고 있다.

씨족사회의 마을공동체로 살아가던 과거 전통사회에서는 육아와 교육이라는 문제가 함께 논의되고, 이루어지는 과정이었다. 삶의 방식이 일종의 품앗이와 같이 서로 연결되어 있었기 때문에 육아가 한 개인의 문제로 치부되지 않았다. 옆집 할아버지와 뒷집 아재의 사이에서 서로 살펴주고, 돌보는 문화공동체였기에 교육이나 육아의 문제도 항상 함께 할 수 있었다.

그러나 현대 사회에 오면서 삶의 터전이 개별화되고 육아와 교육의 문제도 부모 개개인의 문제로 주어지게 되었다. 이러한 과정에서 육아는 개인에게 무거운 짐이 되고, 교육의 양극화는 사회 빈부의 격차로 골을 깊게 만들게 된 것이다. 이러한 과정에서 결혼과 출산을 기피하는 사회적 현상이 나타나고, 저출산의 사회적 문제에 다다르게 되었다.

이러한 문제를 해결하기 위해서는 개인의 문제로 치부되었던 삶과 교육의 문제가 공동체의 문제로 연결되는 교육복지 개념에 대한 재인식이 필요하다. 유아의 복지와 권리를 보장하고 나아가 삶의 질을 개선하는 유아교육의 복지적 접근은 이제 개인의 문제에서 한걸음 나아가 사회의 문제로 해결하려는 노력들이 필요하다.

3) 가족 구조의 변화와 육아문제

유아교육은 가정과의 연계성 없이는 이루어질 수 없음에 대한 인식은 재론의 여지가 없을 만큼 중요하다. 특히 인간 발달의 기본틀이 유년기에 형성된다고 볼 때 유아교육에서 가장 강조되어야 할 부분이 가정교육이므로 유아교육과정은 유아교육기관과 가정의 긴밀한 연계를 고려하여 구성되어져야 한다.

현대 산업사회로 이행해 오면서 부부중심의 핵가족체계의 변화와 가족구성원수의 감소는 과거 전통적 씨족사회에서의 확대가족이 가지는 친족 간의 상호협조 체제를 약화시켰다. 현대사회에서 증가되고 있는 이혼율, 미혼모, 편부모 가족, 독신자 가족 비율 등의 영향은 가정의 기능과 역할을 약화시킴으로써 양극화와 개인화를 더욱 야기시킬 요인이 되고 있다. 현대를 살아가는 부모는 자녀양육의 과정에서 외롭고, 바쁘고, 불안한 현실에 직면하게 된다. 이것은 유아교육과정이 부모와의 협력과 교육공동체로서의 새로운 관점을 담아나가야 할 필요성을 드러내고 있다.

또한 국제결혼과 세계화라는 사회적 흐름으로 인해 가족의 다양화가 일어나고 있다. 이러한 특성은 다문화 가족과 사회적 분위기에 대한 편견의 해소라는 문제를 안게 되었다. 국제결혼이 사회적 문제로 시작되어 우리나라의 농어촌을 중심으로 확산되기 시작하였지만 이것이 현재 우리나라 사회에서는 교육의 문제로 이어지고 있다. 단순히 결혼과 가족의 문제만이 아니라 교육의 문제로 이어지고 있다는 것이다.

농어촌 지역에서 유아교육기관과 초등학교 부모상담을 하면 다문화 가정의 현실을 그대로 느낄 수밖에 없다는 교사들의 호소는 다문화 사회는 교육현장에서 이제 간과할 수 없는 문제로 부각되고 있음을 드러내준다. 따라서 유아교육과정에서도 이러한 다문화 사회와 반편견 교육에 대한 다양한 논의가 필요한 시점이라고 볼 수 있다.

이렇듯 가족수와 가족 구조의 변화는 가족의 유아교육 역할을 함께 만들어 나갈 수 있는 사회적 지원을 요구하게 된다. 유아교육과정은 이러한 가족이 유아교육의 역할을 함께 해 나갈 수 있도록 구성되어야 한다. 공동체적 관계맺기를 통해 가족을 지원하고, 부모와 유아의 관계를 회복하며, 나아가 사회의 교육공동체적 책무를 연결시켜 나가는 중요한 매개체로서 유아교육과정이 고려되어져야 할 것이다. 유아교육공동체는 대화의 장으로 유아교육에 대한 감정, 견해, 사상, 이론의 의식(意識)을 함께 공유하는 과정을 통해 실천적 유아교육과정을 구성해 나가는 것은 새로운 시대적 과제라고 볼 수 있다.

4) 유아 행동 및 특성의 변화

지마일스(Zimiles, 1986)는 현대 유아들의 행동 및 특성의 변화 경향을 사회적 태도와 자기주장, 생활습관, 학습동기, 정서적 안정성, 조기 성취에 대한 기대 등으로 제시하였다.

우선 첫째, 사회적 태도와 자기주장의 특성이란 현대의 유아들이 자기주장이 강한 반면 상대방의 이야기를 거의 듣지 않는다는 것이다. 예전에 비하여 활달하고 자기주장이 강한 반면 다른 사람의 이야기에 귀를 기울이지 않는 경향이 강해지고 있다는 것이다.

둘째, 현대의 유아들은 자신감이 확대되었음에도 불구하고 예전보다 자기통제력과 훈육이 약화되고 있으며 규율이 없다고 하였다.

셋째, 대부분의 유아들은 일찍부터 TV나 책 등을 통하여 많은 정보에 접해 많은 정보에 익숙해 있으며 영리하고 아는 것이 많다. 그러나 실제로 이해하지 못하는 것이 많으며 이러한 특성은 새로운 것에 관심을 보이거나 탐구하려는 진지한 학습태도를 갖지 못하는 경향성으로 드러난다고 하였다.

넷째, 현대의 유아들은 과거에 비해 생활 속에서 스트레스를 많이 받으며, 자신의 감정조절을 잘 못하고 쉽게 흥분하는 모습을 볼 수 있다. 이와 같은 경향은 유아에게 정서적으로 불안정을 가져오며, 공격적이거나 그와 반대로 위축이 심한 유아가 되기 쉽다는 것이다.

다섯째, 조기성취에 대한 부모의 기대가 높아져서 유아에게 현실적 학습의 준비를 지나치게 강조하는 것이다. 따라서 보다 빨리, 보다 많이 가르치고 싶은 부모의 기대는 유아들을 일찍부터 유아교육기관으로 보내고 있다. 이러한 현대사회의 변화와 부모의 갈등상황은 유아교육의 대상을 변화시키고 있는 실정이다.

요즘 나타나고 있는 유아교육현장의 문제는 유아교육의 목적성에 대한 혼돈이다. 소위 '금쪽같은 내 새끼'에 대한 조기교육의 열풍은 유아교육기관을 시장 경제의 논리에 따라 상업주의에 편승한 거대한 사교육 시장으로 변화시키는 경향성마저 나타내고 있다. 이러한 조기교육의 열풍은 현대를 살아가는 유아를 제대로 이해하고 살피기보다는 경쟁과 갈등을 통해 부모와 유아를 혼동시키는 결과를 초래하고, 유아교육과정의 정체성을 잃고 수단적 형태의 실체가 나타나게 하고 있다. 이러한 면에서 유아교육의 혼동된 시각은 부모들을 불안하게 하며, 나아가 교육적 폐단을 야기하고 있다는 면에서 사회·문화적 측면을 고려한 공동체적 의식 공유가 유아교육과정에 반영되어져야 할 사회적 과제가 부각되고 있다.

유아교육은 인생에서 전인적인 성장과 발달이 가장 포괄적이면서도 유기적인 관계로 이루어지는 초기 단계이다. 생의 초기인 이 시기에는 유아의 전체적이고 통합적인 접근을 통해 세상과 삶을 행복하고 아름답게 받아들이는 경험의 터전이 필요하다. 이를 통해 원래 가지고 있는 생명의 긍정성이 살아나고, 자연과 사람이 더불어 적극적으로 적응해 나갈 수 있는 능력이 돋워져야 한다. 이러한 측면에서 유아교육은 정체성과 전문성을 가져야 하며, 통합적인 유아 돌봄과 섬김의 실천이 요구되고 있다.

5) 문화와 전통의 특성

한 문화와 그 속에서 살아가는 민족의 삶은 불가분의 관계 속에 있다. 지구상에는 다양한 환경과 여건 속에서 문화를 만들며 각각의 삶의 터전을 이루어온 각기 민족과 국가가 있다. 민족이나 국가의 문화와 역사가 인간의 발달과 교육에 어떤 의미를 가지는가에 대한 논의와 연구들은 계속되어 왔다.

유아교육은 영유아가 살아가는 삶의 터전에서 일어나는 일들에서 시작해야 한다. 유아가 속해 있는 자연과 사람, 문화와 역사의 현장에서 느끼고, 알고, 생각하는 과정이 필요하다. 그렇다면 유아교육과정을 구성하여 열어나가는 과정에서 이러한 문화와 역사를 배제할 수 없음은 분명하다. 2007년 개정 유치원 교육과정(2008)은 사람과 자연을 존중하는 세계관에 근거하여 지역, 유치원, 유아의 다양성을 존중하도록 하여 전체적 구성 방침에 전통문화를 강조하고 있다. 이는 유아에게 우리 전통문화에 관심을 가지도록 교육과정 전반에 기저로 삼고 있다는 것이다.

유아교육은 유아들의 삶에서 출발해야 한다. 우리나라 유아들이 먹고, 입고, 생활하고, 노는 삶의 과정은 계절의 흐름, 민족 고유의 공동체적 삶의 양식, 전통 놀이와 행사, 전래되어온 노래와 동화 등의 자원에서 교육과정의 방향과 소재를 찾을 수 있다. 유아가 관심을 가질 수 있고, 의미가 있을 뿐 아니라 우리의 교육공동체가 함께 공유할 수 있는 의식과 공감의 터전이 될 수 있다는 점에서 전통과 문화는 유아교육과정의 중요한 자원임이 틀림이 없다.

우리나라 유아교육현장은 다양한 국외 프로그램의 조합체라고 할만큼 너무 쉽게 외국 프로그램을 도입하고, 그러한 내용에 매여 있다. 심지어 관심을 모으고 있는 온갖 국외 프로그램을 유행처럼 도입하고, 바꾸는 과정을 통해 우리나라 유아교육의 정체성은 찾아볼 길이 없다. 우리나라 유아교육현장은 우리나라 유아들의 삶과 놀이와 성향에 맞는 형태가 되어야 한다. 뿌리 깊은 나무처럼 우리나라 유아들의 전통과 역사에 기반하여 문화를 만들어가는 유아교육과정이 필요하다. 우리의 유아교육과정을 세계에 알릴 수 있는 인간 본연의 문화적 이해를 기반으로 한 유아교육과정의 구성과 실천이 요구되는 현실이다.

6) 지속가능사회로의 요구

레이첼 카슨(Rachel Carson, 1962)의 『침묵의 봄』은 인간의 작위적 행위가 자연에 어떠한 영향을 주는가에 대한 세계적 경고를 던져 주었다. 이러한 논의에서부터 근래 이루어지는 생태적 담론들은 지속 가능 사회를 위한 사회적 각성을 요구하고 있다. 경제성장과 과학발달로 편리한 생활을 지향하며 성장제일주의로 달려 왔다. 그러나 요즈음 사람들은 참살이(well-being)를 호소하며 관련 삶의 변화를 주장하고 있다. 이는 먹을거리, 운동, 의식주, 생활용품에 이르기까지 다양한 측면에서 새로운 각성을 요구하고 있다. TV 다큐멘터리로 '환경의 역습', '아이를 살리는 생명의 밥상', '경고, 우리 아이들 몸이 이상하다', '생태건축', '아토피' 등은 우리나라 사람들의 삶을 들여다보면서 생태적 각성을 불러일으켰고, 이러한 논의는 육아와 교육의 문제까지 이르고 있다.

농경사회의 유아교육은 마을과 자연을 토대로 아이답고 자연스럽게 자라도록 지원하는 삶의 교육이었다. 그러나 산업사회가 도래하면서 유아교육은 구조와 기능적 차원에서 보호·교육되는 형태로 바뀌게 되었다. 즉 효율적 통제와 관리 방식에 초점을 두고 제도화의 형태가 작위적으로 이루어지고, 이러한 과정에서 교육도 경제원리의 소용돌이 속에서 경쟁 체제에 놓이게 되었다.

21세기는 세계화와 경쟁화라는 커다란 사회문제에 직면하여 인간소외 및 개인주의를 통한 사회적 병폐에 직면해 있다. 이러한 시대적 문제를 해결하기 위해 교육적 논의에 있어서 현대사회가 가지는 지향점을 좀더 심층적으로 고찰할 필요가 있다. 더 넓은 미래를 생각한다면 지속가능사회라는 본질적 지향점을 현 교육의 중요한 쟁점으로 삼아야 할 것이다. 유아가 가지는 생명의 본질, 이치, 원리, 질서를 총체적으로 살피고 교육살림의 실천으로 나아가기 위한 노력이 필요한 시점이다.

이러한 측면에서 지속가능사회를 위한 사람과 자연의 관계, 사람과 사람의 관계를 고려한 새로운 유아교육적 접근이 이루어질 때 유아교육 현장에서 실천력을 가지고, 함께 돌보는 유아교육과정의 변화가 모색될 수 있다.

유아교육에서 다루어지는 내용과 방법은 무엇이어야 하는가? 영유아들에게 무엇을 해야 하고, 어떠한 교육과정을 구성해 나가야 하는가는 다각적인 학문과 발달적 견해에 따라 다양할 수 있으나 시대와 사회가 보여주는 목소리에도 귀를 기울일 필요가 있다. 아동중심을 부르짖는 21세기의 유아교육의 현장 속에 과연 얼마나 만족스러운 유아교육이 실현되고 있는가를 점검한다면 반성적 입장이 뒤따르지 않을 수 없다.

현대사회의 빠른 성장 속도와 사회의 다변화 속에 유아교육 현장 또한 예외 없이 좀더 빨리 성장하기를 바라는 사회적 압력에서 자유로울 수 없다. 아이들은 변화하는 가정생활에 적응해야 하고, 보다 빨리 글자를 배우고, 다양한 특정 예능과 기술을 연마해 나가야 한다는 부담을 안고 산다. 수란스키(Suransky, 1982)는 본래 '아동기'가 가지고 있는 의미를 잃어가고 있는 현실을 지적하면서 미래사회의 '아동기 실종'을 경고하였다. 이것은 영유아들이 자신의 시대에 누려야 할 기쁨과 권리를 박탈당하고 있는 현실에 대한 경고일 수 있다.

이렇듯 사회가 가지는 역기능적 성장의 모습은 교육의 공동체적 성격을 통해 치유될 수 있을 것이다. 유아교육현장에서 부모, 유아교육기관, 유아가 함께 어우러질 수 있는 생각의 전환이 요구된다. 각자 독립적으로 인식될 때에는 모두가 외로울 수밖에 없다. 그러나 이들이 돌봄의 공동체라는 하나의 고리로 연결될 때 순환과 지원의 체제가 만들어질 수 있다. 부모는 유아교육기관과 유아를 지탱해 주고, 유아교육기관은 부모와 유아를 지탱해 주고, 다시 유아는 부모와 유아교육기관을 지탱해 주는 받침돌이 되어줄 때 서로는 순환과 지원을 통해 함께 하는 공동체로 엮어질 수 있다.

21세기 유아교육현장이 영유아의 현실적 요구와 특성을 바로 파악하고 공동체로서 관계를 맺고 협력해 나가는 과정이 사회적 차원에서 이루어져 나갈 때 교육복지의 실현과 더불어 바람직한 유아교육과정을 실천해 나가는 유아교육의 지혜를 넓혀갈 수 있을 것이다.

제 3 장

유아교육과정의 접근법과 유형

유아교육과정은 개념적 이해와 철학적, 심리적, 사회·문화적 기초에 근거하여 다양한 접근이 이루어질 수 있다. 유아교육과정이 어떠한 접근으로 이루어질 수 있는가를 탐색하는 것은 유아교육과정의 본질적 이해의 기초가 될 수 있다. 따라서 유아교육과정에 대한 다양한 접근과 이에 기초한 유형 분류를 논의해 봄으로써 유아교육과정의 이해를 돕고자 한다.

1. 유아교육과정의 접근법

유아교육과정의 접근은 그 기준을 어디에 보느냐에 따라 다양한 시각으로 접근될 수 있다. 개념적 관점, 교육철학적 관점, 발달적 관점, 다양한 사회적 이슈나 쟁점에 따라 다각적 접근이 이루어질 수 있으나 교육철학 및 발달적 관점에 따라 살펴보면 다음과 같다.

1) 성숙주의적 유아교육과정

루소(Rousseau)의 자연주의 사조에 근거를 두고, 게젤(Gesell)의 성숙이론에 근거한 성숙주의는 인간 발달에 내적 시간표와 성숙의 요인을 중시하는 입장이다. 이러한 성숙주의적 유아교육과정은 심리발달적 측면에서 게젤, 프로이트, 에릭슨 등의 이론에 근거를 둔다고 볼 수 있다. 게젤은 유아의 발달이 일정한 시간표에 따라 이루어진다고 보고 이를 성숙이라는 개념으로 정의하였다. 이러한 성숙주의는 인간발달에 있어서 유아 내부에 성장의 힘이 있다고 보는 것으로 모든 유아에게 나타나는 인간발달의 보편성에 관심을 두게 된다. 즉 유아 자신의 내적 요구와 발달 순서에 근거한 유아의 보편적 성숙의 원리가 있고, 이에 근거하여 유아는 그 자체의 가능성을 최대한 발휘하며 성장할 수 있다고 보는 것이다.

성숙주의적 유아교육과정은 성인이 유아에게 그들의 성숙 수준을 넘어서는 성취를 기대하거나 강요하지 말아야 하며, 지나친 개입은 오히려 부정적 영향을 낳는다고 본다. 따라서 교육과정에 있어서 미리 계획된 체계적 교육과정이기보다는 유아 스스로 흥미와 수준에 맞게 행하며 이루어가는 과정을 중시하게 된다. 여기서 유아는 예정적, 유전적으로 계획된 발달을 이루어가게 되며, 유아의 내적 가능성에 따른 '전인적 성장'을 도모하는 교육과정을 구성하게 된다.

이러한 유아교육과정에서 교사는 유아들의 발달수준에 적합한 자료를 충분히 제공하고, 아이들은 스스로 적합한 활동을 선택할 수 있다. 따라서 일반적으로 흥미영역이 구분되고 많은 종류의 다차원적 교재들이 제공된다. 이 때 교사들은 지지적 환경 속에서 유아들이 자유와 허용 속에서 선택적이고 주도적 활동이 이루어지도록 한다.

2) 행동주의적 유아교육과정

행동주의는 파블로프, 왓슨, 스키너 등에 의해 계승되어 온 것으로 유아의 발달에 외적 요인을 중시하여 유아 행동의 변화를 발달로 보는 입장이다. 행동주의적 유아교육과정은 환경적 자극이나 조건형성에 의해 학습되도록 하는 과정을 교육과정으로 보기 때문에 외적 환경들을 조직하고 변화하여서 유아의 행동을 촉진하거나 소거시킬 수 있다고 본다.

행동주의 유아교육과정은 문화전승주의적 교육이념을 바탕으로 궁극적으로는 사회가 필요로 하는 지식이나 기술을 전승하고 지도하여서 적절한 행위를 할 수 있도록 하는 과정을 중시하게 된다. 유아의 흥미나 관심보다는 잘 계획된 교육과정에 근거하여 체계적으로 유아의 바람직한 행동을 지시하고, 수정하고, 강화해야 한다.

이러한 행동주의 유아교육과정에서 교사는 유아의 행동을 적극적으로 지시하고, 강화하는 역할을 하여 바람직한 행동으로 유아를 이끄는 역할을 한다. 따라서 구조화된 학습과정을 통해 직접적 교수법을 사용하게 된다.

행동주의적 접근을 통해 구성된 유아교육 프로그램으로는 디스타 프로그램(DISTAR Program)이 있다. 이는 미국 오리건 대학(University of Oregon)의 교수인 버라이터, 엥겔만, 베커, 오스번 등에 의해 개발된 행동주의 학습 이론에 기초한 유아 교육 프로그램으로, 초기 개발자들의 이름을 따서 버라이터-엥겔만 프로그램(Bereiter-Engelmann Program), 베커-엥겔만 프로그램(Becker-Engelmann Program)이라고 불려진다.

3) 상호작용주의적 유아교육과정

발달이란 유아와 환경의 상호작용을 통해 능동적으로 구성되어진다고 보는 구성주의는 유아교육의 새로운 접근을 열어주었다. 피아제(Piaget)의 인지발달이론이나 비고츠키(Vygotsky)의 이론에 심리적 근거를 둔 상호작용주의 또는 구성주의적 접근은 유아의 발달을 유전과 환경의 상호작용 결과로 본다.

상호작용주의적 유아교육과정은 인간의 내적 본성이나 외적 환경의 어느 한쪽이 아니라 이들의 상호작용을 통해 유아들이 어떻게 발달하게 되는가에 관심을 가지게 된다. 이러한 구성주의적 접근은 유아들의 사고 활동이 환경과 유아의 상호작용에 의해 능동적으로 이루어진다고 보는 것이다. 따라서 각 발달단계에서 경험의 적절성이 필수적이라고 볼 수 있다. 즉 발달의 능동적 구성자인 유아가 환경과 적극적으로 상호작용을 함으로써 발달을 구성해 나가기 때문에 유아의 발달 특성에 맞는 적절한 환경이 주어졌을 때 적극적 상호작용이 일어나서 발달을 구성해 간다는 것이다.

이상의 세 가지 유아교육과정의 접근은 이후 서로 간의 차이와 의미를 분석하려는 논의들을 일으키게 되었다. 특히 이러한 접근들이 가지는 의미와 효율성에 대한 연구가 이루어져 왔고, 이에 근거한 다양한 프로그램의 분석과 적용에 대한 다각적 논의가 이어지고 있다. 이러한 다양한 논의(Bissell, 1972; Decker & Decker, 1997; Peters, Neisworth, & Yawkey, 1985)들을 종합하여 성숙주의 접근법, 행동주의 접근법, 상호작용주의 접근법에 근거한 유아교육과정을 비교 종합하면 다음의 〈표 3-1〉과 같다.

〈표 3-1〉 세 가지 유아교육과정 접근법의 비교

	성숙주의 접근법	행동주의 접근법	상호작용주의 접근법
교육 철학적 사조	낭만주의	문화전승주의	진보주의
심리적 기초	게젤, 프로이트, 에릭슨 등의 이론에 근거함	왓슨, 스키너, 반두라 등의 이론에 기초를 둠	피아제, 비고츠키의 이론에 기초함
발달의	· 유아는 적응적 존재로 봄	· 유아는 능동적이고 수동	· 유아는 능동적 존재로 봄

기본 가정	· 예정적, 유전적으로 자연적 시간표에 의해 계획된 과정으로 성장 및 성숙되어가는 질적 변화를 중시함	적 존재로 봄 · 환경적 자극과 조작을 통해 인간행동이 형성되어감으로써 양적으로 변화되어지는 결과를 발달이라고 봄	· 환경과 유아의 상호작용을 통해 발달적 단계에 의해 진전을 이루면서 질적 변화와 양적 구성을 동시에 이루어 나간다고 봄
학습에 대한 견해	· 내외적 동기유발 · 사회적 경험에 기초를 둠 · 자연적 전개과정 · 개인적 변화과정	· 환경으로부터의 동기유발 · 언어에 기초를 둠 · 특별한 훈련에 기초 · 결과 중심의 접근	· 내면으로부터의 동기유발 · 감각교육에 기초를 둠 · 다양한 경험에 기초 · 과정 중심의 접근
교육 목표	전 인격적 유아의 전인적 성장	지식이나 기술 습득을 통한 유아의 바람직한 행동 변화	학습에 대한 동기유발과 태도 및 성향의 형성
교육 내용 및 활동	유아의 관심에 근거한 광범위한 주제들이 소개되고, 흥미영역 및 견학 등의 다양한 놀이중심의 활동으로 구성됨	특정 문화 전달적 성격을 지닌 구조화된 지식이나 학문적 요소를 유아에게 동일한 방식으로 조작적으로 형성시키고자 함-연습지 형식이 많음	단원이나 주제에서의 학문적 내용은 수단으로서 유아들이 활동을 통해 발견적 학습을 할 수 있도록 내용을 선정하고 조직함
일과 운영	· 혼합연령집단이 일반적임 · 넓은 환경에서 흥미영역으로 구성됨 · 활동은 유아들이 선택하고, 일과는 유아들의 요구와 관심에 따라 융통성 있게 구성됨 · 교사는 유아주도적인 환경 속에서 유아를 지지하고, 언어적 외적 동기(칭찬과 같은)를 부여함	· 단일연령집단이 일반적임 · 좁은 공간을 칸막이로 구분하여 산만함을 최소화함 · 활동은 교사에 의해 정의되고, 일과는 맞추어진 시간표에 의해 집단으로 실시됨 · 교사는 직접적 교수법에 의해 행동수정의 원칙들을 사용함	· 다양한 집단구성이 지배적임 · 넓은 환경으로 구성하고, 성숙주의 접근보다는 제한적인 흥미영역으로 구성됨 · 활동은 미리 계획된 활동이 주어지지만 유아들이 적극적으로 참여하여 스스로 활동을 구조화하도록 상호작용을 함 · 교사는 활동을 준비하되, 상황에 따라 적극적일 수도 수동적일 수도 있음
평가	· 유아의 평가는 전인적 성장을 자연관찰을 통해 평가함 · 표준 행동발달의 순서에 따라 발달이 이루어지고, 자유와 허용이 주어지는가에 대한 프로그램 평가가 이루어짐	· 형식적 평가에 의해 체계적으로 진단됨 · 학습자의 성취 유무에 따라 프로그램 평가가 이루어짐	· 사고능력이 변화는 것이 아니라 더 진보된 발달단계로 진보하는 것이라고 봄 · 발달단계로 진보되어 가는가에 대한 프로그램 평가가 이루어짐

2. 유아교육과정의 분류 및 유형

유아교육과정은 교육철학 및 개념정의, 발달심리, 교육방법 및 운영의 형태에 따라 다양한 형태의 접근들이 있을 수 있다. 유아교육과정은 학자에 따라 다양한 측면에서의 접근방식에 따라 상이한 형태로 분류될 수 있다. 유아교육과정에서는 이러한 다각적 기준에 따라 유아교육과정의 유형을 체계적으로 분류하려는 시도들이 있어 왔는데 대표적 유형 분류로 와이카트(Weikart), 비셀(Bisell), 메이어(Mayer), 그리고 콜버그와 메이어(Kohlberg & Mayer)의 분류를 중심으로 살펴보고자 한다.

1) 와이카트의 분류

와이카트(Weikart, 1972)는 학습의 주도권이 누구에게 있느냐와 교사와 유아가 학습에 참여하는 방식에 따라 계획된 교육과정, 개방체제 교육과정, 아동중심 교육과정, 보호적 교육과정으로 나누고 있다. 이는 학습의 주도권과 수동적 반응자가 어디에 있느냐에 따라 〈그림 3-1〉과 같이 분류될 수 있다.

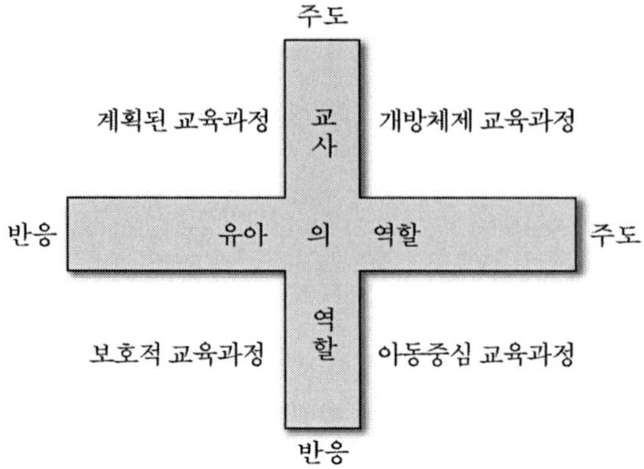

〈그림 3-1〉 와이카트의 교육과정 유형 분류

(1) 계획된 교육과정

계획된 교육과정(programmed curriculum)은 교사가 교육과정을 구조화하여 계획하고, 유아들이 정해진 계획에 따라 반응하도록 조직된 유아교육과정이다. 이 교육과정은 교사가 학습의 주도권을 가지고 있고 계획적으로 조직하여 전개된다. 이에 반해 유아는 계획과 요구에 근거해 반응하는 역할을 하게 된다.

계획된 교육과정은 행동주의적 접근법에 기초를 두고 있으며 읽기, 언어적 기술, 수학적 기술을 습득시키기 위한 것을 기본 목표로 설정하고 있다. 대표적 프로그램의 예로는 버라이터(Bereiter), 엥겔만(Engelmann), 베커(Becker)에 의해 구성된 디스타 프로그램(DISTAR Program)이 있다.

(2) 개방체제 교육과정

개방체제 교육과정(open-framework curriculum)은 교사도 주도권을 가질 뿐 아니라 유아도 주도권을 가지고 대등한 입장에서 상호작용을 하는 유아교육과정이다. 따라서 이러한 교육과정에서는 교사와 유아, 유아와 유아, 유아와 교구 간의 상호작용을 모두 중요시하게 된다.

개방체제 교육과정은 주로 피아제의 인지발달이론에 근거를 두고 있으므로 상호작용적 접근법에 기초를 두고 있다고 볼 수 있다. 그러므로 유아의 직접 활동과 경험을 통해 유아의 사고·인지과정 속에서 논리적 사고와 원인과 결과를 연결하는 능력의 발달을 중시하게 된다. 대표적 프로그램의 예로는 카미-드브리스(Kamii-DeVries) 프로그램, 하이스코프(High Scope) 프로그램, 라파텔리(Lavatelli) 프로그램을 들 수 있다.

(3) 아동중심 교육과정

아동중심 교육과정(child-centered curriculum)은 학습의 주도권을 유아가 가지고 있는 형태로 교사는 단지 유아의 요구에 반응하는 역할을 하게 된다. 교육의 목적은 사회·정서적 성숙을 통해 전인적 발달을 도모하고, 교육내용은 아동의 흥미에 맞추어 유아에게 유용한 생활 속 소재로 구성되며, 놀이중심으로 사회적·정서적 성숙을 중시하게 된다.

아동중심 교육과정은 성숙주의적 접근법에 기초한 유아교육과정으로서 교실에 여러 흥미영역을 구성하여 자유롭게 활동을 구성하도록 하고 있다. 대표적 프로그램의 예로는 뱅크스트리트(Bank street) 프로그램을 들 수 있다.

(4) 보호적 돌봄

보호적 돌봄(custodial care)은 주도권이 어느 누구에게 있는 것이 아니라 교사도 반응을 하고, 유아도 반응을 하는 유아교육과정이라고 볼 수 있다. 이러한 형태에서는 교육보다는 신체적 위험이나 질병으로부터 보호해 주는 역할에 중점을 두게 된다. 그러나 와이카트는 보호적 돌봄만 수행하는 교육과정은 존재할 수 없다고 보고 있으며, 현실적으로도 보호적 돌봄만이 이루어지는 유아교육과정은 존재하기 어렵다.

2) 비셀의 분류

비셀(Bisell, 1974)은 유아교육과정의 모형을 교육목표, 수업방법 및 과정 등에 따라 허용적 심화모형, 구조적 인지모형, 구조적 정보모형, 구조적 환경모형으로 분류하고 있다.

(1) 허용적 심화모형

허용적 심화모형(permissive-enrichment model)은 유아의 요구나 흥미에 따라 경험과 환경을 제공해 주는 교육과정으로서 유아의 요구에 적절히 반응하는 것이 중요한 교사의 역할이 된다. 유아의 전인적 성장 및 발달을 중시하는데 보통 이 모형은 유아 적응중심의 교육과정이다.

(2) 구조적 인지모형

구조적 인지모형(structured-cognitive model)은 교사가 미리 학습 경험을 위계적으로 세분화하여 유아들은 정해진 시간에 교사에 의한 직접적 교수방법을 통해 학습되어지는 형태를 띠게 된다. 이러한 모형은 적성 및 태도의 발달과 언어 발달에 중점을 두고 있다.

(3) 구조적 정보모형

구조적 정보모형(structured-informational model)은 교사 중심으로 구조화되어 있지만 구조적 인지모형에 비해서는 덜 구조화된 방식이다. 이 모형은 학문적 기술 습득을 위해 구조화된 정보를 교사의 지시에 의한 상호작용을 통해 제공하는데 보통 저소득층 유아를 위한 학교준비 프로그램으로 활용되는 모형이다.

(4) 구조적 환경모형

구조적 환경모형(structured-environment model)에서 교사는 유아를

위해 적절한 환경을 제공하고, 유아는 스스로 자신의 흥미나 발달수준에 따라 배우고 수정할 수 있도록 하는 모형이다. 여기서는 내용을 가르치는 것보다 학습과정에 초점을 두고 교사는 중재자로서의 역할을 수행하게 된다.

3) 메이어의 분류

메이어(Mayer, 1972)는 교육과정을 한 가지 차원에서만 분류해서는 정확한 유형 구분이 어렵다고 보고, 유아교육의 기초 요소를 교사와 유아, 유아와 교구, 유아와 유아의 상호작용 정도에 따라 아동-발달모형, 언어-인지모형, 언어-교수모형, 감각-인지모형으로 나누었는데 그 특성은 다음 〈표 3-2〉와 같다.

〈표 3-2〉 메이어의 유아교육과정 유형의 특성 비교

	언어-교수모형	언어-인지모형	아동-발달모형	감각-인지모형
상호작용	• 교사와 아동의 상호작용이 매우 중시됨 • 아동과 교구의 상호작용, 아동과 아동의 상호작용 중시되지 않음	• 교사와 아동의 상호작용 중시됨 • 아동과 아동의 상호작용이 중시됨 • 어느 정도의 아동과 교구의 상호작용도 이루어짐	• 아동과 아동의 상호작용이 매우 중시됨 • 아동과 교구의 상호작용 중시됨 • 교사와 아동의 상호작용도 이루어짐	• 아동과 교구의 상호작용이 매우 중시됨 • 교사와 아동의 상호작용, 아동과 아동의 상호작용은 중시되지 않음
이론적 접근법	• 행동주의적 접근법	• 구성주의적 접근법 • 피아제 인지발달이론	• 성숙주의적 접근 • 프로이트, 에릭슨, 게젤	• 몬테소리 교육 이념
와이카트 분류와의 비교	• 계획된 교육과정	• 개방체제 교육과정	• 아동중심 교육과정	

(1) 아동-발달 모형

아동-발달 모형(child-development model)은 유아의 발달단계 및 발달적 요구에 따라 구성된 교육과정에 근거하여 유아가 직접 활동하는 과정을 중시하게 된다. 또한 유아의 사회·정서 발달이 주요 목표로 이러한 발달이 이루어지면 인지적 발달도 함께 이루어진다는 견해이다.

이러한 모형은 프로이트, 에릭슨, 게젤 등의 발달이론에 기초함으로 성숙주의적 유아교육과정의 접근법에 근거하고 있다고 볼 수 있다.

(2) 언어-인지 모형

언어-인지 모형(verbal-cognitive model)은 유아의 사회성 발달과 인지적 발달의 상호작용을 중시하여 두 영역의 조화로운 발달을 지향한다. 그러나 이 모형에서는 하루의 활동을 교사가 계획하여 주도하고, 교구의 사용법을 계열화하여 인지능력을 촉진하는데 그 목적을 두고 있다.

언어-인지 모형은 피아제 이론을 기초로 하고 있지만 미국의 행동주의 이론에 맞도록 만들어진 피아제 이론에 근거하여 만든 특성을 반영하고 있다. 따라서 구성주의적 접근법에 기초하고 있지만 피아제 이론을 올바르게 반영하지 못했다는 지적을 받는 모형이기도 하다.

(3) 언어-교수 모형

언어-교수 모형(verbal-didactic model)은 언어, 읽기, 셈하기에 관련된 지식을 직접 가르치는 과정으로 교사는 언어적 지식, 학습의 계열성을 강조하여 순서에 따라 교육과정을 진행하고, 유아는 인지적 목표를 달성하기 위해 언어적 칭찬, 적절한 보상 등을 받게 된다.

이러한 모형은 행동주의적 접근을 따르게 되는데 특별히 저소득층 유아들을 위해 지시적 교수와 언어발달을 강조하는 특징을 나타낸다.

(4) 감각-인지 모형

감각-인지 모형(sensory-cognitive model)은 유아의 감각과 실생활 습관의 훈련을 중시하면서 유아의 구체적 대상 및 사물과의 직접적 체험 및 접촉을 중시한다. 따라서 교사는 유아의 학습에 적절한 교구와 환경을 준비하고 관찰하며, 유아는 자신의 흥미와 발달수준에 맞는 과제를 선택하여, 단계적으로 순서화된 교구 및 환경과의 상호작용을 통해 발달하게 된다고 본다.

이러한 모형은 대표적으로 몬테소리의 교육이념 및 방법에 입각해서 개발된 프로그램이라고 볼 수 있는데 아동과 교구와의 상호작용을 매우 중시하게 된다.

4) 콜버그와 메이어의 분류

콜버그와 메이어(Kohlberg & Mayer, 1972)는 교육이념에 근거하여 유아교육과정을 낭만주의(romanticism), 문화전승주의(cultural transmission), 진보주의(progressivism)의 3가지로 나누어 분류하고 있다. 콜버그와 메이어의 이러한 유형 분류의 이론적 기초를 요약(임재택, 1993)하면 다음 〈표 3-3〉과 같다.

〈표 3-3〉 유아교육과정 유형의 이론적 토대

유아교육과정유형		유아교육과정 기본 가정		
교육이념	유아교육과정분류	심리학	인식론	가치론
낭만주의	성숙론적 유아교육과정	성숙이론	합리론	가치절대론
문화전승주의	환경론적 유아교육과정	학습이론	경험론	가치상대론
진보주의	상호작용론적 유아교육과정	인지발달이론	상대론	합리적 윤리관

(1) 낭만주의

낭만주의적 교육이념은 유아는 자연스러운 성숙을 하게 된다고 보기 때문에 유아의 내적 본성에 근거하여 내적 요인에 의하여 성숙하는 과정을 중시하게 된다. 따라서 이러한 교육이념에 근거한 교육과정은 성숙주의적 접근법의 기초를 둔 성숙론적 유아교육과정이 될 수 있다. 즉 개인의 개성, 자유, 자발성 등에 초점을 두게 된다.

낭만주의 교육 이념에 근거한 성숙론적 유아교육과정의 성격을 띠는 유아교육 프로그램은 개방교육 프로그램(Open education), 섬머힐 학교 프로그램(Summer hill school program) 등이 있다.

(2) 문화전승주의

문화전승주의는 유아의 발달을 외적인 요인에 의해 결정된다고 보고 있기 때문에 문화전달적 환경과 학습의 중요성을 중시한다. 따라서 문화전승주의 교육이념에 근거한 유아교육과정은 직접교수와 지식 전달을 중시하는 행동주의적 접근법이 기초가 되는 형태를 띠게 된다. 이러한 유아교육과정은 내용을 매우 구조화하여 조직적 교수전략을 수행하게 되며, 사실이나 정보의 습득을 위해 교사중심적 과정을 거치게 된다.

문화전승주의에 기초한 환경론적 유아교육과정은 디스타 프로그램(Distar program), 행동분석 프로그램(Behavior analysis program), 다-시 프로그램(DARCEE program), 투산 프로그램(Tuson early education model) 등이 있다.

(3) 진보주의

진보주의에 근거한 교육철학은 아동의 개성을 계발하여 전인적 인간을 육성하고자 한다. 진보주의 교육운동의 기원은 루소의 「에밀」로 거슬러 올라가게 된다. 그러나 이러한 유럽의 전통과 결합하여 루소의 실용주의적 경험론은 아동의 생활중심의 교육과정을 중시하게 되며, 진보주의 교육사상을 구체화하게 되었다.

콜버그와 메이어는 이러한 진보주의에 근거한 유아교육과정을 피아제의 인지발달이론과 접목하여 상호작용론적 유아교육과정 또는 구성주의적 유아교육과정이라는 형태로 분류하고 있다. 이러한 교육과정은 인간의 생득적 측면과 외부 환경적 요인을 동시에 강조하여 능동적 상호작용을 통해 질적, 양적 변화를 모두 거쳐서 전인적 성장으로 나아간다고 보고 있다.

이러한 진보주의에 기초한 상호작용론적 유아교육과정은 까미-디브리스 프로그램(Kamii-DeVries program), 하이스코프 프로그램(High/Scope program) 등이 있다.

유아교육과정의 성격 및 실제

제 2 부

제 4 장

우리나라 유치원 교육과정의 변천

유아교육기관은 철학적, 심리적 이해와 시대적 상황에 따라 다양한 형태로 이루어질 수 있다. 현행 우리나라 유아교육기관은 유치원과 보육시설로 나누어 접근되어 있다. 따라서 국가 수준의 교육과정 또한 유치원 교육과정과 표준과정으로 이원화되어 있다. 유아교육과정을 이해하기 위해 우리나라에서 이러한 유아교육과정이 어떻게 변천되어 왔는지에 대한 이해가 중요할 것이다.

1. 유치원 교육과정 제정 이전

1) 초기 유치원 설립시기

우리나라 유치원의 역사를 살펴보면 1876년부터 조선에 거주하는 일본인 고급관료와 부잣집 자녀를 위해 설립된 '부산유치원'이 있었으나 이는 일본인 교사에 의해 일본인 자녀를 위주로 한 교육이라는 측면에서 한계를 가진다.

그 후 1908년도 함경북도 경성군 나남읍에 설립된 나남 유치원은 한국인 자녀들을 위한 최초의 유치원이었으나 교사는 역시 일본인이었다. 또한 1913년에는 한국인을 위해 한국인 교사가 교육을 실시한 '경성유치원'이 백인기에 의해 설립되었다. 그러나 경성유치원은 한일합방(1910년)으로 일본에 동조하는 특수계층의 자녀를 대상으로 하는 일본인 동화교육의 성격을 띠고 있었다는 점에서 한계를 가지고 있다.

한국인의 자녀를 위한 교육 중에서 일본식 교육에서 벗어난 유치원의 역사로는 1914년 미국 선교사 브라운리(Charlott G. Brownlee)에 의해서 설립된 '이화유치원'을 들 수 있다. 이러한 이유로 이를 일반적으로 우리나라 최초의 유치원으로 이해하는 경우가 많다. 이화유치원 원장이기도 한 선교사 브라운리는 미국의 개혁 유치원 교육과정인 활동중심 유아교육과정을 번역하여 소개하고 기독교적 정신에 입각하여 유아교육을 실시하였다. 그리고 1916년에 현재 중앙대학교의 모체인 '중앙유치원'이 박희도에 의해 설립되었고 전국적으로 다양한 유치원이 생성되었다.

따라서 우리나라 초창기 유치원들은 일제시대의 식민지 교육과 기독교사상이 그 이론적 기초를 가졌다고 볼 수 있다. 특히 우리나라 초기 유치원 교육과정은 통제적이고 규칙적인 일본식 프뢰벨(Fröbel)의 사상에 영향을 받은 경우가 많았고, 선교사들에 의해 설립된 유치원의 경우 기독교 사상에 기초하여 구성되어졌다.

우리나라 유치원에 관한 최초의 법령은 1922년 2월 4일 공포된 제2차 조선교육령에 이어 1922년 2월 16일에 총독부령 제11호로 소학교령이 발표되었는데 여기에 「유치원 규정」이 포함되어 있었다. 이는 해방될 때까지 유치원 교육을 관장하였다. 소학교령 중 유치원 교육과정과 관련된 내용을 살펴보면 다음과 같은데, 이는 당시 일본의 유치원 관련 법규와 일치하는 것이었다.

총독부령 제11호「소학교령 규정」(1922년) 중에서

[제1조] 유치원은 3세부터 7세까지의 유아의 보육을 목적으로 한다.

[제5조] 유아를 보육할 때는 그 심신의 건전한 발달과 선량한 습관을 얻게 되고, 그러므로 가정교육을 보충할 것을 요한다. 유아의 보육은 그 심신의 발달의 정도에 적응하도록 습득하기 곤란한 사물을 주거나 또는 과업의 일을 하게 하거나 강요해서는 안 된다. 항상 유아의 심정 행의에 주의하여 이를 고쳐주어야 한다. 또 유아는 대단히 모방을 좋아하는 고로 항상 선량한 사례를 가르쳐 주어야 한다.

[제6조] 유아보육의 항목은 유희, 창가, 담화와 수기이다.

[제8조] 보모 1인이 보육하는 유아 수는 약 40인 이하이다.

(2) 해방 후 6 · 25전쟁 시기까지

1945년 광복으로 인해 1948년 대한민국 정부가 수립되면서 1949년 12월 31일 법률 제86호로 「교육법」을 공포하였다. 이 중 유치원에 관련된 146, 147, 148조에 근거하여 전국의 유치원은 잠정적으로 교육목적을 설정하고 교육과정을 운영하였다. 이 교육법은 1991년 교육법이 개정되기까지 유치원의 교육목적, 유치원의 교육목표, 유치원 운영의 규정으로서의 역할을 하게 되었다. 그러나 이러한 「교육법」이 1947년 일본의 「학교교육법」의 제77조 '유치원에 관한 규정'과 내용이 동일하다는 측면에서 문제가 있음(박재환, 2005; 임재택, 1993)이 논의되고 있다.

법률 제86호로 제정된「교육법」(1949년 12.31) 중에서

[제146조] 유치원은 유아를 보육하고 적당한 환경을 주어 심신의 발육을 조장하는 것을 목적으로 한다.

[제147조] 유치원 교육은 전 조의 목적을 실현하기 위하여, 다음 각 호의

목표를 달성하도록 노력하여야 한다.
① 건전하고 즐거운 생활을 하기에 필요한 일상의 습관을 기르고, 신체의 모든 기능의 조화적인 발달을 도모한다.
② 집단생활을 경험시켜 즐겨 이에 참가하는 태도를 기르며, 협동, 자주, 자율의 정신을 육성한다.
③ 신변의 사회생활과 환경에 대한 바른 이해와 태도를 기른다.
④ 말을 바르게 쓰도록 지도하고, 동화, 그림책 등에 대한 흥미를 기른다.
⑤ 음악, 유희, 회화, 수기, 기타, 방법에 의하여 창작적 표현에 대한 흥미를 기른다.

[제148조] 유치원에 입학할 수 있는 자는 만 4세부터 초등학교 취학 시기에 달하기까지의 유아로 한다.

그러나 1950년 6·25사변이 일어나면서 교육법은 그 실현에 있어서 제대로 구실을 할 수가 없었다. 한국전쟁 이후 전쟁고아와 전쟁 사후처리를 위해 보호와 지원에 초점을 둔 유아교육과 보육의 형태가 나타나게 되었다.

또한 1952년 4월 23일에 「교육법 시행령」이 공포되어 유치원에 관한 설립허가와 원아수, 보육과목, 보육일수 등이 정해졌다. 이것은 「교육법」의 제정과 함께 유치원 교원자격이 규정되고 유치원 관계규정이 세워지면서 유치원 설립 확대를 지원할 계획이었지만, 실제로 유치원 교육은 행정적·재정적 지원체계 없이 개별적으로 이루어졌다. 이러한 특성으로 인해 이 시기의 유아교육과정은 장학지도체계 없이 보여주기 식의 단편적 활동에 국한되었다.

2. 유치원 교육과정 제정 이후 시기

유치원 발전의 전환기를 맞게 된 것은 1962년 「유치원시설기준령」이

문교부령 제106호로 공포되었다. 이는 1963년부터 시행하게 되었는데 그동안 무질서하게 설치·운영되었던 유치원 시설에 대한 최소한의 질적 기준을 규정하여 유치원의 교육적 환경을 개선하는 데 중요한 법적 근거가 되고자 하였다.

1954년 4월 2일 「교육과정 시간 배당 기준령」과 1955년 8월 1일 공포된 초중고사범학교 「교과과정」을 통해 실시된 제1차 초·중등교육과정의 시기는 '교과중심'의 교육과정의 성격을 가지고 있었다. 그러나 문교부는 개정작업을 통해서 1963년 문교부령 제119호, 제120호, 제122호로 초·중·고·사범학교의 교육과정을 공포함으로써 '생활중심 또는 경험중심 교육과정'의 특성을 가진 초·중등의 제2차 교육과정시기에 들어서게 된다.

이와 함께 유치원 교육과정 제정의 필요성도 제기되면서 문교부는 교육과정 운영심의회의 심의를 거쳐 1969년 2월 19일에 문교부령 제207호로 최초의 「유치원 교육과정」을 제정·공포하였다. 이렇게 제정된 우리나라 국가수준의 유치원 교육과정의 변천과정을 살펴보면 다음과 같다.

1) 제 1차 유치원 교육과정(1969.2.19. 문교부령 제207호)

1966년 7월 15일 문교부는 유치원 교육과정을 마련하기로 결정하고 이 분야의 전문가와 문교부 교과과정 운영회의 심의를 거쳐 제1차 유치원 교육과정을 공포하였다.

▣ 제정취지

교육과정 제정취지는 바람직한 인격 형성을 위하여 어린이의 심신발달에 알맞은 조건을 주어야 하며 이를 위해서 어린이의 흥미와 욕구에 맞는 환경을 주기 위함이라고 제시하고 있다.

▣ 교육목적과 목표

유치원 교육의 목적은 '건강한 신체와 건전한 정신으로 행복하게 생활할 수 있는 유능한 한국 국민이 될 기초를 닦음'을 목적으로 하고 있으며, 이를 위한 구체적인 목표는 다음과 같이 제시하고 있다.

① 건강 및 안전 교육을 철저히 하여 튼튼한 몸과 마음을 기른다.
② 기초적인 생활 습관과 기능을 익히며 사회생활에 적응할 수 있는 바른 사회적 태도와 도덕성을 기른다.
③ 자연과 사회의 제 현상에 대하여 관심을 가지도록 하며 과학적이고 민주적인 사고력이 싹트도록 한다.
④ 듣기와 말하기를 바로 하고 바른말과 고운말을 쓸 수 있도록 한다.
⑤ 심미적인 태도를 발전시키고 창조적인 표현을 할 수 있는 능력을 기른다.

▣ 교육영역 및 교육내용

교육과정상의 교육내용은 건강, 사회, 자연, 언어, 예능 등 5가지 생활영역으로 나누어서 그 내용을 조직하되, 그 근거를 초등학교와 같은 교과중심의 교육을 피하고 생활을 중심으로 한 종합적인 교육을 계획・실천하도록 제시하고 있다.

① 건강 - 보건과 위생, 놀이와 휴식, 안전생활
② 사회 - 개인생활, 사회생활, 국가생활
③ 자연 - 자연현상, 과학생활, 수량과 도형
④ 언어 - 듣기, 말하기, 보고 듣고 느끼기
⑤ 예능 - 노래부르기, 악기놀이, 춤놀이, 그리기・꾸미기・만들기, 감상

이상의 5개영역으로 이루어지며, 유아는 종합적인 생활을 영위하므로 초등학교와 같은 교과 중심의 교육을 피하고 생활을 중심으로 종합적인 교육을 계획, 실천하여야 한다.

▣ 교육일수와 운영

유치원의 교육 일수는 연간 200일 이상으로 하고, 하루의 교육 시간은 3시간(180분)을 기준으로 기후, 계절, 어린이의 발달 정도, 학습 경험, 내용의 성질 등을 감안하여 각 유치원 실정에 맞도록 시간 단위를 조절한다.

▣ 종합특징

제1차 유치원 교육과정의 전체 특성과 '지도상의 유의점'을 살펴볼 때 다음과 같은 몇 가지 특성을 내포하고 있다.

첫째, 1차 교육과정은 건강, 사회, 자연, 언어, 예능 등 초등학교의 교과적 요소를 내포하고 있지만 생활중심을 강조하고 있다. 이른바 생활중심, 경험중심, 아동의 흥미중심 교육을 주류로 하고 있으며, 바람직한 인격 형성, 건강과 위생, 신체발달을 강조하며 5개 영역 모두 습관과 태도를 중요하게 취급하고 있다.

둘째, 유치원 교육과 가정교육의 균형을 중시하였다. 가정과의 긴밀한 연락으로써 유치원교육과 가정교육의 균형을 취하되, 개성과 환경에 따른 적절한 지도를 하도록 하고 있다.

셋째, 유아의 생활습관과 대인관계에 유의하도록 하여 선악을 구별하고, 도덕적 심정이 내면적으로 깊어지도록 하고 있다.

넷째, 투철한 국가관과 반공 이데올로기의 특성을 반영하고 있다. 특히 애국가, 국기, 국경일, 애국지사 등 우리나라의 자랑 등에 이해시키고, 반공 통일에 관한 학습도 시키도록 지도상의 유의점을 제시하고 있다. 특히 지역사회와 밀접한 관련을 갖고 유치원의 교육목적, 교육방법, 교육평가 등은 지역성을 충분히 반영시킬 수 있도록 각 유치원에 융통성을 부여하였다.

따라서 제1차 유치원 교육과정은 미국의 유치원 교육내용을 그대로 도입하고 교육과정 내용 구성에 있어서 발달과정을 설명할 자료가 미비하였다는 지적을 받았다. 지역성과 각 유치원의 융통성을 부여한 점은 장점이 될 수 있으나 반면에 세부운영 지침 및 교수학습 자료를 충분히 마련하지 못해 교육과정 제정취지를 충분히 구현할 수 없었다는 점은 비판을 받는 측면이기도 하다.

2) 제2차 유치원 교육과정(1979.3.1. 문교부 고시 제424호)

제1차 유치원 교육과정 제정 이후 10년 만인 1979년에 문교부 고시 제424호로 개정되었다. 주요사항은 다음과 같다.

▣ 개정취지

제2차 유치원 교육과정 개정취지는 시대, 사회적 변화에 대응하고 유아교육의 새로운 이론적 체계를 반영하며, 유치원 교육의 공교육화에 대비하기 위함이었다.

▣ 교육목표

학교교육의 일반목표는 조국 근대화의 성취, 평화적인 국토 통일, 민족중흥의 사명 완수라는 국가 이념 아래 국민적 자질의 함양, 인간교육의 강화, 지식·기술 교육의 쇄신을 기본 방침으로 한다. 구체화된 학교교육의 일반목표는 자아실현, 국가발전을 위한 주체 의식과 사명감 인식, 민주적 가치의 강조 등이다. 이에 따른 유치원 교육목표는 다음과 같았다.

① 유아의 사회화에 필요한 사회적 경험을 통하여 초보적인 사회적 규범과 규칙을 알게 하고 실천하는 습관 및 태도를 길러줌으로써 남과 잘 사귀고 남과 더불어 생활하는 것을 즐길 수 있도록 한다.
② 사회와 자연현상의 여러 가지 현상에 흥미를 가지고 적극적으로 임함으로써 느끼고, 심미하고, 상상하며 이들을 다양하게 표현하는 능력과 습관 및 태도를 기른다.
③ 자연과 사회의 현상에 능동적으로 활동할 기회를 충분히 제공하여 경

험의 폭을 넓힘으로써 새로운 현상과 사태에 스스로의 힘으로 탐구하고, 적응할 수 있는 능력과 태도를 기른다.
④ 다른 사람의 말을 듣고 이해하며, 자신의 경험과 생각을 표현하는데 필요한 언어 구사력과 고운 말을 쓰는 습관 및 태도를 기른다.
⑤ 신체 각 기관 및 각 기관의 기능의 규형 있는 발달을 위한 다양한 신체활동을 통하여 기초적인 운동능력을 기르며, 개인위생 및 보건, 영양, 안전 등의 건강생활을 영위하는 데 필요한 이해와 습관 및 태도를 기른다.

■ 교육과정 구성방침

교육과정 구성방침으로는 가정과 학교 중간 위치에 있는 유치원의 독자성을 고려하여 발달과업을 충실히 수행함으로써 잠재능력을 신장시켜 국가발전을 가속화할 수 있는 기반을 조성하고자 하였다. 교육법에 명시된 교육목표를 구현함에 있어서 목표는 전 교육과정을 통하여 통합적으로 달성될 수 있도록 하고, 유아의 성격 발달의 기틀을 마련하며 공동체 의식을 높임으로써 국민적 가치관의 기틀이 마련될 수 있도록 하고자 하였다.

■ 교육영역 및 교육내용

유치원 교육활동은 교과별 편제를 지양하고, 발달 과업을 중심으로 사회정서 발달 영역, 인지발달 영역, 신체발달 및 건강 영역 등 4개 발달 영역별로 편성한다. 여기서 발달 영역별 편성이란 발달 영역별 지도를 의미하는 것이 아니라 내용 진술의 편의를 위한 것에 불과하다.

① 사회·정서 발달 영역 - 사회, 정서, 심미 및 창의
② 인지발달 영역 - 자연과 사회 현상에 관한 개념, 논리·수학적 사고에 관한 개념, 표상능력
③ 언어발달 영역 - 어휘, 구문, 언어표현, 언어이해
④ 신체발달 및 건강 영역 - 지각·운동 기능, 초보적 운동능력, 건강, 안전

■ 교육일수 및 운영

유치원의 연간 교육일수는 200일로 하고 주당 교육시간은 18시~24시간으로 한다. 하루 학습시간은 3~4시간으로 한다. 유치원의 지도 시간은 지역 사회의 특성, 유아의 발달수준, 기후, 계절, 학습 과제의 특성, 아동의 흥미 등을 고려하여 그 실정에 맞도록 조절한다.

■ 종합특징

제2차 유치원 교육과정의 전체 특성과 '지도상의 유의점'을 살펴볼 때 다음과 같은 몇 가지 특성을 내포하고 있다.

첫째, 이 유치원 교육과정은 제1차 때의 생활영역별 편성과는 달리 사회정서, 인지, 언어, 신체발달 및 건강에 관한 유아발달이론을 체계적으로 도입했다는 것이 특징이다.

둘째, 1960년경부터 미국에서 드러난 학문중심교육과정의 영향을 받아 인지발달과 정서발달을 강조한 것이 특징이다. 이는 피아제나 브루너의 영향을 받은 것으로 이 시기 우리나라 교육에 영향을 미치게 되었다. 그러나 인지발달영역에서의 표상, 어휘, 구문 등을 강조함으로서 라바텔리 프로그램이나 초기 까미-디브리스 프로그램처럼 피아제 이론을 잘못 적용했다는 지적도 있다(임재택, 1993).

셋째, 유아교육 현장에서 실천적 도움을 제공하기 위해 개정된 교육과정에 맞추어 '유치원 교사용 지도서'를 개발하여 보급하기 시작한 시기이다. 그러나 발달영역으로의 변화로 현장에서는 이해 및 적용에 혼선이 일어나기도 하였다.

넷째, 교육의 기본방향과 목표에 있어서 조국근대화에 발맞춘 국가발전을 강조한 것도 특이한 점이다.

3) 제3차 유치원 교육과정(1981.12.31. 문교부 고시 제442호)

제3차 교육과정은 1981년 12월 31일에 개정・공포되어 1982년 3월 1

일부터 시행되었다. 그 주요사항은 다음과 같다.

▣ 개정취지

제3차 유치원교육과정은 유아교육과정의 절실한 개정의 필요성에 의해서라기보다는 유치원, 초등학교, 중학교, 고등학교의 교육과정을 전반적으로 개정하는 작업의 일환으로 이루어졌다. 한국교육개발원이 주축이 되어 유아교육역사상 처음으로 유치원교육과정에 대한 연구가 집중적으로 이루어졌다.

▣ 교육목적과 목표

교육과정의 궁극적 목적은 민주, 복지, 정의사회의 건설에 적극적으로 이바지할 수 있는 자주적이고 창의적인 국민을 길러내는 것을 목적으로 하여 건강한 심신의 육성, 지력과 기술의 배양, 도덕적인 인격의 형성, 민족공동체의식의 고양에 역점을 두었다. 따라서 학교교육은 건강한 사람, 심미적인 사람, 능력 있는 사람, 도덕적인 사람, 자주적인 사람으로 자라게 도와주어 전인적 발달이 이루어지도록 하여야 한다고 보고 있다. 유치원 교육의 목적으로는 유아에게 알맞은 교육환경 속에서 다양한 활동을 통하여 전인적으로 성장할 수 있도록 도와주는 데 목적이 있고, 다섯 가지의 교육목표를 제시하고 있다.

① 기본적인 감각기능과 운동기능을 기르고, 신체의 조화로운 발달을 이루게 한다.
② 자신과 주변 세계를 긍정적으로 받아들이게 하고, 자기의 느낌과 경험을 창의적으로 표현하게 한다.
③ 다른 사람의 말을 바르게 이해할 수 있게 하고, 자기 생각을 말로 표현할 수 있는 기초적인 언어기능을 가지게 한다.
④ 자연과 사회 현상에 대한 기초적 이해를 도우며, 논리적이고 과학적인 사고를 바탕으로 한 문제해결능력을 기른다.
⑤ 가족과 이웃을 사랑하는 태도를 가지게 하고, 일상생활에 필요한 기본적인 예절과 규범을 지키도록 한다.

▣ 교육영역 및 내용

제2차 유치원 교육과정과 마찬가지로 제3차 유치원 교육과정의 경우도 발달 영역으로 편성하였다. 그러나 제2차 유치원 교육과정과는 달리 영역의 명칭 및 분리를 달리하여 신체발달 영역, 정서발달 영역, 언어발달 영역, 인지발달 영역, 사회성발달 영역 등의 5개 발달영역으로 편성하였다.

① 신체발달영역 - 감각기능, 운동 및 신체 조정능력, 건강 및 안전
② 정서발달영역 - 긍정적 태도, 성취감, 심미감 및 창의적 표현
③ 언어발달영역 - 발음, 어휘와 문장, 의사소통, 글자의 기초기능
④ 인지발달영역 - 자연현상에 관한 개념, 사회현상에 관한 개념, 논리·수학적 사고에 관한 개념
⑤ 사회성발달영역 - 개인 및 가정생활, 집단생활, 국가생활

▣ 교육일수 및 운영

연간 교육일수는 200일(1, 2차 때의 연간일수)에서 180일 이상으로 축소하여 운영하되, 융통성 있게 운영하도록 하고 있다. 하루 교육시간은 3~4시간을 기준으로 지역 사회의 특성, 아동의 발달수준, 흥미, 기후, 계절 및 과제의 특성 등을 고려하여 조정할 수 있도록 하였다.

또한 제3차 유치원 교육과정은 평가에 대한 지침이 유치원 교육과정을 통해 처음으로 제시되었다. 평가는 아동의 발달 상황을 이해하고 도와주는 긍정적 측면에서 하되, 목표지향적 평가가 이루어지도록 하였다.

▣ 종합특징

제3차 유치원 교육과정은 종합적으로 볼 때 다음의 몇 가지 특성으로 차별화되어 있다.

첫째, 이 교육과정은 어느 특정 교육이론의 영향을 받았다고 보기보다는 다양한 아동중심 교육이론들의 장점을 반영하려는 입장에서 개정이 이루어졌으며, 교육과정 구성 방향에서 통합을 강조하는(박재환,

2006; 이기숙, 2005; 전선옥, 1996) 특성을 나타내고 있다.

둘째, 제1차와 제2차에서 구성방침, 운영지침, 지도상의 유의점으로 제시되던 체계를 제3차에서는 운영지침을 계획, 지도, 평가로 나누어 체계화하였다. 특히 평가에 대한 지침이 유치원 교육과정에 처음으로 제시되었고, 평가의 방향이 안내되며 현장에 실질적 도움을 주고자 하였다.

셋째, 초등학교와의 연계성을 고려하여 초등학교(당시 초등학교) 초기학습기능의 바탕을 준비하도록 하였다. 우리나라에서 초등연계교육을 고려한 최초의 교육과정이었다.

넷째, 그동안 유치원 교육과정을 단독으로 제정 혹은 개정하는 데서 벗어나 문교부가 유치원을 초등학교, 중학교, 고등학교 교육과정을 동일선상에 놓아 이들 교육과정을 전반적으로 개정하기 위한 일환으로 이루어졌다는 긍정적인 의미가 있다.

4) 제4차 유치원 교육과정(1987.6.30. 문교부 고시 제 87-9호)

교육법 제155조 제1항의 규정에 의하여 제4차 유치원 교육과정이 교육부 고시 제 87-9호로 1987년 6월 30일에 고시되어 1989년 3월 1일부터 시행되었다. 그 주요내용은 다음과 같다.

▣ 개정취지

개정취지에 있어서 제4차 유치원 교육과정은 주기적인 교육과정 개정의 필요성과 제3차 유치원 교육과정의 내용 및 운영상에 나타나는 문제점 개선을 위하여 3차 때와 마찬가지로 교육부(당시 문교부)의 위촉으로 한국교육개발원이 주축이 되어 개정하였다.

▣ 교육목적 및 목표

교육목적은 홍익인간의 이념 아래, 인격을 완성하고 자주적 생활능력과 민주시민으로서의 자질을 갖추어, 민주 국가발전에 봉사하며, 인류 공영의 이상실현에 기여하게 하는 것이다. 이러한 목적에 따라 이 교육 과정은 건강한 사람, 자주적인 사람, 창조적인 사람, 도덕적인 사람을 기르는 데 역점을 두어 구성하였다. 이에 따라 유치원 교육과정의 목표는 다음과 같다.

① 건강과 안전 생활에 대한 올바른 습관과 기본적인 감각·운동 기능을 기르고, 신체의 조화로운 발달을 이루게 한다.
② 다른 사람의 말을 이해하고, 자기 생각을 말로 표현할 수 있는 기초 기능을 가지게 한다.
③ 자기 주변의 여러 가지 현상에 대하여 관심을 가지며, 이를 알아보려는 태도를 가지게 한다.
④ 자신의 일에 자부심을 가지며, 생활 주변에서의 느낌과 생각을 자기 나름대로 표현하게 한다.
⑤ 일상생활에 필요한 기본적인 생활습관을 기르고, 가족과 이웃을 사랑하는 마음씨를 지니게 한다.

▣ 교육영역 및 내용

교육과정 영역은 제3차와 마찬가지로 신체, 언어, 인지, 정서, 사회성 등 다섯 개의 발달 영역으로 편성하고 각 영역별 일반목표에 하위목표를 두었다. 과거의 교육과정에서는 각 발달 영역이 교과로 오인되는 문제를 없애기 위하여 내용영역을 없애고 목표수준만을 제시하였다.

① 신체발달 영역
(가) 감각기능을 발달시키고 감각·운동간의 협응력을 길러 주위 환경을 바르게 지각할 수 있는 능력을 기른다.
(나) 대근육 및 소근육을 발달시켜 원활한 신체 조정 능력을 기른다.
(다) 신체적 건강을 유지, 증진시키기 위하여 개인 위생, 영양, 안전 등에 관련된 기초적인 습관을 기른다.

② 언어발달 영역
(가) 말소리의 차이를 변별하고, 정확하게 발음할 수 있는 능력을 기른다.
(나) 다른 사람과 의견을 나눌 수 있는 능력과 태도를 기른다.
(다) 일상생활에 관련된 어휘와 문장을 이해하고, 바르게 활용할 수 있는 능력을 기른다.

③ 인지발달 영역
(가) 구체적 경험을 통하여 자연현상에 관한 기본개념을 안다.
(나) 사회 구성원으로서 필요한 사회현상 및 기능에 대한 기본개념을 안다.
(다) 다양한 조작적 활동을 통하여 논리적·수리적 사고의 기초능력을 기른다.
(라) 다양한 활동과 놀이를 통하여 상상력과 창의력을 기른다.

④ 정서발달 영역
(가) 자신에 대하여 긍정적인 태도를 가진다.
(나) 호기심을 가지고 어떤 일을 끊임없이 탐색하며, 스스로 완성하려는 성취의욕을 기른다.
(다) 여러 가지 사실이나 현상에 대한 느낌과 생각을 창의적으로 표현하는 태도를 기른다.

⑤ 사회성발달 영역
(가) 개인으로서 일상생활에 필요한 기본적인 습관과 태도를 기른다.
(나) 집단생활에 적극적으로 참여하여 다른 사람과 잘 사귀며 즐겁게 생활할 수 있는 태도를 기른다.
(다) 나라 사랑하는 마음을 기른다.

▣ 교육일수 및 운영

연간 교육일수는 제3차 유치원 교육과정과 마찬가지로 180일 이상으로 하도록 하고 있다. 그러나 하루 교육시간은 제3차에서 3~4시간 기준이던 것을 3시간 기준으로 하고, 유아의 발달수준, 지역사회의 실정, 유치원의 특성, 활동내용 및 계절 등에 따라 조정해서 운영할 수 있도록 하였다.

▣ 종합특징

제4차 유치원 교육과정은 다음의 몇 가지 특성으로 종합해 볼 수 있다.

첫째, 이 교육과정도 제3차와 마찬가지로 다양한 아동중심 교육이론들에 다각적으로 영향을 받아 이루어졌다. 이 시기 인간중심 교육과정이 전 세계적으로 부상하고 있는 시점에서 이러한 인간중심 교육과정과 통합교육과정에 대한 관심과 중요성이 부각되었다고 볼 수 있다.

둘째, 발달영역을 교과로 잘못 인식할 가능성을 배제하기 위해 발달영역별 내용을 제시하지 않고 교육목표 수준만을 제시한 것은 유아교사들에게 교육내용 선정의 자율성을 보장하는 특성을 나타내게 되었다. 그러나 교육의 기회균등보장이 어려웠고, 일정수준의 질적 수준을 유지하기 힘든 단점을 드러냈다. 유치원 교사들의 학력이나 경험, 자질의 편차가 심하여 교육내용이나 활동 선정시 큰 폭의 차이를 보인 것은 목표중심의 교육과정에 의한 문제점이었다(교육부, 1994).

셋째, 제3차 유치원 교육과정에서는 삭제되었던 '지도상의 유의점'이 다시 첨가되어 유아교육 현장의 운영상의 문제를 안내하는 역할을 하였다.

넷째, 평가의 중요성이 부각되면서 제3차의 목표지향적 평가에 비해 과정중심적 평가를 강조하면서 생활기록부 활용의 근거를 마련하고 있다.

다섯째, 유아의 발달수준, 흥미, 관심, 요구 등에 따른 놀이 중심의 학습지도 형태를 강조하였다.

5) 제 5차 유치원 교육과정(1992.9.30. 교육부 고시 제1992-15호)

교육법 제155조 제1항에 의거하여 제5차 유치원 교육과정이 1992년 9월 20일 고시되어 1995년 3월 1일부터 시행되었다. 그 주요사항은 다음과 같다.

▣ 개정취지

제5차 유치원 교육과정은 교육현장의 요구, 즉 발달영역별 생활경험 내용의 추출과 사회적 관계 강조, 3세 유아의 교육문제를 포함시키는 것, 취업모 증가에 따른 종일반 운영 필요성 등을 반영하기 위해 개정하였다.

주목할 점은 제5차 유치원 교육과정부터 교육과정 개정의 주축이 한국교육개발원에서 한국유아교육학회로 이전하게 되었다는 점이다. 이는 처음에 유치원 교육과정 시안 연구를 한국교육학회 유아교육연구회에 위촉됨으로써 한국유아교육학회가 전문 연구진을 구성하여 개정작업을 하게 되었다. 이는 1995년도부터 현장에 적용되었는데 유치원 교육과 유치원교사들의 전문성 신장을 위해서 긍정적 의미로 평가되어지고 있다.

▣ 교육목적 및 목표

이 교육과정은 유치원 교육 현장의 요구, 사회 여건 및 지식의 변화, 유아교육 이론의 발전 등 교육과정 주기적 개정의 필요성에 의해서 개정되었는데 개정 방향은 '유아들의 기본 습관의 형성과 전인적인 성장 발달을 돕는 교육'에 두고 기본생활교육 강조, 유아의 요구·흥미·개별성 존중, 놀이중심 교육, 전인적 성장과 발달 돕기 등을 구성의 중심으로 두었다(교육부, 1992).

제5차 유치원 교육과정은 「교육법」 제146조와 147조에 명시된 유치원 교육의 목적과 목표를 달성하는 것을 기본으로 하고 있다. 교육과정의 구성방침은 민주시민 육성, 창의적인 능력 개발, 교육내용과 방법의 다양화, 교육의 질 관리 강화에 두고, 이 교육과정을 통해 인간상은 건강한 사람, 자주적인 사람, 창의적인 사람, 도덕적인 사람을 추구하였다. 교육과정의 각 영역별로 다음과 같은 교육목표를 두고 있었다.

① 건강생활
'기본적인 감각운동 기능을 길러 신체와 정신의 조화로운 발달을 이루며 건강하고 안전한 생활을 하도록 한다.'
② 사회생활
'기초적인 자기조절 능력을 기르고 사회적 지식과 태도를 익히게 하여 자신과 다른 사람을 존중하며 즐겁게 더불어 생활할 수 있게 한다.'
③ 표현생활
'풍부한 감성과 상상력을 기르고, 자신이 느끼고 경험한 바를 창의적으로 표현하게 한다.'
④ 언어생활
'말과 글에 관심을 가지게 하고 기초적인 언어능력을 기르게 함으로써 즐거운 언어생활을 할 수 있게 한다.'
⑤ 탐구생활
'여러 가지 사물과 현상을 탐구하여, 기초적인 사고능력과 창의적인 문제 해결 능력을 기르게 한다.'

▣ 교육영역 및 내용

교육과정의 영역은 영역별 교육과정은 건강생활, 사회생활, 표현생활, 언어생활, 탐구생활로 편성되었다.

① 건강생활 - 감각·운동과 신체 조절, 건강한 생활, 안전한 생활
② 사회생활 - 기본생활습관, 개인의 생각과 행동 조절, 가족 이해, 집단생활, 사회현상과 환경에 대한 관심
③ 표현생활 - 정서, 표현, 감상
④ 언어생활 - 듣기, 말하기, 읽기·쓰기에 관심 가지기
⑤ 탐구생활 - 과학적 사고, 논리·수학적 사고, 창의적 사고

그리고 1991년에 개정된 교육법에서 1992년 3월부터 유치원 입학 연령을 기존의 4~5세에서 만 3~5세로 조정하고, 이를 반영하여 교육과정의 내용을 Ⅰ수준과 Ⅱ수준으로 구분하여 제시하였다.

[제146조](목적)
유치원은 유아를 교육하고 적당한 환경을 주어 심신의 발육을 조장하는 것을 목적으로 한다.〈개정 1991·12·31〉

[제147조]
유치원 교육은 제146조의 목적을 실현하기 위하여 다음 각 호의 목표를 달성하도록 노력하여야 한다.〈개정 1981·2·13〉

1. 건전하고 안전하고 즐거운 생활을 하기에 필요한 일상의 습관을 기르고 신체의 모든 기능의 조화적 발달을 도모한다.
2. 집단생활을 경험시키어, 즐기어 이에 삼가는 태도를 기르며 협동자주와 자율의 정신을 싹트게 한다.
3. 신변의 사회생활과 환경에 대한 바른 이해와 태도를 싹트게 한다.
4. 말은 바르게 쓰도록 인도하고 동화 그림책 등에 대한 흥미를 기른다.
5. 음악·유희·회화·수기 기타방법에 의하여 창작적 표현에 대한 흥미를 기른다.

[제148조] (입학연령)
유치원에 입원할 수 있는 자는 만 3세부터 국민학교 취학시기에 달하기까지의 유아로 한다.〈개정 1991·12·31〉

▣ 교육일수 및 운영

교육일수는 연간 180일을 기준으로 하되, 유아의 연령을 고려하여 조정할 수 있다. 하루의 교육시간은 180분을 기준으로 하도록 함으로써 제4차 유치원 교육과정에서 3시간이라는 기준에 비해 시간기준을 명확히 하였다.

또한 시·도 교육청도 교육과정 편성 운영 지침을 작성하였다. 즉 각 지역의 특수성, 유치원의 실태, 유아들의 발달 정도를 고려하여 국가수준의 교육내용을 융통성 있게 변화시킬 수 있는 교육자치 반영의 형태로 구성하였다.

▣ 종합특징

제5차 유치원 교육과정은 유아교육의 전문성을 강조하여 다음과 같은 몇 가지 특징을 나타내게 되었다.

첫째, 발달 영역과 생활 영역을 통합하여 건강생활, 사회생활, 표현생활, 언어생활, 탐구생활의 5가지 생활 영역으로 제시하였다.

둘째, 제5차 유치원 교육과정은 교육부 고시 유치원 교육과정으로서의 성격을 규명함으로써 국가수준의 교육과정의 성격을 명시하고 있다. 즉 제5차 유치원 교육과정은 "유치원 교육목적 및 교육목표를 달성하기 위한 국가 수준의 교육과정으로서 교육법 제155조 제1항에 의거하여 고시한 것이다"라고 규정하고 있다.

셋째, 유치원의 교육 대상이 3~5세까지로 확대됨과 동시에 교육내용을 발달 수준별로 운영하도록 Ⅰ수준과 Ⅱ수준으로 나누어 제시하였다.

넷째, 기본생활교육 및 사회적 관계를 강조하였다. 건강, 사회, 표현, 언어, 탐구 생활 등 전 영역에서 기본습관과 태도를 형성시킬 수 있는 내용을 강조하였다. 이는 유치원 교육이 기초교육인 동시에 통합교육이므로, 어느 한 영역에서만 교육이 이루어지는 것은 아니기 때문이다. 더불어 문자교육의 방향도 문자 쓰기 지도보다는 다양한 언어사용의 기회를 제공하도록 제시하였다.

다섯째, 1995년도부터 지방자치제의 의한 교육자치가 실시되었다. 이에 영향을 받아 제5차 유치원 교육과정도 교육의 지방자치시대를 맞이하여 국가수준의 교육과정을 기초로 하여 시·도교육청과 유치원이 지역의 특성에 맞도록 편성·운영하도록 하였다. 즉 시·도교육청 교육과정, 단위 유치원교육과정으로 분리를 시도하게 되었다.

6) 제6차 유치원 교육과정(1998.6.30. 교육부 고시 제 1998-10호)

1998년에 교육부 고시 제1998-10호로 개정되어 2000년 3월 1일부터 실시된 제 6차 유치원 교육과정의 주요사항은 다음과 같다.

▣ 개정 취지 및 중점사항

제6차 유치원 교육과정은 교육부가 제5차에 이어 한국유아교육학회에 위촉하였고, 한국 유아교육학회는 교육부의 위탁을 받아 제5차의 문제점을 분석 보완하여 개정·고시하게 되었다. 제6차 유치원 교육과정은 21세기의 세계화, 정보화 사회를 주도할 자율적이고 창의적인 한국인 육성을 기본으로 하여 교육과정 개정의 중점사항은 학습내용의 정선 및 수준별 적절성 도모, 교육시간 운영의 다양화 추구, 기본 생활습관 및 협동적인 생활태도의 강조, 감성계발 교육의 강조, 창의성과 정보 능력 함양 교육의 강조, 세계화에 대비한 전통문화 교육의 충실 등이다.

▣ 교육목적 및 목표

제6차 유치원 교육과정 구성방향에서 추구하는 인간상은 교육기본법 제2조의 교육이념을 바탕으로 개성을 추구하는 사람, 창의적인 능력을 발휘하는 사람, 새로운 가치를 창조하는 사람, 공동체 발전에 공헌하는 사람으로 설정하였다.

교육목적은 초·중등교육법 제35조에 의해 "유치원 교육은 유아를 교육하고 유아에게 알맞은 교육환경을 제공하여 심신의 조화로운 발달을 조장하는 것을 목적으로 한다."로 되어 있다. 또한 교육목표는 '유아의 일상생활에 필요한 기본능력과 태도'의 신장에 두고 각 생활영역별로 하위 목표를 두었다.

① 건강생활

'자신의 신체에 대한 긍정적인 인식과 함께 생활에 필요한 기초체력을 기르고, 건강하고 안전한 생활습관을 가진다.'

② 사회생활

'기본 생활습관과 자기조절 능력을 기르고, 다른 사람과 더불어 생활하며 사회현상에 대하여 관심을 가진다.'

③ 표현생활
'자연과 사물의 예술적 요소에 대한 호기심, 창의적 표현능력, 심미감을 기르고 정서적 안정감을 가진다.'
④ 언어생활
'일상생활에 필요한 기초적인 언어능력을 기르고, 바른 언어생활 습관과 태도를 가진다.'
⑤ 탐구생활
'주위의 여러 가지 사물과 자연현상에 대하여 호기심과 관심을 가지고 탐구하는데 필요한 기초능력과 태도를 기른다.'

▣ 교육영역 및 내용

교육과정의 영역은 제5차 유치원 교육과정과 동일하게 건강생활, 사회생활, 표현생활, 언어생활의 생활영역으로 구성되었다. 그러나 교수-학습 내용을 정선하고 수준별로 적절성으로 도모하려 하였다. 교육과정의 영역별 교육내용을Ⅰ·Ⅱ수준과 공통수준으로 구분하였다. 수준별 교육내용의 구성 이유는 3, 4, 5세의 유아들이 발달적 차이를 가지고, 이들의 발달이 통합적, 연속적으로 이루어지며, 학습의 속도가 점진적으로 이루어진다는 점에 있다.

제6차 교육과정은 3, 4, 5세 유아들의 발달적 특성과 차이를 반영하여 Ⅰ·Ⅱ수준 간의 연속성을 타당화할 수 있도록 하는 한편 Ⅰ수준과 Ⅱ수준 간의 모호성을 탈피하면서 위계성을 동시에 가지도록 노력하였다.

① 건강생활 - 감각 및 신체인식, 기본 운동능력, 건강, 안전
② 사회생활 - 기본 생활습관, 개인생활, 가정생활, 집단생활, 사회현상과 환경
③ 표현생활 - 탐색, 표현, 감상
④ 언어생활 - 듣기, 말하기, 읽기·쓰기에 관심 가지기
⑤ 탐구생활 - 과학적 탐구, 수학적 탐구, 창의적 탐구

▣ 교육일수 및 운영

교육일수는 연간 180일 이상, 하루의 교육시간은 180분을 기준으로 하되 유아의 연령과 발달 수준, 기후, 계절, 학부모의 요구 등을 고려하여 실정에 맞도록 조정하였다.

앞선 제5차 유치원 교육과정에서 종일반 운영에 대한 사항을 시・도 교육청에서 마련하도록 제시하였지만 교육현장에서는 종일반을 운영할 때 그 지침이 분명치 않아 여러 가지 혼란을 초래하였다. 따라서 제6차 유치원 교육과정에서는 구체적인 지침을 마련하였다. 특히 1999년부터 시행된 「유아교육진흥법」제6조에 의하면 유치원의 수업과정을 반일제, 연장제, 종일제로 구분하고 보호자의 필요에 따라 수업과정을 선택하도록 하였다. 따라서 제6차 유치원교육과정에서는 시・도 교육청의 교육과정 편성에서 '시간 연장제 및 종일제 운영에 관한 사항'을 명시하도록 하여 교육시간의 운영을 다양화함으로써 부모들이 선택할 수 있도록 하고 있다.

▣ 종합특징

제6차 유치원 교육과정은 21세기를 맞이하는 사회적 특성을 반영한 것으로 다음과 같은 몇 가지 특성으로 종합할 수 있다.

첫째, 제5차 유치원 교육과정과 마찬가지로 국가수준의 교육과정으로서의 성격을 명확히 하고 구체화하려는 노력이 있었다.

둘째, 제6차 교육과정에서는 유치원에서 할 수 있는 기본생활습관과 협동적인 생활태도를 길러줄 수 있는 구체적인 교육내용을 마련하여 인성교육의 방향을 제시하는 데 중점을 두었다.

셋째, 세계화, 정보화시대를 살아갈 앞으로의 유아들은 사회 속에서 지능 및 인지적 학업성취만으로는 적응하기 어려운 시대에 살고 있기 때문에 감성 개발 교육이 요구된다고 보았다. 그래서 5개의 모든 영역에서 유아들이 감성을 개발할 수 있는 내용들을 경험할 수 있도록 하는 데 중점을 두었고, 더불어 전통문화 교육에 강조를 두었다. 유아들이 다른 나라 및 다른 나라의 특성을 이해하고 수용하는 다문화적 체험을 강조하는 반면, 우리의 전통 문화를 귀중히 여기고 계승・발전시킬 수 있도록 구체적인 교육내용을 제공하여 활동하였다.

넷째, 제6차 교육과정에서는 교육과정 전 영역에 걸쳐 창의적 경험을 할 수 있는 환경 조성, 창의적 표현의 기회 제공이 이루어지도록 하였다. 유아의 창의성을 신장시키기 위해서는 일상생활에서 일어나는 특이한 사건에 호기심을 가지게 하며, 다양한 관점에서 남과 다르게 생각해 볼 수 있는 풍부한 기회를 제공하려고 하였다.

다섯째, 교육시간의 운영을 다양화하도록 하였다. 특히 반일제, 시간연장제, 종일제의 다양한 운영에 대한 구체적 지침을 마련하고자 하였다는 측면에서 의미를 찾아볼 수 있다.

여섯째, 제6차 유치원 교육과정의 편성과 운영지침에는 시・도 교육청의 '유치원 교육과정 편성・운영지침'을 작성토록 하고, 이에 기초로 하여 지역 교육청에서 '유치원 교육과정 편성・운영에 대한 실천 중심의 장학자료'를 작성하여 단위 유치원에 제시하고, 각 유치원 실정에 맞게 편성하도록 규정하고 있다. 이는 제5차 유치원 교육과정에서 시・도 교육청이 '유치원 교육과정 편성・운영 지침'을 작성하여 유치원에 제시하고, 유치원은 이를 근거로 작성하게 한 것에 비해 지역교육청의 역할을 강조하여 명시하고 있는 것이다.

7) 2007년 개정 유치원 교육과정

21세기 사회적 변화는 교육현장의 변화에 대한 요구로 이어졌고, 지속가능사회로의 과제가 교육과정에 영향을 미치기 시작하였다. 이 가운데 유치원 교육과정 개정에 대한 필요성이 제기되면서 2006년부터 한국교육과정평가원이 유치원 교육과정 개정 연구를 위탁받게 되었다. 이에 따라 개정 연구, 토론회, 현장 적합성 검토를 거쳐 2007년 12월 19일에 고시되었고, 2007년 개정 유치원 교육과정은 2009년 3월부터 적용되었다.

■ 개정취지 및 중점사항

유네스코에서 21세기를 준비하는 교육의 원리로 4가지 원리를 제시한 바 있다(유네스코21세기세계교육위원회편, 1997). 유네스코의 이 4가지 원리를 시대적 필요성에 있어서 중요한 측면으로 고려하면서 교육과정의 구성방침을 세우게 되었다.

1. '알기 위한 교육(learning to know)'
   인간이 교육을 통해 세상에 대한 이해의 도구를 획득함
2. '행동하기 위한 교육(learning to do)'
   개인의 환경에 대해 창조적으로 대응할 수 있게 해주는 교육
3. '존재하기 위한 교육(learning to be)'
   모든 활동에 다른 사람들과 함께 참여할 수 있게 해 주는 교육
4. '함께 살기 위한 교육(learning to live together)'
   타인을 이해하고 상호의존성을 인정하면서 이루어지는 교육

문미옥(2008)은 유치원 교육과정의 개정 필요성에 대한 논의 결과를 6가지로 구체적으로 제시하였다. 사람-자연 존중 세계관에 대한 21세기의 시대적 요구, 국가 존속을 위협하는 저출산을 해결할 가치관 반영의 요구, 가족구조 변화와 여성의 사회진출에 따른 사회적 요구, 유아교육 정체성 확립에 대한 요구, 초등학교와의 연계성에 대한 요구, 현행 교육과정 실태조사 결과 반영에 대한 요구 등을 포함하고 있다.

2007년 개정 유치원 교육과정은 21세기 지식 정보화 시대를 주도할 '사람과 자연을 존중하고 사랑하는 한국인 육성'을 기본방향으로 하고 이에 다른 구성 방침을 다음과 같이 세우게 되었다.

가. 사람과 자연을 존중하고 사랑하는 세계관을 바탕으로 구성한다.
나. 유아의 기본 생활 습관과 전통문화, 창의성을 강조하여 구성한다.
다. 지역과 유치원의 자율성을 확대하도록 구성한다.
라. 유치원 교육의 정체성을 살리며 초·중등학교와 연계하여 구성한다.
바. 유아의 발달 특성을 고려하여 수준별 교육과정을 구성한다.

바. 교육과정 평가 체제를 통하여 교육에 대한 질 관리를 강화하도록 구성한다.

▣ 교육목적 및 목표

우리나라의 교육은 홍익인간의 이념 아래 모든 국민으로 하여금 인격을 도야하고, 자주적 생활 능력과 민주 시민으로서 필요한 자질을 갖추게 하여 인간다운 삶을 영위하게 하고, 민주 국가의 발전과 인류 공영의 이상을 실현하는 데 이바지하게 함을 목적으로 하고 있다. 2007년 개정 유치원 교육과정은 이러한 교육 이념을 바탕으로, 다음과 같은 인간상을 추구하고 있다.

가. 전인적 성장의 기반 위에 개성을 추구하는 사람
나. 기초 능력을 토대로 창의적인 능력을 발휘하는 사람
다. 폭넓은 교양을 바탕으로 진로를 개척하는 사람
라. 우리 문화에 대한 이해의 토대 위에 새로운 가치를 창조하는 사람
마. 민주 시민 의식을 기초로 공동체의 발전에 공헌하는 사람

이러한 입장에서 2007년 개정 유치원 교육과정에서 교육의 목적은 '유아에게 알맞은 교육환경을 제공하여 유아를 교육하고 심신의 조화로운 발달을 돕는 것'이라고 제시하고 있다. 이러한 교육목적을 실현하기 위하여 다음과 같은 교육목표를 두고 있다.

가. 몸과 마음을 건강하게 하며 기본 생활 습관을 기른다.
나. 더불어 사는 태도와 우리 전통문화를 사랑하는 마음을 가진다.
다. 자신의 생각과 느낌을 자유롭고 창의적으로 표현하는 경험을 가진다.
라. 의사소통을 위한 언어 능력을 기르며, 바른 언어 사용 습관을 기른다.
마. 호기심을 가지고 주변 세계를 탐구하며 자연을 존중하는 태도를 가진다.

▣ 교육영역 및 내용

교육과정은 건강생활, 사회생활, 표현생활, 언어생활, 탐구생활의 5개 영역으로 구성되어 있다.

첫째, 건강생활은 긍정적 자아 개념과 일상생활에 필요한 기초 체력을 기르며, 유아의 심신을 조화롭게 발달시키기 위한 영역이라고 제시하고 있다.

둘째, 사회생활은 유아가 자신을 알고 소중하게 여기며, 다른 사람과 함께 살아가는 방법을 익히고, 주변 세계에 관심을 갖고 적응해 나갈 수 있는 기초 능력을 기르기 위한 영역이다.

셋째, 표현 생활은 풍부한 감성과 심미적 태도 및 창의적 표현력을 기르며, 다양한 예술 표현 방식을 존중하고 즐기는 태도를 기르기 위한 영역이다.

넷째, 언어생활은 유아가 일상생활에서 언어 사용을 즐기며, 의사소통 능력을 기르고, 바른 언어 사용 능력과 태도를 기르기 위한 영역이다.

다섯째, 탐구 생활은 자연을 존중하는 마음을 바탕으로 창의적으로 사고하고 탐구하며, 논리적이고 합리적으로 문제를 해결하는 능력과 태도를 기르기 위한 영역이다.

수준별 내용은 현행의 Ⅰ, Ⅱ수준, 공통수준의 틀을 유지하도록 하였다. 즉 교육내용은 Ⅰ, Ⅱ수준으로 제시하되 공통수준은 Ⅰ수준의 내용이 Ⅱ수준까지 지속되는 것을 나타낸다. 그러나 2007년 개정 유치원 교육과정은 수준별 내용 간 차별성, 계열성과 진술의 엄밀성을 추구하여 개선하였다. 특히 만3세, 만4세, 만5세의 연령별 내용은 지도활동 자료집에서 구체화하도록 하였다.

① 건강생활 - 나의 몸 인식하기, 나의 몸 움직이기, 건강하게 생활하기, 안전하게 생활하기
② 사회생활 - 나를 알고 사랑하기, 가족과 함께 생활하기, 이웃과 더불어 생활하기, 사회현상에 관심가지기
③ 표현생활 - 자연과 생활에서 아름다움 찾아보기, 예술적 표현 즐기기,

감상하기
④ 언어생활 - 듣기, 말하기, 읽기, 쓰기
⑤ 탐구생활 - 탐구하는 태도 기르기, 과학적 기초 능력 기르기, 수학적 기초 능력 기르기

■ 교육일수 및 운영

연간 교육일수는 180일, 하루 교육 시간은 180분을 최소 기준으로 하되, 연간 교육일수 및 하루 교육 시간은 시·도 교육청의 지침과 유치원 실정에 따라 유치원에서 자율적으로 정하도록 하고 있다. 즉 시·도 교육청의 지침과 유치원 실정에 따라 자율적으로 반일제, 시간 연장제, 종일제 등 다양한 교육시간 운영이 가능하게 하였다. 특히 종일제 운영을 위한 다양한 교육주제 근거 마련 및 교육활동 지도자료 내용을 강화하는 특성을 나타내고 있다.

■ 종합특징

2007년 개정 유치원 교육과정은 21세기의 지속가능사회를 향한 시대적 요구와 실정에 맞추어 개정된 것으로 다음의 몇 가지 종합특징으로 요약될 수 있다.

첫째, 2007년 개정 유치원 교육과정은 21세기 들어 처음으로 시도되는 교육과정 개정 연구로서 개정의 성격이 '수시 개정' 또는 '부분·수시 개정'으로 표방되는 특성을 가지고 있다. 특히 우리나라 유치원과 초·중등학교 교육과정의 역사상 처음으로 시도되었고, 그 과정에서 먼저 완료된 초등과 긴밀한 협의회를 통해 연계를 위한 노력이 있었다는 점에서 의의를 가진다고 볼 수 있다.

둘째, 21세기의 쟁점으로 떠오르는 지속가능발전 교육의 개념이 교육과정 개정의 중요 배경으로 작용함으로써 인간중심주의에서 생태중심주의로의 전환을 위하여 '인간을 존중하고 자연을 사랑하는 세계관'을 기저로 하고 있다는 것이 특징이다.

셋째, 교육과정의 영역은 6차 교육과정 영역 구분을 계승하여 건강,

사회, 표현, 언어, 탐구의 생활영역으로 제시하였다. 그러나 영역별 교육내용과 교수-학습방법은 지식과 개념 교육에 편중되지 않고, 생활과 관련된 내용과 생활을 통한 방법으로 구성하고자 하였다. 특히 지적 측면뿐 아니라 정적인 측면이 서로 조화를 이루도록 하였으며, 생활 속에서의 자료와 생활환경을 적극 활용하도록 하는 내용이 포함되어 있다.

넷째, 교육과정에 반드시 포함되어야 할 핵심내용만 선정하고 논리적 체계를 구축하여 구성하였다. 이러한 특성으로 인해 유사한 내용은 통합하여 내용의 수는 줄이되, 내용 진술 방식은 개념적 지식과 절차적 지식의 조합의 형태로 "~하기"의 진술형태를 취하여 논리적 체계를 확고히 하고자 하였다.

다섯째, 내용 면에서 볼 때, 우리 전통문화의 장점을 특정 영역에서만 강조하지 않고 전 교육과정에서 강조하였다. 또한 기본생활습관과 창의성도 적용 가능한 모든 영역에서 강조하여 구성하였다. 그리고 유아의 성, 종교, 가족배경, 신체적 특성, 민족배경으로 인한 편견을 가지지 않도록 하는 점이 강조되었다는 특성을 나타낸다.

여섯째, 2007년 개정 유치원 교육과정은 사회변화에 부응하여 다양한 교육과정 운영이 가능하도록 하였다. 또한 문서 체제에 있어서 '교수·학습 방법 및 평가'를 전진 배치하여 공통적 일반 지침으로 하고, 영역별 교육과정에서 '지도상의 유의점'을 추가하여 실제적 교수·학습 방법의 지침을 제공했다는 점에서 특징을 보이고 있다.

〈유치원 교육과정의 변천사〉

유치원 교육과정	교육의 강조점	교육과정 구성	교육일수	특징
제1차 유치원 교육과정	-건강한 신체와 정신, 행복하게 생활할 수 있는 유능한 한국인 양성	건강, 사회, 자연, 언어, 예능의 5개 생활 영역	연간 200일 이상, 하루 3시간	-최초의'유치원 교육과정'이 제정, 공포

제2차 유치원 교육과정	-자아실현 및 국가의식의 고양과 민주적 가치의 강조	신체, 사회 · 정서, 언어, 인지 4개 발달 영역	연간 200일, 하루 3~4시간	-인지발달이 강조 -국가관 인식 뚜렷
제3차 유치원 교육과정	-기본 감각기능과 운동기능 기르고 신체가 조화롭게 발달 -기초적인 언어기능 습득 -긍정적인 자아개념 형성과 창의적 표현 -자연 및 사회현상에 대한 기초적 이해와 문제 해결력 습득 -가족과 이웃 사랑의 태도 습득 및 예절과 규범 습득	신체, 언어, 인지, 사회성, 정서의 5개 발달 영역	연간 180일 이상, 하루 3~4시간	-평가에 대한 지침 제시 -부모교육 강조되고 긍정적 자아개념 강조됨
제4차 유치원 교육과정	-건강과 안전생활에 대한 올바른 습관과 기본적 감각운동 기능 기르고, 신체의 조화로운 발달 이루게 한다. -다른 사람의 말을 이해하고, 자기 생각을 말로 표현할 기능 -자기주변의 여러 가지 현상에 관심 가지며 알아보려는 태도 -자신의 일에 자부심 가지며, 느낌과 생각을 표현 -일상생활에 필요한 기본 생활습관을 기르고 가족과 이웃을 사랑하는 마음 갖게 한다.	신체, 언어, 인지, 정서, 사회성의 5개 발달 영역	연간 180일 이상, 하루 3~4시간	-각론 중 목표에서 내용 부분이 없어지고 지도상 유의점 신설됨 -5개 발달영역은 독립된 교과가 아니고 목표의 구성 영역
제5차 유치원 교육과정	-발달영역과 생활영역의 통합 -3~5세 아동을 위한 교육내용의 발달 수준별 운영 -기본생활 교육 및 사회적 관계의 강조 -글자 교육에 대한 지침제시 -유치원의 교수-학습방법 지침제시 -반일제, 종일제 일과 운영 시간의 다양화	건강, 사회, 표현, 언어, 탐구의 5개 생활영역	연간 180일 기준, 하루 180분 기준	
제6차 유치원 교육과정	-학습내용의 수준별 적절성 도모 -교육시간 운영의 다양화 추구 -기본생활습관 및 협동적인 생활태도 강조 -감성계발 교육의 강조 -창의성과 정보능력 함양교육 강화 -세계화에 대비한 전통문화교육	건강, 사회, 표현, 언어, 탐구의 5개 생활영역	연간180일 이상, 하루 180분 기준	

제 5 장

제 6 차 유치원 교육과정과 2007년 개정 유치원 교육과정의 비교

2007년 개정 유치원 교육과정은 제6차 유치원 교육과정의 실행을 파악하고 이에 근거한 시대적 요구를 반영하여 개정되었다. 따라서 제6차 유치원 교육과정과 2007년 개정 유치원 교육과정이 어떤 차별성을 가지고 있으며 어떠한 방식으로 현장 실천이 이루어져 나갈 수 있을지에 대한 구체적 논의가 필요하다.

1. 제6차와 2007년 개정 유치원 교육과정의 성격 비교

2007년 개정 유치원 교육과정은 2004년 「유아교육법」 제정 이후 처음으로 개정된 유치원 교육과정이라는 특성에 따라 그 성격 또한 유아교육법에 의거하여 국가수준의 교육과정의 성격으로 변경되었다. 이에 근거하여 2007년 개정 유치원 교육과정을 살펴보면 다음 〈표 5-1〉과 같은 측면에서 개정 변경되었음을 알 수 있다.

이러한 변경사항의 특성을 살펴보면 첫째로 제6차 유치원 교육과정에서 없었던 '전인적 성장 발달과 행복 추구'라는 가치관을 앞세운 교육과정이라는 특성을 가지고 있다. 이는 개정 유치원 교육과정은 인간을 존중하고 자연을 사랑하는 세계관을 기저로 하고 있음을 구체적으로 보여준다. '행복'이라는 가치를 교육과정의 방향으로 구체화한 것은 21세기의 새로운 요구와 가치가 반영된 것(문미옥 외, 2007)이라고 볼 수 있다.

〈표 5-1〉 제6차와 2007년 개정 유치원 교육과정의 성격 비교

구분	제6차 유치원 교육과정	2007년 개정 유치원 교육과정	개정 특성
교육과정의 성격	가. 국가 수준의 공통성과 지역, 유치원, 개인 수준의 다양성을 동시에 추구하는 교육과정이다.	가. 국가에서 공통적으로 지향하는 교육 방향을 제시하며, 지역, 유치원, 유아의 다양성을 존중하는 교육과정이다.	· 다양성과 융통성을 확장하여 강조하는 진술문장으로 변화
		나. 유아의 전인적인 성장 발달과 행복을 추구하기 위한 교육과정이다.	· '전인적 성장 발달'과 '행복'을 교육과정의 가치관으로 제시
	나. 유아의 자율성과 창의성을 신장하기 위한 유아 중심의 교육 과정이다.	다. 유아의 자율성과 창의성을 신장하기 위한 유아 중심의 교육과정이다.	· 그대로 유지시킴
	다. 유치원 교육 체제를 교육과정 중심으로 개선하기 위한 교육 과정이다.	라. 유아의 일상생활과 놀이 속에서 통합적으로 실현해 가는 교육과정이다.	· 생활중심의 통합교육의 기본 성격을 강조하는 방식으로 변화
	라. 교육청과 유치원, 교원, 유아 학부모가 함께 실현해 가는 교육 과정이다.	마. 교육청과 지역사회, 유치원, 교원, 유아, 학부모가 함께 실현해 가는 교육과정이다.	· '지역사회'라는 용어를 포함시킴
	마. 교육의 과정과 결과의 질적 수준을 유지, 관리하기 위한 교육 과정이다.	바. 유치원 교육의 질적 수준을 유지, 관리하기 위한 교육과정이다.	· '유치원 교육'이라고 명시함

둘째로는 다양성과 융통성을 확장하여 강조하는 교육과정의 성격을

드러내고 있다. 특히 '지역, 유치원, 유아의 다양성을 존중하는'이라는 문장을 통해 다양성이 강조되고 있다. 이것은 원칙 중심이 아니라 현장 중심의 다양성과 융통성을 열어주는 교육과정의 특성으로 해석될 수 있다.

셋째로 교육과정의 기본 성격은 생활중심의 통합교육을 강조하는 특성을 나타내고 있다. 제6차 유치원 교육과정에서 '교육과정 중심으로 개선하기 위한 교육과정'이라는 진술이 '유아의 일상생활과 놀이 속에서 통합적으로 실현해 가는 교육과정'으로 개정됨으로써 구체적 통합의 중요성을 부각시켰다.

2. 제6차와 2007년 개정 유치원 교육과정의 구성 비교

1) 유치원 교육과정의 구성방침 비교

교육과정의 구성 방침은 2007년 개정 유치원 교육과정에서 "21세기 지식 정보화시대를 주도할 사람과 자연을 존중하고 사랑하는 한국인 육성"이라는 방향으로 구체화되었다. 이러한 개정의 특성을 구체적으로 분석해 보면 다음 <표 5-2>와 같다.

〈표 5-2〉 제6차와 2007년 개정 유치원 교육과정의 구성방침의 비교

구 분		제6차 유치원 교육과정	2007년 개정 유치원 교육과정	개정 특성
교육과정 구성의 방향	교육과정의 구성방침	이 교육과정이 추구하는 인간상을 구현하기 위한 구성 방침은 다음과 같다.	이 교육과정은 21세기 지식 정보화시대를 주도할 "사람과 자연을 존중하고 사랑하는 한국인 육성"을 기본 방향으로 한다. 이에 따른 구성 방침은 다음과 같다.	· 친자연적, 생명중심의 세계관인 인간-자연 존중 세계관 기저의 변화 · 초중등학교

		가. 사회적 변화의 흐름을 주도할 수 있는 기본 능력을 길러 줄 수 있도록 교육과정을 구성한다.	가. 사람과 자연을 존중하고 사랑하는 세계관을 바탕으로 구성한다. 나. 유아의 기본 생활 습관과 전통 문화, 창의성을 강조하여 구성한다.	와의 연계교육 강조 · 지역과 유치원의 자율성 강조
		나. 교육 내용의 양과 수준을 적정화하고, 유아 발달에 적합한 수준별 교육 과정을 구성한다.	다. 유아들의 발달 특성을 고려하여 수준별 교육과정을 구성한다.	
		다. 유아의 발달 특성을 고려하여 교육 내용과 방법을 다양화한다.	라. 유치원 교육의 정체성을 살리며 초·중등학교와 연계하여 구성한다.	
		라. 교육 과정 편성과 운영에 있어서 현장의 자율성을 확대한다.	마. 지역과 유치원의 자율성을 확대하도록 구성한다.	
		마. 교육 과정 평가 체제를 확립하여 교육에 대한 질 관리를 강화한다.	바. 교육과정 평가 체제를 통하여 교육에 대한 질 관리를 강화하도록 구성한다.	

우선 제6차에 비해 세계관을 명확하게 진술하면서 인간과 자연 존중의 생태적 세계관이 강조되었다는 것을 찾아볼 수 있다. '사람과 자연을 존중하고 사랑하는 세계관'에 대한 명시는 개정의 가장 큰 의미가 기능주의적 관점이 아니라 가치론적 관점에서 생명존중사상에 근거한 사람-자연 존중 세계관을 기저로 함(문미옥, 2008)을 보여주고 있다.

두 번째로는 기본생활습관, 전통문화, 창의성을 하위 영역에서 강조하기보다는 총론에서 전체적 구성 방침으로 강조하였다.

셋째로 연계교육이 강조된 특성을 살펴볼 수 있다. 이는 〈표 3-2〉에서와 같이 제6차 유치원 교육과정에 없었던 '초·중등학교와 연계하여 구성한다'라는 문구로 명시화하고 있다.

2) 유치원 교육 목적과 목표 비교

유치원 교육 목적과 목표에 대한 비교 분석을 해 보면 제6차 유치원 교육과정에 비해 교육목적을 구체적으로 제시하였다. 그리고 더불어 〈표 5-3〉에서 보는 바와 같이 건강, 기본생활습관, 우리전통문화, 언어능력, 자연 존중과 같은 측면을 강조한 교육 목표 진술로 변화된 특성을 살펴볼 수 있다.

〈표 5-3〉 제6차와 2007년 개정 유치원 교육과정의 유치원 교육목적과 목표 비교

구 분		제6차 유치원 교육과정	2007년 개정 유치원 교육과정	개정 특성
유치원 교육 목적과 목표	교육 목적	·유치원 교육은 전인적 성장을 위한 기초교육으로서, 유아의 일상생활에 필요한 기본 능력과 태도를 기르는데 중점을 둔다.	·유치원은 유아에게 알맞은 교육환경을 제공하여 유아를 교육하고 심신의 조화로운 발달을 조장하는 것을 교육 목적으로 한다. 이를 실현하기 위하여 다음과 같은 교육 목표를 둔다.	·제6차에서 목적 진술이 구체적이지 않았던 것을 개정교육과정에서 심신의 조화로운 발달에 초점을 두고 교육목적을 진술함
	교육 목표	가. 몸과 마음이 건강하게 자랄 수 있는 경험을 가진다. 나. 기본 생활 습관을 기르고, 다른 사람과 더불어 생활하는 태도를 가진다. 다. 생각과 느낌을 창의적으로 표현하는 경험을 가진다. 라. 바르게 언어를 사용하는 경험을 가진다. 마. 일상생활의 문제에 대하여 스스로 궁리하는 태도를 가진다.	가. 몸과 마음을 건강하게 하며 기본생활 습관을 기른다. 나. 더불어 사는 태도와 우리 전통 문화를 사랑하는 마음을 가진다. 다. 자신의 생각과 느낌을 자유롭게, 창의적으로 표현하는 경험을 가진다. 라. 의사소통을 위한 언어 능력을 기르며, 바른 언어 사용 습관을 가진다. 마. 자연을 존중하며 논리적으로 사고하고 탐구하는 능력을 기른다.	·건강, 기본생활습관, 우리전통문화, 언어능력, 자연 존중 측면을 강조하면서 개정

3) 교육과정의 영역과 시간 비교

교육과정의 영역의 측면은 제6차 유치원 교육과정과 동일하게 건강 생활, 사회 생활, 표현 생활, 언어 생활, 탐구 생활의 5개 영역으로 구성되고, 연간교육일수도 제6차 유치원 교육과정과 동일하게 연간 교육 일수는 180일, 하루 교육 시간은 180분을 최소 기준으로 하되, '최소기준'임을 명시함으로써 운영의 자율성 확대를 열어 놓았다. 특히 반일제, 시간 연장제, 종일제 등 다양한 교육시간 운영 가능성을 명시하였다.

4) 교육과정 편성 · 운영 지침 비교

교육과정 편성과 운영에 있어서 다양한 시간 운영의 가능성을 열어 두었을 뿐 아니라 교육과정 내용 체계를 '구분-내용-수준별 내용'을 '내용-하위내용-수준별내용'으로 수정하면서 내용진술 방식을 '~하기'라는 실생활 중심의 활동을 표현할 수 있는 동명사 형식으로 바꾸어 두었다. 특히 교육과정 편성 · 운영 지침 항목들을 정선하고, 초등학교 지침 중 유치원에 해당되는 부분을 추가해서 넣었다.

5) 교수 · 학습 방법 및 평가 비교

교수 학습 및 평가에 대한 부분은 제6차 유치원 교육과정에서 교육과정의 영역 안에 교수 학습 방법, 평가를 포함하여 제시하였지만 2007년 개정 유치원 교육과정에서는 '제1장 교육과정의 편성과 운영' 부분에 포함함으로써 앞쪽으로 배치하여 공통적이고 일반적 지침의 성격을 드러내 주었다. 그리고 교수-학습 방법과 평가에서 2007년 개정 유치원 교육과정의 성격이 구체적으로 실천될 수 있도록 진술되었다.

이렇게 구성된 2007년 개정 유치원 교육과정에서의 '교수-학습 방법'은 다음의 〈표 5-4〉와 같은 측면에서 제6차 유치원 교육과정과 차이를 가지는 것으로 나타났다.

〈표 5-4〉 제 6 차와 2007년개정 유치원 교육과정의 교수–학습 방법 비교

구 분		제6차 유치원 교육과정	2007년 개정 유치원 교육과정	개정 특성
교수 학습 방법 및 평가	교수 학습 방법	가. 각 영역별로 제시된 내용은 지도의 순서를 의미하는 것이 아니므로, 적절한 시기와 상황에 맞추어 통합적으로 운영될 수 있도록 교육 활동을 계획한다.	가. 유아의 발달과 흥미를 고려하여 놀이 중심의 통합적인 교육활동을 전개한다.	· 유아 관찰과 적절한 지원을 강조함 · 자연물활동과 직접적이고 구체적 경험 강조 · 시간연장제 및 종일제가 지식 및 기능 위주로 흐르는 현상을 경계하며, 휴식과 바깥놀이를 강조함
		바. 하루의 교육 활동은 동적인 활동과 정적인 활동, 실내 활동과 실외 활동, 개별 활동과 대·소집단 활동, 유아 주도 활동과 교사 주도 활동 등이 균형 있게 이루어지도록 한다.	나. 하루의 교육 활동 운영은 동적인 활동과 정적인 활동, 실내 활동과 실외 활동, 개별·대·소집단 활동, 유아 주도 활동과 교사 주도 활동 등이 균형 있게 이루어지도록 한다.	
		사. 하루의 교육 활동은 유아와 교사, 유아와 유아, 유아와 교구의 상호 작용 등 여러 가지 유형의 상호작용이 일어날 수 있도록 제시한다.	다. 유아가 또래와 교사 및 주변 환경과 다양한 상호작용을 할 수 있도록 한다.	
		차. 교사는 긍정적이고 지지적인 언어와 태도로 유아와 상호작용한다.	라. 긍정적이고 수용적이며 사랑과 정성이 담긴 언어와 태도로 유아를 대한다.	
		카. 교사는 확산적 질문을 많이 하여 유아의 호기심과 학습 동기를 유발하고, 창의적인 사고를 촉진한다.	마. 교육활동별 특성에 따라 다양한 발문을 하며 확산적인 질문을 통해 창의적 사고를 유도한다.	
			바. 개별 유아의 잠재력이 최대한 발현될 수 있도록 유아를 지속적으로 관찰하고 적절한 지원을 한다.	
		자. 교재·교구는 다양한 정보를 얻을 수 있는 교수 매체를 활용하되, 가능한 한 구체적이고 직접적인 경험을 주는	사. 주변의 다양한 자료와 자연물을 적극 활용하여 유아들이 직접적이고 구체적인 경험을 할 수 있도록 한다.	

		실물 자료를 사용한다.		
		마. 교육활동은 놀이 중심으로 이루어지도록 하며, 흥미 영역과 교재·교구는 계절, 주제, 행사 및 유아의 요구 등에 따라 적절히 재구성한다.	아. 흥미 영역은 계절, 주제, 행사 및 유아의 요구 등에 따라 재구성한다.	
		아. 종일반의 일과는 오전의 교육 활동을 오후에 그대로 반복하거나 단순히 유아를 보호하는 것이 아니라, 유아의 신체적, 심리적 상태를 고려하여 하루의 교육 활동이 균형 있게 이루어지도록 한다.	자. 시간 연장제 및 종일제 오후 일과는 오전의 교육 활동을 그대로 반복하거나 지식 및 기능 위주 교육을 하기보다는 편안한 휴식과 함께 바깥놀이와 개별 유아의 특성을 충분히 고려한 놀이 중심의 활동으로 구성한다.	
		나. 교육 내용의 Ⅰ수준, Ⅱ수준, 공통 수준은 유아의 발달과 경험 정도를 고려하여 연속성 있게 조직한 것이므로 유아의 관심, 흥미, 발달 수준에 따라 내용을 선정하고, 그에 적절한 방법으로 운영한다. 다. 교육내용은 주제, 유아의 요구 및 상황에 따라 다양한 활동을 통하여 여러 번 다룰 수 있다. 라. 교육 활동은 발표, 토의, 관찰, 실험, 조사, 견학 등 유아들이 직접 참여할 수 있는 다양한 수업 방법들을 활용하도록 한다.		

평가에 있어서는 교육평가의 특성을 명확하게 제시하고자 한 특성이 나타나고 있는데 이를 현행 제 6차 교육과정과 비교해 보면 다음 〈표 5-5〉와 같다.

〈표 5-5〉 제6차와 2007년 개정 유치원 교육과정의 평가 비교

	제6차 유치원 교육과정	2007년 개정 유치원 교육과정	개정 특성
평가		가. 교육과정 목표와 내용을 준거로 유아의 특성과 변화 정도를 평가하도록 한다.	·종합적 평가를 중시하는 특성 ·생활과 교육활동을 포괄적으로 강조함 ·기초자료로의 활용을 더욱 구체화하여 제시함
	가. 유아의 건강, 기본 생활 습관, 정서적 안정감, 사회적 적응, 창의적 표현, 의사소통 능력 및 탐구심 등에 중점을 둔다.	나. 유아의 태도, 지식, 기능 등이 종합적으로 포함되도록 한다.	
		다. 유치원 일과 속에서 생활과 교육활동 전반에 걸쳐 포괄적으로 이루어지도록 한다.	
	나. 관찰, 일화 기록, 작품 분석, 면담 등 다양한 방법을 사용하게 한다.	라. 관찰, 활동 결과물 분석, 면담 등 다양한 방법을 사용하여 종합적으로 평가하고, 그 결과를 기록한다.	
	라. 평가의 결과는 유아의 전인적인 성장, 효율적인 교육 과정 운영, 부모 면담, 생활 기록부 작성 등을 위한 기초 자료로 활용한다.	마. 평가 결과는 유아에 대한 이해와 유아 지원을 위한 의사결정, 교수-학습 방법 개선, 교육과정의 편성과 운영, 부모 면담, 생활 기록부 작성 등을 위한 기초 자료로 활용한다.	
	다. 유아 개인의 발달 특성 및 정도를 파악하여 그 결과를 문장으로 기술한다.		

3. 제6차와 2007년 개정 유치원 교육과정의 영역 비교

1) 건강 생활

2007년 개정 유치원 교육과정에서 건강생활은 자연주의적 관점에 근거한 교육과정 개정의 성격이 잘 드러나고 있다. 이는 생명 존중, 관계

중심의 총체적 전인교육의 특성을 기초로 하여 유아들이 자연적 본성을 간직하면서 자연과 유기적 관계를 맺고 자연을 사랑하는 사람으로 몸과 마음이 건강하게 자라도록 하여 궁극적으로는 사람, 사회, 자연이 함께 행복을 나누는 것을 목적으로 하고 있다(곽노의, 2008). 이러한 건강생활 영역을 현행과 비교해 보면 다음 〈표 5-6〉과 같다.

〈표 5-6〉 제 6 차와 2007년 개정 유치원 교육과정의 건강 생활 영역 비교

<table>
<tr><th>구분</th><th colspan="2">제 6차 유치원교육과정</th><th colspan="2">2007 개정 유치원 교육과정</th></tr>
<tr><td>성격</td><td colspan="2">"건강생활"의 기본 성격은 유아들이 다양한 신체 활동을 통하여 일상 생활에 필요한 기초 체력을 기르며, 건강하고 안전한 생활 습관을 형성하게 함으로써 유아의 심신을 조화롭게 발달시키기 위한 것이다.</td><td colspan="2">"건강생활"은 긍정적 자아 개념과 일상생활에 필요한 기초체력을 기르며, 유아의 심신을 조화롭게 발달시키기 위한 영역이다.</td></tr>
<tr><td>목표</td><td colspan="2">자신의 신체에 대한 긍정적인 인식과 함께 생활에 필요한 기초 체력을 기르고, 건강하고 안전한 생활 습관을 가진다.

가. 다양한 신체 활동과 감각 경험을 통하여 자신의 신체와 주변 세계를 인식하는데 필요한 기초 능력을 그린다.
나. 신체 활동에 활발하게 참여함으로써 기본적인 운동 능력을 기르고 기초 체력을 증진한다.
다. 건강과 안전에 관련된 지식과 기술을 익힘으로써 건강하고 안전한 생활 습관을 가진다.
라. 신체 활동에 즐겁게 참여함으로써 건강한 정신을 기른다.</td><td colspan="2">자신의 신체를 긍정적으로 인식하고 생활에 필요한 기초 체력을 기르며, 건강하고 안전한 생활 습관을 가진다.

가. 자신의 몸과 주변 세계를 긍정적으로 인식한다.
나. 기본 운동 능력과 기초 체력을 기른다.
다. 건강한 몸과 마음을 기른다.
라. 안전한 생활 습관을 가진다.</td></tr>
<tr><td rowspan="3">내용
체계</td><td>감각 및 신체 인식</td><td>· 감각 기관을 활용하기
· 신체를 인식하고 움직이기</td><td>나의 몸 인식하기</td><td>· 감각 기관을 활용하기
· 나의 몸을 인식하고 움직이기</td></tr>
<tr><td>기본 운동 능력</td><td>· 이동 운동하기
· 비이동 운동하기
· 조작 운동하기
· 신체 활동에 참여하기</td><td>나의 몸 움직이기</td><td>· 이동하며 움직이기
· 제자리에서 움직이기
· 도구 및 놀이 시설을 활용하기
· 바깥에서 신체 활동하기</td></tr>
<tr><td>건강</td><td>· 몸을 깨끗이 하기
· 주변을 깨끗이 하기
· 적절하게 옷 입기</td><td>건강하게 생활</td><td>· 몸과 주변을 깨끗이 하기
· 바른 식생활 하기
· 질병 예방하기</td></tr>
</table>

		·바른 식생활 하기 ·적절히 휴식하기 ·질병 예방하기 ·즐겁게 생활하기	하기	·즐겁게 생활하기
	안전	·안전하게 놀이하기 ·교통 안전 규칙 지키기 ·위험한 상황을 알고 대처하기 ·환경 오염이나 재해에 대비하기	안전하게 생활하기	·나와 다른 사람의 몸을 소중히 하기 ·안전하게 놀이하기 ·교통안전 규칙 지키기 ·위험한 상황을 알고 대처하기 ·환경오염이나 재난에 대비하기
특징	·국가 경쟁력 요소인 창의성을 강조 ·기초체력 신장, 정신 건강, 환경오염이나 재해 대비가 포함됨		·몸의 소중함 알도록 함 ·학문적 전문 용어 중심에서 생활 용어 중심으로 내용 변경 ·안전하고 건강한 생활습관 중심	

2) 사회생활

사회생활 영역은 제6차에 비해 2007년 개정 유치원 교육과정에서 내용을 줄임과 동시에 생활하기라는 표현을 통해 구체적 삶의 접근으로 내용범주를 구성하고 있다. 이러한 특성을 현행과 구체적으로 비교해 보면 다음 〈표 5-7〉과 같다.

〈표 5-7〉 제 6차와 2007년 개정 유치원 교육과정의 건강 생활 영역 비교

구분	제 6차 유치원교육과정	2007 개정 유치원 교육과정
성격	사회생활영역은 기본 생활 습관을 기르고, 자신의 생각과 행동을 조절하여 남과 더불어 사는 방법을 익히며, 사회 현상에 대하여 합리적으로 대처해 나갈 수 있는 기초 능력을 배양함으로써 민주 시민의 자질을 기르기 위한 것이다. 이 영역은 '기본 생활 습관', '가정생활', '집단생활', '사회 현상과 환경'으로 구성되어 있다.	사회생활은 유아가 자신을 알고 소중하게 여기며, 다른 사람과 함께 살아가는 방법을 익히고, 주변 세계에 관심을 갖고 적응해 나갈 수 있는 기초 능력을 기르기 위한 영역이다. 이 영역은 '나를 알고 사랑하기', '가족과 함께 생활하기', '이웃과 더불어 생활하기', '사회 현상에 관심가지기'의 네 가지 내용으로 구성한다.
목표	기본 생활 습관과 자기 조절 능력을 기르고 다른 사람과 더불어 생활하며 사회 현상에 대하여 관심을 가진다	자신과 다른 사람을 존중하고, 더불어 살아가는 능력을 기른다. 가. 자신을 소중하게 여기고 스스로 생각

	가. 예절바르게 행동하고, 질서를 지키며 아껴 쓰는 생활 습관을 가진다. 나. 긍정적 자아 개념을 기초로 자신의 일을 계획하고 실천함으로써 자시 조절 능력을 기른다. 다. 나와 다른 사람의 관계를 이해함으로써 서로 협력하고 더불어 살아가는 능력을 기른다. 라. 우리가 살고 있는 사회와 환경에 대하여 관심을 가짐으로써 사회적 적응력을 기른다.		하여 행동하며 감정을 조절한다. 나. 가족과 화목하게 지내며 서로 협력한다. 다. 예절 바르게 행동하고 질서를 지키며 이웃과 더불어 생활한다. 라. 우리가 살고 있는 사회 현상에 대하여 관심을 가진다.	
내용	기본 생활 습관	· 예절 바르게 생활하기 · 질서 지켜 생활하기 · 아껴 쓰기	나를 알고 사랑하기	· 나를 소중하게 여기기 · 나의 일 스스로 하기 · 나의 감정 알고 조절하기
	개인 생활	· 나에 대해 긍정적으로 생각하기 · 감정과 욕구 조절하기 · 자기 일을 계획하고 실천하기		
	가정 생활	· 가족과 화목하게 지내기 · 가족과 협력하기	가족과 함께 생활하기	· 가족과 화목하게 지내기 · 가족과 협력하기
	집단 생활	· 다른 사람을 이해하고 존중하기 · 공공 규칙을 이해하고 지키기 · 두레의 소중함을 알고 협력하기 · 환경 오염이나 재해에 대비하기	이웃과 더불어 생활하기	· 예절바르게 생활하기 · 다른 사람을 이해하고 존중하기 · 질서와 규칙 지키기 · 두레의 소중함을 알고 협력하기
	집단 생활 사회 현상과 환경	· 주변 지역에 관심 가지기 · 직업에 관심 가지기 · 경제 생활에 관심 가지기 · 환경 보전에 관심 가지기 · 우리나라의 상징과 전통에 관심 가지기 · 통일에 관심 가지기 · 세계 여러 나라와 문화에 관심 가지기 · 정보 자료에 관심 가지기	사회 현상에 관심 가지기	· 주변 지역에 관심 가지기 · 경제 생활에 관심 가지기 · 우리나라와 우리 전통문화에 관심 가지기 · 다양한 문화에 관심 가지기
특징	· 아껴 쓰는 생활습관, 두레와 협력의 삶을 강조 · 지역사회와 환경에 대해 포괄적으로 관심의 범위를 넓혀서 제시 · 정보 자료를 찾고 조직하며, 활용할 수 있는 정보 문장 해독 능력 추가됨		· 나, 가족, 이웃, 사회현상을 범주화 함 · 내용을 줄이고 생활 중심으로 접근함 · 정보 자료에 대한 내용 삭제	

3) 표현 생활

표현 생활에서 2007년 개정 유치원 교육과정은 영역의 특성을 드러내는 용어에 대한 해석적 차이를 줄이기 위해 구체적으로 진술하는 방식으로 개정한 특성을 나타내고 있다. 따라서 제 6차에서 '탐색'이라는 용어를 '자연과 생활에서 아름다움 찾기'로, '표현'이라는 용어를 '예술적 표현 즐기기'로, '감상'이라는 용어를 '감상하기'로 바꿈으로써 구체적 실행을 강조하는 동영사 진술방식으로 바꾸었다(김명순, 2008). 또한 수준별 연관 내용을 고려하여 초등학교와의 연계를 고려하고, 과정을 즐기는 것을 강조하는 방식으로 바뀌었다. 이러한 구체적 차이를 비교해 보면 〈표 5-8〉과 같다.

〈표 5-8〉 제6차와 2007년 개정 유치원 교육과정의 표현 생활 영역 비교

구분	제 6차 유치원교육과정		2007 개정 유치원 교육과정	
성격	표현생활은 유아들로 하여금 자연과 사물의 예술적 요소를 탐색, 감상하고, 자신의 생각과 느낌을 음악, 조형, 동작, 극과 같은 다양한 예술적 표현 활동을 통하여 자발적, 창의적으로 표현하게 함으로써 예술에 대한 호기심, 표현능력, 심미감을 기르고 정서적 안정감을 가지게 하는 영역이다.		표현 생활은 풍부한 감성과 심미적 태도 및 창의적 표현력을 기르며, 다양한 예술 표현 방식을 존중하고 즐기는 태도를 기르기 위한 영역이다.	
목표	자연과 사물의 예술적 요소에 대한 호기심, 창의적 표현 능력, 심미감을 기르고 정서적 안정감을 가진다. 가. 자연과 사물의 예술적 요소들을 탐색함으로써 호기심을 기른다. 나. 다양한 활동을 통해 생각과 느낌을 표현함으로써 창의적 표현 능력을 기르고 정서적 안정감을 가진다. 다. 자연과 사물 및 다양한 작품들을 감상함으로써 풍부한 감성과 심미감을 기른다.		생각하고 느낀 것을 예술적으로 표현하고 감상함으로써 심미적 태도와 창의적 표현력을 기른다. 가. 자연과 생활 속에서 예술적 요소를 찾아본다. 나. 생각과 느낌을 음악, 움직임과 춤, 조형, 극놀이 및 통합적 활동으로 표현하는 과정을 즐긴다. 다. 자연과 사물, 다양한 예술 작품과 우리 전통 등을 감상함으로써 풍부한 감성과 심미적 태도를 기른다.	
내용	탐색	소리 탐색하기	자연과	소리 · 움직임 · 조형물에 관심 가

		형태 탐색하기 움직임 탐색하기	생활에서 아름다움 찾아보기	지기 예술적 요소 찾아보기
	표현	여러 가지 소리 만들기 노래 부르기 리듬 악기 다루기 그림 그리기 만들기와 꾸미기 동작으로 표현하기 통합적으로 표현하기 극놀이로 표현하기	예술적 표현 즐기기	음악으로 표현하기 움직임과 춤으로 표현하기 조형 활동으로 표현하기 극놀이로 표현하기 통합적으로 표현하기 창의적인 표현 과정 즐기기
	감상	음악감상하기 자연과 사물 및 조형 작품 감상하기 춤 감상하기 극놀이 감상하기 예술적 표현 존중하기 전통 예술에 친숙해지기	감상 하기	아름다움 느끼기 예술적 표현 존중하기 우리 전통 예술 감상하기
특징	·'탐색'을 신설하고, 이에 따라 소리, 형태, 움직임 탐색의 내용을 변경함 ·표현 활동의 통합적 측면을 강조		·용어의 구체화 ·초등학교와의 연계 고려 ·활동연계 및 수준을 고려하여 실제로 참여하는 과정을 즐기는 것을 강조함	

4) 언어 생활

2007년 개정 유치원 교육과정에서 언어생활의 개정에 기본 입장을 이연승(2008)은 일곱 가지로 제시를 하고 있다. 즉 일상생활에서의 언어 사용 능력 강조, 듣기·말하기 의 구어 능력의 강조, 듣기·말하기와 읽기·쓰기 간의 연계성 강조, 읽기와 쓰기를 내용으로 구분, 유아의 언어발달에 적합한 범위 내에서의 초등학교 국어교과 교육과정과의 연계성 강조, 일상생활에서 말과 글의 힘을 인식하여 바른 언어사용 태도 형성, 문학의 요소 강조 등을 지적하고 있다. 이러한 특성에 근거한 개정 유치원 교육과정을 제6차 유치원 교육과정과 비교하면 다음 〈표 5-9〉와 같다.

〈표 5-9〉 제 6 차와 2007년 개정 유치원 교육과정의 언어 생활 영역 비교

<table>
<tr><th>구분</th><th colspan="2">제6차 유치원교육과정</th><th colspan="2">2007 개정 유치원 교육과정</th></tr>
<tr><td>성격</td><td colspan="2">언어생활영역은 다음과 같은 성격을 가진다. 첫째, 이 영역은 유아가 자신을 능력 있는 언어 학습자로 인식하도록 돕는데 중점을 둔다. 이러한 관점에서 언어 생활 영역은 유아의 언어 사용 능력을 향상시켜 유아로 하여금 즐거운 언어 생활을 할 수 있도록 하기 위한 영역이다. 둘째, 이 영역은 '듣기', '말하기','읽기 · 쓰기에 관심 가지기'로 구성되어 있다. 셋째, 이 영역에서는 언어 학습의 결과보다 과정을 중시한다. 넷째, 의사 소통의 바른 태도와 습관의 형성을 중시한다. 다섯째, 유아가 일생 동안 읽고 쓰기를 즐기는 성인이 될 수 있도록 그 기본 성향을 형성 하는데 역점을 둔다. 여섯째, 유아 언어 교육의 중요한 역할 중의 하나는 무엇보다 모국어 교육이다.</td><td colspan="2">언어 생활은 유아가 일상생활에서 언어 사용을 즐기며, 의사소통 능력을 기르고, 바른 언어 사용 능력과 태도를 기르기 위한 영역이다.</td></tr>
<tr><td>목표</td><td colspan="2">일상 생활에 필요한 기초적인 언어 능력을 기르고, 바른 언어 생활 습관과 태도를 가진다.
가. 다른 사람의 말을 잘 듣고 이해하는 능력을 기른다.
나. 자기의 생각과 느낌을 말로 표현하는 능력을 가진다.
다. 글자와 글에 친숙해지는 경험을 통하여 읽기와 쓰기에 관심을 가진다.
라. 바르게 듣고 바르게 말하는 태도를 가진다.</td><td colspan="2">말과 글을 즐겁고 바르게 사용하기 위한 기초 능력과 태도를 기른다.
가. 말하는 사람의 의도를 고려하여 주의 깊에 듣고 이해한다.
나. 자신의 생각과 느낌을 적절하게 말한다.
다. 주변의 글자와 책에 친숙해지는 경험을 통하여 읽기에 관심을 가진다.
라. 글자의 기능을 인식하고 자신의 생각과 느낌을 그림이나 글로 나타내는 데 관심을 가진다.</td></tr>
<tr><td rowspan="3">내용</td><td>듣기</td><td>· 말소리 듣기
· 낱말과 문장을 듣고 이해하기
· 이야기를 듣고 이해하기
· 동화, 동요, 동시 듣기
· 바른 태도로 듣기</td><td>듣기</td><td>· 낱말과 문장 듣고 이해하기
· 이야기 듣고 이해하기
· 문학 작품 즐겨 듣기
· 바른 태도로 듣기</td></tr>
<tr><td>말하기</td><td>· 바르게 발음하여 말하기
· 낱말과 문장을 말하기
· 경험, 생각, 느낌 말하기
· 상황에 맞게 말하기
· 바른 태도로 말하기</td><td>말하기</td><td>· 낱말과 문장으로 말하기
· 생각과 느낌 말하기
· 이야기 지어 말하기
· 바른 태도로 말하기</td></tr>
<tr><td>읽기</td><td>· 말과 글의 관계 알기</td><td>읽기</td><td>· 읽기에 관심 가지기</td></tr>
</table>

	· 쓰기에 관심 가지기	· 글자에 관심 가지기 · 쓰기에 관심 가지기 · 책에 관심 가지기 · 읽어 주는 글을 이해하기		· 책에 관심 가지기
			쓰기	· 쓰기에 관심 가지기 · 쓰기 도구 사용하기
특징	· 즐거운 언어생활을 위해 결과 보다 과정에 초점을 둠 · 문자 언어에 대한 자연적 흥미와 관심 제시		· 일상생활에서 언어 사용 능력 강조 · 읽기와 쓰기를 분리하여 관심 가지기를 넘어서 한글의 특성을 반영하여 하위내용을 구체화함 · 문학의 요소를 강조함	

5) 탐구 생활

탐구 생활 영역은 탐구하는 태도와 과정, 자연존중, 자연현상의 변화와 규칙성, 공학발전의 이로움과 해, 수학적 감각 기르기, 연계성 강조 등의 중점 사항으로 개정하게 되었다(조부경, 2008). 이러한 제 6차에 비해 자연을 존중을 강조하면서 창의적 탐구를 하위가 아니라 전체 목표로 제시하고 있는데 그 구체적 특성은 다음 〈표 5-10〉과 같다.

〈표 5-10〉 제 6 차와 2007년 개정 유치원 교육과정의 탐구 생활 영역 비교

구분	제 6차 유치원교육과정	2007 개정 유치원 교육과정
성격	"탐구생활"은 유아들이 관심과 호기심을 가지고 자연현상과 주위의 사물을 탐구하는 데 필요한 기초능력과 태도를 기르기 위한 영역이다.	탐구생활은 자연을 존중하는 마음을 바탕으로 창의적으로 사고하고 탐구하며, 논리적이고 합리적으로 문제를 해결하는 능력과 태도를 기르기 위한 영역이다.
목표	주위의 여러 가지 사물과 자연 현상에 대하여 호기심과 관심을 가지고 탐구하는 데 필요한 기초 능력과 태도를 기른다. 가. 주변 생활과 자연 환경 현상을 이해하는 데 필요한 기초적인 탐구 능력과 태도를 기른다. 나. 일상 생활에서 부딪히는 문제를 창	자연을 존중하고, 창의적으로 탐구하며, 논리적으로 문제를 해결하기 위한 기초 소양을 기른다. 가. 사물과 자연현상에 대해 호기심을 가지고 지속적으로 탐구하는 태도를 기른다. 나. 사물과 자연현상에 대한 기초 지식을 이해하고 탐구하는 능력을 기른다. 다. 생활 주변의 문제를 논리, 수학적으로

	의적으로 탐구하고 다양한 방법으로 해결하려는 태도를 기른다.		해결하기 위한 기초 능력을 기른다.	
내용	창의적 탐구	주변 상황에 관심을 가지고 탐색하기 다양하게 생각하기 독특하게 생각하기	탐구하는 태도 기르기	사물과 현상에 지속적인 관심가지기 탐구과정 즐기기
	과학적 탐구	우리 몸에 대하여 알아보기 생물에 대하여 관심 가지기 자연 현상에 대하여 알아보기 물체와 물질 탐색하기 도구와 기계에 관심 가지기	과학적 기초 능력 기르기	물체와 물질에 대해 알아보기 생명체와 자연환경 소중하게 여기기 자연현상에 대해 알아보기 간단한 도구와 기계 활용하기
	수학적 탐구	우리 몸에 대하여 알아보기 생물에 대하여 관심 가지기 자연 현상에 대하여 알아보기 물체와 물질 탐색하기 도구와 기계에 관심 가지기	수학적 기초 능력 기르기	수감각 기르기 공간 및 도형에 대해 알아보기 기초적인 측정해보기 규칙성 이해하기 자료 정리 및 결과 나타내기
특징	･국가 경쟁력 요소인 창의성을 강조 ･지식의 구조와 위계 강조		･자연존중, 창의적 사고 및 탐구, 논리적 문제해결 등 기초 소양을 강조 ･지도상의 유의점 5개 신설	

4. 2007년 개정 유치원 교육과정의 의미

2007년 개정 유치원 교육과정은 기존의 유치원 교육과정에 비해 시대적 요구를 반영하여 기본 세계관과 실행에 있어서 몇 가지 차별성을 나타내고 있다. 이러한 교육과정의 의미(권미량, 2008)를 다음과 같이 종합적으로 논의해 보고자 한다.

첫째, 교육과정의 성격 면에서 기능론적 측면에서 눈에 보이는 행동이 아니라 가치관을 중시했다는 점은 현대사회의 유아교육의 새로운 과제를 제시하고 있다. 이는 유아교육에 있어서 근원적 가치관의 변화로 교육과정의 패러다임을 변화시켜 보자는 의도로 해석될 수 있다. 그리고 다양성과 융통성을 확장하여 현장 중심의 움직이는 교육과정으로 바꾸려는 의도를 살펴볼 수 있다.

둘째, 교육과정의 편성과 운영에 있어서 교육과정 구성의 방향은 친자연적이고 생명중심의 인간-자연 존중 세계관이 드러나고 있으며, 초중등학교와의 연계교육이 강조되었다. 또한 교육목적을 명확히 진술하면서 건강, 기본생활습관, 우리전통문화, 언어능력, 자연 존중과 같은 측면이 강조되었다. 교육과정 편성・운영이나 교수・학습 방법에 있어서도 자연물 활동을 강조한다든지, 기능위주의 종일제 운영을 지양하고 휴식과 바깥놀이를 강조하는 형식으로 교육과정의 성격을 운영과 교수・학습방법에도 적용하여 구성하고 있다.

셋째, 교육과정의 영역에 있어서는 제6차 유치원 교육과정과 같은 건강 생활, 사회 생활, 표현 생활, 언어 생활, 탐구 생활로 구성되지만 개정 교육과정의 성격에 부합되는 형식으로 내용 개정이 이루어졌다.

건강생활은 자연주의적 관점에 근거하여 생명 존중, 관계 중심의 특성을 기초로 몸과 마음이 건강하게 자라도록 구성되었으며, 사회생활은 더불어 살아가는 삶을 중심으로 구성되었다. 표현생활은 용어를 구체화시키고 초등학교와의 연계를 고려하며, 즐기는 과정을 강조하는 개정 방향이 나타났다. 언어생활은 연계교육, 언어사용 태도, 문학의 요소 강조, 읽기와 쓰기를 내용으로 구분하면서 구체적 언어 사용 능력을 강조하게 되었다. 탐구 생활은 자연 존중을 강조하면서 창의적 탐구를 전체적 목표로 세움으로써 태도와 구체적 기초능력 기르기를 실천해 나가도록 구성하였다.

이러한 특성들을 중심으로 볼 때 2007년 개정 유치원 교육과정은 제6차 유치원 교육과정과는 다른 패러다임과 가치관을 기저에 두고, 인간-자연 존중 세계관에 따라 현장의 아이들의 행복한 삶의 변화를 위한 개정의 노력이 있었다고 보여진다. 이는 현대 사회의 변화에 대한 사회적 문제를 유아기에 있는 유치원 교육에서부터 치유와 돌봄으로 변화시켜 보려는 유아교육 관련 기관, 연구자, 교사, 현장 전문가들의 노력과 요구에 근거하여 이루어졌다는 측면에서 특별한 의미를 지닌다.

그러나 2007년 개정 유치원 교육과정이 제6차 유치원 교육과정과 연계성과 차별성을 동시에 달성하는 현장 실천을 위해서는 지속적인 교육과정 분석과 현장 연구가 이루어져야 한다. 2007년 개정 유치원 교육과정이 가지는 방향성에 비해 실행을 위한 구체적 운영 접근은 기존 교육과정의 틀을 크게 벗어나지 못하고 있는 점은 논의되어야 할 부분이다. 현장에서 그 의도와 의미를 살릴 수 있는 실천 방안의 구체화를 위한 의미있는 노력이 필요하다. 따라서 2007년 개정 유치원 교육과정에 대한 의미와 현장 실천 방안에 대한 더욱 구체적이고 지속적인 연구가 이루어져야 할 것이다.

제 6 장

우리나라 보육의 변천과 표준보육과정

우리나라 유아교육은 유치원과 보육시설이 이원화되어 유치원 교육과정과 표준보육과정으로 이루어지고 있다. 이러한 측면에서 우리나라 보육의 변천과 표준보육과정을 고찰하고 그 질적 변화와 지원이 지속적으로 논의되어야 한다.

1. 우리나라 보육시설의 변천

보육시설은 보호자의 위탁을 받아 영유아를 보육하는 시설로서 설립주체에 따라 국·공립 보육시설, 법인보육시설, 직장보육시설, 가정보육시설, 부모협동보육시설, 민간보육시설의 형태로 운영되고 있다. 이러한 보육시설은 현행 「영유아보육법」에 근거하여 영유아를 대상으로 보육서비스로 제공되고 있는데 이러한 보육사업의 변천을 살펴보면 다음과 같다.

1) 법 제정 이전 시기

우리나라의 보육사업의 시작은 일반적으로 1921년 태화기독교사회관에서 빈민아동을 위한 구제사업의 일환으로 탁아프로그램을 개설한 시기로 보고 있다. 이러한 빈민아동을 위한 탁아사업으로 시작된 보육사업은 다양한 형태의 구제사업을 통해 실천되어 왔다. 그러나 초기의 이러한 보육사업은 빈민 구제를 위한 보호의 목적이 주를 이루면서 구성되어 실천이 이루어졌다.

2) 「아동복리법」·「아동복지법」·「유아교육진흥법」 시기

보육사업이 법적 근거를 가지게 된 것은 1961년에 제정된 「아동복리법」에 의하여 본격화되어졌다. 「아동복리법」은 보육시설의 설치기준, 직원배치기준, 보육시간, 보육내용을 법적으로 규정하면서 보육사업의 본격화를 형성하게 되었다. 1968년 '탁아소'에서 명칭을 '어린이집'으로 개정하였고, 민간탁아시설의 설치가 권장되며 이루어졌다. 그러다가 1980년 제5공화국이 들어서면서 유아교육 사업이 정부의 주요 개혁시책으로 채택되면서 1981년 4월 31일에 「아동복리법」이 「아동복지법」으로 전문 개정되었다.

1980년대에 보육사업의 교육적 기능에 대한 관심이 증가되면서 「유아교육진흥 5개년 계획」을 세우게 되었다. 이를 기초로 하여 보건사회부가 관장하던 어린이집, 내무부에서 관할하던 새마을협동유아원, 농업진흥청에서 관할하던 농번기탁아소 등을 통합하여 '새마을 유아원'으로 명칭을 변경하여 운영하게 되었다. 이러한 새마을 유아원으로의 변경과 더불어 모든 탁아시설의 관련 업무가 내무부로 이관되었다.

그러나 시설부족과 운영 특성의 모호함으로 관리 소홀 및 혼돈의 문제가 발생하자 결국 1989년 기존의 「아동복지법 시행령」에서 삭제되었던 탁아관계 규정을 살려 탁아사업 실시 근거를 부활시켰다. 결국 일부 '새마을 유아원'은 전환하여 보건사회부가 관할하기도 하였다. 그러나 이러한 탁아사업은 관할부서의 다원화와 여러 가지 문제가 부각되면서 변화의 요구가 일어나기 시작하였다. 특히 경제력이 없는 저소득 지역에서는 뜻있는 봉사자들에 의해 탁아소가 지역사회를 중심으로 생겨나기 시작하였다. 이러한 과정에서 1990년 1월 15일에는 「탁아시설의 설치 · 운영규정」을 마련하기에 이르렀다.

3) 「영유아보육법」 시기

사회적 요구와 학계의 다각적 요구에 근거하여 1991년 「영유아보육법」이 1월 14일에 제정 · 공포되기에 이르면서 새마을 유아원이 다시 보건사회부의 어린이집으로 바뀌게 되었다. 이러한 보육사업에 대한 독립 법안의 마련은 보건복지부로 관할 부처를 통일하여 설치 및 운영을 체계적으로 지원하는 근거가 되었다. 이러한 「영유아보육법」의 제정은 보육이라는 개념을 좀더 체계화하여 보호와 교육의 통합적 개념으로 정리하고 교육, 영양, 건강, 안전, 부모에 대한 서비스, 지역사회와의 교류를 통합하는 구성을 설립함으로써 실천적 기초를 세우게 되었다.

「영유아보육법」 이후 보육시설은 양적 성장을 거듭하여 급속도로 확대 생산되었다. 그러나 보육시설의 확대는 질적 관리와 지원의 문제가 해결되지 않는다는 지적과 변화의 요구에 근거하여 「영유아보육법」은 2004년 12월에 개정하여 여성가족부로 관찰부처를 옮겼다. 이로서 2005년에 영유아보육법 시행령 전문개정과 영유아보육법 시행규칙 전문이 개정되었고, 2008년부터 다시 보건복지가족부로 부처 명칭 변경과 더불어 관할부처가 변경되었다.

2. 표준보육과정

표준보육과정은 보육시설에서 영유아의 연간보육계획 수립과 이에 따른 보육내용을 선정하여 운영하도록 구성되어져 있다. 표준보육과정은 「영유아보육법」 제29조 제2항 및 제4항에 따라 「영유아보육법 시행규칙」제30조에 규정한 것으로 보육시설 영유아의 보육 목적과 목표를 달성하기 위한 국가수준의 보육과정이다. 따라서 만6세 미만의 영유아가 갖추어야 할 바람직하고 적합한 태도와 가치, 지식과 기술을 포함하며, 이를 통해 영유아의 잠재력을 최대한 발휘하고 성장하도록 구성된 것이다. 이러한 보육의 질적 변화라는 사회적 요구에 의해 개발된 국가수준의 표준보육과정(여성가족부, 2007)을 토대로 그 구체적 내용을 살펴보면 다음과 같다.

1) 추구하는 인간상 및 보육 목표

표준보육과정은 영유아의 전인적 성장과 발달을 돕고 민주시민으로서의 자질을 길러 영유아가 심신이 건강하고 조화로운 사회 구성원으로 자랄 수 있도록 하는 데 목적을 두고 있다. 다음과 같은 인간상과 보육목표를 제시하고 있다.

▣ 추구하는 인간상

가. 자율적인 사람

나. 창의적인 사람

다. 다양성을 인정하는 사람

라. 민주적인 사람

마. 우리 문화를 사랑하는 사람

▣ 목표

① 건강하고 안전하며 바르게 생활하는 태도와 습관을 가진다.
② 자신의 신체에 대해 긍정적으로 인식하고 기본운동 능력을 기른다.
③ 자신을 존중하고 다른 사람들과 더불어 생활하는 태도를 가진다.
④ 기초적인 언어능력을 기르고 바른 언어생활 태도와 습관을 가진다.
⑤ 주변환경에 호기심을 가지고 탐구하는 능력과 태도를 기른다.
⑥ 자연과 예술작품의 아름다움에 관심을 가지고 창의적으로 표현한다.

2) 보육내용 및 활동

표준보육과정은 기본생활, 신체운동, 사회관계, 의사소통, 자연탐구, 예술경험의 6개 영역으로 구성되어 있다. 각 영역은 2세 미만 영아, 2세 영아, 3~5세 유아의 세 연령집단으로 나뉘어 있으며, 각 연령별 목표와 내용을 계열성있게 경험하도록 제시하고 있다. 각 연령집단별 보육내용은 각각의 수준으로 나뉘어 있는데 만2세 미만 보육내용은 1・2・3수준, 만2세 보육내용은 1・2수준, 만3~5세 보육내용은 1・2・3수준으로 구분하고 있다. 각 영역별 구체적 보육내용을 간략히 살펴보면 다음과 같다.

▣ 기본생활 영역

기본생활 영역은 '건강한 생활', '안전한 생활', '바른생활'의 3가지 내용범주로 구성되어 있다. 건강한 생활은 건강, 영양, 위생적 생활을 강조하여 올바른 일상 습관을 기르도록 하고 있다. 안전한 생활은 안전생활을 습관화하도록 하고 있으며, 바른생활에서는 예절, 질서, 절약을 강조하고 있다.

<table>
<tr><th colspan="4">기본생활영역의 목표</th></tr>
<tr><td colspan="4">건강, 안전, 바른 생활에 관한 지식·기술·태도를 배우고 익히며 올바른 습관을 길러, 자신의 건강과 안전을 자기 스스로 보호하고 타인을 존중하며 즐겁게 생활한다.
가. 청결과 위생, 수면과 휴식, 바른 식생활, 의생활 및 심신의 건강을 바탕으로 발달을 촉진한다.
나. 위험 요인과 상황에 대해 알고 안전하게 대처하는 능력을 길러서 자신과 타인을 보호한다.
다. 일상 속에서 예의 바르고 질서를 잘 지키며 절약하는 행동을 습관화하여 즐겁게 생활한다.</td></tr>
<tr><th>내용범주</th><th>만 2세 미만</th><th>만 2세</th><th>만 3~5세</th></tr>
<tr><td>건강한 생활</td><td>·몸을 깨끗이 하기
·즐겁게 먹기
·알맞게 잠자기와 휴식하기
·즐겁게 생활하기
·규칙적인 배설 습관 갖기</td><td>·몸을 깨끗이 하기
·올바른 태도로 먹기
·알맞게 잠자기와 휴식하기
·즐겁게 활동하기
·규칙적인 배설 습관 갖기
·스스로 옷 입고 벗기
·건강에 관심 갖기</td><td>·몸과 주변 환경을 깨끗이 하기
·식생활을 바르게 하기
·적당한 잠자기와 휴식하기
·적극적으로 활동하기
·규칙적인 배설습관 갖기
·옷을 상황에 맞게 입기
·건강에 관심을 갖고 건강생활 실천하기</td></tr>
<tr><td>안전한 생활</td><td>·놀잇감을 안전하게 사용하기
·위험한 상황을 알기</td><td>·놀이규칙에 따라 안전하게 놀이하기
·위험한 상황을 알고 조심하기
·탈것의 위험을 알고 안전하게 디니기</td><td>·안전하게 놀이하고 다른 사람의 안전을 배려하기
·위험한 상황에 처했을 때 안전하게 행동하기
·교통안전 실천하기
·안전교육의 중요성을 알고 참여하기</td></tr>
<tr><td>바른 생활</td><td>·예절 바르게 생활하기
·질서 지키며 생활하기</td><td>·예절 바르게 생활하기
·질서 지키며 생활하기</td><td>·예절 바르게 생활하기
·질서 지키며 생활하기
·아끼며 생활하기</td></tr>
</table>

▣ 신체운동 영역

신체운동 영역은 '감각과 신체 인식', '신체조절과 기본 운동', '신체활동 참여'의 3가지 내용범주로 구성된다. 감각과 신체 인식에 있어서 감각능력과 감각기관의 활용을 통해 자신의 신체를 긍정적으로 인식토록 하고 있으며, 신체조절과 기본 운동에서는 협응력과 신체조절 능력을 기르고, 신체균형감을 익히며, 기본운동능력을 습득토록 하고 있다. 신체활동 참여에서는 기초체력을 형성하고 생활하면서 규칙적으로 운동할 수 있도록 하고 있다.

<table>
<tr><th colspan="4">신체운동 영역의 목표</th></tr>
<tr><td colspan="4">자신의 신체를 긍정적으로 인식하고 즐겁게 신체활동에 참여함으로써 영유아기에 필요한 기본 운동능력을 기른다.
가. 기본적 감각능력을 키우고, 자신의 신체를 긍정적으로 인식한다.
나. 신체를 조절하고 기본운동 능력을 기른다.
다. 신체활동에 즐겁게 참여한다.</td></tr>
<tr><th>내용범주</th><th>만 2세 미만</th><th>만 2세</th><th>만 3~5세</th></tr>
<tr><td>감각과 신체 인식</td><td>· 각막적 자극에 반응하기
· 감각기관으로 탐색하기
· 신체 탐색하기</td><td>· 감각능력 기르기
· 감각기관 활용하기
· 신체를 인식하고 움직이기</td><td>· 감각능력 기르기
· 감각기관 활용하기
· 신체를 인식하고 움직이기</td></tr>
<tr><td>신체조절과 기본 운동</td><td>· 대근육 조절하기
· 소근육 조절하기
· 협응력 기르기
· 균형감 기르기
· 이동 운동 시도하기
· 비이동 운동 시도하기</td><td>· 신체조절력 기르기
· 신체균형감 기르기
· 이동 운동하기
· 비이동 운동하기
· 조작 운동하기</td><td>· 신체 조절력과 균형감 기르기
· 이동 운동하기
· 비이동 운동하기
· 조작 운동하기
· 움직임의 요소를 인식하고 움직이기</td></tr>
<tr><td>신체활동 참여</td><td>· 몸 움직임 즐기기
· 기구를 이용하여 신체활동 시도하기</td><td>· 신체활동에 참여하기
· 기구를 이용하여 신체활동하기
· 안전하게 신체활동 하기</td><td>· 자발적으로 신체활동에 참여하기
· 여러 기구를 이용하여 신체활동 하기
· 안전하게 신체활동 하기</td></tr>
</table>

▣ 사회관계 영역

사회관계 영역은 '자기존중', '정서인식과 조절', '사회적 관계', '사회적 지식'의 4가지 내용범주로 구성된다. 자기존중에서는 자신의 자아에 대해 인식하고, 자신감과 독립심을 기르도록 하고 있다. 정서인식과 조절에서는 다양한 정서를 인식하고, 자신의 정서를 조절하고 표현토록 한다. 사회적 관계에서는 사람들과의 관계를 이해하고, 더불어 조화롭게 살아가는 능력을 기르도록 하고 있다. 사회적 지식은 영유아가 사회 구성원으로서 필요한 자질을 갖추고 능력을 함양하며, 여러 사회현상에 관심을 가지고 이해토록 하고 있다.

<table>
<tr><th colspan="4">사회관계 영역의 목표</th></tr>
<tr><td colspan="4">자신에 대해 존중감을 키우고, 자신과 다른 사람의 정서를 인식하고, 이를 사회적 관계에서 적절히 활용할 수 있도록 하며, 가족, 또래, 지역사회와 긍정적 관계를 형성하고, 유능한 사회 구성원으로 기능하게 하기 위하여 필요한 사회적 지식을 획득토록 한다.
가. 자신의 독특한 자아에 대해 인식하고 자신감과 독립심을 기른다.
나. 자신과 다른 사람의 정서를 이해하고 표현하며, 자신의 정서를 조절하고 활용한다.
다. 다른 사람과의 관계를 이해하고 더불어 살아가는 능력을 기른다.
라. 자신을 둘러싼 사회현상에 관심을 가지고 이해한다.</td></tr>
<tr><th>내용범주</th><th>만 2세 미만</th><th>만 2세</th><th>만 3~5세</th></tr>
<tr><td>자기존중</td><td>· 자신을 분리된 존재로서 인식하기</td><td>· 자신을 다른 사람과 구별하기
· 자신에 대해 긍정적으로 생각하기
· 독립적으로 행동하기</td><td>· 자신의 소중함을 알기
· 자신감과 독립심 기르기
· 성정체감 형성하기</td></tr>
<tr><td>정서인식과 조절</td><td>· 자신의 정서를 느끼고 표현하기</td><td>· 자신의 정서를 적절하게 표현하기
· 다른 사람의 정서에 관심 가지기</td><td>· 자신과 다른 사람의 다양한 정서를 인식하고 표현하기
· 자신의 정서를 조절하고 활용하기</td></tr>
<tr><td>사회적 관계</td><td>· 다른 사람에게 관심 가지기
· 양육자와 애착 형성하기</td><td>· 가족관계 이해하기
· 또래에게 관심 가지기
· 자신이 속한 집단 알기</td><td>· 가족과 화목하게 지내기
· 또래와 사이좋게 지내기
· 공동체 정신 기르기</td></tr>
</table>

▣ 의사소통 영역

의사소통 영역은 '듣기', '말하기', '읽기', '쓰기'의 4가지 내용범주로 구성되어진다. 듣기는 주변의 소리에 관심을 가지고 들을 수 있는 기회와 환경을 제공하고 잘 듣고 이해할 수 있도록 하고 있다. 말하기는 의사소통을 할 수 있는 기회와 환경을 제공하고, 생각이나 경험을 대상과 상황에 맞게 표현할 수 있도록 한다. 읽기는 주변의 글자나 그림책에 흥미를 가지고 이해하는 능력을 길러 읽기 흥미를 가지도록 하며, 쓰기는 글자의 느낌을 경험하고, 쓰기도구를 통해 표현하기에 흥미를 갖도록 한다.

의사소통 영역의 목표			
듣고 말하는 것을 즐기며 상황에 맞는 언어를 익혀 바른 언어생활을 하도록 하고 일상생활에 필요한 의사소통능력과 기초적인 문해능력을 기른다. 가. 다른 사람의 이야기를 주의 깊게 듣는 태도와 이해력을 기른다. 나. 바르게 말하는 태도와 정확한 발음으로 자신의 느낌, 생각, 경험을 말로 표현하는 능력을 기른다. 다. 주위의 사람들과 대화하고 여럿이 함께 노론하며 서로의 의견을 나누는 경험을 하게 한다. 라. 글과 글자에 친숙해지는 경험을 쌓아 읽기와 쓰기에 흥미를 갖게 한다.			
내용범주	만2세미만	만2세	만3~5세
듣기	· 소리 구분하여 듣기 · 경험과 관련된 말의 의미 알기 · 운율이 있는 말 듣기	· 말소리 구분하여 듣기 · 발소리 듣고 의미 알기 · 운율이 있는 말 듣고 즐기기	· 낱말의 발음 경청하기 · 낱말과 문장을 듣고 이해하기 · 이야기 듣고 이해하기 · 동요,동시,동화 듣기 · 바른 태도로 듣기
말하기	· 발성과 발음으로 소리내기 · 친숙한 사물의 이름 말하기 · 말소리와 몸짓으로 의사표현하기	· 바르게 발음 해보기 · 사물의 이름 말하기 · 자신의 느낌과 생각 말하기 · 행동에 맞게 말하기	· 바르게 발음하여 말하기 · 낱말과 문장으로 말하기 · 자신의 느낌, 생각, 경험 말하기 · 상황에 맞는 언어 사용하기 · 바른 태도로 말하기
읽기	· 읽어 주는 짧은 글에 흥미 가지기 · 그림책에 흥미 가지기	· 글자 모양에 흥미 가지기 · 읽어 주는 글 즐기기 · 그림책에 흥미 가지기	· 읽기에 흥미 가지기 · 동요, 동시, 동화 읽기 · 읽어 주는 글 이해하기 · 그림책 읽기를 즐기기
쓰기	· 긁적거리기 시도하기 · 쓰기 도구에 흥미 가지기	· 긁적거리기 · 쓰기 도구에 흥미 가지기	· 낱말과 문장으로 쓰기에 흥미 가지기 · 자신의 느낌, 생각, 경험 쓰기에 흥미 가지기 · 쓰기 도구와 매체 사용하기 · 말과 글의 관계 알기

▣ 자연탐구 영역

자연탐구 영역은 '탐구적 태도', '수학적 탐구', '과학적 탐구'의 3가지 내용범주로 구성된다. 탐구적 태도는 주변 사물과 자연현상에 관심을 가지고 궁금해 하며 알아가고자 하는 데 필요한 기초기술을 습득하도록 한다. 수학적 탐구는 수량과 공간을 인식, 비교하며 수학의 기초능력을 기르도록 하고 있다. 과학적 탐구는 주변의 사물, 생명체, 자연현상에 관심을 가지고 능동적 적극적으로 탐색하는 과정에서 과학적 기초지식을 습득하도록 하고 있다.

자연탐구 영역의 목표			
주변의 사물과 자연현상을 지각하고 호기심을 가지며, 지속적으로 탐구하는 태도를 가지며 문제해결을 위한 기초능력을 기르고, 자연을 사랑하는 마음을 가진다. 가. 주변사물과 자연환경에 대해 지속적으로 호기심을 가지고 탐구하는 태도를 가진다. 나. 일상생활의 여러 상황과 문제를 수학적으로 이해하고 해결하기 위하여 기초능력을 기른다. 다. 주변사물과 자연현상에 대한 기초 지식을 쌓고 자연을 사랑하는 마음을 가진다.			
내용범주	만2세미만	만2세	만3~5세
탐구적 태도	· 주변의 사물과 자연현상에 관심 가지기 · 반복하여 탐색하기	· 주변의 사물과 자연현상에 호기심 가지기 · 반복하여 탐색 즐기기 · 문제해결에 관심 가지기	· 주변의 사물과 자연현상에 지속적으로 호기심 가지기 · 탐구과정 즐기기 · 기초 탐구 기술 활용하기
수학적 탐구	· 수량 지각하기 · 주변 공간 탐색하기 · 비교하기 · 간단한 규칙성 지각하기	· 수량 인식하기 · 공간과 도형 인식하기 · 비교하기 및 순서 인식하기 · 간단한 규칙성 인식하기 · 구분하기	· 수 개념 형성하기 · 공간과 도형 개념 형성하기 · 측정하기 · 규칙성 이해하기 · 자료 수집하기와 분석하기
과학적 탐구	· 주변의 사물 지각하기 · 주변 생명체에 관심 가지기 · 자연 현상 지각하기	· 물체와 물질의 특성 탐색하기 · 주변 생명체의 외적 특성 알기 · 자연현상 인식하기 · 생활 도구에 관심 가지기	· 물체와 물질의 기본 특성 알기 · 생명체와 환경과의 관계 알기 · 자연현상 이해하기 · 도구와 기계 활용하기

■ 예술경험 영역

예술경험 영역은 '심미적 탐색', '예술적 표현', '예술 감상'의 3가지 내용범주로 구성된다. 심미적 탐색은 영유아가 주변의 자연이나 생활환경에서 음악적 · 동작적 · 가작적 · 미술적 요소에 관련된 현상이나 사물을 흥미롭게 집중하여 탐색하도록 하고 있다. 예술적 표현은 음악 · 움직임 · 모방 · 미술 경험을 시도, 표현하며 즐기도록 하고 있다. 예술 감상은 노래, 환경, 춤 · 극놀이 · 미술작품을 즐기며 생활에서 예술에 흥미를 가지도록 하고 있다.

<table>
<tr><th colspan="4">예술경험 영역의 목표</th></tr>
<tr><td colspan="4">주변의 친근한 환경과 생활에서 예술적 요소에 관심을 보이고 흥미롭게 경험하고 즐김으로써 창의성과 감성을 기른다.
가. 주변 생활에서 발견한 단순한 예술적 요소에서부터 점차 다양한 요소까지 아름다움에 관심을 보이고 탐색한다.
나. 자신의 생각과 느낌을 음악, 움직임과 춤, 극놀이, 미술활동으로 표현하는 것을 즐기며 점차 다양하고 창의적으로 표현한다.
다. 생활에서 자연, 사물, 예술 작품들을 보고 즐긴다.</td></tr>
<tr><th>내용범주</th><th>만 2세 미만</th><th>만 2세</th><th>만 3~5세</th></tr>
<tr><td>심미적 탐색</td><td>· 소리, 움직임, 시각적 자료에 호기심 가지기</td><td>· 주변 환경의 예술적 요소 탐색하기</td><td>· 음악적 요소 탐색하기
· 움직임과 춤 탐색하기
· 가작화 요소 탐색하기
· 미술적 요소 탐색하기</td></tr>
<tr><td>예술적 표현</td><td>· 리듬 있는 소리로 반응하기
· 몸동작으로 반응하기
· 모방행동 즐기기
· 단순한 미술 경험 시도하기</td><td>· 리듬 있는 소리, 노래, 춤으로 표현하기
· 모방과 단순한 가작놀이 하기
· 단순한 미술활동 즐기기</td><td>· 리듬 만들기
· 노래 부르기
· 춤으로 표현하기
· 극놀이로 표현하기
· 미술활동 즐기기
· 다양한 미술재료 사용하기
· 통합적으로 표현하기</td></tr>
<tr><td>예술 감상</td><td>· 소리나 노래 즐겨듣기
· 주변의 아름다움 경험하기</td><td>· 주변 환경의 예술적 요소에 관심 갖고 즐기기</td><td>· 음악 감상하기
· 춤 감상하기
· 극놀이 감상하기
· 미술작품 감상하기</td></tr>
</table>

3) 평가

표준보육과정은 보육목표의 달성 정도, 보육내용과 교수학습 방법의 적절성 등에 대한 정보를 제공하며, 영유아의 발달 및 성취정도를 알기 위해 평가를 실시하도록 하고 있다.

표준보육과정은 보육시설의 상황에 따라 보육계획을 수립하고, 보육과정을 편성하여야 하는데 보육시설의 상황과 지역사회의 특성을 고려하여야 한다. 이후 보육과정을 통합적으로 운영하고 보육과정이 적절하였는가에 대한 운영평가를 실시하여야 한다. 이러한 평가는 다음의 보육과정 수립 및 운영, 부모 면담 자료 등으로 활용하게 된다. 특히 이러한 운영에 있어서 가정과 지역사회의 긴밀한 협력과 협조가 이루어질 수 있도록 적극적 참여의 기회가 제공되어야 한다.

이러한 평가는 표준보육과정에서 보육과정 평가와 영유아 평가의 두 가지를 포함하고 있는데 이를 살펴보면 다음과 같다.

▣ 보육과정에 대한 평가

보육과정에 대한 평가를 살펴보면 보육과정 구성과 운영에 관한 적절성과 실효성, 보육과정의 내용을 포괄적으로 포함하는지 여부, 다양한 활동과 교수-학습방법이 계획되고 통합적으로 운영되는지를 평가하여 다음 년도의 보육과정 수립 및 운영에 반영토록 하고 있다.

① 보육과정의 질 관리를 위하여 각 보육시설에서 주기적으로 보육과정 구성과 운영에 관한 적절성과 실효성을 평가한다.
② 보육과정의 모든 내용을 포괄적으로 포함하여 평가한다.
③ 영유아의 발달수준, 흥미, 요구에 적합한 경험 및 학습을 촉진할 수 있는 다양한 활동과 교수학습 방법이 계획되고 통합적으로 운영되는지를 평가한다.

④ 평가 결과는 다음 년도의 효율적인 보육과정 수립 및 운영에 반영한다.

▣ 영유아에 대한 평가

영유아에 대한 평가는 전반적 발달 특성과 정도, 영유아 성장 변화의 총체적 평가, 다양한 평가방법을 사용한 평가를 실시하도록 한다. 또한 평가 결과는 영유아의 전인적 성장, 생활기록부 작성, 학부모와의 면담자료로 활용토록 하고 있다.

① 영유아의 전반적인 발달 특성과 정도를 평가한다.
② 영유아의 성장 변화를 질적이고 종합적으로 기술하되 총체적으로 평가한다.
③ 관찰기록, 작품분석, 부모면담 등 다양한 평가 방법을 사용하여 영유아 자신뿐 아니라 영유아를 둘러싼 총체적 환경을 포함하여 평가한다.
④ 평가결과는 영유아의 전인적인 성장, 생활기록부 작성, 학부모와의 면담자료로 활용한다.

제 7 장

유아교육 프로그램

유아교육과정의 논의에 있어서 국내외 다양한 유아교육, 프로그램을 이해하는 것은 유아교육 실천적 실제에 대한 구체적 이해를 도와준다. 따라서 유아교육 프로그램의 특성을 중심으로 그 의미를 파악하여 무조건적 수용이 아닌 객관적 검토와 판단의 기초를 세울 필요가 있다. 이는 나아가 시대와 문화적 특수성에 근거한 유아교육 프로그램 재창조의 기반이 될 수 있을 것이다.

1. 뱅크 스트리트 프로그램

뱅크스트리트 프로그램은 미첼(Mitchell)과 비버(Biber)에 의해 시작되어 지금까지 계속되고 있는 프로그램이다. 미첼은 뱅크스트리트 프로그램의 모체가 되는 '교육실험국'을 뉴욕에서 1916년에 창설하였는데, 듀이의 진보주의 교육철학에 영향을 받아 아동 발달에 적합한 의미있는 교육경험을 제공하는 것을 중시하였다. 뱅크스트리트 프로그램은 1943년에 뱅크스크리트 대학과 뉴욕의 교육위원회가 협력하여 발전되어온 프로그램으로서 듀이(Dewey)의 진보주의 교육철학에 뿌리를 두고 시작하게 되었다.

그러나 1971년 뱅크스트리트 보고서에서 인지발달만 강조하고 정서적 발달에는 거의 관심을 두지 않는 실제에 대한 반대를 나타내게 되었고, 이에 근거하여 정서발달에 관심을 가지면서 실제로 프로이트(Freud)의 정신역동적 이론에 영향을 받게 되었다. 이러한 특성으로 인해 뱅크스트리트 프로그램은 정신분석이론, 듀이의 진보주의, 인지발달이론 등에 이론적 기반을 둔 발달적 상호작용 프로그램(Developmental-Interaction Program)으로서 미국에서 가장 오랜 역사를 가진 유아교육 프로그램이라고 볼 수 있다.

1) 교육목적 및 목표

유아의 능력, 대인관계, 개성, 창의성의 기본적 가치 실현을 통해 자신감 있는 인간, 발명적 인간, 책임감 있는 인간, 생산적인 인간을 육성하기 위하여 다음과 같은 교육목적을 두고 있다(Biber, Shapiro, & Wickens, 1977).

① 유아가 신체·운동적 영역, 사회·정서적 영역, 지적영역의 잠재력을 실현하도록 함으로써 최고수준으로 능력감이 증진하도록 한다.

② 유아의 가치감, 정서순환능력, 정체감 확립이 이루어지도록 개성과 개별 학습을 실천하도록 한다.

③ 유아가 사회화되어 사회적 요건에 적응하도록 안내한다.

④ 유아의 창의적 표현과 발명 등을 격려한다.

⑤ 이상의 목적들을 위해 자신감, 능력, 동기, 대인관계를 자극함으로써 유아의 자생력을 극대화시킨다.

2) 교육내용 및 방법

교사가 사전에 체계성 있게 조직을 하지만 유아의 흥미와 발달수준에 따라 어느 정도의 융통성을 가지고 내용을 선정한다. 유아는 능동적 학습자로서 적극적 탐색을 통해 학습한다고 보고 있으므로 유아와 환경과의 상호작용, 교사와 유아의 상호작용, 유아와 유아의 상호작용이 최대한 이루어지도록 해야 한다고 본다(Zimilies, 1986). 따라서 다양한 교구를 제공하고, 다양한 경험을 제공함으로써 다양한 사고와 이해를 통해 유아가 전인적 발달을 이룰 수 있도록 하는 것을 중시하게 된다.

뱅크 스트리트 프로그램을 종합적으로 살펴보면 다음과 같은 기준에 의한 학습경험을 선정하고 있다(이기숙, 2005).

첫째, 유아가 직접 환경에 접하여 환경과 상호작용할 수 있는 다양한 교구를 제공한다.

둘째, 다양한 감각운동, 지각적 경험을 제공함으로써 유아의 다양한 사고를 표현할 수 있게 한다.

셋째, 학교 안과 밖의 여러 가지 기능을 관찰하게 함으로써 생활 주변에서 일어나는 여러 가지 사건과 기능에 대한 이해를 도모한다. 따라서 이야기책을 통하거나 유아가 듣는 최근의 사건에 관하여 토의를 해보게 한다.

넷째, 극놀이를 장려함으로써 유아의 경험을 통합한다.

다섯째, 유아가 내적 충동을 조절할 수 있게 하기 위하여 학급 내에서 지켜야 할 분명한 규칙과 규율을 세우고, 각자의 분명한 역할을 확립한다.

여섯째, 타인과 원만한 인간관계를 형성하고 인간관계에서 일어나는 여러 가지 갈등을 해결할 수 있게 한다.

일곱째, 유아가 자신에 대해 알고, 바르게 인식하며, 자아를 실현시킬 수 있는 경험을 제공한다. 그리하여 유아 자신이 고유하고 능력있는 인간이라는 긍정적인 자아개념이 형성될 수 있게 한다.

여덟째, 성인과 유아, 유아와 유아 사이의 대화나 토의 등을 실시함으로써 상부상조적 인간관계를 형성할 수 있게 한다.

3) 운영 및 환경

뱅크스트리트 프로그램은 유아의 능동적이고 적극적인 참여를 중시한다. 유아의 흥미와 능력에 근거하여 스스로 활동을 선택하고 실천하는 과정을 중요시하기 때문에 유아교사는 유아가 능동적으로 경험을 구성해 나갈 수 있도록 활동을 소개하고, 계획해 나간다. 그리고 유아가 스스로 선택하여 학습활동을 할 수 있는 환경을 조성해 주며, 적극적으로 참여할 수 있도록 유아의 능력이나 발달에 맞게 활동을 조절해 줄 수 있다. 또한 유아의 활동을 관찰하고 진단하여 더 적극적 참여를 이룰 수 있는 교재 및 교구를 준비하고, 환경을 구성해 나가게 된다.

교실환경은 다양한 흥미영역을 중심으로 구성되며 이러한 흥미영역은 유아의 발달단계에 적절하여 스스로 선택하여 탐색할 수 있어야 한다. 이러한 환경은 유아의 발달적 요구를 충족하여 줌으로써 내적 동기유발의 방법을 통해 능동적 학습이 일어난다고 본다. 즉 발달은 다양한 환경 속에서 학습자의 내적 동기에 의해서 능동적 구성이 이루어질 때 이루어지는 것이라고 보는 것이다. 단지 외부요인에 의한 외적 동기유발보다는 능동적 경험을 할 때 일어나는 내적 동기유발을 통해 학습이 효과적으로 이루어진다는 것이다.

2. 디스타 프로그램

디스타 프로그램은 베라이터(Berieter)와 잉글만(Engelmann)에 의해서 행동주의적 학습이론에 기초하여 구성된 베라이터-잉글만 프로그램으로 초기 개발이 이루어졌다. 일리노이 대학의 교수였던 이들은 저소득 자녀들의 성공적 학교생활을 지원하기 위한 유아교육 프로그램을 개발하였다. 그러나 잉글만이 오리건 대학의 교수로 이직을 하면서 베커(Becker)와 더불어 잉글만-베커 프로그램을 완성하게 되었다. 이러한 과정을 통해 탄생한 프로그램이 오늘날 디스타 프로그램(DISTAR: Direct Instructional System for Teaching Acceleration and Remediation)으로 불리고 있다.

1) 교육목적 및 목표

디스타 프로그램의 교육목적은 저소득층 유아들이 학교 학습의 기초능력을 형성시켜 학습활동을 원만히 수행하도록 지원하는 것이다. 따라서 교육은 전인적 발달의 측면보다는 학문적 기초를 형성하기 위해 수립되어야 하는 구체적이고 세부적인 목표가 필요하다고 본다. 따라서 읽기, 쓰기, 수학의 각 프로그램 안에는 유아가 도달해야 하는 구체적인 세부 행동목표를 두게 된다.

2) 교육내용 및 방법

디스타 프로그램은 언어 프로그램, 읽기 프로그램, 수학 프로그램의 3가지 영역으로 나누어 각각이 Ⅰ수준, Ⅱ수준으로 되어 있다. 각 수준은 각 1년 과정으로 전체 2년에 걸쳐 이루어지게 된다(Engelmann & Carnine, 1975).

▣ 언어 프로그램

언어 프로그램은 긍정 또는 부정으로 말하기, 긍정 또는 부정을 동작으로 나타내기, 반대말 알기, 전치사 사용하기, 비슷한 말 알기, 동사의 시제, 범주화하기, 부분의 명칭 알기, 접속사 알기, 여러 가지 지식 알기, 연역법 훈련, 어휘 습득, 사물의 기능, 동의어 분류, 정의 내리기 등으로 구성되어 있다.

▣ 읽기 프로그램

읽기 프로그램은 상징-동작 게임, 글자 발음하기, 혼성어 빨리 발음하기, 음률 맞추기, 발음 알아내기, 유음화하기, 글자 이름 알기, 대문자 익히기, 글자의 순서 알기, 단어 읽기 등으로 되어 있다.

▣ 수학 프로그램

수학 프로그램은 10까지 수세기, 뒤에서부터 세기, 수 이름 알기, 부호 알기, 더하기, 빼기, 다섯씩 세기, 둘씩 세기 등을 내용으로 구성하고 있다.

이러한 내용은 체계적이고 세부적으로 선정하여 조직되어 있고, 난이도 및 내용의 조직 체계에 따른 순서대로 책자를 통해 유아에게 보여주며 진행하도록 되어 있다.

3) 운영 및 환경

디스타 프로그램의 하루 일과는 학습시간 세 번과 대집단 활동시간 세 번으로 구성되어 있는데, 활동은 15분에서 20분 정도이다. 유아는 교사의 지시와 질문에 답을 하도록 하는데 이는 미리 책자에서 진행토록 되어 있는 구성에 따라 진행된다. 교사주도형 교수방법으로 진행되는데 15명으로 구성된 학급을 세 개의 집단으로 나누어 각 그룹별로 5명 정도로 구성한다. 따라서 전체 프로그램의 운영과정은 책자와 미리 계획된 구성대로 조직적으로 운영하게 되어 있으며, 순서 및 과정에 대한 지침을 철저히 따르도록 되어 있다.

교실환경은 흥미영역은 거의 없고 필수적인 학습자료 이외의 교재나 교구는 오히려 집중을 방해하고 산만하게 하여 교육목표 달성에 지장이 되는 요인이라고 보고, 꼭 필요한 교재나 교구를 제시하여 개념학습의 효과를 높이고자 한다. 이러한 특성으로 인해 교실의 교재나 교구는 최소화되고 대그룹과 소그룹 활동을 하는 공간이 따로 분리되어 있으며 선택적 흥미 중심의 활동보다는 책자에 기초하여 교사주도형 수업을 할 수 있는 필수적 자료 중심으로 환경이 구성되어 있다.

3. 카미-드브리스 프로그램

카미·드브리스 프로그램은 카미(Kamii)가 와이카드(Weikart)와 더불어 1966년 입실란트 공립학교의 저소득층 유아를 대상으로 피아제의 인지발달이론에 대한 연구 개발을 함으로써 시작된 프로그램이다. 초기에 카미는 피아제의 인지발달단계에 기초하여 인지발달의 가속화에 치중하거나, 피아제의 실험이나 예시한 과업들을 교육내용으로 구성하는 오류를 지적받았다. 더구나 언어획득을 지나치게 강조하거나 표상단계를 강조하는 것은 피아제 이론에 대한 잘못된 적용이라는 지적이 있었다. 이후로 1970년대 일리노이 대학 시카고 분교로 옮겨 드브리스와 합류하게 되면서 기존의 프로그램을 구성주의적 관점으로 수정하여 보완해 갔다. 이러한 과정을 통해 초기의 오류를 개선하면서 후기 프로그램은 카미-드브리스 프로그램으로 피아제 이론에 기초한 구성주의 프로그램으로 평가받게 되었다.

1) 교육목적 및 목표

카미-드브리스 프로그램의 궁극적 목적은 유아의 인지적, 도덕적, 사회적, 정서적 영역의 발달을 이룩함으로써 전인적 인간의 육성이라고 두고 있다. 카미는 이러한 궁극적 교육목적을 달성하기 위해 인지적 영역과 사회·정서적 영역의 목표를 제시하고 있다. 이러한 목표를 정리하면 다음과 같다(임재택, 1993; Kamii & DeVries, 1979).

▣ 사회 · 정서적 영역의 목표

사회 · 정서적 영역의 목표에는 다음의 목표를 포함한다.

① 성인과의 평등한 관계에서 안정감을 갖는다.

② 타인의 감정과 권리를 존중하고, 서로 다른 관점을 조정한다.

③ 독립적이고, 활달하고, 호기심을 가진다. 그리고 호기심을 충족하기 위해 주도적이며, 생각을 표현하는 자신의 능력에 자신감을 가지고, 확고하게 자신의 생각을 표현한다.

▣ 인지적 영역의 목표

인지적 영역의 목표에는 다음의 목표를 포함한다.

① 흥미로운 아이디어나 문제 및 질문을 제기한다.

② 생각들을 서로 연결하여 유사점과 차이점을 파악한다.

2) 교육내용 및 방법

카미-드브리스 프로그램의 내용은 일상생활, 아동발달 교육과정, 피아제 이론이 암시하는 활동들의 3가지 차원에서 선정되었다(Kamii & DeVries, 1979). 이렇게 선정된 활동들은 유아가 스스로 능동적으로 활동하게 되지만 활동에 피아제 이론에 근거한 지식 체계에 있어 의미를 가지고 있다.

▣ 일상생활

일상생활의 차원에서 활동내용은 일상을 통해 유아는 지식을 배우고 발달해 간다는 견해에서 출발한다. 유아들로 하여금 일상생활을 통해 주변의 여러 가지 상황이나 활동 속에서 물리적 세계와 사회적 세계를 경험하게 된다. 즉 의식주를 포함한 일상적 생활 속에서 식사하고, 물건을 정리하고, 옷을 입고, 신발을 메는 일상적 경험을 하게 된다.

▣ 아동발달 교육과정

유아발달 프로그램 내용의 차원에서는 유아발달 프로그램의 다양한 활동들로 구성된다. 쌓기놀이, 미술놀이, 노래부르기, 요리하기, 동·식물 기르기, 물놀이, 모래놀이, 이야기듣기 등의 전통적 교육과정에서 행해지는 다양한 활동들을 주요활동으로 구성한다.

▣ 피아제 이론이 암시하는 활동들

피아제이론이 암시하는 활동들은 논리·수학적 지식, 물리적 지식, 사회적 지식의 지식 유형에 근거를 둔 활동, 도덕성 발달과 대인관계 증진을 지향하는 토의 및 집단게임, 피아제의 실험과제에서 도출된 활동 등을 포함한다.

이 프로그램은 놀이를 통한 학습, 시행착오를 통한 학습, 유아 스스로에 의한 능동적·자발적 학습, 발견학습, 발명학습으로 그 교수·학습방법을 접근하고 있다. 카미-드브리스 프로그램은 뱅크 스트리트 프로그램에 비해 유아가 지적 자율성을 통해 스스로 판단하고 실천하도록 물리적 지식활동, 그룹게임, 사회·도덕적 토의 등의 과정을 많이 제공하고 있다.

따라서 학습내용의 선정 및 조직에 따른 활동은 유아의 흥미나 요구에 따라 자연스럽게 이루어지도록 구성되고 있다. 각각의 활동들은 물리적 지식, 사회적 지식, 논리·수학적 지식의 체계에 근거하여 교육적 의미가 있도록 준비되어지지만 유아가 어떻게 상호작용하느냐에 따라 경험은 능동적이고 다양하게 구성되어지게 된다.

3) 운영 및 환경

카미-드브리스 프로그램은 유아들의 능동적 활동을 위해 일과가 미리 계획되어진다. 그러나 계획된 활동은 일과 상황 속에서 유아가 주도적으로 흥미에 따라 능동적으로 수행하게 된다. 유아가 여러 가지 상호작용의 특성과 흥미를 보이는 정도에 따라 준비된 환경은 융통적으로 변경되어질 수 있다. 하루일과는 일반적으로 자유놀이활동과 일상적 활동에 이야기 나누기, 견학, 실내외활동 등의 다양한 활동이 활용되는데 이는 유아의 흥미와 발달, 계절, 날씨, 환경 등에 따라 융통적으로 운영되어진다.

교사는 유아들의 효율적 경험을 위해 활동을 구성하여 제시해 주지만 유아는 놀이를 통해 스스로 의미를 발견하고, 사고를 형성해 나가게 된다. 또한 이 과정에서 유아의 활동과정을 평가하고, 유아의 발달과 경험 세계의 특성을 이해하여 이에 따른 적절한 반응과 안내를 통하여 유아가 다양한 상호작용이 일어날 수 있도록 지원하게 된다.

4. 몬테소리 프로그램

1890년 이탈리아에서 고급공무원인 아버지와 학자 집안의 어머니 사이에서 태어난 마리아 몬테소리(Maria Montessori)는 가정의 많은 반대에도 불구하고 의사로서의 길을 택하여 이탈리아 최초의 여의사가 되었다. 1894년 몬테소리는 로마대학교 의학부를 여성으로서는 처음으로 졸업하고 로마대학병원 정신과 임상부의 부의사로 임명되면서 정신지체아의 교육문제에 관심을 가지기 시작했다. 그녀는 정신지체아의 문제를 교육적 문제로 보아 심리학과 교육학을 연구하게 되었다.

1907년에 몬테소리는 로마의 슬럼가 산로렌츠에서 몬테소리의 첫 번째 어린이를 위한 학교인 '어린이의 집(Casa dei Bambini)'을 열었다. 이곳에서 몬테소리는 자신의 교육철학과 방법을 정상아에게 적용하게 되었고, 성공적으로 운영되자 이후 다른 몬테소리 학교들이 연속적으로 문을 열었다. 몬테소리는 이후 몬테소리 방법을 소개하는 강의를 시작하였고, 1929년에는 국제몬테소리협회(AMI)를 창립하였다.

몬테소리 프로그램은 몬테소리가 가지는 몇 가지 주요 개념에 기초하여 구성되어졌다.

첫째, 몬테소리는 유아는 유아만이 가지고 있는 정신의 형태로 '흡수정신'을 제안한다. 이는 무의식적으로 모든 것을 자기 안에 받아들이고 흡수하는데 마치 스펀지처럼 무의식적으로 스스로의 경험을 통해 주변 환경에서 받은 인상을 받아들이게 된다는 것이다. 이렇게 무의식적으로 받아들인 것은 차츰 의식적인 것으로 바뀌어진다.

둘째, 이러한 흡수와 학습준비가 잘 되는 기간이 있는데 이를 '민감기'라고 하였다. 민감기(sensitive period)란 생물이 어린 시기에 고유한 능력을 갖추기 위해 특정한 요소에 대해 감수성이 특별한 일정 기간에 나타나는 것을 말한다. 이러한 민감기에 적절히 대처해 주지 않는다면 비정상적 반응을 나타낼 수 있다는 것이다.

셋째, 몬테소리는 유아를 '독립된 인격'과 '창조적 정신'을 가진 존재로 보기 때문에 유아의 능동적 정신을 인정하고 강렬한 동기에 근거한 '자율성'을 중시하였다. 유아의 독립성과 자발성을 강조하는 이 '자율성'은 자유에 근거한 프로그램의 사상적 기초가 되었다.

넷째, 유아는 내면에 잠재해 있는 정상적인 성질을 가지고 있는데 이를 나타내는 것을 '정상화(normalization)'라고 한다. 즉 인간은 선하게 태어났지만 환경에 따라 비정상적인 궤도에 처할 수 있다고 본다. 따라서 민감기, 흡수정신, 내적 훈련 등을 통해 내면에 잠재된 질서를 내면화하는 과정을 통해 정상화가 이루어진다고 하였다.

다섯째, 몬테소리는 교육의 4단계를 제시한 바 있다. 첫 번째 단계는 태어나서 6세까지로 창조적 기간이다. 이는 무의식중에 감각적·감정적으로 배우는 활동적인 기간으로 스스로 주도권을 행사할 수 있는 자유와 자립적 기회가 주어져야 한다. 두 번째 단계는 6세에서 12세까지의 시기로 사랑과 인정을 받고 싶어하는 욕망이 있는 시기이다. 사회적 탄생을 겪고 사회적 접촉을 가능케 하고자 하는데, 평화롭고 조용한 환경 속에서 자유롭게 선택할 수 있어야 한다. 세 번째 단계는 12세에서 18

세로 청년기인데 추상적인 감정들이 발달하고 긴장과 불안정의 시기이지만 자유와 자립을 허락해 주면 자유와 안정감을 찾게 된다. 네 번째 단계는 18세 이후의 단계로 볼 수 있다.

1) 교육목적 및 목표

몬테소리의 프로그램의 궁극적 목적은 신체, 정서, 사회, 인지적으로 균형된 발달을 이룬 유아로서 자연적 질서에 따라 성장하는 것이다. 이러한 입장에서 몬테소리는 교육의 목표를 '정상화된 유아를 기르는 것'이라고 보았다. 즉 인간은 우주적 질서의 일부분이고 인간의 진보는 외적, 내적 균형에서 발달해야 한다고 보았다. 인간의 우주적 사명은 평화로운 세상을 창조하는 것이라고 본다.

2) 교육내용 및 방법

몬테소리 프로그램은 교사 주도적 방법에 대한 비판을 기초로 하여 유아의 발달에 기초하여 환경을 준비하고 그 환경 속에서 유아가 스스로 성장할 수 있도록 하는 것을 중시한다. 이러한 측면에서 몬테소리 프로그램은 일상생활 훈련, 감각교육, 언어교육, 수학교육, 문화교육 영역으로 나누고 있다.

① 일상생활 영역

일상생활 영역은 유아가 일상생활에서 행해지는 다양한 생활양식이나 활동을 유아가 자발적으로 반복해서 연습하면 독립심과 바른 인격 형성이 이루어진다고 보이는 교구로 구성되어 있다. 예를 들면 옷입고 벗기, 머리빗기, 신발이나 양말 신고 벗기, 물건 옮기기, 청소하기, 스펀지 사용하기, 인사하기, 사과하기 등의 활동들이 있다.

② 감각교육 영역

유아들이 감각을 통해 정신적 발달을 이루어간다고 보았다. 따라서 물리적 특성에 따라 분류하여 오감각을 이용하도록 고안된 활동들을 통하여 지적 능력을 향상할 수 있을 뿐 아니라 나아가 읽기학습이나 사고능력의 발달에 기초가 될 수 있다고 본다. 감각교육에는 원기둥, 분홍탑, 갈색계단, 촉각판, 비밀 주머니, 소리상자, 냄새맡기병 등이 있다.

③ 수학교육 영역

수학교육은 유아들이 수학적 정신을 가지고 태어나지만 환경을 통해 추상적 개념으로 발달될 수 있다고 보았다. 따라서 구체적 감각을 통해 수학적 두뇌를 발달하며 논리적 사고를 기르는 것이 중요하다고 본다. 이에 근거하여 구체적이고 감각적인 수 교구를 고안하여 수 개념을 형성시키고자 하였다. 수학교육은 십진법 소개, 수의 구성 소개, 사칙연산, 작은 구슬틀, 큰 구슬, 나눗셈판, 분수끼우기 틀 등이 있다.

④ 언어교육 영역

언어교육은 자연스런 언어환경을 통해서 자연스럽게 흡수되어 발달된다고 보았다. 따라서 듣기, 말하기, 읽기, 쓰기를 위한 준비된 환경에서 구어교육과 문어교육을 이루어야 한다. 몬테소리는 언어교육 영역에 구어를 위한 훈련으로 질문하기 게임, 노래하기, 보고 말해 보기 등이 있고, 문어를 위한 훈련으로 모래종이 글자, 자음과 모음, 읽기 분석 등을 고안하여 언어교구로 제시하고 있다.

⑤ 문화교육 영역

유아들은 자신이 처한 사회 속에서 문화적 특성을 받아들이게 된다. 문화교육은 유아가 살아가는 사회의 습관, 생활양상, 예술, 문학 등과 더불어 생물, 지리 등을 인식하고 습득해 나가도록 교구를 고안하고 있다. 문화영역에는 다양한 생물퍼즐, 세계지도 등이 있다.

3) 운영 및 환경

몬테소리 프로그램에서는 자유로운 선택이 있을 때 아이가 스스로 결정하는 것과 융통성을 배운다고 하였다. 이 때 교사는 개별적으로 유아의 자발적 선택과 활동을 안내하는 사람으로 유아에게 맞는 준비된 환경을 제공하는 역할을 한다. 여기서 교사는 유아를 도와주게 되고 유아는 스스로 하기 때문에 집중과 반복을 하게 되어 발달에 이르게 된다는 것이다. 이 때 교육은 유아를 존중하고 발달적 특성에 적합한 교구와 환경이 준비되어야 교육효과가 극대화될 수 있다. 따라서 활동 중에 교사는 유아의 가능성과 힘을 믿는 진지한 동반자로서 침착성과 인내심, 자비와 겸손을 통해 수준 높은 준비를 해 나가야 한다.

여기서 준비된 환경은 인적 환경과 물적 환경을 포함하는데 교구는 준비된 환경의 일부라고 볼 수 있다. 교구는 유아가 내적으로 정돈된 느낌을 가질 수 있도록 도와주는 수단이며, 내적 정돈을 통해 잠재력을 전개하여 창조적이고 자유로운 사람이 될 수 있다.

5. 프로젝트 접근법

프로젝트 접근법은 1990년대 미국에서 소개되면서 세계적인 관심을 받게 되었다. 그러나 실제로 프로젝트 접근법은 1920년대 듀이(Dewey)가 바람직한 교수 방법과 킬패트릭(Kilpatrick)에서 그 뿌리를 찾아볼 수 있다. 또한 프로젝트 접근법은 1960년대 미국의 뱅크 스트리트 프로그램과 1970년대와 1980년대 영국의 유아학교와 더불어 인기를 모은 '열린교육'에서도 그 모형을 찾아볼 수 있다(Wortham, 2002).

이러한 프로젝트 접근법은 1989년에 캐츠와 차드(Katz & Chard)

가 『유아들의 마음 사로잡기: 프로젝트 접근법(*Engaging Children's Mind; The Project Approach*)』이라는 저서를 출간하면서 다시 세계적으로 소개되었다.

프로젝트 접근법이란 교사와 유아가 학습할 의미있는 주제를 선정하고, 그 한 주제를 심층적으로 조사 연구하는 학습방법으로 유아의 세계에 대한 이해를 증진시키고 경험을 통해 학습 성향을 형성해 나가고자 하는 방법이다.

1) 교육목적 및 목표

프로젝트 접근법의 교육목적은 유아의 주변세계에 대한 이해를 향상시키고 지속적으로 학습하려는 성향을 키워 주는 것이라고 제시하고 있다(Katz & Chard, 1989). 프로젝트를 통해 추구하는 학습 목표는 지식의 습득, 기술의 습득, 성향의 발달, 느낌(감정)의 발달을 통해 통합적 발달을 추구한다.

2) 교육내용 및 방법

프로젝트 접근법은 특정한 한 주제를 가지고 다음과 같은 과정으로 실시된다.

▣ 계획 및 시작

우선 유아의 흥미나 관심에 근거하여 주제를 선정하거나 교사가 의미있는 적합한 주제를 선정하는 방식으로 주제가 선정되면 유아 일상생활 속에서의 관심을 이끌어낸다. 우선 유아들의 경험 가능성을 고려하여 사전 주제망(web) 또는 개념도(concept map)를 조직한다. 교사는 유아가 기존에 무엇을 알고 싶은지, 어떤 것을 생각하고 있는 지에 대해 논의를 거쳐 유아의 정보, 흥미, 경험, 아이디어에 근거하여 확장된 주제망이나 개념도를 작성한다. 그리고 이러한 이에 근거하여 무엇을 어떻게 조사할 것인가를 정한다. 다음 〈그림 7-1〉과 같은 주제망은 교사에 의해 사전 조직될 수 있고, 유아의 작업으로 추후 구성될 수 있다.

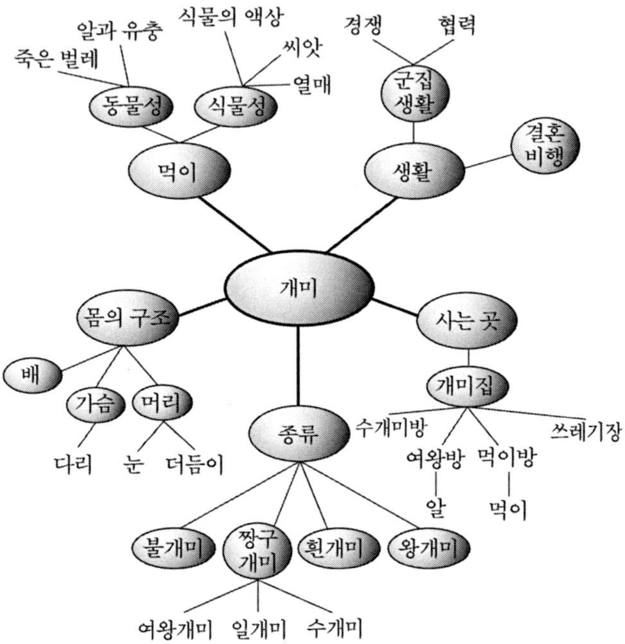

〈그림 7-1〉 프로젝트 주제망의 예

▣ 탐색 및 프로젝트 진행

유아들은 조사할 내용과 방법에 대한 논의를 거쳐 정보를 수집하게 된다. 주제와 관련하여 정보를 수집하기 위한 견학을 가거나 전문가를 초청할 수도 있다. 또한 발견한 것은 그리기, 쓰기, 그래프, 모형, 극놀이 등의 다양한 방법으로 표상활동을 하게 된다. 조사와 수집된 자료를 모아서 정리하기도 하고, 자신이 새롭게 관찰한 내용을 언어, 몸짓, 음악 등의 다양한 방식으로 표상할 수도 있다. 조사활동이나 표상을 통해 프로젝트에 대한 다양한 탐색을 해 나가면서 부족한 부분이 있다면 견학이나 조사를 지속적으로 추가할 수도 있다. 이러한 과정을 통해 개인의 자료와 기록을 정리해 나간다.

■ 전시와 마무리

마지막 단계에서는 프로젝트를 마무리하는 단계로서 수집된 자료와 탐색 보고서를 발표하고 전시함으로써 평가에 이르는 단계이다. 진행과정에서의 결과물을 전시하고 유아, 교사, 교직원, 학부모 및 지역사회 인사들을 초청하여 함께 나눔의 시간을 가진다. 프로젝트 활동의 과정을 소개하고 논의하면서 탐색과정을 재인식하여 반영하고 나아가 주제에 대한 통합적 이해가 가능하다고 보는 것이다. 이러한 전시 및 발표는 주제망, 개념도, 조사자료, 그림이나 조형물, 협력작품, 극놀이 등의 다양한 형식이 가능하다.

3) 운영 및 환경

프로젝트 접근법은 주제에 따라 몇 일에서 몇 주간에 걸쳐 이루어질 수 있다. 프로젝트 접근법은 유아가 능동적·적극적으로 한 가지 주제를 지속적으로 살피는 과정을 중시한다. 따라서 유아가 조사하고 토론하는 과정에서 새로운 정보와 개념을 받아들이고 이해하는 과정을 중시하게 된다. 이 때 교사는 자문자의 역할을 수행하면서 유아가 관심을 가지고 토론과 조사, 질문, 재조사와 탐색이 지속적으로 생겨나도록 격려하고 조언하는 역할을 수행해야 한다.

환경은 유아의 표상활동과 조사활동에 근거한 자료를 지속적으로 반영하기 위한 환경구성을 중시한다. 스스로 자신들의 생각들을 주제망이나 개념도를 통해 통찰하고 나아가 조사하고자 하는 내용과 방법을 발견토록 해야 한다. 또한 유아들이 정보를 모으기 위해 교실에 국한되지 않고 다양한 견학이나 현장 조사를 필요로 한다. 즉 유아 스스로가 환경 속에서 관찰과 탐색이 필요한 것이다. 따라서 유아들의 생활 세계의 특성에 따라 유아교육기관, 지역사회가 연합하여 다각적인 관찰 가능한 환경을 조성하는 것이 필요하다.

6. 레지오 에밀리아 접근법

레지오 에밀리아 접근법은 이탈리아 북부의 중소도시 레지오 에밀리아시에서 가까운 빌라 셀라(Villa Cella)라는 작은 마을에서 시작되었다. 그 마을 사람들은 세계 2차 대전이 끝난 직후 독일군들이 버리고 간 군용탱크와 트럭 등의 폐품을 팔아 학교를 세웠고 뜻을 같이 한 레지오 에밀리아시의 부모들이 자치적으로 운영하는 학교를 세우게 되었다. 이러한 부모들의 열성에 감동한 교육자 로리스 말라구찌(Loris Malaguzzi)는 교사로 자원해 동참하면서 레지오 에밀리아 접근법의 교육철학 및 원리를 구축해 나가는데 이바지 하였다.

레지오 에밀리아 접근법은 듀이의 진보주의와 피아제의 구성주의, 비고츠키의 사회·문화적 이론, 가드너의 다중지능이론, 브론펜브레너의 생태학적 체계이론 등에 많은 영향을 받았으나 특정 개인 학자의 철학이나 이론에 근거해 이루어진 것은 아니다(Wortham, 2002). 따라서 현장중심의 실천적 의미가 강하며, 지역사회가 유아교육에 대한 공동체로서 책임을 공유하며 세계적 이목을 받게 되었다.

1) 교육목적 및 목표

레지오 에밀리아 접근법의 유아는 강하고 풍부하며 가능성과 능력을 소유하고 있다고 본다. 따라서 아이는 잠재력에 근거하여 주변 환경에 흥미를 가지고 스스로 학습할 수 있다고 믿는다. 이러한 특성으로 인해 미리 계획된 구조화된 교육과정이 아니라 발현적 교육과정을 지향한다. 유아는 교육에 있어서 주체이자 협력자이며 의사소통자이다. 따라서 교육의 궁극적 목적은 여러 주제와 내용을 습득하는 것이 아니라 개념을 이해하고 학습하는 태도를 중시하여 탐구심과 호기심을 기초로 하여 유아가 학습을 능동적으로 주도할 수 있도록 하고 있다. 따라서 일반적인 교육목표를 세워 놓지만 세부목표를 구체화하지는 않는다. 왜냐면 유아가 흥미와 요구에 따라 스스로 가설을 세우고 탐색해 가는 프로젝트를 진행하기 때문이다.

2) 교육내용 및 방법

레지오 에밀리아 접근법의 교육은 유아의 흥미에 기초한 주제를 탐색해 나가는 프로젝트를 진행해 나간다. 이러한 프로젝트는 장·단기로 진행될 수 있기 때문에 때로는 6개월까지 이어지기도 한다. 즉 이 접근법에서는 많은 양의 내용을 습득하는 것보다 유아들이 삶 속에서 의미 있는 주제를 경험하고 탐색해 가는 과정을 중시한다. 레지오 에밀리아 접근법은 언어, 신체표현, 그리기, 구성하기, 조형하기, 극놀이, 음악 등의 상징적 표상에 체계적으로 초점을 둠으로써 그 과정을 통해 만남, 의사소통, 관계형성을 중시하고(Gandini, 1993) 격려하게 된다.

따라서 교사 또는 유아가 유아의 흥미나 지역사회 특성 등에 근거하여 주제를 선정하면 이에 대해 발현적 교육과정을 통해 유아와 교사가 그 상황에 맞게 교육과정을 전개해 나가게 된다. 주제가 선정되면 주제 진행상황에 맞게 활동을 선정하여 개별활동, 소집단 활동, 대집단 활동을 통해 다각적인 탐색을 해 나가게 된다. 그러나 일반적 프로젝트 접근법과는 달리 창의성과 상징적 표상을 강조하며 프로젝트 접근법의 절차보다는 융통적인 과정을 통해 아이들의 표상활동과 사회적 상호작용을 중시하고 있다.

3) 운영 및 환경

레지오 에밀리아 접근법에서는 교사, 아뜰리에스타(Atelierista), 페다고지스타(Pedagogista), 보조자, 요리사, 청소부 등이 있고 나아가 유아와 부모의 협력체계로 운영이 된다. 한 반에 교사는 2명이 배치되며, 3년간 같은 유아를 교육하게 된다. 교사들은 유아들의 상징적 표상과 탐색을 지원하는 일종의 미술교사인 아뜰리에스타와 협력하게 되며, 시당국 산하에서 운영되는 유아학교와 영유아교육센터에 행정적 지원을 해주는 교육조정자인 페다고지스타와 협력적 상호관계를 가지게 된다. 보통 페다고지스타는 한 명이 3~4개의 기관을 담당하여 지원하게 되는데 정책, 전문적 상담, 교사지원 및 훈련, 부모 및 지역사회를 지원하는 역할을 맡게 된다.

또한 환경의 역할을 매우 중시하는데 환경의 심미적 아름다움은 유아들이 몸으로 직접 체험의 중요성을 강조하는 것이며, 물리적 환경을 통해 관계나 의사소통의 가치를 창출해낸다고 보는 관점이 드러난다. 특히 아뜰리에라는 미술 작업실이 있는데 다양한 자료를 중심으로 충분하고 다양한 표상과 탐색을 이룰 수 있는 터전으로 활용된다.

이러한 환경에서 교사는 유아들의 대화와 그룹토의 내용을 녹음하거나 전사하는 과정을 통해 기록 작업을 수행하는 것을 매우 중시한다. 또한 기록한 것을 다시 해석하고, 다시 수업에 반영하는 순환적 과정을 중시한다.

물리적 환경에 있어서도 순환성은 강조된다. 중앙 공용공간인 피아자(piazza)와 건물의 어느 곳이 연결되는 순환성을 강조하여 서로 막힘이 없는 상호작용을 중시하고 있다.

7. 발도르프 프로그램

발도르프 학교는 1919년에 독일 슈투트가르트의 발도르프-아스토리아 담배공장의 소유주 에밀 몰트(Emil Molt)가 자신의 회사 노동자의 자녀를 위하여 학교를 슈타이너에게 맡아달라고 하면서 이루어졌다. 이 발도르프 학교는 공장의 이름을 따고, 다른 경제영역이나 법적 제도로부터 자유로워야 함을 강조하여서 '자유 발도르프 학교(Freie Waldorf Schule)'라는 이름으로 시작되었다.

슈타이너는 인지학적 인간론을 통해 인간을 육체, 영혼, 정신이라는 '삼지적 구조'로 설명하고 있다. 이러한 구조를 통해 형태, 삶, 의식이라는 삼체성이 경험될 수 있다고 본다. 삼체성은 인간의 삶과 행동의 모든 영역에 영향을 미치는 근본이 되는 것이다. 슈타이너는 발달단계를 3가지 단계로 제시하였는데 의지, 감정, 사고 발달단계를 거쳐 '자유로운 인간'이 된다고 보았다.

슈타이너의 발달이론에 따르면 인간은 7년의 리듬 속에서 발달을 이루어간다. 첫 번째 7년 주기는 출생에서 7세 전후의 시기로 물리적 신체의 탄생의 시기이다. 이 때 육체적 모습을 가지며 외부 환경과 밀접한 관계를 통해 신체발달과 더불어 의지가 형성된다. 두 번째 7년 주기는 7세에서 14세의 초등학교시기로 영혼의 특질이 나타나는 에테르체-생명체의 탄생 시기이며 감정이 발달하게 된다. 세 번째 7년기는 사춘기 이후 21세까지의 시기로 정신적인 것으로 내적 세계에 접근할 수 있는 에스트랄체 단계이다. 이 시기는 추상적 사고 능력이 발달된다.

최초의 자유 발도르프 유치원은 슈타이너에게 영향을 받았던 엘리자베스 그린레스가 1926년 슈투트가르트에 설립하여 운영하였는데 이도 마찬가지로 인지학적 인간학에 기초하여 이루어졌다.

1) 교육목적 및 목표

발도르프 유아교육 프로그램은 슈타이너의 인지학적 인간학에 근거하여 신체, 영혼, 정신의 조화를 통한 전인적 인간교육을 추구한다. 즉 학교교육은 자아를 발전시키는 것에 그 궁극적 목표가 놓여지게 된다. 슈타이너는 인간을 육체적, 정신적, 영적인 통합 존재로 보기 때문에 교육은 이러한 인간을 이해하고 나아가 궁극적으로는 인간의 본질을 자유롭게 해야 한다고 보았다.

2) 교육내용 및 방법

발도르프 유아교육 프로그램은 고정된 학습 계획안에 근거하여 이루어지지 않는다. 축제나 명절, 계절에 따라 교육내용이 달라질 수 있는데 발도르프 교육의 유아들이 자연을 접하며 살아가는데 필요한 감각과 기술을 습득하고자 한다. 이를 위해서는 인간을 총체적으로 이해하여야 하며, 인간을 예술적으로 다루어야 한다.

발도르프 프로그램에 근거한 유치원은 리듬과 반복, 모범과 모방을 매우 의미있게 여긴다. 일과에서 상상놀이, 요리하기, 조각, 동화듣기(Storytelling), 그리기, 오이리트미(Eurythmie), 인형극, 음악 등을 하게 된다. 특히 오이리트미는 음악, 언어, 도형을 몸으로 움직이며 표현하는 움직임의 예술이자 놀이이다. 또한 동화 듣기는 일주일이나 몇 주간 동안 하나의 동화를 반복해서 들려줌으로써 유아의 것으로 내면화하는 과정을 거치게 된다.

이러한 발도르프 프로그램의 교육방법에 있어서는 리듬의 원리, 모방과 본보기의 원리, 질서의 원리를 가지고 있다(정윤경, 1998). 첫째, 리듬의 원리는 신체적, 정신적 리듬을 통해 일생생활 속의 삶의 원리를 배운다. 둘째, 모방과 본보기의 원리는 유아가 성인과의 내적인 유대를 통해 자유의 표현으로 모방이 이루어진다고 본다. 따라서 교사가 진실되게 행동할 때 내적 유대가 형성되며 자유로운 존재로서 유아가 자신의 능력이 발달될 수 있는 것이다.

3) 운영 및 환경

발도르프 학교는 12년간의 종합학교로서 초등학교에서 상급학교를 모두 포함하고 있다. 자유 발도르프 유치원은 연령혼합집단으로 구성되어지는데 3년에서 5년간 동일한 교사가 계속 담임교사를 맡음으로 유아를 깊이 이해토록 하였다. 유아교사는 삶의 변화를 동반한 자각과 영적 감수성의 변화를 가지고 '영혼의 예술가'이며, 유아와의 친밀한 관계를 형성할 수 있어야 한다. 따라서 교사들은 자신의 인격과 자기개발이 강조되고, 교사는 상하관계가 아니라 주체적으로 협력관계를 통해 학교를 운영하게 된다.

발도르프의 학교 건물은 각이 없게 지어져 있다. 지붕, 교실, 복도를 모두 다양한 곡선으로 접근하는 것은 자연은 부드럽고 곡선형이라는 점에 근거한 것이다. 환경 구성은 밝고 쾌적하며, 창의적이고 다양한 예술적 경험을 할 수 있도록 벽면도 파스텔 톤의 색을 통해 안정감을 주게 하고 있다.

특히 텔레비전, 컴퓨터 등의 각종 전자 제품은 없고 완제품보다는 자연물이나 꾸밈 없는 원형 그대로의 것들로 구성된다. 실외환경도 가급적 자연과 접하도록 이루어져 있으며 최대한 자연물을 활용하여 자연적 탐색을 이룰 수 있도록 하고 있다. 일반적으로 건물 밖의 놀이 영역은 다양한 날씨에도 활용할 수 있고 모래놀몰이 등을 할 수 있도록 구성되어 있는 부분과 기관의 자연적 조건을 최대한 활용하여 체험할 수 있는 부분 등으로 구성하고 있다.

8. 생태유아교육 프로그램

생태유아교육의 연구와 실천은 1990년대 부산에서 결성된 「우리 아이들의 보육을 걱정하는 모임」에서 태동하여 1993년 「부산대 부설 어린이집」교육 프로그램을 개발하는 연구팀을 조직하여 교육이념과 프로그램을 구상하면서 개발되기 시작하였다. 이후 1998년 「우리 아이들의 보육을 걱정하는 모임」에서 주관하는 '생태유아교육강좌'에서 생태유아교육이라는 용어가 본격적으로 사용되고, 1999년부터 『생태유아교육 프로그램』이라는 이름으로 책을 출간하기에 이르렀다.

생태유아교육은 산업문명의 발달과 더불어 기계론적 세계관이 가져오는 유아교육에 당면한 위기의식에서 출발하였다. 생태유아교육은 이러한 교육 현장의 반성과 살림의 시도로서 세계를 보는 근본 관점을 기계론적 세계관에서 달리 하며, 현대문명을 통해 생긴 유아교육의 문제를 해결하고자 하는 새로운 패러다임의 유아교육이다(권미량, 2005; 김은주, 2003; 임재택, 2005).

생태유아교육은 생명중심 교육, 공동체중심 교육, 전인교육을 지향하며 생명의 원리에 근거해 현행 유아교육을 바꾸어가려는 움직임이다. 몸, 마음, 영혼의 인간을 이분법이 아닌 유기적 통합체로 바라보는 관점에 기초하여 생명을 살리고, 자연을 살리고, 아이를 살리기 위한 형태로 시도되어져 왔다.

1) 교육목적 및 목표

생태유아교육은 생명공동체, 사람공동체, 아이행복세상을 지향한다. 이러한 신명나는 세상을 향해서 나아가는 교육의 궁극적 목적은 자연과 하나되는 아이, 다른 사람과 더불어 사는 아이, 행복한 아이를 돌보고자 하는 것이다. 이러한 목적을 이루고자 구체적으로 제시하고 있는 아이상을 살펴보면 튼튼한 어린이, 즐거운 어린이, 스스로 하는 어린이, 새로운 것을 생각하는 어린이, 예의바른 어린이, 생명을 존중하는 어린이, 일을 귀하게 여기는 어린이, 우리 것을 아는 어린이, 지구를 지키는 어린이, 더불어 사는 어린이이다.

따라서 생태유아교육을 통해 키우고자 하는 유아상인 '신명나는 어린이'는 개성과 창의력을 지니면서 흥겨움과 멋이 흘러넘치는 가운데 자연과 하나되고, 사람과 더불어 행복한 삶을 누리는 어린이다운 어린이를 말한다.

2) 교육내용 및 방법

생태유아교육과정의 내용 구성은 유아의 몸, 마음, 영혼을 아우르는 내용으로 몸, 마음, 영혼이 조화를 이루기 위해 유아의 일상에서의 삶이 교육의 내용이 되고자 한다. 이러한 입장에서 생태유아교육과정이 지향하는 내용의 구성 원리와 내용범주를 살펴보면 다음과 같다.

▣ 내용의 구성 원리

첫째, 자연의 순리에 따라 자연, 놀이, 아이다움을 찾아가는 내용이어야 한다. 생태유아교육과정의 내용은 실제 삶에서 체험할 수 있는 모든 것이 교육내용이 되어야 함을 의미한다.

둘째, 생태유아교육과정의 내용은 생명을 담은 내용이어야 한다. 즉 교육내용의 핵심 주제가 생명이어야 하며, 생명을 소중히 하고 살피는 과정이어야 한다고 보는 것이다. 기계론적 세계관에 근거하여 생명 돌봄과 섬김의 의미가 약해져 가는 세대 속에서 생명의 본성을 살피는 교육내용을 담고자 하는 것이다.

셋째, 생태유아교육과정의 내용은 더불어 살아가는 내용을 담은 것이다. 유아는 자연과의 교류를 통해 생명공동체를 이루어가고 유아가 사람과의 관계와 교류를 통해 사람공동체를 만들어 가며 이러한 관계와 순환 속에서 낱 생명의 다양성을 아우르는 생명력과 적응력을 지닌 교육내용을 지향한다.

▣ 교육내용의 범주와 의미

생태유아교육은 생태유아교육이 담고자 하는 다양한 교육내용을 다음의 일곱 가지 범주로 제안하는데(권미량, 2005; 임재택, 2005) 그 범주와 의미는 다음과 같다.

첫째, 삶 교육을 내용으로 하고 있음을 살펴볼 수 있다. 이러한 삶은 의식주를 포함한 아이가 살아가는 자연스러운 흐름을 중시하고자 하는 것이다. 조화와 어울림은 분절적 교육의 교과목 내용을 통해 이루어지는 것이 아니라 자연적 삶 속에서 풀어져 나온다.

둘째, 땀 교육을 중시하고 있다. 유아가 능동적으로 끌어내는 삶 가운데는 땀과 노동의 의미가 중시되어진다. 땀과 노동은 사람의 성장과 건강을 위해 중요한 인간 본질이다. 인간은 수고하여 먹고 마시도록 되어졌다. 이러한 과정에서 땀을 흘리고 체험하는 작업을 통해 유아는 노동의 소중함을 알 뿐 아니라 몸과 마음이 조화롭게 균형을 찾아간다.

셋째, 관계교육이 또한 중요한 내용이 된다. 삶 속에서 나타나는 역동적 생명력을 위해서는 사람과 자연, 사람과 사람의 관계가 중요하다. 생태유아교육의 실천에서 생태적 세계관에 근거한 삶의 양식의 변화를 위하여 생명, 자연, 인간의 관계성을 인식하고 창조 섭리를 이해하는 살림의 실천으로 관계맺기가 이루어질 수 있다. 관계를 통해 삶은 역동성을 가질 수 있으므로 자연과의 관계를 통해 창조적 평화를 회복할 수 있으며, 사람과의 관계를 통해 순환과 보살핌의 공동체를 만들어갈 수 있다.

넷째, 앎 교육은 자연과 사람뿐 아니라 창조 질서와 조화에 대한 깨달음을 포함하게 된다. 생태유아교육은 도구적 이성만을 비대화시키는 교육에서 벗어나 지, 덕, 체를 고루 갖춘 전인적 인간으로 기르고자 한다. 따라서 삶과 분리된 이성교육이 아니라 삶에서 흘러나오는 지혜를 얻는 교육으로 나아가고자 한다.

다섯째, 감각교육은 생태유아교육에서 중요한 측면이다. 유아는 오감을 통해 자기의 생각, 느낌, 감정 등을 자유롭게 나타낼 수 있어야 한다. 코메니우스(Comenius, 1910)는 인위적인 조작보다 자연 자체를 보고, 듣고, 느낌으로서 배워야 한다고 하였다. 즉 어설픈 교사보다는 오히려 하늘과 땅, 참나무, 너도밤나무 등을 통해 배움이 있을 수 있는 것이다. 유아는 감각을 통해 자연을 받아들이고, 그 자연은 유아에게 교육적 의미가 될 수 있다.

여섯째, 생태유아교육은 감성교육을 중요시하고 있다. 자연은 시나 예술, 음악, 미술에서 가장 위대한 영감의 근원으로 자리해 왔다. 유아는 자연을 통해 감성을 기르고 감성적 예술 행위를 통해 자연과 창조의 생명력을 느끼게 된다. 이는 단지 교양교육이 아니라 인간의 본래의 창조력을 지닌 감성적 본질을 중시하는 교육이다.

일곱째, 생태유아교육은 영성교육을 중시한 내용으로 보고 있다. 인간은 몸, 마음, 영혼이 조화로운 존재이므로 영적 감수성을 키워줄 수 있는 내용을 포함해야 한다고 보는 것이다. 유아의 영혼의 본질에 근거하여 맑은 영성의 회복을 위해 기도나 명상과 같은 영적 감수성을 돌보는 삶이 필요하다고 본다.

따라서 생태유아교육은 유아가 자연과의 조화, 사람과의 조화를 통해 몸, 마음, 영혼의 조화 속에서 자생력과 적응력을 지닌 생명체로 커나가고자 돌보며 섬기는 과정이 그 내용이 되어야 하는 것이다. 이러한 내용은 노인·아동상호작용 프로그램, 몸짓놀이 프로그램, 세시풍속 프로그램, 먹거리 프로그램, 산책 프로그램, 텃밭 프로그램, 손끝놀이 프로그램, 절제·절약 프로그램, 초기 적응 프로그램, 바깥놀이 프로그램, 영성 프로그램, 생태미술 프로그램 등의 다양한 실천적 프로그램으로 구성되고 있다.

▣ 방법적 접근

생태유아교육은 교육방법적 접근으로 관계성, 순환성, 다양성, 영성의 방법을 제안하고 있다. 이를 살펴보면 다음과 같다.

첫째, 관계성의 방법을 중시한다. 이것은 개인보다는 공동체 중심의 관계성 회복을 통하여 자연과 아이, 아이와 아이, 아이와 교사, 교사와 부모 등의 관계의 끈이 연결됨을 중시한다. 이러한 생태적 관계망 속에서 서로가 영향을 주고받는 생명적 고리를 만드는 관계지향의 방법이 중요하다.

둘째, 순환성의 방법은 교육에 있어서의 공간적, 시간적 순환성을 중시하는 방법이다. 이는 유아의 몸, 마음, 영혼을 통합적 전체로 보는 것과 더불어 삶을 시간과 공간적으로 통합하고자 하는 방법론을 포함한다. 24시간의 순환, 계절의 순환, 공간의 이동적 순환을 포함한 삶의 흐름과 결에 따라 순환적 통합을 이루어가야 한다. 생태유아교육은 생활로서 만들어가는 교육이므로 삶의 시간과 공간의 흐름을 살리는 교육방법이 중요하다.

셋째, 다양성의 방법을 따르고 있다. 다양성은 자연계가 기본적으로 가지는 다양성을 인정하는 방식이다. 즉 교육의 방식은 낱 생명의 특성을 살려주면서 개성과 특성을 인정하는 방식이어야 한다는 것이다.

넷째, 생태유아교육의 방법은 영성의 방법이어야 한다. 교육활동과 교육경험은 생활의 실상이어야 하며, 일상적인 체험이어야 한다. 즉 영성은 창조력의 근원이며, 생명의 본성이다. 따라서 유아의 영성 특성에 따라 세계에 대한 창조적 이해에 근거한 인간 본질적 살핌의 특성이 교육의 방법이 되어야 함을 뜻한다.

3) 운영 및 환경

생태유아교육과정의 운영은 시간과 공간의 결에 따른 자연스런 운영을 중시한다. 사람과 사람, 사람과 자연이 함께 어우러져 일상생활을 하는 생명살림의 환경으로 구성되고 활용되어야 한다. 따라서 실내외 환경의 통합, 인공적 소재보다는 자연소재로 된 살아 있는 공간의 구성, 자연과 사람의 어울림의 환경을 중시한다.

생태유아교육과정의 일과는 자연의 시간을 따르며 연간목표, 계절, 절기, 현재 아이들의 모습, 구체적 목표, 경험내용, 환경구성과 교사의 배려, 가정 및 지역사회와의 연계, 주요행사 등을 배려하여 연간교육을 계획한다. 월간계획 및 주간계획은 교사들의 참고용일 뿐 아이들의 흥미, 계절, 날씨, 일상의 변화에 따라 변화될 수 있기 때문에 계획보다는 월별 학급신문이나 매일의 반성적 저널이 더 의미있는 자료가 된다(서영희, 2008). 이를 통해 하루를 반성하고 나아가 아이들의 돌봄의 양식을 세워 나가기 때문이다.

학급편성은 연령혼합을 원칙으로 하고 있으며, 인위적인 대집단 모임보다는 자연적으로 조성되는 대집단, 소집단 및 개별 만남으로 구성한다. 이 때 교사는 돌봄의 삶을 사는 교사, 땀을 흘리는 교사, 섬김과 사랑을 실천하는 교사, 생명의 결대로 키우는 교사, 지금을 준비하는 교사, 미적 체험을 하는 교사로서의 삶을 중시하고 있다.

제 3 부

유아교육과정의 구성 및 운영

제 8 장

유아교육과정의 구성

유치원을 포함한 모든 교육수준에서 교육과정의 구성 요소는 무엇인가에 대한 논의는 다양하다. 유아교육과정을 구성하는 과정에서 어떠한 접근들이 있을 수 있는가에 대한 논의는 유아교육과정의 바람직한 실천을 위한 중요한 기초라고 볼 수 있다. 따라서 유아교육과정의 구성에 있어서 교육목표, 내용 선정 및 조직, 교수・학습 방법, 평가의 다각적 관점과 접근 형태를 살펴봄으로써 유아교육과정 구성의 바람직한 실천 방안을 모색해 보고자 한다.

1. 유아교육과정의 교육목표

1) 유아교육과정의 기본가정

유아교육과정을 구성하기 위해서는 우선 교육과정이 지향하는 바에 근거한 기본가정이 명확해야 한다. 특정 유아교육과정이 학문과 실천에서 의미를 가지기 위해서는 구성 이유, 이론적 기초, 구성 및 운영의 방향 및 특성 등을 명확히 함으로써 교육과정의 성격을 규정할 필요가 있다.

2) 교육목적 및 목표의 의미

교육목표는 이상의 유아교육과정의 기본적 가정에 근거하여 교육을 통해서 달성하고자 하는 지향점을 나타내는 것이다. 목표는 이후에 따라오는 교육내용의 선정이나 조직, 교수-학습과정, 평가에 전체적인 방향을 제시한다는 의미가 포함된다.

교육과정(Curriculum)의 어원적 의미를 가지는 쿠레레(Curere)는 '말이 달리는 경주로'를 의미한다(Bobbitt, 1918). 그런데 말이 달리는 경주로가 제대로 그 역할을 다하기 위해서는 말이 어디를 향해 달려야 하는가에 대한 목표 지점이 명확해야 한다는 가정을 가진다. 만약 목표점이 없다면 경주로의 의미를 가질 수 없기 때문이다. 따라서 이러한 의미의 교육과정이 그 역할을 수행하기 위해서는 교육을 위해 거쳐야 하는 여정을 통해 나아가고자 하는 방향성을 잡아야 하며, 이것이 교육목표가 가지는 전통적인 의미라고 볼 수 있다.

교육목표는 블룸(B. S. Bloom), 가네(R. M. Gagné) 등의 행동적 목표진술 방법을 일반적으로 사용하고 있다. 그러나 이러한 진술방법은 학습의 외형적 성과에만 교육의 초점을 맞춘다는 측면에서 논의가 필요한 점이다. 특히 보빗과 차터스(Bobbitt & Charters) 이후 타일러(Tyler), 블룸(Bloom) 등에 이론적 기반을 둔 전통적 접근의 교육과정은 명확하게 규정된 교육목적 하에 교육목표가 설정되어야 하며, 이는 교육과정의 모든 활동과정은 목적 및 목표를 달성하기 위한 수단으로 여기게 된다.

그렇다면 교육목적(goals, aims)과 교육목표(objective)의 의미는 어떻게 다른가를 살펴보면, 교육목적이 교육목표보다는 좀더 포괄적 의미로 사용되고 있다. 교육의 목적은 교육의 방향을 포괄적으로 진술한 것이라면, 목표는 실제 구체적으로 다루어야 할 지침적 역할을 하게 된다.

우리나라 교육법에서도 교육목적을 교육목표보다 포괄적인 상위개념으로 진술하고, 목표는 구체적인 학습경험을 위한 지침으로서의 역할로 제시되고 있다. 일반적으로 교육목표는 장기목표와 단기목표로 고려하고 있는데 이는 유아교육과정의 기본 가정과 이론적 기초에 따라 구체성이나 진술에 있어서 접근을 달리 하고 있다.

그러나 최근 등장하는 재개념적 접근의 교육과정은 소위 '타일러(Tyler)의 원리'로 알려진 교육과정 개발 모형에 다각적인 비판을 가지고 교육과정의 개발이 단지 교육목표의 설정, 교육내용의 선정과 조직, 교수 학습방법, 교육평가의 기계적이고 구조적인 접근 방식을 탈피하고자 한다.

1970년대 말부터 나타나기 시작한 재개념주의적 교육과정의 움직임은 쉬왑(Schwab, 1970)이 내놓은 논문이 발화점이 되었다. 쉬왑(Schwab)은 "교육과정의 연구가 죽어가고 있다. 이러한 교육과정의 연구가 다시 살아날 수 있기 위해서는 실제적이고 절충적인 방향으로 그 접근 방식을 바꾸어야 한다."고 주장했다. 여기에 클리바드(Kliebard), 맥도널드(Macdonald), 애플(Apple) 등이 전통적 접근의 교육관을 비판하면서 새로운 교육과정 연구의 필요성을 제기하게 되었다. 파이나(Pinar)는 이러한 교육과정에 대한 재인식 연구를 모아 '재개념주의자'라고 명명하며, 과거 교육과정 연구의 모순을 지적하고 전문 학술지를 창간하는 등 교육과정의 재개념화 연구를 위해 노력하게 되었다.

즉 교육과정을 단지 교육목표, 교육방법, 교육내용, 교육평가를 표준화하고 체계화하는 것을 넘어서서 인간의 삶의 다양성과 가능성에 근거한 경험 그 자체를 좀더 체험적으로 주목하는 교육과정이 필요하다는 재개념적 접근의 교육과정이 부각되고 있다. 따라서 유아교육의 목적 및 목표의 설정과 진술이 경직된 형태로의 교육과정 틀에 매이게 된다면 지극히 폐쇄적 형태의 교육과정을 양상하게 되고, 이는 유아교육이 유아의 생명을 돌보기보다 보이는 형식적 변화와 행동에 초점을 맞추는 오류를 범할 수 있다는 점에서 재인식이 필요한 시점이라고 볼 수 있다.

그러나 재개념적 접근의 교육과정 또한 이념적 비판으로 구체적 교육과정의 실천 모형에 대한 해답을 주지 못한다는 측면에서 대안적 논의에 그친다는 한계가 지적되고 있다(서영희, 2008; Mazza, 1982). 이에 대하여 유아교육의 현장의 새로운 패러다임을 제공하는 유아교육의 실천적 프로그램의 모색이 필요하며, 이에 근거한 방향성이 수립될 필요가 있다.

3) 교육목표의 설정

교육목표의 설정은 교육과정에 대한 접근 방법에 따라 다양할 수 있다. 전통적 교육과정, 경험적 교육과정, 재개념적 교육과정 등에 따라 각기 다양한 접근 양상을 가질 수 있다. 그러나 일반적으로 교육목표 설정에 자원으로 볼 수 있는 다양한 측면들이 고려되고 있다.

▣ 교육철학

교육철학은 교육목표 설정에 기초 자원이다. 일반적으로 교육목표는 그 국가의 국가이념이나 그 시대의 교육사조에 영향을 받게 된다. 우리나라의 경우 민주주의 국가이념에 바탕을 두어 민주주의라는 철학적 관점에서 교육목적 및 목표가 검토되고 정선된다. 또한 교육철학적 사조도 교육목표 설정에 영향을 미치게 되는데 진보주의, 본질주의, 항존주의, 재건주의, 실존주의 등 어느 철학적 사조에 근거하느냐에 따라 교육목표 및 내용은 달라지게 된다.

콜버그와 메이어(Kohlberg & Mayer, 1972)는 교육이념에 따라 낭만주의, 문화전승주의, 진보주의로 나누고 있다. 낭만주의는 바람직한 특성을 교육목표의 설정 전략으로 두고 교육목표에 일련의 건전한 인성 특성들을 규정하고 있기 때문에 성숙론적 유아교육과정의 목표진술 전략이 될 수 있다. 문화전승주의는 성공의 예언 전략으로 학교 및 사회에서의 성공이나 적응을 교육목표 설정의 주요 전략으로 보고 있기 때문에 환경론적 유아교육과정의 목표 설정 전략이 될 수 있다.

그리고 진보주의는 발달적·철학적 전략으로 심리적으로 가치있는 요소를 교육목표의 설정 전략으로 보고 있기 때문에 상호작용론적 유아교육과정의 목표 진술 전략이라고 볼 수 있다. 임재택(1993)은 이러한 교육이념 및 철학적 입장을 어디에 두느냐에 따라 유아교육과정의 교육목표의 성격에 차이를 만들게 된다고 하였다.

특히 우리나라의 경우 국외 교육철학적 사조의 영향에 따라 국가 수준의 교육과정이 영향을 받아온 흐름을 살필 수 있다. 이처럼의 이러한 사조는 직접적으로 교육과정의 성격에 영향을 끼쳐 왔다.

▣ 학습자

학습자라는 자원은 교육과정 자체의 중요한 근원이 된다. 학습자의 흥미, 필요와 요구, 발달 특성 등에 근거하여 교육목표의 타당성이 고려되어야 한다. 교육의 본질이 학습자라고 볼 때 교육과정은 학습자에게 의미 있는 그 무엇이 되어야 한다. 유아가 학습자일 경우 그 유아의 흥미, 필요, 삶, 발달에 의미 있는 방향과 목표이어야 진정한 교육과정이라고 볼 수 있다.

우선 학습자의 흥미나 관심에 적합한 교육목표가 설정되어야 한다. 직업, 건강, 문제해결 등과 같이 학습자의 요구와 상황에 따라 교육목표는 달라질 수 있다. 그리고 학습자의 특성에 따라서 교육과정과 그 목표 설정이 맞추어져야 한다는 것이다.

또한 실제로 학습자를 바라보는 관점에 따라 교육목표는 상이해질 수 있다. 즉 학습자의 발달과 변화를 어떻게 보느냐에 따라 상이한 교육목표가 설정될 수 있다는 것이다. 학습자의 변화에 대한 성숙론적 관점, 환경론적 관점, 상호작용론적 관점에 따라 교육목표의 설정이 달라질 수 있다.

▣ 사회 및 문화

사회 및 문화적 자원에 영향을 받게 된다. 교육은 주어진 사회의 테두리 안에서 행해짐으로 그 사회가 바라는 합의된 가치관, 필요와 요구, 전통적 문화 요인 등이 교육과정에 영향을 미치게 되고 이는 교육목표에 반영될 수 있다. 특히 그 사회가 가지는 특수성에 기인한 지식, 기능, 태도는 교육목표의 중요한 자원일 뿐 아니라 최근 들어 문화의 특수성 또한 교육목표 설정에 강조되고 있다.

특히 유아교육에서 사회 및 문화는 유아의 구체적 삶 속에서의 사회와 문화에 대한 자원이 중요한 교육과정 목표이자 내용이 되어야 한다. 유아가 속한 지역사회의 특성이나 문화적 의미가 중요한 목표 설정의 자원이 될 수 있다.

▣ 교과

교과는 교육목표나 단원을 설정하는 의미있는 자원일 수 있다. 즉 교육과정에 포함되는 교과를 규정하고, 이에 근거한 학습내용을 어떠한 방향으로 어느 정도 성취할 것인가를 규정하게 된다. 그러나 이는 앞서 학습자의 특성에 따라 고려되어야 한다. 유아는 발달과 요구 자체가 분과적 교과의 의미로 다가가기보다는 삶의 문제로 통합되어지기 때문에 교과가 어떻게 삶의 문제로 통합되어 나타날 것인가가 더 중요한 문제라고 볼 수 있다. 즉 유아에게 교과는 유아가 살아가는 인적, 물적 세계와의 만남이 어떻게 자원화될 수 있는가에 대한 고민에서 이루어져야 한다.

4) 교육목표의 진술

일반적으로 교육목표의 진술은 학습을 통해 무엇을 배우게 할 것이냐는 점에 초점을 맞추게 된다. 그러나 교육목표의 진술이 반드시 경직된 형태로 학습을 통해 배워야 할 행동에 초점을 둘 것인가 하는 문제는 교육과정의 특성에 따라 그 접근이 달라질 수 있다.

교육목표를 설정하여 진술하기 위해 제시되는 일반적인 문제가 목표 분류의 문제이다. 블룸(B. S. Bloom)은 교육목표를 인지적 영역(cognitive domain), 정의적 영역(affective domain), 운동 기능적 영역(psycho motor domain)으로 분류하고 있다.

인지적 영역은 지식(knowledge), 이해(comprehension), 적용(application), 분석(analysis), 종합(synthesis), 평가(evaluation)의 행동형으로 분류된다. 정의적 영역은 인식(awareness), 반응(responding), 가치화(valuing), 조직화(organization), 성격화(characterization)의 특성으로 분류된다. 그리고 마지막으로 운동 기능적 영역은 모방(imitation), 조작(manipulation), 정교화(precision), 명확한 실행(articulation), 습관화(naturalization)의 목표 행동을 포함하게 된다.

또한 가네(R. Gagné)는 모든 학습과제는 위계적으로 구성되어 있기 때문에 학습과제는 학습위계에 따라 순서적으로 가르치고 배워야 한다고 제시하였다. 즉 과제분석을 통해 학습의 하위 내용 단위를 계열화하여 분석함으로 목표 진술이 이루어져야 한다고 제시한 바 있다.

이렇게 목표 행동에 근거하여 성취해야 할 행동을 분명히 규정하고 행위동사로 진술하는 방식은 구체적이고 명확한 목표 진술이 될 수 있어서 일반적으로 사용되어지고 있다. 이런 측면에서 일반적으로 널리 사용하는 수업목표의 진술 방법을 살펴보고 이에 대한 논의가 필요하다.

▣ 타일러의 수업목표 진술

타일러 수업목표는 구체적 내용과 행동이 포괄적으로 진술되어야 한다고 보았다. 타일러의 행동적 수업목표는 학생의 행동으로 진술하되, 학생의 행동이 나타내는 내용도 함께 진술하도록 하고 있다. 이 때 학생의 행동은 명세화된 진술로서 학습의 초점을 명확히 하는 접근이어야 한다.

이러한 타일러의 수업목표 진술 방법은 행동을 세분화하기 때문에 교수행위와 접근도 구체적이고 명료화하게 되며 교육연구에 객관적 자료를 제공할 수 있다는 점이 있지만 추상적이고 포괄적인 목표 진술이 부족함으로 학습의 질보다는 양에 치중할 우려가 있다고 보여진다. 이러한 면에서 미세한 행동에 초점을 두다 보면 교육의 통합적 접근을 어렵게 만들 수 있다는 지적이 있다. 타일러의 행동적 수업목표에 근거하면 다음과 같은 목표 진술이 되어질 수 있다.

1에서 10까지의 수를	열거할 수 있다.
내용	행동

▣ 메이거(Mager)의 수업목표 진술

메이거는 수업목표의 진술 전략을 구체적인 행동으로 보고 있다. 즉 행동주의적 견해에 근거하여 학습자의 성취 행동을 명확히 하여 교육의 성취를 알 수 있는 구체적 목표 진술을 중시하고 있다. 따라서 이러한 입장에서는 학습자의 학습결과에 대하여 세 가지 요건을 갖추어 진술해야 한다고 주장하였다.

① 성취수준

도달하여야 하는 행동을 구체적이고 측정 가능한 성취 용어로 제시하도록 하고 있다. 즉 유아가 해야 하는 것에 대한 성취 용어를 목표 진술에서 포함하고 있어야 한다고 본다.

② 조건

성취 행동의 상황이나 조건에 제시되어야 한다. 유아행동이 어떤 조건에서 검증될 수 있느냐 하는 문제이다.

③ 기준

성취의 기준을 어디로 보느냐의 문제로서 성취한 것인지 아닌지를 판단하기 위한 평가기준이 제시되어야 한다.

이러한 측면에서 메이거의 목표진술은 일반적으로 다음과 같이 조건, 기준, 성취를 포함하여 진술되어야 한다고 본다.

제시한 사물을 보고	최소 3개를	기억한다.
조건	기준	성취
4장의 장면으로 만들어진 에피소드에서	이야기의 순서를 모두 틀리지 않게	구분한다.
조건	기준	성취

▣ 아이즈너(Eisner)의 수업목표 진술

아이즈너(1985)는 학습자의 경험의 다양성을 존중하며 교육목표를 구체적이고 명세적으로 제시하기보다는 일반적이고 포괄적으로 제시해야 한다고 보았다. 아이즈너는 행동주의적 접근 방식의 한계를 지적하면서 재개념주의를 대표하는 학자 중 한 명이다.

이러한 입장에 근거하여 아이즈너는 목적(aims), 목표(goals), 학습목표(objectives)를 구별하여 제시하였다. '목적'이란 일련의 가치와 교육의 일반적인 방향을 제공하는 것이다. '목표'란 어떤 의도의 구체적인 진술이라면, '학습목표'란 가장 구체적인 진술이라고 볼 수 있다.

이에 따라 수업목표의 진술에 있어서 행동적 교수목표와 이에 대비되는 다른 의미의 표현적 목표로 구분하였다. 행동적 측면을 강조하는 일반적인 교수목표는 학습활동을 통해 얻어야 하는 행동을 명료화하는 목표 진술이지만 이에 반해 표현적 목표는 개별 학습자의 성향과 다양성에 기초하여 경험하게 될 교육적 만남을 강조한다.

아이즈너는 명백한 교육목표인 행동적 목표뿐만 아니라 잘 정의되지 않은 목표인 표현적 목표도 고려되어야 한다고 보았다. 이는 타일러가 교육목표를 교수활동 이전에 행동목표로 설정해야 한다는 접근에서 탈피해도 좋다고 보는 것이다. 즉 교육목표는 어떤 활동을 하는 과정이나 이후에 교육적으로 바람직한 그 무엇을 얻을 수 있으므로 이러한 목표는 행동목표와 구별되어 제시하고 있다. 즉 목표와 내용을 학생에게 의미있는 학습활동(learning events)으로 변형하고자 하였다.

이러한 표현적 목표는 상황(situation), 문제(problem), 과제(task)를 포함하여 교육과정이 일어나는 상황에서 학습자가 하는 교육적 경험을 중요하다고 본다. 즉 학습자가 활동할 상태, 다루게 되는 문제, 학습자가 조사한 과제를 확인해 주려는 측면에서 목표 진술의 의미가 이루어질 수 있다고 보는 것이다.

실외 모래놀이 속에서	모래가 가지는 특성에 대해 느낀 점을	이야기 나눈다.
상황	문제	과제

이렇듯 학자마다 교육목표를 진술하는 조건이나 방법이 다양하게 제시되어 왔다. 지금까지 교육과정 목적과 목표를 진술하기 위해서는 블룸, 가네 등의 목표 분류나 타일러, 메이거 등의 교육목표 진술의 원칙 등이 제시한 행동적 진술방식이 활용되어 왔다. 그러나 이러한 목표 진술의 방식은 학습의 외현적 결과에만 집중되어 학습의 내면적 세계를 소홀히 하고 있다는 점, 인간의 행동을 지극히 계량적으로만 평가하게 된다는 점, 행동적 목표를 사전에 어느 정도나 구체적으로 세분할 수 있겠느냐는 점 등에서 폐쇄적 체제 접근으로 비판받고 있음(윤정일 외, 2005)에 주목할 필요가 있다.

유아교육과정에서 이러한 행동적 교육목표의 진술이 지나치게 강조된다면 유아의 통합적 본성과 삶에 근거한 교육방법과 이질적 형태로서 유아 본연의 교육적 경험을 제한하고, 이원화된 교육양상을 통해 유아교육과정을 형식화시키는 결과로 이어질 우려가 있다. 이러한 측면에서 유아교육과정의 목표진술은 재개념주의자들의 논의를 숙고함과 동시에 더 나아가 유아의 삶의 현장과 문화를 고려한 현상적이고 통합적 형태의 진술에 대한 논의가 필요할 것이다.

3. 유아교육과정의 내용 선정 및 조직

교육과정에서 내용이란 교육목적 및 목표가 설정되면 이에 따른 구체적 활동을 표현해 놓은 것이라고 볼 수 있다. 즉 교육과정에서 '무엇을 가르칠 것인가' 또는 '무엇을 할 것인가'에 대한 구체적 접근이 이루어지는 것이라고 볼 수 있다.

유아교육과정의 학습내용은 교육목적 및 목표와 마찬가지로 교육과정을 어떻게 바라보느냐의 관점에 따라 상이하게 접근될 수 있다.

1) 유아교육내용의 선정

(1) 교육내용의 선정 원리

교육내용의 선정은 앞선 교육목표에 영향을 미치는 교육철학, 학습자, 사회와 문화, 교과의 특성이나 관점에 따라 다양한 자원에서 기인할 수 있다. 그러나 일반적으로 다음과 같은 원리들이 제시되고 있다.

▣ 교육목표와의 일관성의 원리

교육내용의 선정은 교육목표와의 일관성이 중요하다. 교육목표는 교육목표를 이루어가는 경험으로서의 내용이 선정되는 것이 일반적이다. 일반적으로 교육목표는 달성하기 위한 도구적 관점에서 학습내용과 활동을 보기 때문에 이는 바람직한 결과의 수단이라고 본다. 그러나 과정 중심적 관점에서 보면 교육내용은 교육목표와 더불어 학습내용 및 활동 그 자체가 목적이자 의미라고 보는 입장이다. 이러한 관점에서 보면 교육내용은 교육목표 달성을 위한 도구가 아니라 함께 조건을 만들어가는 것 자체라고 볼 수 있다.

이렇듯 교육목표와 교육내용의 관계성에는 관점의 차이가 있으나 교육목표와 교육내용이 일관성이 있어야 함은 교육과정의 구성에서 중요한 부분임에는 틀림이 없다.

▣ 중요성 및 가치성의 원리

교육내용을 선정할 때 지식의 구조적 측면에서 중요성의 측면을 중시하는 원리이다. 교육과정을 구성할 때 현대의 엄청난 지식을 그대로 전달하는 것은 불가능하다. 따라서 전이나 적용이 가능하며 학습자에게 의미있는 가치를 가진 내용이어야 한다. 학문중심 교육과정에서 지식의 구조, 기본 개념, 일반적 원리를 교육내용으로 구성해야 한다고 보는 것은 이러한 원리를 중시한 접근이라고 볼 수 있다. 유아교육과정에 있어서도 유아들에게 필요하거나 경험할 만한 가치가 있는 내용을 선정해야 한다는 것이다.

▣ 사회적 · 문화적 유용성의 원리

교육내용은 사회적 요구나 필요에 근거하여 학습자가 사회 속에서 살아가는 데 필요한 내용이 반영될 필요가 있다. 이러한 원리는 특히 진보주의나 사회재건주의 관점에서 교육내용을 선정할 때 학습자에 있어서 사회적 생활과 기능에 있어서 유용한 내용이 무엇인가를 분석하여 선정하는 방법으로 활용되어진다. 그러나 이러한 원리는 단지 사회적 기능을 위한 도구적 내용을 넘어서서 유아가 속해 있는 가정과 사회의 환경 및 문화에 근거하여 교육내용을 선정하도록 하고 있다. 나아가 그 사회의 계절, 기후, 행사, 상황 등에 따라 의미있는 내용을 선정하는 과정이 필요할 것이다.

▣ 학습실행 가능성의 원리

교육내용의 선정은 학습자가 학습할 수 있는 가능성이 있는 내용이어야 한다. 학습 대상의 학습능력, 학습환경, 발달 정도 등이 고려되어 학습자에게 적절한 학습 가능성이 고려되어야 한다. 학습자나 교육기관에서 학습 및 실천이 가능한가를 살펴서 그 실행 가능성을 고려해 볼 필요가 있다. 즉 유아교육기관에서 실천가능하며, 유아의 발달수준과 능력에 적합하여 학습 가능성이 있는 경험 내용이 선정되어야 한다는 원리이다.

▣ 흥미의 원리

교육내용의 선정 시에 학습자의 흥미나 요구가 고려되어야 한다. 학습자들이 흥미를 갖지 않을 때 그 교육과정은 의미를 다할 수 없다. 따라서 교육내용은 학습자의 흥미에 기초하여 선정되어야 한다. 즉 유아교육과정은 유아들이 흥미를 느낄 수 있으며, 유아의 삶 속에서 친숙한 의미있는 내용으로 선정되어야 한다. 유아가 일상 속에서 의미있고 흥미를 가지는 다양한 것이 내용으로 선정되어야 한다는 것이다.

▣ 생명성의 원리

최근 유아교육과정은 생명을 중시하는 세계관이 절실히 요구됨이 지적되고 있다. 특히 2007년 개정 유치원 교육과정은 이러한 측면을 강조하고 있다. 이런 면에서 교육과정의 내용 선정에서 자연과 생명을 중시하고 유아의 일상적 삶과 자연과의 관계성을 중시하며 지속가능사회로 향하는 자연과 사람의 공동체를 지향하는 내용이 선정되어야 한다는 관점이 부각되고 있다.

(2) 교육내용의 지식 유형

교육내용은 여러 가지 원리에 근거하여 내용이 선정되어질 수 있다. 앞서 살핀 바와 같이 교육과정은 그 관점이나 시각에 따라 다양한 근거를 원리로 삼고 이에 근거하여 내용을 선정하고 조직하게 된다. 이 때 교육내용을 어떠한 것으로 볼 것이냐 하는 것은 어떤 지식이 교육내용으로 삼는 것이 의미가 있는가에 대한 관점의 차이일 수 있다.

슈바르츠와 로비슨(Schwartz & Robison, 1982)은 지식의 유형을 6가지로 제시하면서 이에 따라 몇 가지 형태의 지식 유형을 엮어 내용으로 구성될 수 있다고 보았다.

▣ 사실축적

사실축적 중심의 내용 구성은 학습자가 관찰하고 경험한 사실들을 교육내용으로 보는 입장이다. 이러한 유형의 유아교육과정 내용 구성은 유아가 일상생활에서 얻은 구체적인 모든 사실로 구성될 수 있을 것이다. 이는 교육에서 유아가 학습자의 특성에 기인하여 취득할 수 있는 사실을 그대로 기초하여 교육내용을 구성할 수 있다는 교육현상의 자연스러움을 포함할 수 있다. 따라서 이러한 입장에서 유아가 수집할 수 있는 물리적 속성, 사회적 사건, 역사적 사건들의 사실들의 모음이 교육내용으로 간주된다.

▣ 기술축적

기술축적 중심의 내용 구성은 지적 학습에 기초한 학문적 기술, 일상생활적 기술, 신체 운동 기술을 포함하게 된다. 따라서 이러한 기술축적은 반복적 연습이나 실행을 통해 기술을 축적하도록 하는 내용으로 교육과정이 구성될 수 있다. 읽기, 쓰기, 셈하기의 기초 학습훈련(3R's: Reading, Writing, Arithemetics)이나 몬테소리 프로그램의 반복적 교구 활동들도 이러한 측면에서의 접근으로 볼 수 있다.

▣ 교과중심

교과중심의 내용 구성은 국어, 수학, 과학, 사회, 음악, 미술 등과 같은 교과목을 중심으로 교육내용의 체계를 편성하게 되는 것이다. 실제로 유아교육에서 유아언어교육, 유아수학교육, 유아과학교육 등의 교과목을 분류하는 것은 이러한 접근으로 유아교육의 경험 내용을 체계화하고자 하는 시도이다. 그러나 실제로 유아교육과정에서는 이러한 교과를 통합하여 주제로 제시하는 것이 일반적이다.

▣ 학문적 구조 중심

구조적 학문 중심의 내용 구성은 학문의 구조적 형태를 교육내용으로 보고자 하는 접근이다. 즉 학문의 구조를 추출하여 원리, 관계 등의 개념적 접근을 통해 교육을 하고자 하는 것이다. 이러한 학문적 구조 중심은 지식의 구조를 가르치는 학문중심 교육과정에서 유용하게 사용해 온 방식이다.

▣ 주제(단원)중심

주제(단원) 중심으로 교육내용을 구성한다는 것은 학습자의 경험과 흥미에 근거하여 주제나 단원의 형식으로 교육의 내용을 통합적인 형식으로 제공하고자 하는 방식이다. 실제로 유아교육과정에서는 가장 일반적으로 사용하는 방법으로 교과의 영역을 통합하여 계절, 명절, 지역사회의 변화, 유아의 관심 분야 등을 기초로 유아의 일상생활에 의미있는 주제를 선정하여 접근할 수 있도록 교육내용을 구성하게 된다.

▣ 통합적 접근 중심

통합적 접근 중심의 내용 구성은 지식의 내용 자체가 아닌 유아의 흥미, 욕구에 반응하는 가치를 강조하는 접근이라고 볼 수 있다. 이러한 접근은 교육의 내용은 단지 학문적 체계나 지식의 형태로 단절될 수 없으며 학습자에게 의미있고 가치로운 통합적 형태이어야 함을 주장하는 것이다. 인본주의 교육과정이 성숙한 자아개념과 사회적 관계를 발달시키기 위해 이러한 입장에서 교육내용을 구성한다고 볼 수 있다. 이러한 통합적 접근은 유아의 일상적 삶 속에서 우연히 발생될 수 있는 흥밋거리와 문제들의 통합체로서 비형식적 성격을 띨 수 있다.

2) 유아교육내용의 조직

(1) 교육내용 및 활동의 조직 원리

유아교육과정에서 학습내용 및 활동이 선정되면 이를 조직하는 작업이 필요하다. 이러한 조직은 여러 가지 기준이나 원칙에 근거하여 이루어질 수 있는데 학자에 따라 다양한 원리가 소개되어 왔다.

일반적으로는 타일러(Tyler)가 제시한 계속성의 원리, 계열성의 원리, 통합성의 원리를 기준으로 삼는 경우가 많다. 여기서 계속성이란 학습경험의 수직적 조직에 요구되는 원리로서 학습자에게 한 번만 제공되는 것이 아니라 반복적으로 충분한 학습기회를 제공한다는 것이다.

계열성의 원리는 학습자에게 어떤 내용을 먼저 제시하고 어떤 내용을 뒤에 제시할 것인가를 결정하여 학습경험의 수직적 조직에 근거하지만 점차 어떻게 내용의 수준을 넓혀나갈 것인지에 대한 체계성의 문제이다.

그리고 통합성의 원리는 교육내용을 단편적 지식으로 조직하기보다는 관련성을 바탕으로 상호 조화롭게 연결 조직하는 것으로 관련 있고 의미 있는 경험 및 내용은 같은 시간대에 통합적으로 조직하도록 하는 것이다. 이러한 계속성, 계열성, 통합성의 원리는 교육과정에서 내용 조직의 가장 보편적 원리로 적용되어 왔다.

또한 슈바르츠와 로비슨(Schwartz & Robison, 1982) 등에 의해 제시되는 유아교육의 내용을 조직하기 위한 일반적 원칙은 구체적인 것에서 추상적인 것으로, 단순한 것에서 복잡한 것으로, 단순한 사실로부터 점차 개념으로, 이미 알고 있는 것에서 점차 모르는 것으로 진행하도록 조직하여야 한다고 보고 있다.

이러한 조직 원리들은 다양한 관점에 따라 접근 양상이 다양하고 상이할 수 있다. 임재택(1993)은 이러한 다양한 원리를 종적 조직과 횡적 조직, 심리적 조직과 논리적 조직, 내용중심 조직과 과정중심 조직, 분과조직과 통합조직으로 나누어 제시하고 있다. 이에 근거하여 조직 원리를 살펴보면 다음과 같다.

▣ 종적 조직과 횡적 조직

종적 조직은 지속적으로 반복적 경험을 제공하는 계속성이나 어떤 내용을 먼저 혹은 나중에 학습할 것인가의 순서를 정하는 계열성과 같은 시간적 순서에 따라 내용을 지속적으로 구성 조직하는 것을 의미한다. 반면 횡적 조직은 관계성과 조화에 근거하여 관련 있는 내용은 같은 시간대에 조화롭게 통합적으로 조직하도록 하는 통합성에 관련된 접근방법일 수 있다. 즉 같은 시간대에 제시되는 과학, 음악, 미술 등이 어떤 관련성을 맺도록 할 것인가에 대해 고려하여 조직하는 접근 방법이다.

▣ 심리적 조직과 논리적 조직

심리적 조직은 학습자의 심리적 특성을 고려하여 학습내용을 조직하는 것으로 발달이론가들이 일반적으로 중시하는 접근 방법이다. 이는 발달적 순서에 따라 내용을 계열화하여야 한다고 보고 있다. 반면 논리적 조직은 학습내용이나 활동 자체의 구조적 특성을 고려하여 조직하는 것으로서 지식의 구조와 위계에 따라 내용순서를 따라야 한다고 보는 입장이다. 이러한 접근은 교과중심 교육과정이나 학문중심 교육과정에서 취하는 방식이기도 하다.

▣ 내용중심 조직과 과정중심 조직

내용중심 조직은 사실, 개념, 교과, 학문적 구조와 같은 지식습득을 중시하는 입장으로서 '유아가 무엇을 배우느냐'에 관련하여 학습내용에 근거하여 조직하게 된다. 이처럼 학습내용에 중점을 두기 때문에 교사중심의 교육과정에서 이러한 방식을 활용하게 된다. 그러나 과정중심의 조직은 '유아가 어떻게 배우고 경험하는가'에 대하여 관심을 가지고 내용을 조직하는 것으로서 관찰, 실험, 탐구 등의 구체적 경험과정에 근거한 학습활동에 강조점을 두는 방식이다. 주로 아동중심의 교육과정에서는 과정중심의 조직 원리를 따르게 된다.

▣ 분과조직과 통합조직

분과조직은 국어, 수학, 사회, 과학과 같은 각 교과별로 학습내용 및 활동을 조직하는 것으로서 각 교과가 가지는 고유한 가치체계를 중시하는 방법이다. 이러한 입장에서는 특정교과가 가지는 의미와 역할을 중시하게 된다.

반면 통합조직은 유아의 전인적 성장과 발달을 중시하여 학습내용 및 활동의 조직에 있어서 특정 교과나 발달역역이 아니라 유아를 통합된 존재로 보고 통합적으로 조직하고자 한다. 그러나 통합적 조직에 있어서도 그 통합 방식에 따라 다양한 접근이 있을 수 있다. 여러 교과 간의 통합이 있을 수 있고, 교과 내에서 내용과 활동의 통합이나 발달영역 간의 통합이 있을 수 있다. 그리고 학습자간의 통합도 있을 수 있다. 이러한 다양한 접근에 따라 통합조직의 형태는 나선형, 중핵형, 위계형, 발전형 등으로 다양한 특징을 드러낼 수 있다.

(2) 교육내용 및 활동의 조직 구성

유아교육과정을 구성하기 위해서는 학습내용 및 활동을 선정하여 조직해 나가는 과정이 중요한 작업이라고 볼 수 있다. 앞서 살핀 바와 같이 학습내용의 조직 원리를 다각적 접근이 있을 수 있는데 이에 근거하여 유아교육과정의 성격이 상이하게 실행되는 것이다.

교육과정 구성의 마무리 단계에서 학습내용 및 활동의 조직을 일관성 있게 엮는 과정이 필요하다. 이러한 과정에서 엮어지는 고리로서 단원(unit), 과(lesson), 문제(problem), 논제(topic), 주제(theme), 프로젝트(project) 등의 선정과 구성이 이루어지게 된다. 유아교육과정에서는 교과영역의 학문적 학습 범주에 근거하기보다는 통합의 원리를 반영하고자 하므로 유아의 개인적 삶의 경험과 학습의 통합을 이루기 위해 통합교육과정을 실천하고자 한다. 통합유아교육과정이란 유아를 전인적 인격체로 보고 발달영역별, 교과영역별, 흥미영역별로 통합하여 통합된 전체 경험 속에서 학습하도록 도와주는 교육과정이라고 볼 수 있다(한국유아교육학회, 2000).

따라서 유아교육과정에서 학습내용 및 학습활동을 조직할 때는 교과별 접근보다는 주제별 접근을 통해 통합적 조직이 이루어지도록 하고자 한다. 그래서 전통적으로 교육과정에서 많이 사용해 왔던 단원이나 문제라는 용어보다 현행 유아교육과정에서는 '주제'라는 개념으로 접근하고 있다. 특히 일반적으로 주제는 유아의 흥미나 요구에 근거하여 유아의 일상적 삶의 현장에서 '생활주제'를 통해 통합시키는 과정을 통합유아교육과정의 중요한 기반으로 여기고 있다.

그러나 실천적 차원의 유아교육과정에서 생활주제를 선정하고 내용을 조직해 나가는 과정에서 유아의 삶을 그대로 교육으로 열어주고자 하는 의도가 자칫 훼손될 수 있음에 유의하여야 한다. 실제로 생활주제는 또 하나의 단원으로 인식하여 그 속에서 지식을 구조화하고 계열화하는 것에 초점을 둔다면 이는 유아의 삶에 근거한 통합이라기보다 교사 위안과 합리화에 머무는 통합이 될 가능성이 있다.

생활주제는 유아의 삶의 경험을 대변하는 것이다. 자칫 생활주제를 단순한 교육활동의 묶음으로 인식하거나 통합을 위해 의도적으로 유아의 삶과 생의 의미를 간과한 인위적 통합이 이루어진다면 이는 유아의 삶과 교육의 터전을 또 다른 인위적 형식에 짜맞추는 결과를 만들 수도 있다. 이러한 측면에서 유아교육과정에서의 통합과 구성에 대한 새로운 시각이 요구된다고 볼 수 있다.

유아교육과정의 '주제'는 유아가 발달의 과정에서 알아야 할 다양한 주제 이상의 의미를 포함하는 삶 그 자체이어야 한다. 만약 유아가 성장 발달하는데 필요한 여러 가지 주제를 모아서 제시한다면 형식적 통합에 그치게 될 것이다. 유아는 그 생명의 본성 자체가 통합적 존재이다.

유아의 삶은 '비빔밥'과 같다. 유아에게 다양한 삶의 지식과 경험이 필요하다. 하지만 이것은 음악이고, 이것은 언어이고, 이것은 과학이라고 지식의 본질에 근거해 접근한다면 콩나물만 먹이고, 밥만 먹이고, 고추장만 먹이는 것과 다름이 없다. 유아교육현장은 유아의 몸, 마음, 영혼의 총체적 살핌이 필요하지만 이러한 내용을 삶이라는 큰 비빔그릇에 넣어서 유아의 흥미로운 일상과 탐색으로 비벼내는 것이다. 비빔밥을 한 술 떴을 때 그 비빔밥은 더 이상 콩나물도 아니고, 고추장도 아니고, 버섯 자체도 아닌 비빔밥인 것이다. 즉 음악도 아니고, 수학도 아니고, 과학도 아닌 유아의 일상적 삶과 놀이가 되는 것이다. 참으로 신기한 것은 비빔밥은 비비는 사람에 따라 맛이 달라진다. 같은 것을 넣어도 비비는 사람에 따라 손맛이 다른 것처럼 삶의 현장에서 유아교육을 비벼내는 것은 유아 자신과 교사의 합작품이다. 이러한 통합의 현장적 이해를 통해 유아교육과정에 대한 새로운 해석이 필요하다.

근래에 등장하는 재개념적 접근은 이러한 측면에서 유아교육과정을 새로이 바라볼 것을 제안하고 있으며, 생태유아교육에서 본래적 교육의 패러다임을 변화시켜야 한다는 논의들이 이어지고 있다. 이러한 차원들에서 볼 때 유아교육과정의 진정한 구성이 어떠해야 하는가는 지속적 연구와 논의가 이어질 필요가 있다.

(3) 통합 교육과정의 유형

교육에서 통합은 인간은 원래 통합적인 전인적 존재라는 관점에서 출발하여 유아교육과정에서는 통합의 방안에 대한 강조와 논의가 이어져 왔다. 그러나 실제로 통합을 이루는 방식에는 다양한 접근들이 있어 왔고, 방식에 따라 그 구조나 형태도 다양할 수 있다. 다양한 학자들에 의해 통합방법에 대한 다양한 모형이 설명되어지고 있다.

스킬벡(Skilbeck, 1972)은 통합을 교과 수준의 통합, 간학문적 수준의 통합, 새로운 형태로 지식을 조직하는 통합의 차원으로 나누었고, 잉그램(Ingram, 1979)은 구조적 통합과 질적 통합으로 분류한 바 있다.

또한 포가티(Fogarty, 1991)는 단일교과 내에서의 통합, 여러 교과

간에 걸친 통합, 학습자 간의 통합으로 분류하여 10개의 모형을 제시하였다. 그는 여러 가지 교육과정의 통합의 방식을 제시하면서 최상의 통합은 학습자 내부에서 일어나는 통합이라고 보았다.

최근에는 재개념주의자들이 현상학적 접근에서 교육과정이 논의되기도 하고, 통합의 본질을 구조적인 형태가 아닌 교육의 실체 속에서 해석적 의미로 찾아야 하며 이를 구체적 현장 속에서 실천해야 한다는 움직임이 생겨나고 있다.

이러한 다양한 통합 교육과정의 유형 중에서 유아교육과정의 적용에 자주 논의되고 있는 포가티(Fogarty, 1991)의 교육과정 통합 방식에 대한 이해(김영옥, 2008; 이기숙, 2005)와 논의를 중심으로 살펴보면 다음과 같다.

▣ 단일교과내에서의 통합

① 단절형(fragmented)

전통적 분과형으로 각 교과 그 자체가 통합되어 있으므로 교과 간 통합은 시도하지 않고 단절되어 다음 〈그림 8-1〉과 같이 나뉘어 있게 된다.

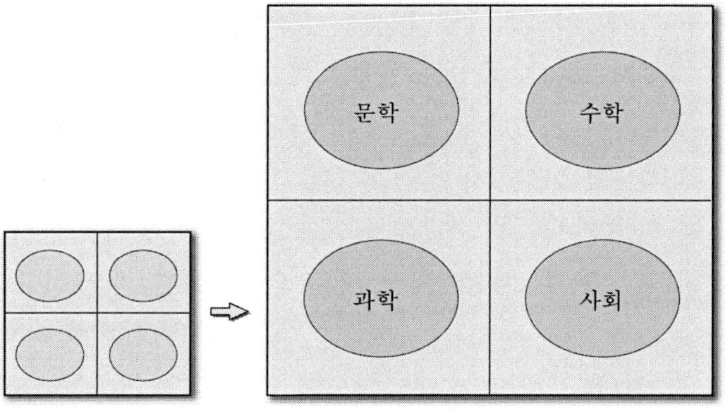

〈그림 8-1〉 단절형 통합 방법의 예

② 연관형(connected)

각 교과를 분리하여 조직되어 운영하지만 다음의 〈그림 8-2〉와 같이 각 교과의 관련되는 특정 개념이나 아이디어는 서로 연관시켜 운영할 수 있다. 예로 만약 주제가 '모양'이라면 수학 안에 '어떤 모양일까?'라는 기하와 '모양 분류하기'라는 분류를 연관시켜서 할 수 있다.

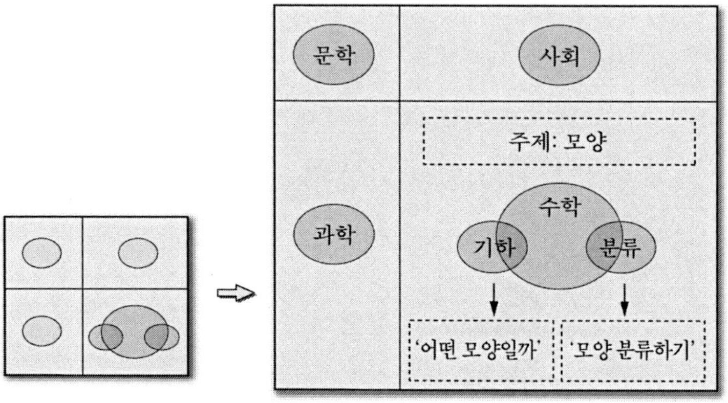

〈그림 8-2〉 연관형 통합 방법의 예

③ 둥지형(nested)

가르치고자 하는 내용을 중앙에 두고 관련 목표를 각 교과 영역 내에서 내용과 다양한 기능 및 조직 요소를 〈그림 8-3〉과 같이 통합시켜 나가는 방법이다. 이는 핵심내용을 가운데 두고 둥지모양처럼 다양한 각도와 차원에서 개념을 입체적으로 확장시켜 나가는 것이다. 예를 들어 '나'라는 주제를 핵심에 둔다면 이를 통해 내용면에서 가족, 사회로 확장될 뿐 아니라 나에 대한 자각 자체도 다른 친구들의 나에 대한 이해를 위한 인터뷰, 조사활동, 사회에서 나의 의미 등으로 범주, 깊이, 각도를 다양화하는 접근이다.

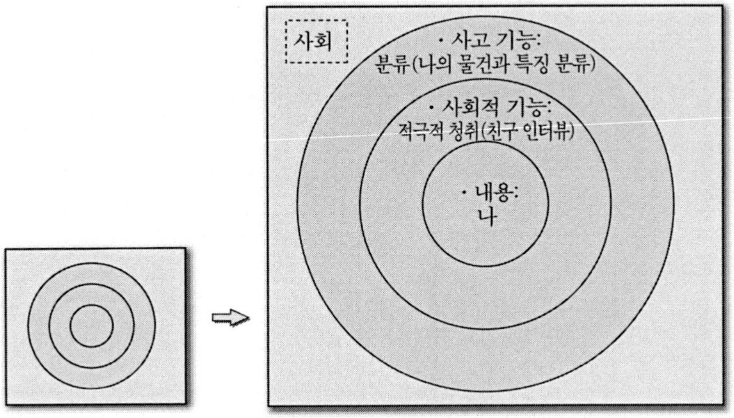

〈그림 8-3〉 둥지형 통합 방법의 예

▣ 여러 교과간에 걸친 통합

① 계열형

교과를 분리하여 유지하면서 서로 유사한 영역이나 주제를 순서대로 계열성 있게 재배열하거나 배치하여 통합하는 방식이다. 즉 〈그림 8-4〉와 같이 두 학문이나 교과가 관련되어 서로 쉬운 개념에서 어려운 개념으로 순차적으로 이루어지도록 하는 것이 요구된다. 예를 들어 사회의 주제에서 나, 우리동네, 여러 직업, 전통문화, 여러 문화의 형식으로 계열화 된다면 과학의 주제에 있어서도 나의 출생과 성장, 주변의 동·식물, 생명의 상호관련성, 전통 도구와 기계, 시간과 날씨 등으로 계열화한다는 것이다.

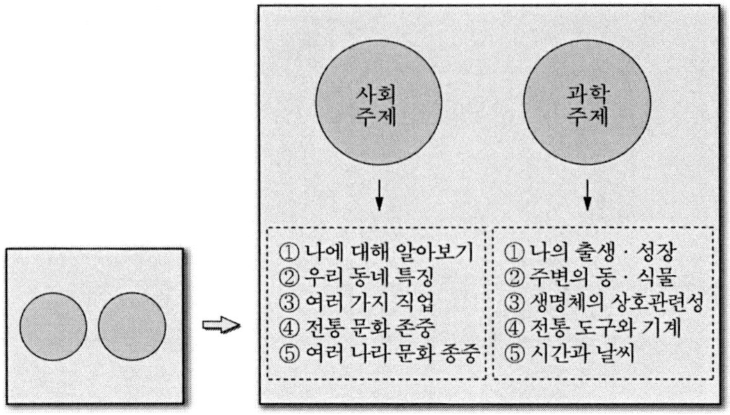

〈그림 8-4〉 계열형 통합 방법의 예

② 공유형

두 영역에서 서로 중복되는 개념, 기능, 태도 등을 중심으로 통합시켜 나가는 방식으로서 〈그림 8-5〉와 같이 두 교과의 교사가 공통되는 부분을 중심으로 팀티칭을 할 수 있다. 예를 들면 수학에서 '모양'과 과학에서 '물체의 특성'을 통해 물질의 특성 이해(개념), 탐구조사(기능), 관찰(태도)이라는 측면에서 개념, 기능, 태도를 통합적으로 이룰 수 있게 된다.

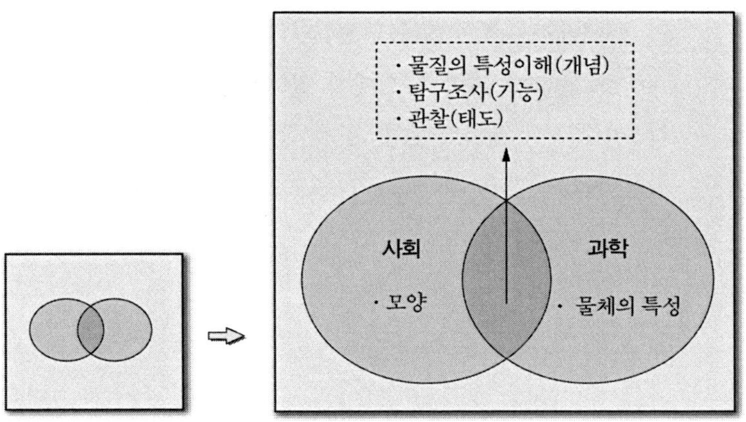

〈그림 8-5〉 공유형의 통합 방법의 예

③ 거미줄형

특정한 주제를 중심으로 다양한 교과의 내용이 서로 〈그림 8-6〉과 같이 연관되어 통합이 이루어지는 것이다. 만약 '교통기관'이라는 주제를 가진다면 이를 중심으로 문학, 과학, 수학, 음악, 미술 등의 영역이 관련 내용으로 구성하여 통합하는 방식이다.

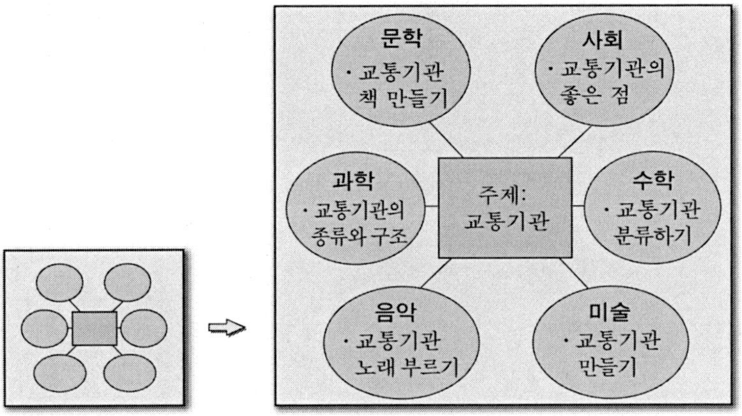

〈그림 8-6〉 거미줄형의 통합 방법의 예

④ 실로 꿰진 형

특정한 사고 기능을 획득하기 위해 목표로 관련있는 모든 교과내용을 〈그림 8-7〉과 같이 실로 꿰듯이 관통하여 통합하는 방식이다. 예를 들어 수학의 '모양'의 접근, 사회의 '가족 물건' 접근, 문학의 '이야기 구분'은 분류라는 사고 기능을 획득하기 위해 관통하는 통합의 교육과정을 취할 수 있다.

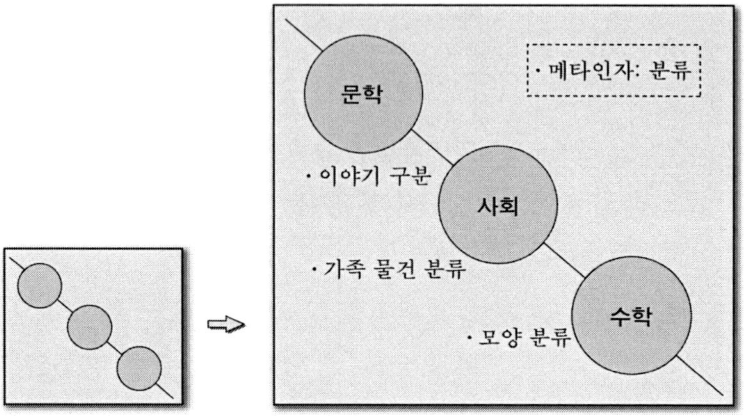

〈그림 8-7〉 실로 꿰진 형의 통합 방법의 예

⑤ 통합형

공유형이 두 개의 교과를 대상으로 한다면 통합형은 좀더 발전된 형태로 세 가지 이상의 교과에서 기본적인 요소를 찾아 중복되는 개념, 기능, 태도 등을 〈그림 8-8〉과 같이 서로 통합하는 방법이다. 예를 들면 수학, 과학, 문학에서 같은 개념, 기능, 태도의 측면에서 통합이 이루어질 수 있다.

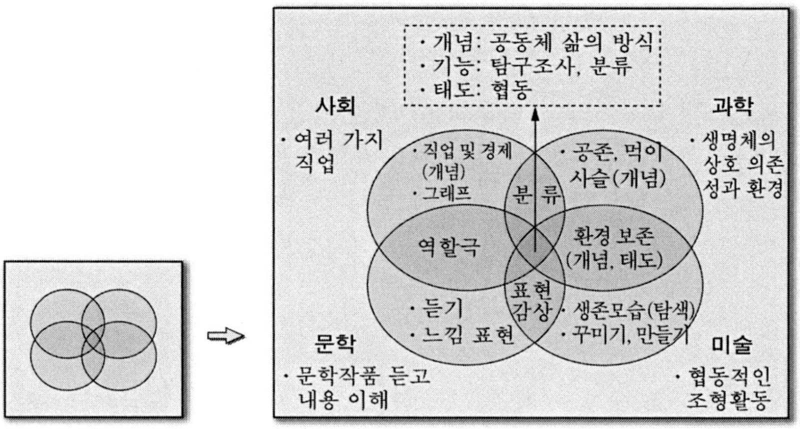

〈그림 8-8〉 통합형 통합 방법의 예(김영옥, 2008)

■ 학습자간의 통합

① 몰입형

학습자 개인의 관심, 흥미에 초점을 맞추어 교과의 지식을 〈그림 8-9〉와 같이 통합하는 방식이다. 이는 학습자 간의 내부에서 자신의 관심영역에 근거하여 통합되므로 유아가 좋아하는 관심거리에 몰입하면 그 속에 문학, 수학, 과학, 사회 등의 내용이 통합될 수 있는 방식이다. 만약 한 유아가 개미에 흥미가 있다면 개미를 찾아보고 관찰해 나가는 일련의 과정을 통해 유아가 스스로 주도적인 관계를 맺으며 책도 찾고(문학), 관찰 및 실험도 하며(과학), 양과 질적 체험(수학)도 하면서 스스로 지식을 통합하게 된다.

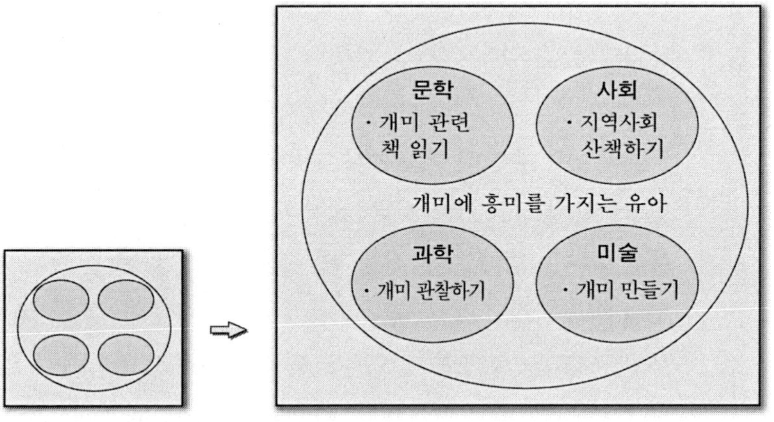

〈그림 8-9〉 몰입형 통합 방법의 예

② 네트워크형

학습자가 필요한 네트워크를 스스로 선정함으로써 학습자 자신과 관련된 여러 관계를 〈그림 8-10〉과 같이 재조직하여 통합하게 된다. 즉 유아가 관련된 여러 영역의 전문가들과 관계를 가지면서 자신의 경험과 지식이 네트워크를 통해 확산 및 통합되어질 수 있다.

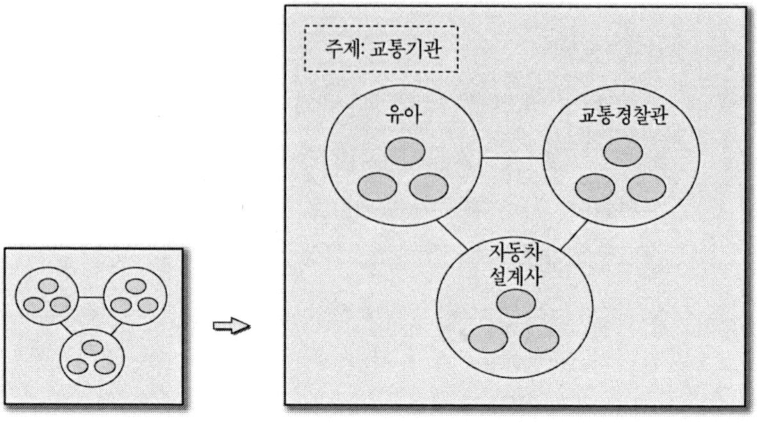

〈그림 8-10〉 네트워크형의 통합 방법의 예

3) 유아교육과정의 교육내용 조직 모형

유아교육과정의 교육내용 조직은 다양한 형태의 모형으로 제시될 수 있다. 임재택(1993)은 상호작용론적 유아교육과정의 관점을 반영하는 통합적 조직형태로 나선형, 중핵형, 위계형, 발전형을 제안하고 있다. 스킬벡(Skilbeck, 1972)은 통합은 교과 수준의 통합, 간학문적 수준의 통합, 새로운 형태로 지식을 조직하는 수준으로 나누어 모형화될 수 있다고 제시한 바 있다. 또한 잉그램(Ingram, 1979)은 구조적 통합과 기능적 통합을 나눈 바 있고, 포가티(Fogarty, 1991)는 앞서 살핀 바와 같이 단일교과내에서의 통합, 여러 교과 간에 걸친 통합, 학습자 간의 통합으로 나누어 모형을 제시하고 있다.

그러나 실제 유아교육과정에서 적용되고 있는 몇 가지 일반적 조직형태인 동심원 조직, 위계형 조직, 나선형 조직, 발달통합적 조직과 근래 현장을 중심으로 제기되고 있는 생태통합적 조직으로 논의해 보고자 한다. 교육내용의 조직 원리에 근거하여 조직 구성한 실제 모형의 몇 가지 실례를 살펴보면 다음과 같은 다양한 형태로 나타날 수 있다.

■ 동심원 조직

유아에게 핵심적으로 구체화되는 내용 부분과 점차로 이를 에워싸고 있는 주변의 내용부분을 통합하는 형태로서 직접적이고 밀접한 내용에서부터 차츰 간접적이고 추상적인 내용으로 확대시켜 나가는 방법이다. 이는 유아의 특성에 근거하여 자신의 주변의 직접 관심사가 되는 경험에서부터 시작하여 차츰 몇 가지의 주변 학습요소들로 확산적 학습을 해 나가도록 하는 접근으로 다음의 〈그림 8-11〉과 같다.

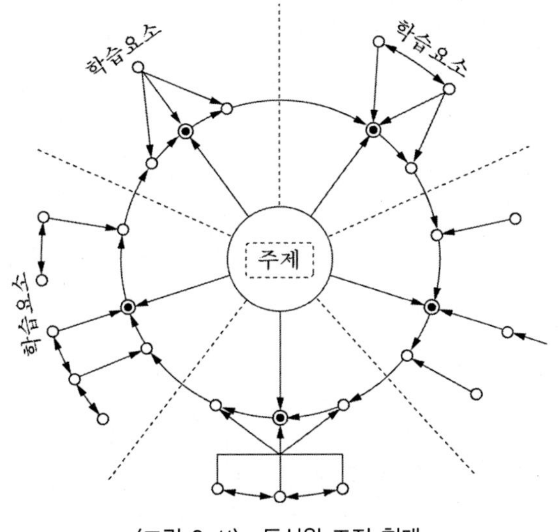

〈그림 8-11〉 동심원 조직 형태

■ 위계형 조직

위계적 조직은 개념의 위계에 따라 개념을 배열하고 조직하는 접근 방법이다. 이러한 형태에서 보면 학습개념에 있어서 상위개념에 이어 하위개념의 계통을 위계적으로 정리하는 과정이 필요하다. 그러나 이러한 위계적인 개념은 실제 교육과정의 실행에 있어서 상하위 개념의 상호작용과 교류가 가능한 통합의 형태로 실천될 수 있다.

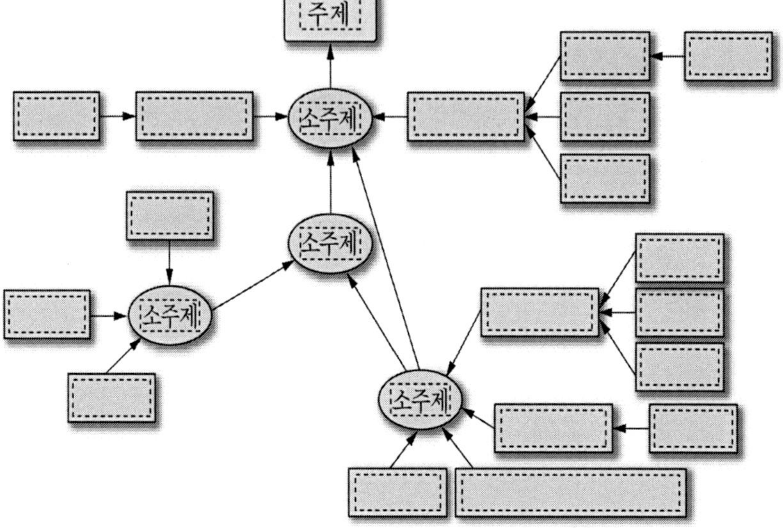

〈그림 8-12〉 위계형 조직 형태

▣ 나선형 조직

다양한 활동이나 놀이를 반복적으로 계속함으로써 학습의 폭과 더불어 깊이 있게 경험할 수 있는 접근방법이다. 동일한 내용이지만 어린 연령 단계에서는 직접적이고 구체적으로 경험되지만 점차 상징적이고 추상적 수준으로 심화되어질 수 있다고 보는 조직이다. 장상호(1997)는 이러한 나선형적 조직의 본질을 수도계에서 찾을 수 있다고 한다. 즉 수도계는 마치 나선형 모양을 닮아 끊임없이 단계별로 위를 향해 심화・확장・발전을 해나간다. 즉, 끊임없이 자기부정과 자아창조를 통해 자아의 확대를 꽤해 나가기 때문에 상이한 수준을 갖게 된다는 것이다. 이러한 수도의 본질은 단지 지식의 확장에 머물지 않는 체험 자체의 흐름이라고 본다. 따라서 나선형의 깊이는 단지 지식의 계열성을 넘어서 경험 및 자각의 심화로 나아갈 수 있는 조직이라고 볼 수 있다.

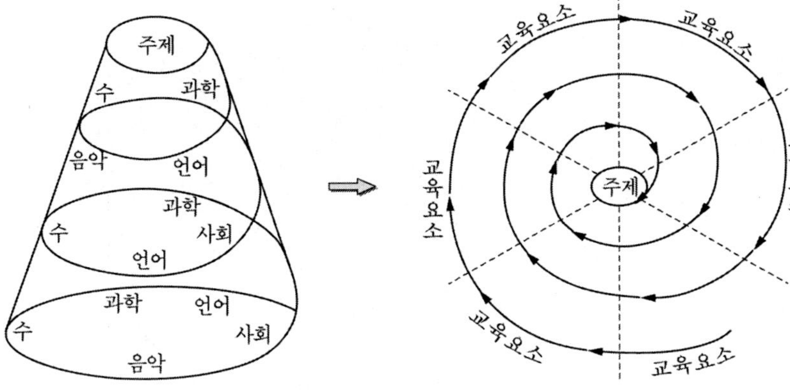

〈그림 8-13〉 나선형 조직 형태

■ 발달통합적 조직

유아를 전인적 발달 인격체로 보고 발달 영역에 기초하여 통합적으로 조직하는 방법이다. 이는 하나의 활동이 하나의 발달목표뿐 아니라 다양한 영역의 교육내용도 균형있게 포함하여 학습할 수 있도록 통합하는 조직 형태라고 볼 수 있다. 이러한 통합에서는 여러 발달 영역이 서로 분리될 수 없으며, 만약 분리된다면 그것은 발달의 의미를 잃게 된다는 가정에서 출발한다. 따라서 〈그림 8-14〉와 같이 여러 발달 영역이 전체적으로 통합적 구조를 이루도록 하는 것이다.

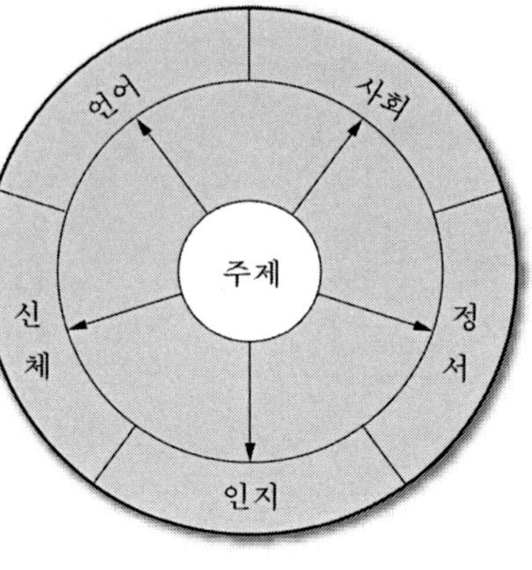

〈그림 8-14〉 발달통합적 조직 형태

▣ 생태통합적 조직

생태주의적 세계관에 근거하여 볼 때 교육의 통합은 단지 지식이나 발달의 어느 한 관점에서의 통합으로 한정되어지는 것은 무리가 있다고 보여진다. 유아교육과정의 통합은 유아를 생명인으로서의 본질적 생명의 본성에 근거하여 경험이 조직되어야 한다. 몸, 마음, 영혼의 본질적 조화와 통합은 창조적 섭리이며, 이는 통합의 준거가 되어야 한다. 따라서 유아가 현재 살아가는 이 땅에서의 삶의 본성과 생명 원리에 근거하여 삶의 통합을 이루어야 할 것이다. 이러한 통합은 〈그림 8-15〉와 같이 생명의 터전의 조화, 인간 생명 본성의 조화를 통하여 어제, 오늘, 내일의 통합적 고려를 현장 중심으로 엮어가고자 하는 노력이 있어야 할 것이다.

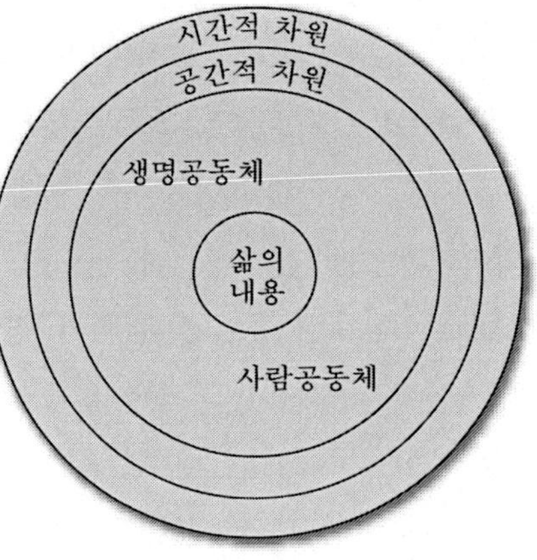

〈그림 8-15〉 생태통합적 조직 형태

4. 유아교육과정의 교수 · 학습방법

교육내용의 선정과 조직이 이루어지면 어떻게 가르칠 것인가에 대한 구체적 접근이 필요하다. 일반적으로 교수-학습 방법은 교육내용이 실제로 학습자에게 전달되고 경험하게 되는 단계이다. 아무리 교육목표와 교육내용이 적절히 선정 및 조직되었다고 하더라도 수행되어지는 방법에 대한 구체화가 없다면 소용이 없게 된다.

1) 유아교육과정의 교수 · 학습방법의 원리

교수학습방법이란 교사와 학습자가 교육의 장에서 서로 상호작용하면서 일어나는 일련의 실체를 함축하고 있다. 교수(teaching)는 교사의 입장에서 일련의 경험과정이라면 학습(learning)은 학습자에게 일어나는 경험과정을 포괄적으로 엮어내는 의미가 된다.

따라서 교수학습방법은 단지 교육방법의 의미라기보다는 교육목표,

교육과정, 교육평가를 종합하여 실천되어지는 구체적 실체라고 보아야 옳을 것이다. 이러한 교수·학습방법은 학습주체나 현장 특성, 집단의 규모, 프로그램의 성격 등에 따라 다양한 형태로 접근될 수 있다. 이러한 측면에서 교수·학습방법을 규정하고 실천하기 위해서는 기본적으로 고려되어야 할 원리들이 있다.

굴로(Gullo, 1992)는 유아는 경험과 정보를 처리하는 과정에서 주의, 직관, 기억, 사고, 문제해결의 방법들을 통해 교육이 이루어진다고 하였다. 이러한 과정에서 생물학적 성숙, 신체적 경험, 사회적 경험, 평형성을 통해 학습이 일어난다고 보았다. 이는 발달적으로 적합한 유아의 학습 원리에 따라 유아교수법이 이루어져야 함을 지적하고 있다. 실제로 유아의 학습 행동을 살펴보면, NAEYC(1991)의 교수·학습방법에 관한 다음과 같은 기본원리를 제시하고 있다.

첫째, 유아는 신체적 욕구가 만족되고 심리적으로 안전하다고 느낄 때 학습이 가장 잘 일어나기 때문에 발달에 적합한 교육과정은 유아의 생리적 욕구를 존중해야 한다.

둘째, 유아는 스스로 지식을 구성한다. 즉 유아는 사람과 사물과 능동적 상호작용을 하면서 스스로 지식을 구성해 나간다고 본다.

셋째, 유아는 성인과 다른 유아와의 사회적 상호작용을 통해 학습한다. 유아의 건강한 발달은 타인과의 관계 속에서 이루어지기 때문에 성인이나 또래의 지원은 유아로 하여금 독립적인 기능으로 스스로 할 수 있게 되도록 발전해 나가는데 필수적 도움을 제공하게 된다.

넷째, 유아의 학습과정은 인식에서부터 시작하여, 탐색, 조사로 발전되어가며 마지막으로 활용으로 나아가는 순환적 주기를 가지게 된다.

다섯째, 유아는 놀이를 통해서 배운다. 유아의 자발적 놀이는 지식을 구성하는데 필수적인 기회를 제공하며, 놀이를 통해 감정 조절, 타인과의 상호작용, 갈등해결 등을 배운다.

여섯째, 유아의 흥미와 알고자 하는 욕구는 학습을 자극한다. 유아는 자신의 능력을 연습하고 경험을 스스로 이해하려는 타고난 욕구를 가지고 있다. 따라서 유아의 흥미를 일으키고, 흥미에 기초한 활동을 하는 것은 내적동기를 제공하여 바람직한 성향과 느낌을 발달시킨다.

일곱째, 인간의 발달과 학습은 개인에 따라 다양하다. 어떠한 발달과 학습도 성장·발달의 개별적 형태와 시간, 속도를 포함하는 개인의 다양성의 원리를 벗어날 수 없기 때문에 교육과정 결정에 있어서도 가능한 한 개별화될 것이 요구된다.

또한 이기숙(2005)은 유아 교수 방법과 전략을 구상할 때 주요 요소는 교사, 유아, 교구 및 기타 환경적 조건을 고려하여 구체성, 다양성 및 융통성, 다양한 활동의 선택경험, 통합성, 활동의 균형성, 능동적 상호작용, 동기유발의 중요성을 중요한 원리로 하여 조직되어야 한다고 하였다. 임재택(2005)은 현행 우리나라 유아교육은 자연을 되찾아 주는 유아교육, 놀이를 되찾아 주는 유아교육, 아이다움을 되찾아 주는 유아교육으로 나아가야 한다고 지적하고 있다.

이러한 입장에서 유아교육과정에서 중시되어온 교수 학습 방법의 원리를 정리해 보면 다음과 같다.

▣ 놀이중심의 원리

유아의 삶과 교육에서 놀이는 중요한 원리이자 의미이다. 유아가 능동적인 주어진 상황과 더불어 상호작용을 할 때 놀이는 일상이자 유의미적 관계가 된다. 따라서 유아를 위한 교육활동에 있어서 놀이는 중요한 학습 원리이다. 유아에게 진정한 놀이가 되찾아질 때 진정한 교육의 실체가 이루어질 수 있다.

▣ 개별화 및 아이다움의 원리

모든 유아는 다르다. 인간은 창조에서부터 다르게 이루어졌기 때문에 같은 기준과 방법으로 획일화될 수 있는 존재가 아니다. 유아교육과정에서 어떠한 획일적 방법이 존재한다면 그것은 모든 유아들에게 의미를 제공할 수 없다는 뜻이기도 하다. 따라서 유아교육과정은 그 자체가 유아의 개별성을 인정하고 그에 따른 수행의 융통성이 고려되어져서 구성되어야 한다. 유아의 개별성은 유아의 본성에 근거하여야 하며 이러한 개별 유아의 생명체로서의 개성과 특성이 존중될 때 아이다움을 되찾고 유아의 생명이 온전한 살핌과 섬김을 얻을 수 있을 것이다.

▣ 생활중심의 원리

유아교육의 가장 중요한 원천이자 기초는 유아의 삶이다. 유아가 살아가는 일상이 곧 교육이 될 때 유의미한 교육적 실천이 이루어질 수 있다는 것이 보편적 논의이다. 따라서 유아교육과정은 생활중심의 원리에 근거하여 방법적 접근을 이루어야 한다. 여기서의 생활중심의 원리는 유아의 의식주를 포함한 보편적 일상과 더불어 땀을 흘리고, 관계를 형성하는 모든 삶의 터전에서 교육의 원리가 발견되어야 함을 포함해야 진정한 교수 방법으로서의 의미를 찾을 수 있을 것이다.

▣ 다양성과 균형성의 원리

교육에 있어 방법이나 자원의 다양성은 중요한 원리로 인식되어 왔다. 교수공학적 측면에서 다양한 자료와 교재는 교육적 질을 제공할 것으로 인식되어 왔다. 그러나 최근 다양성이 유아교육의 질을 대변한다는 인식은 무리가 있다는 주장이 제기되고 있다. 오히려 교재나 방법적 다양성은 양적 접근에서 의미가 있지만 유아교육의 질적 접근에서는 부정적 영향이 될 수도 있다는 지적이 있다(이병용, 2005). 유혜령(1998)은 유아교재·교구 환경이 기능적 차원에서 수단적 효과성을 강조하는 실용주의적 관점에서만 실시되어 옴에 대해 지적한 바 있다. 유아교육에서 교육방법은 다양성뿐 아니라 이것이 질적 측면에서 삶의 의미가 될 수 있는 균형이 필요하다. 따라서 균형을 통해 양보다는 질적 측면에서 삶의 다양성에 대한 접근이 이루어져야 할 것이다.

■ 능동적 탐구의 원리

유아는 기본적으로 호기심을 바탕으로 한 활동성과 역동성을 가지고 있다. 따라서 스스로 일상 속에서 끊임없이 찾고, 발견해 나간다. 이러한 유아의 삶의 태도가 그대로 교수·학습방법의 원리가 되어야 한다. 유아는 호기심을 가지고, 질문을 만들고, 탐색을 통해 자료를 수집하고, 이를 해석하여 비교 및 검토하는 탐색의 과정을 가질 때 다시 새로운 사고로 이어지게 된다. 이는 유아에게 중요한 삶의 자세이자 교수·학습방법의 원리가 될 수 있다.

■ 통합의 원리

유아교육과정은 유아의 발달, 교과, 흥미에 대한 종합적 통합을 고려해야 한다. 유아의 특성으로 볼 때 유아교육과정은 분과적 조직보다는 통합적 조직이 필요하다는 것이 최근 논의의 초점이 되어 왔다. 이러한 면에서 유아의 전인적 발달의 통합이 이루어질 수 있다는 측면이 배려되어야 한다.

■ 자연, 사회, 문화적 관계성의 원리

인간은 자연과 사회 속에서 독특한 문화를 형성하고, 그 속에서 영향을 받으며 살아가게 된다. 따라서 유아도 사람과 자연이 어우러져 살아가고, 그 속에서 관계를 형성하며, 문화적 독특성에 따라 개인적 삶의 양식이 이루어지게 되는 것이다. 이러한 측면에서 볼 때 유아의 삶의 공간과 시간적 차원에서 자연, 사회, 문화의 기본 특성을 포함한 실천 원리가 유아교육의 삶과 역동적 관계를 맺을 수 있는 방향으로 교육방법이 고려되어야 할 것이다.

2) 교수 · 학습방법의 실제

교수 학습방법의 실천적 실제를 살펴보면 프로그램의 유형에 따라 다양한 특성을 나타내고 있다. 유아교육과정의 성격에 따라 실제 선택되어지는 교수 · 학습방법에 상이한 차이를 드러내게 된다.

▣ 직접적 교수 · 학습방법

디스타프로그램과 같은 행동주의적 교육과정은 교과지식을 바로 가르치는 설명식 학습법을 주로 사용하게 된다. 이러한 형태는 직접적 교수-학습방법이라고 볼 수 있다. 여기서는 정해진 지식을 미리 정해진 자료나 교사의 언어적 전달을 통해 가르치는 교수 · 학습방법이다. 이러한 방식은 행동주의적 접근 방법을 활용하여 모델링 학습법이나 강화 학습법과 같은 교수전략을 활용하는 교수 · 학습방법으로 나아가기도 한다.

▣ 놀이중심 교수–학습방법

놀이중심의 교수 · 학습방법은 유아가 자발적으로 놀이를 할 수 있는 다양한 인적 · 물적 환경을 제시하고, 이에 따라 유아 스스로 자발적 놀이를 하는 과정을 중시하는 접근 방법이다. 그러나 유아교육프로그램의 특성에 따라 놀이의 자발성과 구조에는 차이가 있을 수 있다.

예를 들어 썸머힐 학교의 경우는 최대한의 놀이의 자유를 보장하고 있다. 거의 모든 시간을 구속받지 않는 자유로운 놀이를 통해 일과가 진행되어진다. 반면 몬테소리 프로그램은 자유선택놀이 시간이 대부분이지만 몬테소리교구를 통해 정해진 방식으로 놀이의 방법이 구조화되어 있다.

숲유치원의 경우 아이들이 숲속에서 계절과 하루시간의 변화와 더불어 자유롭게 자연을 벗삼아 놀이를 하도록 함으로써 자연을 터전으로 한 자연스러움이 놀이의 본질로 드러난다. 생태유아교육에서도 유아의 일상과 삶이 곧 놀이가 되는 자연성을 강조하고 있다. 이러한 측면에서 놀이중심의 교수-학습방법도 다양한 형태를 나타낼 수 있다.

그러나 일반적으로 놀이중심의 통합유아교육과정에서는 교육활동별로 다양한 교수·학습방법을 접근하고 있다. 이러한 경우 일반적인 교육활동은 이야기나누기, 동화듣기, 동화짓기, 과학활동, 요리활동, 음률활동, 조형활동, 텃밭활동, 물·모래놀이 활동, 극놀이 활동, 견학 및 현장학습 등의 다양한 활동별로 교수·학습방법을 접근하고 있다.

▣ 발견학습의 교수-학습방법

발견학습은 유아 스스로가 독립적으로 교육내용 및 활동을 파악하게 되는 학습방법이다. 이러한 발견학습은 까미 드브리스 프로그램과 같은 인지발달적 교수·학습방법에서 활용되어지는 접근이다. 유아가 스스로 지식을 발견하도록 하는 것을 중시하는데, 특히 까미 드브리스 프로그램은 유아의 지적이고 도덕적인 자율성을 통해 스스로 판단하고 발견하여 지식을 구성해 나가도록 하는 것이 가장 기본적 교육의 방향이다.

▣ 프로젝트 접근법

프로젝트는 유아나 교사가 일상생활에서 관심거리가 되거나 의미 있다고 여겨지는 공통적 주제를 선정한 것을 의미한다. 이러한 프로젝트를 선정하면 이를 기초로 하여 유아가 스스로 자료를 수집, 조사, 분석하여 해결해 나가는 과정을 거치게 된다. 유아가 관심 있고 몰두할 수 있는 프로젝트를 전개하는 과정이 유아에게 효율적 교육의 과정이 될 수 있다고 보는 관점이다. 특히 이러한 프로젝트는 유아의 근접 발달지대에 적절한 비계 설정으로 활동을 확장하고 발달을 지원할 수 있다고 본다.

3) 현대 유아 교수 · 학습방법의 재논의

그러나 교수-학습 방법에 대한 접근이 과연 교사의 학습 전달의 방법이라고 볼 것인지 아니면 유아의 일상적 삶에서 찾을 것인가에 대한 논란이 있을 수 있다. 이러한 측면에서 교수-학습방법에 대한 현상학적 재논의가 주장되기도 한다.

5. 유아교육과정의 평가

유아교육과정 평가는 유아교육과정의 구성 및 운영의 효과를 살펴보고자 하는 과정이라고 할 수 있다. 교육과정 평가는 어떤 일정한 교육과정을 구성하여 교육현장에 적용을 실시하고, 그 적용의 결과를 확인해 보는 일련의 과정이라고 할 수 있다. 이러한 유아교육과정의 평가에 대해 살펴보고자 한다.

1) 평가에 대한 관점

유아교육의 평가는 관점에 따라 다양하고 상이한 접근 방식을 취할 수 있다. 일반적으로 평가 단계는 앞서 구성된 교육과정의 목표가 어느 정도 달성되었는지를 측정해 보고 판단하는 과정이라고 볼 수 있다. 그러나 평가에 대한 관점은 일반적으로 세 가지 차원으로 나누어지고 있다.

첫째, 측정(measurement)의 관점에서 바라보는 측정관이 있다. 측정이란 어떤 대상이나 사태에 체계적으로 수치를 매기는 과정이라고 볼 수 있다. 측정의 관점에서는 어느 한 시점의 개인의 반응 행동은 그 개인의 일상적 상태를 대변하는 표본으로 간주될 수 있다고 보게 된다. 따라서 검사의 신뢰성과 객관성이 중시되므로 주로 '표준화 검사' 도구를 사용하게 되고, 규준 집단에 의거하여 해석된다. 수치화에 중점을 두게 되고 가치판단은 없거나 최소화되어 있다.

둘째, 평가(evaluation)의 관점에서 바라보는 평가관이 있다. 평가는 측정보다 더 광범위한 접근으로 측정의 양적결과를 질적으로 해석하며, 해석된 것에 대한 가치판단을 포함한다. 검사를 해서 점수를 내고 서열을 매기는 것은 측정행위이지만 이를 바탕으로 학업성취도를 해석한다면 이는 평가가 되는 것이다. 이러한 이유로 평가 도구의 내적 타당도가 중시된다. 평가관은 인간 행동의 변화에 초점을 두고, 교육목표에 근거하여 평가를 하게 되므로 양적, 질적 형태의 모든 측면에서 접근이 가능하다.

셋째, 사정(assessment)의 관점에서 바라보는 사정관 또는 총평관이 있다. 사정이란 개인의 행동특성에 대한 일정 기간의 측정과 평가의 결과들을 특별한 환경, 과업, 상황과 관련하여 의사결정을 하려는 목적의 전인적 총평이다.

따라서 총평관은 인간과 환경의 상호작용에 관심을 갖고, 전인적 평가를 지향한다. 환경과 그 속에서 개인의 역할 결정과 갈등 관계 등을 분석하는 전체적, 직관적, 질적인 평가방법으로 이용된다. 일반적으로 검사, 자기보고, 관찰, 면접, 설문지 등의 다양한 접근이 이루어질 수 있는데 이러한 각 자료의 합치도에 중점을 둔다. 개인과 환경 사이의 상호작용을 분석함에 있어 주로 구인 타당도를 활용하게 되며 예언 타당도를 중시하는 접근이다.

2) 유아교육과정 평가의 접근 방식

유아교육의 평가는 양적 접근과 질적 접근으로 이루어질 수 있다. 양적 접근과 질적 접근은 다음의 〈표 8-1〉과 같이 본질적 차이를 가진다. 양적 접근은 연역적 접근인데 반해 질적 접근은 귀납적인 접근이다. 따라서 양적 접근은 의도된 교육목표와 결과 간의 인과관계를 수량화하게 된다. 그러나 질적 접근은 교육과정의 목표에 매이지 않고 교육과정 속에서 나타난 경험이나 자연적 반응이 가지는 의미 자체를 중시하게 된다.

〈표 8-1〉 평가의 양적 접근과 질적 접근의 차이

구분	양적 접근의 평가	질적 접근의 평가
접근방법	연역적 접근	귀납적 접근
주요특성	객관성, 일반성 강조	주관성, 특수성 강조
목적	교육목표와 결과의 인과관계	경험이나 자연적 반응의 의미성, 현장 이해
자료수집	검사나 조사를 통한 수량화 자료 (신뢰도 강조)	기술적인 자료나 면담 등 (타당도 강조)
자료분석	통계적 자료분석	해석적이고 기술적 자료분석

3) 유아교육과정의 평가 구성

유아교육과정의 평가는 유아교육과정을 구성하여 운영하는 과정에서 그 과정을 통해 얻고자 하는 목적 및 목표에 대한 성취 정도를 일련의 과정을 살펴봄으로써 유아교육과정의 효과 및 질적 의미를 찾고, 관리하는 과정이라고 할 수 있다. 유아교육과정의 평가는 어떤 유아에게, 어떤 내용을, 왜 교육하고 있는가에 대한 프로그램의 타당성이 평가되어야 하며, 또한 프로그램의 구체적 내용구성과 운영 등이 평가되어야 한다. 즉 유아의 필요와 요구에 타당한 프로그램인지를 평가하고 바람직한 운영과 실천을 지원하기 위한 평가가 되어야 한다.

유아교육과정의 평가는 교육과정을 실행하기 전에 여러 가지 요구를 분석하기 위해 실시될 수 있다. 또한 이루어진 교육과정의 수행 개선을 위해 교육과정 실시 이후에 평가를 하여 문제점을 발견하고 개선하기 위한 기초자료로 활용할 수도 있다.

일반적으로 유아교육과정에 대한 평가는 학부모나 교사를 대상으로 하여 계획 및 실행에 대한 반성적 평가를 포함하여 실시하게 된다. 또한 유아관찰이나 작업 자료의 수집 등을 통해 유아나 다른 관찰자를 대상으로 하여 평가를 실시할 수도 있다. 평가방법은 설문지조사, 면담, 관찰, 간담회 등의 다각적인 방법을 활용할 수 있다. 이러한 평가는 교육과정 구성요소에 대한 평가, 학습 성과의 평가를 모두 포함한다.

(1) 교육과정 구성요소에 대한 평가

유아교육과정의 평가는 구성된 교육과정이 제대로 역할을 할 수 있도록 조직 구성되었는가를 살피는 측면을 포함한다. 김종서(1987)는 교육과정 평가는 교육목표, 과정계획, 교수 학습과정, 평가의 4가지 구성요소에 대한 평가를 포함해야 한다고 하였다. 이는 유아교육과정의 질적 관리를 위한 전반적 과정이라고 이해될 수 있다. 따라서 다음과 같은 다양한 부분을 포함하여 평가하게 되는 것이다.

- 교육목표의 설정이 올바른 절차와 자원 아래서 결정되었나?
- 교육내용의 선정 · 조직이 주어진 원리에 충실하게 이루어졌나?
- 교수 · 학습 과정이 적절한 수업모형과 학습자의 수준에 맞게 진행되었나?
- 학습 성과의 평가가 올바르게 이루어지고 이 결과는 다시 교육목표의 설정, 교육내용의 선정 · 조직, 교수-학습과정 등에 반영이 되었는가?

(2) 학습성과의 평가

학습 성과의 평가는 정보의 성격에 따라 진단평가, 형성평가, 총괄평가로 나뉠 수 있다. 진단평가는 그 수업에 들어가기 전에 학습자들이 수업목표를 달성하는 데 있어 어느 정도의 지식과 사전 경험을 가지고 있는가를 알기 위해서 실시된다. 형성평가는 수업의 과정에서 교육과정의 구성이나 수행을 개선하기 위해 실시된다. 유아교육과정이 구성되어 실행되는 과정에서 수시로 수행 정도를 점검하기 위하여 행해지며 중간에 성취 결손을 파악하고 바람직한 방향으로 개선하기 위한 평가방법이다. 총괄평가는 완전히 실행된 전체 내용을 대상으로 평가를 실시하고 그 내용을 통해 학습 성과를 평가하게 된다. 이는 완성된 유아교육과정의 전체적 효과를 평가할 수 있는 정보를 제공하게 된다.

제 9 장

유아교육과정의 운영

유아교육과정은 그 구성의 성격에 따라 구체적 운영 실제를 가지게 된다. 일반적으로 유아교육과정을 계획하고, 환경을 구성하며, 일과를 운영해 나가는 일련의 과정이 필요하다. 본 장은 유아교육과정의 운영 실제를 주제 중심의 교육과정과 생태 및 삶 중심의 교육과정에 근거하여 살펴보고자 한다.

1. 유아교육과정 계획 및 일과 운영

유아교육과정을 무엇으로 보는가의 관점에 따라 유아교육과정에서 계획이 가지는 의미는 다를 수 있다. 유아교육과정 자체를 계획이라고 보는 입장에서 계획은 곧 교육과정을 의미할 정도의 중요한 과정이라고 볼 수 있다. 반면 의도하지 않은 유아의 경험조차도 교육과정의 범주에 포함시킨다면 계획은 오히려 교육과정에서는 강조되지 않아야 할 접근일 수도 있다.

1) 주제를 중심으로 한 교육계획

우리나라 유치원 교육과정은 주제 중심으로 교육전개를 고려하고 있다. 일반적으로 각 교과나 생활영역을 주제로 선정하여 통합하는 형식을 취하게 되므로 주제 선정이 중요한 과정일 수밖에 없다. 일반적으로 유치원 교육과정의 지도활동자료집의 경우에는 생활주제, 주제, 소주제를 나누어서 제공하고 있다.

예를 들어 부산광역시 유치원 교육과정 편성·운영 지침에서 교육과정 편성 및 운영을 살펴보면 교육계획은 생활주제를 중심으로 연간·주간·일일교육 계획안 순으로 계열성과 연계성이 유지되도록 작성하여 활용토록 하고 있다. 여기서 생활주제는 유아의 요구 및 상황에 따라 의미있는 생활주제가 선정된다. 이러한 생활주제에 근거하여 주별로 유아의 관심, 흥미, 발달 수준에 따라 주제를 선정하게 되며, 일일교육의 주제를 구체화하는 소주제를 잡도록 하는 것이 일반적이다.

그러나 표준보육과정에서 생활주제와 주제를 비슷한 개념으로 사용하고, 소주제는 주별 또는 일일보육의 주제라는 의미로 함께 사용하고 있는 것이 현실이다. 이러한 다양한 주제의 차별화된 사용이 이루어지고 있지만 일반적 교육과정에서는 이러한 개념을 통칭하여 '주제'라고 보고 있다(교육과학기술부, 2009).

여기서 이러한 주제중심의 교육계획에 근거한 2007년 개정 유치원 교육과정의 교육활동 계획과 운영의 기본 방향(문미옥 외, 2008)에 근거하여 주제를 중심으로 한 교육계획을 살펴보면 다음과 같다.

(1) 요구조사 및 생활주제 선정

전반적 프로그램의 종합 분석과 유아교육기관의 요구 및 상황에 근거하여 요구 및 실행 가능성을 조사하여 생활주제를 선정한다. 일반적으로 생활주제는 주제 선정의 의미 및 이유를 진술하여 정확한 목적을 세워나가게 된다. 이러한 생활주제에 따라서 연간계획안의 윤곽이 형성될 수 있다.

(2) 주제 및 소주제에 따른 교육내용 설정

생활주제에 따라 다룰 수 있는 주제 및 소주제를 주요내용으로 묶어 설정한다. 따라서 각 주제별로 교육내용을 설정하되 개념, 태도, 기능의 3가지 요소를 모두 포함할 수 있도록 설정되어야 한다. 이 때 생활주제, 주제, 소주제는 유기적 연계성을 가지고 설정하게 된다.

그러나 이러한 생활주제 및 주제에 따른 내용 설정이 제대로 실행되기 위해 '주제 관련 학문분야 연구'의 과정이 필요하다고 볼 수 있다(문미옥, 2008). 이러한 과정은 주제에 대한 연구를 통한 계획의 점검과 보완의 과정으로 교사 준비도와 자질에 의한 역기능을 최소화하려는 의도를 가지게 된다.

월		생활주제	주제
3	1	유치원과 친구	새로운 만남
	2		즐거운 유치원
	3		놀이와 약속
	4		내가 좋아하는 친구
4	1	봄	봄의 날씨와 생활
	2		봄의 동식물
	3		봄나들이
	4	나와 가족	나의 몸과 마음
5	1		소중한 나
	2		우리가족
	3	동식물과 자연	내가 좋아하는 식물
	4		식물의 특성과 보호
6	1		내가 좋아하는 동물
	2		동물의 특성과 보호
	3	우리동네	우리동네의 모습
	4		우리동네의 생활과 문화

<table>
<tr><td rowspan="4">7</td><td>1</td><td rowspan="2"></td><td>우리동네의 여러 기관</td></tr>
<tr><td>2</td><td>여러 가지 공공기관</td></tr>
<tr><td>3</td><td rowspan="2">건강과 안전</td><td>건강한 생활</td></tr>
<tr><td>4</td><td>안전한 생활</td></tr>
<tr><td rowspan="4">8</td><td>1</td><td rowspan="4">여름과 여름방학</td><td rowspan="2">즐거운 여름방학</td></tr>
<tr><td>2</td></tr>
<tr><td>3</td><td>여름철 생활</td></tr>
<tr><td>4</td><td>건강한 여름 보내기</td></tr>
<tr><td rowspan="4">9</td><td>1</td><td rowspan="3">교통기관</td><td>여러 가지 탈 것</td></tr>
<tr><td>2</td><td>교통기관의 구조</td></tr>
<tr><td>3</td><td>안전한 교통기관 이용하기</td></tr>
<tr><td>4</td><td rowspan="3">가을</td><td>가을의 변화</td></tr>
<tr><td rowspan="4">10</td><td>1</td><td>가을의 동식물</td></tr>
<tr><td>2</td><td>풍요로운 가을</td></tr>
<tr><td>3</td><td rowspan="4">우리나라</td><td>자랑스런 우리나라</td></tr>
<tr><td>4</td><td>우리나라의 상징</td></tr>
<tr><td rowspan="4">11</td><td>1</td><td>우리나라의 전통</td></tr>
<tr><td>2</td><td>우리나라의 문화와 놀이</td></tr>
<tr><td>3</td><td rowspan="3">세계 여러 나라</td><td>세계 여러 나라 사람들의 생활</td></tr>
<tr><td>4</td><td>세계 여러 나라의 문화 유산</td></tr>
<tr><td rowspan="4">12</td><td>1</td><td>세계 여러 나라와의 교류</td></tr>
<tr><td>2</td><td rowspan="3">환경과 생활</td><td>물과 우리생활</td></tr>
<tr><td>3</td><td>흙과 우리생활</td></tr>
<tr><td>4</td><td>바람/빛과 우리생활</td></tr>
<tr><td rowspan="4">1</td><td>1</td><td rowspan="4">겨울과 겨울방학</td><td rowspan="2">겨울방학</td></tr>
<tr><td>2</td></tr>
<tr><td>3</td><td>겨울의 날씨와 생활</td></tr>
<tr><td>4</td><td>겨울철의 안전</td></tr>
<tr><td rowspan="3">2</td><td>1</td><td rowspan="3">형님반에 가요</td><td>감사의 마음</td></tr>
<tr><td>2</td><td rowspan="2">졸업과 새로운 반</td></tr>
<tr><td>3</td></tr>
</table>

(3) 교육계획안 작성

생활주제와 이에 따른 주제의 범주를 잡으며 이에 근거하여 연간계획안이 구성된다. 그리고 이러한 연간계획안에 근거하여 월간 교육계획안이나 주간 교육계획안을 구성할 수 있다. 유아교육과정에서는 통합적 접근을 통해 주제에 근거한 내용의 통합이 이루어질 수 있도록 활동을 구성하게 된다. 유아교육과정에서 주제 중심의 통합적 방법으로 주제망의 조직 및 활용이 많이 이루어지고 있는 상황이다.

연간교육계획안은 앞서 생활주제와 주제가 설정되면 이에 근거하여 구성되고 이에 근거하여 월간 교육계획안과 주간 교육계획안이 짜여지게 된다. 특히 주간 교육계획안은 생활주제에 근거한 주제별로 구성하게 되는데 일반적으로 대·소그룹활동의 종류에 따라, 자유선택활동의 흥미영역에 따라 한 주간의 계획으로 구성하게 된다. 다음 〈표 9-1〉은 이러한 주간 계획의 한 사례이다.

〈표 9-1〉 주간교육계획안의 예

<table>
<tr><td colspan="7">주간교육계획안
○○년 ○월 ○일   만 4세 ○○○반</td></tr>
<tr><td colspan="2">생활주제</td><td colspan="2">유치원</td><td>주제</td><td colspan="2">즐거운 유치원</td></tr>
<tr><td colspan="2">목표</td><td colspan="5">유치원의 여러 시설을 살펴보고, 활동들을 알아보면서 유치원은 즐거운 곳임을 안다.</td></tr>
<tr><td colspan="2">날짜 / 활동</td><td>월</td><td>화</td><td>수</td><td>목</td><td>금</td></tr>
<tr><td rowspan="6">자유선택활동</td><td>쌓기놀이영역</td><td colspan="5">유치원 꾸미기, 성을 쌓아요, 우리집과 친구집</td></tr>
<tr><td>역할놀이영역</td><td colspan="5">선생님과 친구들 놀이, 유치원에 오는 길</td></tr>
<tr><td>수·조작영역</td><td colspan="5">우리 집 전화번호, 통학차량번호 확인하기, 유치원 가는 길</td></tr>
<tr><td>과학영역</td><td colspan="5">우리 교실 관찰하기, 유치원에 있는 동식물</td></tr>
<tr><td>조형영역</td><td colspan="5">친구그리기, 지문 찍기, 하트접기</td></tr>
<tr><td>언어영역</td><td colspan="5">내 이름으로 삼행시 짓기, 내 이름 소개하기,</td></tr>
</table>

	음률영역	유치원 오는 길, 장난감을 갖고 놀다가				
대·소 집단 활동	이야기 나누기	입학식	우리유치원은 어떤 모습일까?	우리 반과 친구들	화장실, 신발장을 바르게 사용해요	우리들의 하루
	동화·동시·동극		친구(동화)		유치원(동시)	
	음악			약속		
	신체				춤추는 색깔 보자기	
	게임		징검다리 게임			
	요리					팝콘만들기
바깥놀이활동		바깥놀이터 돌아보기, 텃밭을 살펴보아요, 유치원과 동네 돌아보기				
환경구성		출석카드 준비, 친구얼굴 그려 붙이기				
가정 및 지역사회와의 연계		인사예절을 살펴보아요. 차량 탑승 유의점을 생각해요.				

출처 : K유치원의 주간교육계획안

(4) 일일교육계획안

일일교육계획안은 주간교육활동계획안에 근거하여 유아의 흥미와 관심을 고려하여 일일교육활동을 구체적으로 계획하는 것이다. 이 때 일일교육계획안은 소주제와 관련된 일과 활동을 구성하는 과정으로서 활동목표를 진술하도록 하고 있다. 그러나 유치원의 교육과정 특성에 따라 소주제를 분리하지 않고, 주제와 동일하게 구성하여 융통성 있게 운영하는 곳도 있다. 따라서 일일교육계획안은 유치원의 개별 교육과정 특성에 근거하여 구성하되, 학급의 특성을 반영하게 된다. 일일교육계획안의 예를 살펴보면 다음의 〈표 9-2〉와 같다.

〈표 9-2〉 일일교육계획안의 예

<table>
<tr><td>생활주제</td><td colspan="2">동물</td><td colspan="2">○○년 ○월 ○일</td></tr>
<tr><td>주제</td><td colspan="2">내가 좋아하는 동물</td><td>소주제</td><td>물고기의 움직임</td></tr>
<tr><td>목표</td><td colspan="4">· 물고기 몸의 구조와 움직임을 탐색한다.
· 물고기의 모습을 몸을 움직여 다양한 모습으로 표현할 수 있다.</td></tr>
<tr><td>일일시간표</td><td colspan="4">08: 30~10: 00 등원 및 자유선택활동
10:00~10:20 정리정돈 및 아침모임
10:20~10:50 간식
10:50~11:30 신체표현
11:30~12:00 실외활동
12:00~13:30 점심식사
13:30~14:00 자유선택활동
14:00~14:20 평가 및 귀가지도</td></tr>
<tr><td>활동절차
(시간)</td><td>활동목표</td><td colspan="2">활동내용</td><td>자료 및
유의점</td></tr>
<tr><td>등원 및
자유선택
활동
(08:30~
10:00)</td><td>· 바르게 인사하고, 자신의 느낌을 말로 표현할 수 있다.
· 다양한 놀이를 계획하여 활동한다.</td><td colspan="2">〈원아 맞이하기〉
· 유아와 바른태도와 인사말로 인사를 하고, 기분, 건강상태를 살핀다.
· 오늘의 활동에 대해 소개하고, 자기가 하고 싶은 영역에서 자유롭게 놀이한다.
- 놀이에 참여하지 못하는 유아 관찰하기</td><td>출석스티커,
자유선택활동지,</td></tr>
<tr><td>정리정돈
이야기나누기
(10:00
~10:20)</td><td>· 자유선택활동 후 정리정돈을 한다.
· 차례차례로 화장실을 사용한다.
· 오늘의 날짜와 날씨를 안다.
· 오늘의 활동을 계획하고 생각해 본다.</td><td colspan="2">〈정리정돈 및 화장실 다녀오기〉
· 정리음악에 익숙할 수 있도록 음악을 들려주고, 음악에 맞춰 정리하도록 약속한다.
· 정리시간임을 알리고 가지고 논 장난감을 제 위치에 바르게 정리한다.
· 화장실을 다녀오도록 한다.
〈아침모임-이야기나누기〉
· 오늘의 날짜와 날씨를 알아본다.
· 출석 및 결석을 살펴보고, 어제 있었던 일들에 대해 이야기 나눈다.
· 오늘의 활동에 대해 이야기를 나눈다.</td><td>피아노,
녹음기,
날짜판,
오늘의 활동판</td></tr>
<tr><td>간식
(10:20
~10:50)</td><td>· 건강한 몸을 위한 간식을 생각한다.</td><td colspan="2">〈간식 먹고, 정리하기〉
· 손을 씻고, 간식을 스스로 가져와서 감사 기도를 한다.
· 간식의 종류에 대해 이야기를 나누고 감사한 마음으로 먹는다.</td><td>사과, 우유</td></tr>
</table>

		-간식 먹은 후 정리정돈을 하도록 한다.	
신체표현 (10:50 ~11:30)	·물고기의 몸의 구조와 움직임을 관찰한다. ·물고기의 움직임을 몸을 이용하여 표현할 수 있다. ·물고기의 물 속 생활에 대하여 생각해 본다. ·물고기의 움직임을 몸으로 표현한 느낌을 말로 표현할 수 있다.	〈물고기의 모양 관찰〉 ·음악 'under the sea'와 함께 어항 속의 물고기 헤엄치는 모습을 감상한다. -실물화상기로 어항 속에 무엇이 어떻게 다니고 있는가를 관찰한다. ·물고기의 생김새가 어떻게 다른 지에 대해 이야기를 나눈다. 〈물고기 표현하기〉 ·우리 몸의 각 부분을 움직여 물고기의 움직임을 만들어 본다. ·신체표현을 하기 위해 필요한 약속을 한다. ·물고기 지느러미를 몸에 붙이고 바다 속 움직임을 표현해 본다. -바다속에서 파도를 만나고, 먹이를 먹고, 도망을 가는 모습을 함께 표현해 본다. 〈느낌 감상하기〉 ·표현 후 정리 정돈을 한다. ·물고기가 되어 본 느낌에 대해 이야기를 나눈다.	실물화상기, 물고기 사진, 어항과 물고기, 물고기 지느러미 모형
실외활동 (11:30 ~12:00)	·낚시하는 방법을 안다. ·낚시를 하는 즐거움을 느낀다. ·안전하게 바깥놀이를 할 수 있다.	〈낚시놀이〉 ·'고기잡이' 노래를 부르며, 실외놀이터로 나간다. ·낚시를 하기 위해 필요한 도구를 알아보고, 낚시놀이를 하기 위해 지켜야 할 약속을 정한다. ·낚시도구를 사용하여 낚시놀이를 한다. 〈자유바깥놀이〉 ·자유롭게 다양한 바깥놀이를 한다. -바깥놀이의 자유놀이영역을 선택하여 놀이하도록 한다. ·텃밭에 물을 주고, 텃밭의 콩이 얼마나 자랐는가 관찰한다. ·정리정돈을 하고, 화장실을 다녀온 뒤 교실로 들어간다.	낚시도구, 여러 가지 물고기모형,
점심시간 (12:00 ~13:30)	·바른 자세로 식사를 할 수 있다. ·식사 후 정리정돈을 깨끗하게 한다.	·깨끗하게 손을 씻은 후, 점심식사가 무엇인 지를 이야기 나눈다. ·스스로 먹을 만큼의 밥과 찬을 받아서 바른 자세로 골고루 먹도록 한다.	현미밥, 두부된장국, 포크커틀릿, 콩나물잔파무침, 김치
자유선택	·자유선택활동 계	〔조작영역〕 - '동물의 반쪽을 찾아 주	교구, 활동지

활동 (13:30 ~14:00)	획표대로 놀이를 선택할 수 있다. · 다양한 놀이 활동을 즐긴다.	세요' · 다양한 동물의 카드를 반쪽 그림을 맞추도록 구성하여 활동을 할 수 있도록 한다. 〔과학영역〕 - '물고기의 모습을 관찰해요' · 어항의 물고기를 그림으로 그리고, 궁금한 점을 작성하도록 한다. 〔언어영역〕 - '망둥어와 망숭어' · 반 아이들이 만든 책 '망둥어와 망숭어'를 언어영역에 배치하고 소개한다. - 다양한 놀이 영역에 참여하지 못하는 유아를 관찰하고, 여러 영역의 새로운 활동을 소개한다.	
평가 및 귀가지도 (14:00 ~14:20)	· 오늘의 활동에 대해 회상해 볼 수 있다. · 활동 경험과 느낌에 대하여 함께 이야기를 나누어 본다.	· 하루의 활동을 회상해 본다. -어떤 놀이와 활동을 하였는가? -즐거운 일과 속상한 일에 대해 이야기를 하고, 해결책을 찾아본다. · 선생님과 친구들에게 인사하고, 귀가한다.	느낌 인형, 생각나무
기본생활	· 동물 보호하기 · 실내에서 조용히 말하기		
안전생활	· 안전하게 바깥놀이하기 · 화장실 사용 시 안전 규칙 지키기		
평가			

출처 : H유치원의 일일활동계획안

(5) 실행하기 및 일과 운영

구성된 계획에 근거하여 하루 일과가 실행되어진다. 이러한 실행은 앞서 구성된 계획을 얼마나 융통적으로 실행하느냐에 따라 상이한 교육과정이 될 수 있다. 즉 조직적 계획에 따른 엄격한 실행과정과 계획의 융통성에 따른 상황적 실행은 본질적 유아교육의 현실을 다르게 할 수 있다. 따라서 통합유아교육과정의 본질을 살리기 위해서는 이러한 과정에서 엄격한 적용이기보다는 유아의 요구와 상황에 따른 융통적이고 자율적 적용이 필요할 것이다.

실행은 유아교육기관의 상황에 따라 이루어지며 교수·학습방법의 다양한 방법에 근거하여 개인활동, 소집단 활동, 대집단활동의 형태로 다양한 흥미영역과 활동방법들로 구성되어 실천하게 된다. 학급편성은 일반적으로 유아교육기관의 여건 등을 고려하여 동일 연령반이나 혼합 연령반으로 자율적으로 편성하도록 하고 있다. 이는 프로그램의 특성에 따라 다를 수 있는데, 현행 유치원의 학급은 시·도 교육청의 유치원 교육과정 편성·운영 지침에 근거하여 운영된다. 예를 들면 부산광역시의 지침(2008)에 근거하면 만5세반 28명 이하, 만4세반 26명 이하, 만 3세반은 18명 이하, 혼합반은 26명 이하로 하고, 필요시 학급당 1명의 보조교사를 둘 수 있도록 하고 있다.

유아교육기관의 일과운영은 도착 및 계획, 실내외 자유선택활동, 정리정돈, 간식, 대소집단활동, 개별활동, 점심, 휴식 및 낮잠, 평가 및 귀가 등으로 구성되어 실천되어진다. 물론 반일제, 시간연장제, 종일제 등의 운영 형태에 따라 그 운영은 달라질 수 있다. 다음 〈표 9-3〉은 이러한 유아교육기관의 운영 유형별 일과의 예시를 보여준다.

〈표 9-3〉 유아교육기관의 운영 유형별 하루 일과의 예

<table>
<tr><th>운영유형
시간</th><th>반일제 기관</th><th>시간연장제 기관</th><th>종일제 기관</th></tr>
<tr><td>~ 9:00</td><td>등원 및 인사</td><td>등원 및 인사</td><td>등원 및 인사</td></tr>
<tr><td>9:00~10:00</td><td>자유선택활동</td><td>자유선택활동</td><td>자유선택활동</td></tr>
<tr><td>10:00~11:00</td><td>정리정돈 및 아침모임</td><td>정리정돈 및 아침모임</td><td>정리정돈 및 아침모임</td></tr>
<tr><td>11:00~12:00</td><td>대집단활동
실외자유활동</td><td>실외자유활동
대집단활동</td><td>대집단활동
소집단활동/실외자유활동</td></tr>
<tr><td>12:00~01:00</td><td>평가 및 귀가</td><td>점심/자유선택활동</td><td>점심/자유선택활동</td></tr>
<tr><td>01:00~02:00</td><td rowspan="6"></td><td>대·소집단활동</td><td rowspan="3">소집단 및 개별활동
낮잠 준비와 낮잠</td></tr>
<tr><td>02:00~03:00</td><td>평가 및 귀가</td></tr>
<tr><td>03:00~04:00</td><td rowspan="4"></td></tr>
<tr><td>04:00~05:00</td><td>오후간식 및 자유활동</td></tr>
<tr><td>05:00~06:00</td><td>대집단활동 및 평가</td></tr>
<tr><td>06:00~07:00</td><td>귀가</td></tr>
</table>

자유선택활동은 실내자유선택활동과 실외자유선택활동으로 나뉘어지는데 유아의 흥미와 요구에 맞도록 다양한 활동과 놀이 환경을 제공하고, 이에 근거하여 유아가 놀이를 선택하여 자유롭게 활동하도록 하는 과정이다.

대소집단활동은 주제나 행사에 따라 여러 가지로 대집단, 소집단으로 모여 교육활동을 하도록 하고 있다. 일반적으로 이야기 나누기, 동화, 동극, 동시, 실험 및 관찰, 요리활동, 노래부르기, 음악감상, 악기 다루기, 신체표현, 게임, 미술활동 등의 다양한 유형의 활동들로 접근할 수 있다.

실제 활동의 예를 살펴보면, 유치원 교육 활동 지도 자료집 개발과정에서 '건강과 안전'이라는 주제 하에서 하나의 구체적 활동으로 다음 〈표 9-4〉와 같은 활동(조부경 외, 2008)을 볼 수 있다.

〈표 9-4〉 교육활동 계획의 실례

연령	5세	활동유형	대 · 소집단활동	활동방법	요리
활동명	보글보글 국물에 야채가 풍덩				
목표	· 음식을 소중히 다루고 골고루 먹는 태도를 기른다. · 열에 의한 재료의 변화를 예측하고 관찰한다.				
교육과정 관련요소	· 건강생활: 건강하게 생활하기-바른 식생활하기 · 탐구생활: 과학적 기초능력 기르기-물체와 물질에 대해 알아보기				
활동자료	요리순서표, 요리재료, 핫플레이트, 큰냄비, 다시육수 국물, 국자, 개인접시, 젓가락				
활동방법	1) 유아들과 함께 책상에 요리용 덮개를 깔고 깨끗이 닦는다. 2) 필요한 재료와 도구들을 책상 위에 올려놓는다. 3) 어떤 것들이 준비되어있는지 살펴본다. · 요리를 하기 위해서 무엇이 필요할까? · 이런 재료와 도구로 어떤 요리를 만들 수 있을까? 4) 유아와 함께 요리 순서표를 보면서 재료와 도구, 만드는 방법 등에 대해 이야기 나눈다. · '토렴'이라는 요리방법을 사용한 요리인데, 국물에 여러 가지 야채들을 담갔다가 꺼내먹는 요리이다. 5) 요리할 때의 주의점에 대해 이야기 나눈다. 6) 순서도에 따라 요리를 진행한다. 교사는 요리하는 과정 동안 안전에 유의하며 유아들이 재료의 맛과 향, 색 등을 탐색하고 그 변화과정을 충분히				

	예측하고 관찰하도록 상호작용한다. · 야채들을 끓는 육수에 넣으면 어떤 일이 생길까? · 야채를 넣으니 색깔과 모향이 어떻게 변하고 있니? 7) 야채가 익으면 바로 건져내어 유아 개인접시에 담고 먹어본다. · 어떤 맛이 나니? 8) 요리가 끝나면 자리를 정리한다.
활동의 유의점과 평가	안전한 요리를 위하여 가스레인지가 아닌 핫플레이트로 요리를 진행하도록 한다. -요리에 사용된 재료와 도구들을 적절히 탐색하면서 활동을 진행하였는가?
확장활동	유아들의 '토렴'에 대한 관심을 확장하기 위하여 관련자료나 참고 사이트 등을 소개하거나 게시해 줄 수 있다. ※ '토렴'은 우리나라 삼국시대 때부터 사용하던 고유의 요리방법이다. 국물에 야채나 고기를 담갔다가 먹는 방법으로 이 방법이 전해져 일본의 '샤브샤브' 스위스의 '퐁듀' 요리로 전해졌다.

출처 : 조부경(2008)의 교육활동 예시

(6) 평가하기

유아교육과정의 전개과정이 평가되어지는데 이는 유아교육과정의 전반적인 전개에 대한 요구와 수정 방안을 제시하게 됨으로 이후 다음 계획에 반영된다.

2) 생태 및 삶 중심의 교육계획

유아교육과정에서의 교육계획에는 프로그램에 따라 다양한 접근을 취하고 있다. 현대사회의 다양한 교육에 대한 쟁점들은 교육과정의 대안적 모색들을 다각화시키고 있다. 특히 생태 및 삶을 중시하는 방향으로 구성된 유아교육과정에서는 교육계획에 대한 강조가 자칫 교육의 본질을 해칠 수 있다고 본다.

발도르프 유치원의 경우는 교육계획서가 필요 없다. 단지 계절의 변화, 명절과 행사 등에 의해 시간과 내용의 흐름이 구성되어지게 된다. 강요가 없이 철저하게 자유로운 활동을 강조하는 썸머힐 학교의 경우 민주적 공동체와 자유를 중시하기 때문에 누군가가 한 개인의 교육과 삶을 지정할 수 없다고 본다. 따라서 교육은 한 개인의 자유로운 선택에 근거하여야 한다는 면에서 타인 특히 성인에 의해 계획대로 움직여지는 일상에 대해 부정적 시각이다.

아이살림, 교육살림, 생명살림을 중시하는 우리나라 생태유아교육은 생명의 원리에 따라 서로 살리는 살림의 교육을 중시하기 때문에 '지금 여기'의 아이들의 행복을 추구하게 된다. 따라서 삶의 실제를 중시하게 된다. 여기서는 이러한 생태유아교육을 중심으로 교육계획의 양상(임재택 외, 2008; 서영희, 2008)을 살펴보고자 한다.

(1) 생각하기

▣ 연간계획

생태유아교육은 생태유아교육의 궁극적 목적 및 목표, 계절, 명절 및 절기, 현재 아이들의 모습, 삶과 경험의 내용, 주요행사 및 지역사회 등을 고려하여 구성하게 된다. 특히 연간계획을 월별 주제로 엄격히 나누기보다는 1년을 4계절로 구분하여 절기와 삶을 중심으로 순환적 계획을 중시한다. 즉 과거 전통 농경사회의 삶의 모습처럼 명절과 절기를 중심으로 더불어 살아가는 모습이 연간계획이 되도록 하고 있다.

▣ 월간 계획 및 주간교육계획

월간계획이나 주간계획은 참고자료로서의 역할을 하기 때문에 목표, 행사, 유아의 모습, 교사의 도움 사항, 환경 특성, 관련 내용 자료 등으로 구성될 뿐 구체적 월별, 주별 활동을 조직화하지는 않는다. 오히려 학급신문이나 삶의 결과를 나타낼 수 있는 보고서 등을 통해 영유아들의 삶을 보고 생활의 실천을 살필 수 있는 계기로 삼고자 한다. 즉 영유아의 생생한 삶의 현장을 들여다보고, 돌봄의 터전을 살피는 과정으로서의 계획에 초점을 맞추고자 한다.

4월 월간 구성안	
이달의 목표	· 어린이집에서 지켜야 할 구체적인 약속을 지킨다. · 자연에 관심을 가지고 다양한 경험을 한다.
이 달의 행사	· 5일(목): 식목일 · 6일(금): 한식, 긴 산책 · 7일(토): 이연경 생일 · 18일(수): 현장학습 · 19일(목): 세시잔치(삼월삼짇날)
현재 아이 모습 및 교사의 배려	· 일상생활에 점점 익숙해지나 기본 생활습관은 여전히 미흡한 점이 보인다. →한 줄서기, 서로 배려하여 걷기, 화장실 신발정리하기, 뒷정리 하기, 밥 깨끗하게 먹기 등에 신경을 써서 기본 삶의 습관을 돌볼 필요가 있다. · 점차 새로운 친구를 사귀려고 하나 혼자 노는 아이들도 있다. →아직은 자기중심적인 행동이 많아 놀이에 있어 규칙과 약속이 잘 지켜지지 않고, 친구들이랑 같이 할 수 있는 놀이가 필요하다. · 친구들끼리 일어나는 문제 상황에 선생님의 도움을 많이 받으려고 하는 아이들이 있다. →선생님의 도움보다 스스로 이야기하고 서로 타협하도록 가르치며, 문제해결력을 스스로 찾아 나가도록 한다. · 산책 시 뛰어가거나 함께 하지 못하는 아이들이 있다. →아직은 안전의 문제가 있어서 줄을 서서 산책을 하거나 뛰어야 할 곳과 손을 들고 조심해야 할 곳을 산책과정에서 살펴나가야 한다. · 친구에게 나쁜 말을 하거나 웃어른께 높임말을 잘 사용하지 않는 아이들이 있다. →서로의 마음 돌아보는 이야기와 대화가 필요하고, 웃어른에게 높임말을 사용하는 기회가 필요하다.
환경 준비	· 산책을 갈 때 도감을 가지고 가서 아이들이 봄철 곤충, 꽃에 대해 스스로 관심을 가지도록 한다. · 봄에 관련된 동화를 비치 해 두어 아이들이 봄에 대해 생각할 수 있도록 한다. · 산책을 가서 봄을 느낄 수 있는 사진을 찍어 비치해 둔다. · 그림그리기와 오리기를 위한 이면지나 재활용품들은 지역사회 산책에서 구입해 둔다. · 다도 도구를 비치하여 곡우가 지나면 햇차를 맛보도록 해야겠다.
관련 내용 및 활동	· 산책: 가까운 곳부터 조금 먼 곳까지의 산책을 통해 완연한 봄기운을 느낀다. · 텃밭: 텃밭에 뿌린 씨앗의 자라는 과정을 보고 자주 물도 주고, 잡초도 뽑아 일의 소중함을 알게 된다. 산책을 나가 흙을 담아 와 작은 작물을 길러 본다. · 바깥놀이: 바깥놀이를 활성화 하고 놀이도구를 함께 정리하도록 한다. · 몸짓놀이: 동물형상의 몇 가지 동작을 정확하게 표현해 본다. · 명상: 올바른 차 마시는 방법을 알아보고, 아이들의 삶 속에서 실천할 수 있는 실용적인 다법을 접해보는 기회를 가지고, 명상동화도 함께 나눈다. · 기본생활습관: 밥을 흘리지 않고 식판을 깨끗하게 먹도록 한다. 황사로 인해 밖에 나갔다 오면 손이랑 얼굴을 깨끗하게 씻는다. · 미술: 밖에서 할 수 있는 미술활동을 알아보고 밖에서도 풀물들이기, 들꽃 액

	자 만들기 등을 해 본다. · 전래놀이: 간단히 할 수 있는 전래놀이를 알아보고, 아이들이랑 해 본다. · 노인아동상호작용: 예의를 지켜 할아버지 선생님의 동화를 듣고, 높임말을 사용하여 대화를 나눈다.
이달을 마치고	아이들이 다도를 어떻게 받아들일까 궁금했는데 다기 다루는 법을 재밌게 받아들이고, 조심하는 모습까지 보였다. 명상 동화도 처음 접할 때는 낯설어 했지만 이제는 제법 잘 듣고, 생각도 많아졌다.

출처 : 신주연(2007)의 월간교육계획안(만3세) 예시

▣ 일일교육계획

일일교육계획안도 하루의 일과를 미리 계획하는 것에 초점을 맞추기보다 지금의 우리들의 삶의 모습에 집중한다. 생태유아교육에서 일일교육계획은 계절과 삶의 패턴에 따른 내일의 생활을 간단히 언급하는 요소이며, 실제로는 보육일지 기록을 중시한다. 오히려 보육일지를 통해 연계된 내일의 삶의 초점을 잡아나가게 된다. 따라서 일일교육계획이라기보다는 오히려 보육일지나 반성적 계획의 의미를 지니게 된다. 보육일지나 반성적 계획은 하루 동안 유아들과 교사의 삶의 모습을 담게 된다.

<사례> 생태유아교육의 활동일지의 예

활동일지 ○○년 ○월○일 ○요일 날씨:	기록자	○○○	결재	○○○
오늘의 주요활동	몸짓놀이/산책/이야기나누기(토끼비석 만들기)/바깥놀이			
등원 ~9시45분 몸짓놀이 ~10시 오전새참 및 아침모임 ~10시30분 산책 ~12시	도우미가 나와서 몸짓놀이 시범을 보였다. 춤을 즐긴다는 것은 알겠지만 정확한 동작을 하지 않는 듯 했다. 손목 뒤집기, 탈춤과 내래짓하기는 동작을 끊어서 할 필요가 있었다. 배를 먹고 아침모임을 하려는데 토끼가 죽었다는 말을 전해 들었다. 지난번에 갓 태어난 아기토끼가 죽었을 때는 몇 사람만 가서 묻어주고 왔는데, 오늘은 아이들과 그 사실을 함께 생각해보기로 했다. 산책을 가기로 했기 때문에 조끼를 입고 바깥놀이터로 나갔다. 토끼장 문을 열어보니 왼쪽에 토끼가 한 마리 죽어 있었다. 꼼짝도 하지 않고 아이들은 죽은 토끼를 들여다보았다. 불쌍해서라기보다 죽어있는 그 자체가 신기한 모양이었다. 윤승이는 "슬퍼요. 묻어줘요."라고 했다. 광목천으로 토끼를 감싸들고 텃밭으로 갔다. "가족이 죽었는데 슬프지 않니?"라고 원장 선생님이 묻자 "동물이잖아요. 가족이 아니고"리고 한솔이가 답한다. 토끼가 한 가족이며 친구라는 개념은 아			

점심 및 이닦기/ 자유놀이 ~14시30분 오후새참 ~15시30분 토끼비석만들기/ 바깥놀이 및 귀가 ~18시	닌 듯 했다. 재림이는 토끼를 묻을 땅을 파는 것부터 마지막에 흙무덤 위에 쑥을 꽂아주는 것까지 관여하며 "토끼야 하늘나라 가서 잠자렴."하고 인사를 했다. "토끼가 죽어서 묻혔다는 것을 알려면 비석이 있어야 하지 않을까"라고 했더니 "우리가 만들어 붙여요"라고 했다. 토끼를 묻어주고 11시쯤 산책을 나섰다. 장승터에 다다랐을 때 민경이가 "새가 죽어 있다"라고 소리쳤다. 세린이와 예은이도 놀란 듯하면서도 가만 지켜보았다. 낙엽으로 덮어주어야겠다고 하며 낙엽을 가져와서 덮자 아이들도 낙엽, 나뭇가지를 가져와 새를 덮어주었다. 민경이는 루드베키아 노란꽃을 그 위에 얹어주었다. 오카리나를 가져갔는데 재림이가 "토끼도 죽고 그랬는데, 오크 연주해 보세요"라고 했다. 오카리나로 산토끼를 연주하니 "그건 슬픈 노래가 아니잖아요"라고 해서 섬집 아기를 해보았다. 새의 죽음을 가장 먼저 발견한 민경이가 "오늘은 토끼도 죽고 새도 죽고 왜 이렇게 많이 죽지?"라고 중얼중얼거렸다. 재림이는 낙엽을 덮으며 "새야, 하늘나라에서 편안하게 잘 자!"라고 말해 주었다. 영혁이가 "얘들아 여기 바퀴벌레도 죽어 있다"고 했다. 어린이집에 돌아와 화장실에 다녀와 손을 씻고 점심을 먹었다. 산책을 다녀온 날은 확실히 아이들의 밥 양이 늘어난다. 요즘 주방에서 쌀을 넉넉히 넣어주는 편인데, 오늘도 밥을 더 가져와야 했다. 특히 불고기가 있어서 더 잘 먹었다. 점심 식사 후에 양치를 깜박하고 하지 않은 아이들을 챙겼다. 아이들은 그들만의 폐쇄 공간을 만들기 좋아하는 듯 했다. 책상까지는 움직이지 못하더라도 책상 밑에 가펫을 높고 들어가서 눕는다든지 의자를 모아 쿠션을 올리는 등 옷걸이, 가방걸이까지 총동원하며 놀았다. 유달리 많은 교구장과 놀잇감들이 나와 있어서 정리 시간이 많이 걸린 줄 알았지만 '성났니 골났니?'노래 3번을 듣는 동안 정리를 하자고 해서 노래 3번 부르는 동안 정리를 끝냈다. 5분 정도 걸린 셈이다. 새참에 마늘빵이 나왔는데, 부족해서 더 가져오려 했지만 주방에도 양이 부족해서 고구마를 더 삶아주시기로 했다. 바깥놀이 준비를 가지 건에 오전에 있었던 일에 대해 이야기를 잠깐 나누었다. "오늘 산책 가기 전에 무슨 일이 있었지요?", "토끼가 죽었어요.", "사마귀가 죽어 있었어요."라고 말했다. 사마귀가 죽었던 것은 몰랐던 사실이었다. 재림이가 "참새도 죽었어요"라고 했다. 사실은 까치였다. "동물들이 죽어 있는 걸 보니 기분이 어땠어요?"라고 묻자, 윤승이는 "조금 슬펐어요"하며 가장 마음 아파했다. 토끼무덤을 만들어 주었으니 무덤 앞에 비석을 높아주는 것이 좋겠다고 해서 모양을 생각했다. 돌, 쇠, 나무로 만들면 좋겠다고 의견이 나왔고, 가장 쉽게 글을 쓸 수 있는 나무를 선택했다. 안에 어떤 내용으로 쓰면 좋겠냐고 하자 준석이는 "토끼가 하늘나라로 갔다.", 영근이는 "토끼, 여기 잠들다."라고 해서 영근이의 의견대로 하기로 했다. 그러고 보니 토끼 이름도 없었다. 바깥놀이터로 나간 뒤 몇 명만 데리고 텃밭에 가서 묘비를 세워주고 왔다. 간 김에 토끼 먹을 풀을 뜯어 가지고 돌아왔다.
활동평가 및 계획	토끼가 세 마리째 죽었다. 아이들은 토끼가 조금 불쌍하다고만 할 뿐 특별히 애정을 가지고 있진 않았다. 동물이지 가족이나 친구의 개념은 아니었다.

<table>
<tr><td></td><td colspan="6">초기부터 관심을 가지고 동물을 대했더라면 사정이 달라졌을 것이다. 내일은 산책과 생일잔치를 할 계획이다.</td></tr>
<tr><td>결석</td><td colspan="3">없음</td><td colspan="2">행사</td><td>특별행사 없음</td></tr>
<tr><td>오전새참</td><td>배</td><td>점심</td><td>잡곡밥, 북어미역국, 목살구이, 상추겉절이, 김치</td><td>오후 새참</td><td colspan="2">산양유, 마늘빵</td></tr>
</table>

출처 : 임재택 외(2008) 일일보육계획(만5세) 예시

(2) 생활하기

생태유아교육기관에서는 앞서 살핀 여러 가지 아이의 삶과 계절의 흐름에 근거하여 일과를 보내게 된다. 이러한 일과는 아이의 생활리듬에 맞춘 일과운영, 공간을 자유롭게 활용하는 일과운영, 사람들이 어울리는 일과운영, 프로그램들이 통합된 일과운영으로 이루어지게 된다.

생태유아교육에서의 학급편성은 동질집단 편성보다는 이질집단 편성을 원칙으로 하고 있다. 즉 생태유아교육의 철학적 방향이 사람과 사람이 어울리는 사람공동체의 실현을 중시하기 때문에 다양성에 따른 섬김의 과정을 중시하고 있다. 따라서 공동체 의식, 베풂과 보살핌의 지혜를 삶 속에서 실천할 수 있는 학급편성이 되어야 한다고 생각한다.

하루 일과는 일반적으로 등원, 오전 자유놀이, 오전 새참, 아침모임, 주제별 프로그램의 실천, 점심식사와 낮잠, 오후 새참, 오후 자유놀이, 귀가 순으로 진행된다. 특히 일과 활동은 아이들의 삶이 드러나는 실천적 프로그램으로 생활하게 된다.

이러한 프로그램은 산책프로그램, 텃밭 가꾸기 프로그램, 명상프로그램, 절제·절약 프로그램, 세시풍속 프로그램, 노인·아동 상호작용 프로그램, 바깥놀이 프로그램, 먹을거리 프로그램, 초기적응 프로그램, 손끝놀이 프로그램, 몸짓놀이 프로그램, 생태미술 프로그램 등을 포함한다.

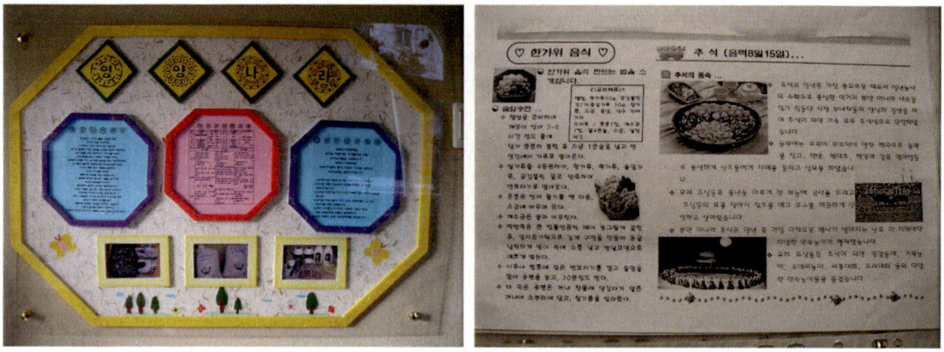

▶먹거리와 삶을 중시하는 먹을거리 프로그램의 운영

(3) 되돌아보기

일일교육계획이나 보육일지는 반성적 계획을 이루게 된다. 즉 영유아들이 생활한 내용의 구체적 기록은 반성적 되돌아보기의 실천적 과정을 열게 된다. 이러한 과정은 일종의 평가이지만 영유아나 유아교육과정의 평가이기보다 '우리네 삶의 되살림'의 의미라고 볼 수 있다. 유아나 교육과정의 문제점의 발견이라기보다는 지금 여기서 살아가는 사람과 공동체의 삶의 의미를 다시 발견하고 되살려서 보살피는 과정으로서 평가가 필요하다고 본다.

2. 실내외 환경구성 및 운영

1) 주제중심의 유아교육과정 환경구성

주제중심의 유아교육과정은 크게는 실내 교육환경과 실외 교육환경으로 나누어서 살펴볼 수 있다. 실내외 환경을 주제 중심으로 통합적으로 운영해 나갈 수 있도록 구성하고자 하는 것이 특징이다. 2007년 개정 유치원 교육과정에 근거한 시도별 유치원 교육과정 편성 운영에서 제시하는 환경구성에 대한 지침을 소개하면 다음과 같다.

1) 실내·외 유치원 환경을 다양하게 구성하여 교육 활동이 충실하게 이루어지도록 한다.
2) 실내 교실 환경은 반드시 흥미 영역으로 구성하되 교사가 모든 영역을 한눈에 볼 수 있게 개방적이면서도 독립된 공간을 유지할 수 있도록 구성하며, 교사의 필요에 따라 구성하도록 한다. 각 흥미 영역에는 생활 주제나 계절, 유아의 흥미와 요구에 맞는 교재·교구를 제공한다.
3) 벽면 및 공간은 유아의 학습 동기 유발 및 놀이의 확장을 돕고 활동에 대한 성취감과 자신감, 자아 존중감을 느낄 수 있도록 유아 작품을 중심으로 전시한다.
4) 실외 환경은 신체 운동 영역, 물·모래놀이 영역, 동·식물 재배 영역, 목공놀이 영역, 정적놀이 영역 등 다양한 흥미 영역으로 구성하여 교육적으로 의미 있는 공간이 되도록 한다.
5) 교재·교구는 유치원 및 초등학교 교구 기준에 명시된 유치원 교구를 확보하고, 가능한 구체적이고 직접적인 경험을 주는 실물 자료를 우선 활용한다.
6) 교재·교구 등 실내·외 활동 자료는 정리 및 보관할 수 있는 자료실을 확보하여 효율적으로 관리한다.
7) 모든 시설은 기본적인 안전 설비를 갖추어야 하며 수시로 안전 점검을 실시한다.

* 부산광역시교육청 고시 제2008-195호에 근거함

이러한 환경구성을 실내 환경과 실외 환경으로 나누어서 살펴보면 다음과 같다.

(1) 실내 환경구성

주제중심의 통합유아교육과정은 일반적으로 흥미영역별 환경 구성을 지향하고 있다. 실내 흥미영역 구성은 여러 가지 흥미영역을 교실에 교구장으로 분리하여 구성하고 각 영역을 유아가 스스로 선택할 수 있는 환경을 구성하는 것을 말한다. 따라서 교실은 각 흥미영역으로 분리되어 있지만 전체가 통합적으로 관찰될 수 있도록 구성하게 된다.

실내 환경구성은 각 학급의 영유아의 특성에 따라 흥미영역의 수와 종류를 결정하게 된다. 이렇게 정해진 흥미영역 구분에 근거하여 교실 배치를 하게 되는데, 이때는 일반적인 학습 활동의 성격에 따라 분리하여 배치하게 된다. 프로스트와 키싱어(Frost & Kissinger, 1976)는 실내 공간의 구성 원리로서 건조하고 조용한 영역, 건조하고 활동적인 영역, 조용하고 물이 있는 영역, 활동적이고 물이 있는 영역으로 구분하고 있다. 여기에 채광의 중요성 유무에 따라 구성되어지기도 한다. 즉 일반적으로 흥미영역은 조용함과 활동성, 물의 근접성, 채광 정도 등에 따라 교실에서의 배치가 달리 구성되어져야 한다. 이러한 흥미영역의 종류와 특성을 살펴보면 다음과 같다.

▣ 언어 영역

언어 영역은 유아의 언어발달에 적합한 듣기, 말하기와 같은 구어 환경과 읽기, 쓰기에 관련된 문어 환경을 제공함으로써 다양한 활동을 구성할 수 있도록 한다. 특히 생활 주제에 따른 다양한 탐색 및 표상이 있도록 도서, 모형 인형, 녹음기 및 테이프, 동극판, 쓰기 도구 등을 준비할 수 있다. 이 도서영역은 가능한 창가나 자연조명을 받을 수 있도록 하고 카펫이나 쿠션 등을 활용하여 아늑하고 조용한 영역으로 꾸미는 것이 좋다.

▶구어 환경과 문어 환경을 제공하는 언어 영역

■ 역할 영역

역할 영역은 주제에 따라 자유롭게 놀이를 구성하면서 자신의 경험을 바탕으로 감정을 발산하고, 조절할 수 있는 영역이다. 역할 영역은 가족 및 지역사회의 다양한 상황 및 직업에 따른 복장, 도구, 가구, 소품 등을 제공해 줌으로써 극놀이를 지원해 줄 수 있다. 극놀이 영역은 가정생활소품, 시장놀이, 병원놀이 등의 다양한 극놀이를 위한 소품들이 제공되며, 활발한 놀이를 할 수 있는 따뜻하고 매력적인 공간으로 꾸며지는 것이 필요하다. 특히 적극적으로 놀이를 할 수 있도록 활동적인 공간이 될 수 있어야 한다.

▶활발한 놀이 환경인 역할 영역

■ 조작 영역

조작 영역은 소근육을 사용하여 개별 탐색 활동이 이루어지도록 놀잇감을 구성하는 영역이다. 특히 다양한 감각기관을 활용하여 개별적인 활동을 할 수 있도록 자료 및 교구를 제공하게 된다. 특히 구성자료, 조작활동 자료, 게임자료 등과 더불어 수집이나 제작이 가능한 자료도 제시하여 창의적이고 융통적 활동을 위한 공간 구성이 필요하다.

▶개별 탐색이나 게임 활동을 제공하는 조작 영역

■ 수학 영역

수학영역은 유아가 탐색과 놀이를 통해 만나는 문제를 논리, 수학적으로 해결하는 경험을 할 수 있는 영역으로서 수학적 능력의 토대를 구축하기 위하여 수학적 감각을 기르도록 돕는 영역이라고 볼 수 있다. 따라서 생활 속에서 수학적 관계나 형식, 원리의 이해, 공간이나 동형에 대한 심상을 경험토록 수감각 기르기, 공간 및 도형에 대해 알아보기, 기초적 측정, 규칙성 이해, 자료 정리 및 결과 나타내기에 관련된 다양한 활동과 자료들이 제시된다. 공간이 부족할 경우 수·조작 영역의 형태로 운영될 수도 있다.

▶논리·수학적 경험을 제공하는 수학 영역

▣ 과학 영역

과학 영역은 유아가 주변 사물, 생명체, 자연현상에 대해 탐구 및 탐색을 통해 능동적 경험을 함으로써 자연을 존중하는 마음과 과학적 기초능력을 기르고자 구성되는 흥미영역이다. 일반적으로 동식물 기르기를 포함하여 관찰, 실험, 실습이 이루어질 수 있는 다양한 재료와 활동을 포함하게 된다. 이 영역은 조용하고 햇빛이 잘 드는 공간으로 물과 가까운 곳으로 배치하는 것이 편리하다.

▶탐구 및 탐색이 가능한 과학 영역

▣ 쌓기 영역

쌓기 영역은 다양한 건축 및 조형물을 구성하는 탐색적이고 창의적 활동 공간으로 구성될 수 있는데 이를 위해 다양한 블록이나 소품 등을 배치하게 된다. 특히 이 영역은 활동적인 공간으로 유아의 능동적이고 적극적 참여가 많기 때문에 소음을 줄이기 위해 카펫을 깔거나 조용한 영역과 너무 가까이 배치하지 않도록 한다.

▶활동적인 공간으로서의 쌓기 영역

▣ 음률 영역

음률 영역은 유아들에게 다양한 소리로 이루어진 음악, 악기를 경험하여 다각적 표현을 할 수 있는 경험의 공간으로 구성되어질 수 있다. 따라서 노래부르기, 악기 다루기, 음악감상, 신체표현 등이 이루어질 수 있도록 음향기기, 노래 가사판, 다양한 리듬악기와 멜로디 악기, 다양한 소품 등을 선정하여 배치하도록 한다.

▶다양한 소리와 음악이 열려 있는 음률 영역

▣ 조형 영역

조형 영역은 유아의 생각과 느낌을 자발적이고 창의적으로 표현하도록 다양한 조형 활동을 제공하게 되는 영역이다. 긁적이거나 낙서하며 그리고, 만드는 일련의 과정들을 중시하며 눈과 손의 협응을 돕게 된다.

일반적으로 그리고 붙이는 등의 평면 조형활동과 입체적 형태와 질감을 표현하는 입체 조형활동이 이루어지는 영역으로 각종 기본 도구와 재료를 제공하여야 한다. 일반적으로 물이 가까이 있어야 하며, 이를 통해 자유롭고 다양한 활동이 이루어지도록 구성하게 된다.

▶평면 조형활동과 입체 조형활동이 제공되는 조형 영역

▣ 물, 모래놀이 영역

물과 모래를 통해서 다양한 놀이가 이루어지는 것으로 일반적으로 실내외에 모두 설치할 수 있다. 물놀이 영역은 가급적 물이 가까이 있는 곳에 설치하고, 다양한 활동을 할 수 있는 용기와 측정도구 같은 놀이기구를 함께 제시할 수 있다. 모래놀이 영역은 청결한 모래를 제공하고, 정리의 용이성도 함께 고려되어야 한다. 또한 다양한 모래놀이 도구를 비치하여 유아들의 능동적 놀이를 지원할 수 있다.

▣ 목공놀이 영역 및 요리 영역

목공놀이 영역은 목공을 통해 창의적으로 대·소근육을 움직이며 물체의 특성과 차이점, 공간 관계 등을 경험할 수 있는 능동적 영역이다. 일반적으로 유아교육기관에서 소홀히 여기기 쉬운 영역이나 창의성과 능동적 문제해결력을 지원할 수 있는 의미있는 영역이 될 수 있다. 이 영역은 망치, 톱, 못, 나무 등의 실제적 도구를 다루는 곳이므로 안전과 집중을 요하게 된다. 이러한 과정을 통해 유아들은 오히려 주의와 집중을 통해 자기 조절력을 형성할 수 있다.

생활주제나 계절, 절기 등에 따라 요리 활동을 하는 것은 물리적 지식 및 탐구 자세를 형성하는 중요한 경험이 될 수 있다. 요리영역은 영역을 따로 배치하기도 하지만 필요에 따라 적절한 기본 도구와 재료를 제시하여 구성하기도 한다.

(2) 실외 환경 구성

근래 유아들의 생활 패턴이 실내에 국한되어 있는 경향이 뚜렷하다. 가족체계나 가옥구조 등의 영향과 사회적 분위기에 따라 실내 활동에 국한하여 놀이가 이루어지고 있다는 문제제기가 일어나고 있다. 유아교육기관에서도 인지 중심의 교육활동이 강조됨에 따라 차츰 실내 중심의 교육활동이 더욱 강조되는 경향이 나타나고 있다. 따라서 유아교육기관에서 실외 환경에 대한 중요성에 대한 논의는 유아교육기관의 질적 개선과 변화를 위한 중요한 과제라고 볼 수 있다.

실외 환경 구성은 고정물과 유동시설의 혼합, 동적 공간과 정적 공간의 조화, 연결과 분리의 공존 등의 고려를 통해 다양한 활동 공간으로 구성되어야 한다. 이러한 다양한 실외 환경 구성에 대한 유의점들을 구체적으로 살펴보면 다음과 같다.

첫째, 고정물과 유동시설의 혼합은 놀이시설의 창의성과 연결되어질 수 있다. 고정 놀이 시설물은 정교하고, 심미적 형태로 제공될 수는 있지만 구조적 형태의 놀이를 반복적으로 하게 될 수 있다. 따라서 유아들의 창의적 사고를 촉진하기 위하여 능동적으로 구성해서 놀이할 수 있는 탐색적 유동시설도 제공될 필요가 있다.

둘째, 동적 공간과 정적 공간이 조화롭게 실외환경을 구성할 필요가 있다. 뛰어다니며 놀 수 있는 동적 공간과 조용히 이야기를 나누거나 소근육 활동을 할 수 있는 정적 영역이 적절히 조화를 이룰 때 다양한 유아의 흥미와 욕구에 따른 공간을 제공할 수 있다.

셋째, 연결과 분리의 공존이 이루어져야 한다. 이동을 원활하게 하는 통로를 마련할 뿐 아니라 실내외의 이동동선을 짧게 하는 연결이 이루어져야 한다. 놀이의 형태와 유형에 따라 서로 방해되지 않도록 분리하는 측면이 이루어질 수도 있어야 한다.

넷째, 실외놀이공간은 다양한 경험을 할 수 있도록 구성해야 한다. 실외공간은 양지 바른 영역과 그늘진 영역, 다양한 느낌의 바닥재, 탐색할 수 있는 다양한 재료들, 여유가 있는 빈공간 등으로 다양성을 고려한 구성이 되어야 한다. 특히 근래에는 실외 놀이공간을 자연과의 조화를 통하여 텃밭, 사육장, 정원 등을 구성함으로써 유아들의 자연 체험 공간을 확보하고자 하는 노력이 이어지고 있다.

다섯째, 실외 환경 구성은 무엇보다도 안전한 구성이 되어야 한다. 유아의 연령과 발달 수준을 고려하여 적절한 환경과 놀이 공간을 구성하되, 유아의 안전을 위한 배려가 필수적이다.

주제 중심의 유아교육과정에서는 일반적으로 이상의 여러 가지 기준들을 고려하여 유아의 흥미에 기초한 흥미영역으로 실외 환경을 구성하고 있다. 이러한 실외 흥미영역을 정리하여 보면 다음과 같다.

▣ 신체활동 영역

신체활동 영역은 유아의 대근육 활동이 가장 적극적으로 이루어지는 공간이다. 일반적으로는 복합놀이기구를 제시하고 있지만 다양한 놀이기구 등을 통해 신체활동 뿐 아니라 뛰어놀 수 있는 공간도 마련되어야 한다. 신체활동 영역은 신체발육이나 안전능력, 사회성 발달을 위한 필수적인 중요 영역이라고 볼 수 있다.

▶복합놀이기구를 통해 구성된 신체활동 영역

▣ 물 · 모래놀이 영역

물놀이와 모래놀이 영역은 일반적으로 연결하여 놀이가 활발하게 이루어질 수 있도록 구성하게 된다. 물놀이는 배수가 잘 되고, 물을 적절히 활용할 수 있는 곳에 구성되도록 하여야 한다. 특히 배모형, 물뿌리개, 다양한 용기 등의 소품을 준비해서 적극적 활동으로 연결될 수 있다.

모래놀이 영역은 부드럽고, 깨끗한 모래를 활용하여 안전하게 놀이할 수 있도록 공간을 구성하게 된다. 특히 물놀이와 연결하여 수로 만들기, 터널만들기, 집짓기, 여러 가지 음식과 도구 만들기 등이 이루어지도록 그릇, 삽, 의자 등을 적절하게 배치해 주어야 한다. 모래놀이 영역은 나무 밑이나 처마 밑의 그늘에 구성해 주어 직사광선을 피할 수 있도록 해 주는 것도 좋은 방법이다.

▶다양한 물과 모래를 활용한 놀이환경인 물 · 모래놀이 영역

■ 탐색 영역

탐색영역은 동식물을 관찰, 탐구하며 기를 수 있는 영역으로 식물재배나 동물사육의 활동 영역이다. 특히 텃밭은 계절에 따른 농작물을 계획하고 유아들이 직접 농사를 짓고, 수확하는 과정을 통해 계절의 흐름, 식물의 변화, 생명의 특징 등을 느낄 수 있는 의미있는 영역이 될 수 있다. 더불어 다양한 곤충도 관찰할 수 있는 기회가 된다. 동물사육은 동물을 관찰하고 보살피면서 동물과 교류하고 생명을 탐색하는 기회를 가질 수 있다.

▶유아교육기관 내에 텃밭의 형식으로 구성된 탐색 영역

■ 역할놀이 영역

역할놀이 영역은 작은 놀이집이나 가족 물품 등을 제공함으로써 극화놀이를 풍부하게 할 수 있는 공간이다. 특히 주제 중심의 교육과정에서는 주제에 맞는 다양한 도구를 제공해 주어 활발한 극놀이가 이루어질 수 있도록 한다.

■ 조용한 공간

유아가 조용히 이야기를 나누거나 휴식을 취할 수 있는 공간이 필요하다. 이 공간은 그늘이 지고, 유아의 왕래가 잦지 않는 조용한 공간에 배치하는 것이 좋다. 특히 휴식을 할 수 있는 공간을 구성하여 아늑하고 편안한 느낌을 줄 수 있어야 한다. 실외에서 정적활동을 할 수 있는 공간으로 그림 그리기, 조형 활동, 토론 등의 활동이 이루어지기도 한다.

2) 생태 및 삶 중심의 환경구성

유아들은 어떠한 환경에서 행복을 느끼는가? 이에 대한 논의에 대해 유아들을 자연으로 데리고 가야 한다는 주장은 끊임없이 제기되고 있다. 독일의 '숲유치원'은 유아들의 놀이 공간은 숲 이외에 더 좋은 공간이 없음을 주장한다(이명환, 2008). 그리고 아이들을 숲 속에서 계절과 시간을 느끼며 놀이와 교육이 이루어지도록 하고 있다. 이 때 환경구성은 원래 자연이 이루어주는 구성 그 자체가 곧 유아들이 살아가고 교육되는 환경이어야 한다고 본다.

발도르프 유치원의 경우도 실내외 공간을 인위적 형태로 구조화시키기보다는 자연적 삶의 형태로 구성하기를 원한다. 교사는 자유놀이 시간에 자연스럽게 아이들과 인형의 옷을 꿰매거나 놀잇감을 고친다. 그 동안 아이들은 인형놀이나 바느질 등을 통해 자연스런 일상을 놀이로 연결시킨다.

생태 및 삶을 중시하는 교육과정에서는 환경구성의 구조보다는 질적인 부분에 더 의미를 두는 경향이 있다. 얼마나 많은 양의 구조화된 공간이냐 하는 것보다 얼마나 유아들의 삶과 자연에 밀접하게 연결되어 있느냐 하는 것에 의미를 두고 있다. 생태 및 삶을 중시하는 환경구성은 '느림'과 '어설픈 모양'이 있다 할지라도 자연적 본성을 마음껏 발현할 수 있고, 유아들이 스스로 구성해 나가는 환경을 일컫는다.

여기서는 우리나라 생태유아교육에서 나타나는 환경구성의 특성(서영희, 2008; 임재택 외, 2008; 조채영, 2006; 하정연, 2008)을 살펴보고자 한다.

(1) 실내 환경구성

실내 환경의 구성은 시・공간의 종합적 자유를 통해 진짜 놀이가 이루어져야 한다고 본다. 전통사회의 살림집의 실내 공간에서 그 모습을 찾을 수 있는데 실내환경은 삶의 패턴에 따라 구성되는 것이라고 보기 때문에 임의로 흥미영역의 분리를 강조하지 않는다. 이러한 생태유아교육에서의 교실 환경 구성을 살펴보면 다음과 같은 몇 가지 특성을 포함한다.

■ 교실의 흥미영역별 통합

생태유아교육의 교실환경은 교실의 흥미영역별 통합을 중시하고 있다. 교실의 흥미영역별 통합은 일반적 형태로 흥미영역을 분리하지 않고 유동적으로 변화될 수 있는 공간이다. 이러한 구성은 유아의 일상과 관심에 따라 얼마든지 교실은 바뀔 수 있다는 개념이다. 때로는 교실 전체가 시장이 되기도 하고, 때로는 교실 전체가 뒷산이 되기도 한다. 이러한 개념에서 교실의 흥미영역은 교사가 미리 구성해 두는 개념이 아니라 유아들이 스스로 구성해나가는 영역이 될 수 있다.

■ 반별 실내 공간의 통합

일반적으로 유아교육기관은 각 반별의 공간이 독립적으로 구성하여 운영된다. 그러나 반별 실내공간의 통합을 통해 연결되는 환경을 구성하고자 한다. 즉 각 학급의 공간을 서로 연결하여 오가며 통합적으로 운영될 수 있는 것으로 자유놀이시간에 서로 다른 교실을 오가며 함께 놀이를 이루어갈 수 있는 공간적 통합의 더 확대된 접근이라고 볼 수 있다.

■ 자연물과 생활물로 구성된 공간

교실공간의 구성은 인공물보다는 자연물로 구성된다. 플라스틱이나 인공 소재는 가급적 배제하고, 자연에서 찾은 놀잇감이나 생활 속에 필요한 일상생활용품으로 구성된다. 자연 속에서 찾은 열매, 돌멩이, 나뭇잎과 나뭇가지 등이 유아들에게 나름대로 의미가 되어 놀잇감으로 탄생한다. 일상생활에서 천, 실, 바구니, 쿠션, 가재도구가 교실에선 유아에게 의미있는 교육용 교재이자 교구가 된다. 따라서 교사도 아이들에게 종이, 나무, 천, 실 등을 활용한 놀잇감을 제공하게 된다.

▣ 아늑하고 평온한 공간 구성

교실은 유아들에게 또 다른 집이다. 따라서 자연채광과 자연통풍이 잘 되고, 유아들이 따뜻하고 아늑하게 느낄 수 있도록 구성되어야 한다. 이러한 측면에서 교실 공간 구성은 벽면, 천정, 바닥의 소재가 친자연적이고 평온한 느낌을 주는 것이어야 한다. 또한 커튼이나 교실의 여러 가지 비품도 자연소재로 만든 것으로 구성되어야 한다. 그리고 아이들이 아늑하게 개인 공간을 구성할 수 있고, 다양하고 융통성 있게 변화 가능한 환경이 되어야 한다.

▶자연, 사람이 서로 교류하는 열린 교육 공간

(2) 실외 환경구성

생태나 삶을 중시하는 실외 환경은 자연성을 강조하게 된다. 실외 환경은 유아들에게 삶의 현장이기도 하며, 어울림의 장소이기도 하다. 따라서 몇 가지 원리를 통해 구성되어져야 한다.

첫째, 실외환경 구성은 실외가 자연스런 연결이 중요하다. 실외환경은 실내와 연결되어 소통이 이루어져야 한다. 유아의 삶이 실내와 실외로 분리되는 것이 아니라 서로 소통되고 연결됨으로써 의미있는 흐름이 존재해야 한다. 이러한 측면에서 실내외는 근접이 가깝고 소통이 이루어져야 한다.

둘째, 실외환경은 자연과의 어울림이 중요하다. 실외환경은 하늘, 땅, 흙, 물이 조화롭게 어울려 있어야 하며, 동식물이 함께 하는 생명의 공간이어야 한다. 자연을 보고, 호흡하며, 그 속에서 쉼과 활동을 할 수 있도록 구성되어야 한다.

셋째, 실외환경은 사람과의 어울림이 중요하다. 유아가 실외 놀이를 통해 다른 또래나 지역사회로 통하는 통로를 발견하여야 한다. 마음껏 뛰어놀고, 친구와 더불어 어울려지는 시간과 공간이 되어야 한다. 뿐만 아니라 다른 학급 또래나 선생님, 지역사회가 함께 만날 수 있는 장으로 연결되는 자유의 공간이 되어야 한다.

넷째, 실외환경은 시간과 공간의 어울림이 중요하다. 사계절의 흐름을 느끼고, 그 속에서 스스로 찾아서 발견하고, 만들어가는 공간이 되어야 한다. 시간의 변화에 따른 공간의 조절은 유아들 스스로 계절의 흐름을 몸으로 느끼며, 능동적으로 삶을 구성하는 자세를 형성하게 해주는 환경이 될 수 있다.

이러한 측면에서 실외 환경은 다양한 형태로 구성되어질 수 있는데 그 구체적 실제를 살펴보면 다음과 같다.

■ 물놀이와 모래놀이 공간

물, 모래, 흙은 유아들에게 중요한 놀이 자원이 된다. 물과 모래는 유아들의 관심과 매일의 일상에 따라 얼마든지 자유로운 접근과 변화를 받아들여주는 놀이 소재이다. 따라서 활발한 놀이가 가능한 공간으로서 다양한 가재도구나 자연물을 함께 제시하여 자유로운 놀이 환경을 제공해 준다.

▶자연과 화합하는 물놀이와 모래놀이 공간

■ 흙산과 마당

값비싼 복합놀이기구나 인공놀잇감보다 유아들에게는 스스로 만들고 정복하고 싶은 자연의 터전이 필요하다. 흙산은 유아들이 스스로 오르내리고, 형태를 만들기도 하고, 흙공 등의 다양한 구성물을 형성하기도 하면서 적극적이고 자유로운 활동을 할 수 있게 해 준다. 흙산은 유아들만의 산이므로 계절과 관심에 따라 새로운 물고를 트고, 지형을 만들어 갈 수 있다. 또한 마당은 유아들을 구속하지 않고 뛰고 구를 수 있는 자유로운 공간이 될 수 있다.

▶흙산과 옥상의 생태공원을 통한 놀이공간 조성

■ 텃밭

텃밭은 다만 유아들이 관찰하고 살피는 장소로서의 의미가 아니다.

이곳은 유아들이 씨를 뿌리고, 김을 메고, 수확을 하고, 요리를 하며, 다음 해의 농사를 준비하는 삶의 터전이다. 이를 통해 계절의 변화, 날씨의 변화, 생명의 순환을 몸소 느끼고 살피게 된다.

▶유아의 의식주와 연결된 텃밭 활동

▣ 동물우리

동물우리는 유아들이 다양한 동물을 기르는 공간으로 동물을 보살피고, 돌보는 과정에서 생명의 소중함을 느끼게 된다. 삶과 죽음의 의미를 체험할 뿐만 아니라 동물과의 교류를 통해 의미있는 존재가 될 수 있다.

▣ 쉼터

유아들의 삶의 터전에는 늘 쉼이 필요하다. 유아들의 실외 공간도 조용히 이야기하고, 생각하고, 휴식을 즐길 수 있는 공간이 필요하다. 특히 이 쉼터는 그늘진 곳에서 자연의 향취를 느끼며, 진정한 쉼의 시간을 줄 수 있는 곳이어야 한다.

▣ 정자

실외 놀이 공간 중에서도 지붕이 있어서 여러 가지 역할놀이, 목공놀이, 만들기 등이 이루어질 수 있는 공간을 구성해 준다. 이곳은 유아들이 다양한 활동을 날씨에 상관없이 할 수 있는 공간으로 구성된다. 원두막이나 정자에서 풍류와 쉼을 즐기던 그 옛 모습과 같은 삶의 공간을 열어준다.

▶정자나 원두막의 자연적 공간을 통한 놀이활동

■ 창고

창고는 실외 놀이를 위해 사용되는 다양한 놀이기구와 도구들을 정리정돈할 수 있는 공간이다. 유아들이 능동적이고 자유로운 활동이 이루어질 수 있도록 돕는 창고의 구성이 필요하다.

■ 지역사회

유아교육기관을 벗어난 이웃과 자연은 또 하나의 유아들의 삶의 터전이다. 자연공동체와 사람공동체가 만날 수 있는 지역사회나 가까운 자연은 산책을 통해 유아들이 만나는 하나의 삶의 공간이 된다.

▶자연과 사람이 화합할 수 있는 교육터전으로서의 지역사회

3. 교사의 역할

교사는 교육의 질을 결정짓는 결정적 요소라고 봐도 과언이 아니다. 교사가 현장에서 어떤 역할을 하는가는 그 교육의 특성을 좌우하는 중요한 요인이 된다. 따라서 교사는 교육과정의 특성에 따른 적절한 교사 역할 수행이 필요하다. 이러한 교사의 역할에 따라서 교육과정의 운영은 상이한 결과를 가져올 수 있다. 교사의 다양한 역할에 대한 일반적 입장을 살펴보면 다음과 같다.

▣ 교육계획자로서 교사

교사는 자신의 철학과 가치관에 기초하여 교육과정을 풀어나가게 된다. 특히 교육과정을 미리 계획하는 역할을 하게 된다. 물론 교육과정의 특성에 따라 교육계획자의 교사 역할은 달라질 수 있다. 교육의 전체적 계획이 구조적이냐 아니냐에 따라 역할은 다를 수 있지만 교육에 있어서 미리 교육의 전 과정을 설계하고 준비하는 역할을 중시하고 있는 것이 일반적이다.

▣ 상호작용자로서 교사

교사는 유아와의 상호작용을 통해 교수행위가 이루어진다. 교사는 상호작용자로서 유아와 다양한 상호작용을 하지만 교육과정의 특성에 따라 아동중심으로 접근될 수도 있고, 교사중심으로 접근될 수도 있다. 유아와의 상호작용에서 교사의 중재 정도에 따른 교수행동 유형을 살펴보면 비지시적 유형에서 지시적 유형에 이르기까지 8가지 유형으로 구분될 수 있다(Bredekamp, 1992). 이러한 다양한 교사의 역할은 교육과정의 특성과 접근 방법에 따라 다양한 유형을 가질 수 있다.

① 인정하기(acknowledge): 유아가 지속적으로 활동을 하도록 관심과 주의를 기울여 긍정적 격려를 제공해 주는 교수행동이다.

② 모범보이기(model): 유아에게 바람직한 행동이나 태도 등의 모범을 보여줌으로써 잠재적 교육효과를 가지게 된다.

③ 촉진하기(facilitate): 유아가 다음 단계의 과제나 기능을 하도록 일시적으로 도움을 제공하는 것으로 문제해결을 위한 다리를 놓아주는 것이다.

④ 지원하기(support): 촉진하기보다 좀더 고정적 형태로 능동적으로 관여하여 피드백을 주는 형태이다.

⑤ 비계설정하기(scaffold): 교사는 유아가 기대되는 능력에 도달하도록 적절한 학습방법을 사용해 도움을 주거나 도움이 없으면 하기 어려운 과제에 도전의 기회를 마련해 주는 교수행동이다.

⑥ 함께 구성하기(co-construct): 교사와 유아가 함께 문제나 과업을 수행하는 형태이다. 비계설정보다는 좀더 지시적이지만 교사와 유아가 모두 적극적이다.

⑦ 시범 보이기(demonstration): 교사가 시범을 보이고 유아는 결과를 관찰하여 빠르고 쉽게 학습하도록 하는 방식이다.

⑧ 지시하기(direct): 교사는 어떤 활동을 시행착오 없이 실시할 수 있도록 구체적인 방법을 유아에게 지시하는 획일적인 교수형태이다.

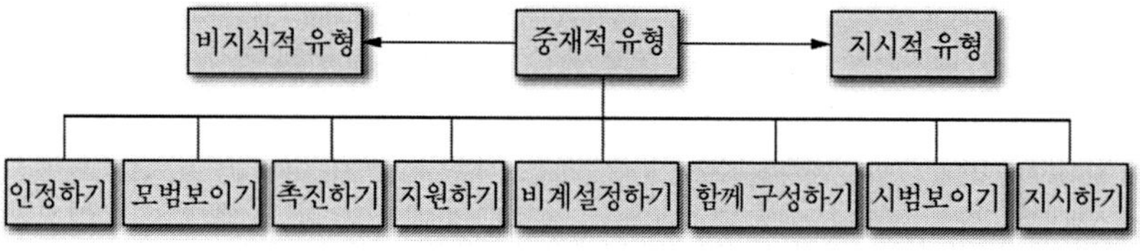

〈그림 9-1〉 중재정도에 따른 교사의 행동 유형

■ 환경구성자로서 교사

교사는 교실 전체의 환경과 배치를 위한 구체적 역할을 수행하게 된다. 일반적으로 흥미영역을 배치하고 학습에 필요한 적절한 분위기와 환경을 조성하기 위한 역할을 담당하게 된다. 이 때 교사는 교육과정의 특성에 따라 집단의 크기, 유아의 흥미와 요구, 활동성의 정도, 활동에 필요한 관련 영역 및 구성 특성, 계절과 교육 시간 등을 고려하여 환경을 구성할 필요가 있다.

환경구성자로서의 교사 역할은 교육목적 및 내용에 따라 교사의 주도적 환경구성과 유아와의 능동적 환경구성, 자연스런 환경 구성 등의 다양한 방법들이 있을 수 있다. 교사 주도형 학습 방식으로 갈수록 환경구성은 오히려 교사의 교수 의도나 조직에 따라 이루어질 것이고, 유아 주도형 학습 방식으로 갈수록 환경구성은 유아의 흥미나 관심에 따라 조성되며 교사는 안내하고 지원하는 역할을 하게 될 것이다. 최근 교육방법에 대한 관심은 환경 구성의 재료와 구성방식을 자연에서 찾고자 하는 시도들도 다양하게 이루어지고 있다.

▣ 행정 및 조직 관리자로서의 교사

유아 교사는 유아교육기관이라는 조직의 일원으로서 그 기관의 다양한 행정 조직과 관리에 참여하게 된다. 특별히 학급의 운영 및 관리를 위한 문서작성 및 관리, 유아의 관찰 및 평가와 문서관리, 부모와의 교류 및 관리, 비품 및 교재 교구의 조직 관리, 업무 분장된 실무 관리 및 문서 작성 등의 다양한 행정 및 조직에 관련된 업무를 수행하게 된다.

▣ 협력자로서의 교사

교사는 유아교육기관에서 유아, 동료, 부모와 많은 시간을 보내게 된다. 따라서 동료 교직원, 유아, 부모와의 협력 관계가 어떻게 형성되는가는 교사 역할에 있어서 중요한 부분이 된다. 동료교사로서 원활한 의사소통을 하고, 갈등을 적절하게 해결함으로써 교육공동체로서의 나눔을 가져야 한다. 또한 학부모와의 관계에 있어서 협력과 참여의 관계를 형성하여 서로 함께 교육 현장을 열어가는 협력자로서 관계를 가지게 된다.

■ 전문가로서의 교사

유아교사는 전문직으로서의 자율성, 윤리성, 책임성, 사회적 권리를 가져야 한다. 이러한 측면에서 교사로서의 품위를 손상시키지 않고, 이와 더불어 전문인으로서의 역할을 수행하여야 한다. 즉 특별한 자격에 맞는 자율성과 더불어 책임을 가지고 행동해야 하며, 사회적 권리도 보장받아야 한다. 더불어 스스로 교육적 신념을 가지고 이에 적절한 역할 행위를 수행해야 하며, 교사로서의 자질과 역할 수행에 대한 지속적인 반성과 성찰이 필요하다. 즉 전문가로서의 교사는 전문인으로써 유아교육에 대한 꾸준한 연구와 재교육을 실천하는 자세가 필요하다.

유아교사는 이상에서 살펴본 바와 같이 다양한 교사로서의 역할을 수행하게 되는데 이에 대한 역할 유형은 교육과정의 기본 신념과 접근 방식에 따라 상이한 형태로 나타날 수 있다.

유아교육기관에 대한 사회적 불신과 질적 저하에 대한 문제를 해결하기 위해서는 무엇보다 유아교사의 역할 및 자질에 대한 논의가 중요하다. 이러한 측면에서 유아교사에 대한 새로운 관심과 재인식은 유아교사의 정체성에 대한 재개념을 요구하고 있고, 최근 다양한 시각으로 유아교사의 역할에 대한 논의가 일어나고 있다. 특히 지금까지 비전문성의 영역으로 지각되어온 '돌봄'이라는 개념이 유아교사의 중요한 전문성의 개념으로 특성화하는 논의들(오경희 · 한대동, 2007; Goldstein, 2002; Noddings, 1984)이 등장하고 있다.

또한 최근 생태유아교육에서는 유아교사의 역할로서 교수행위자를 넘어서 자신의 삶을 돌보고 더불어 유아들과 함께 행복한 삶을 돌볼 수 있어야 한다고 주장하고 있다. 즉 돌봄의 삶을 사는 교사, 땀을 흘리는 교사, 섬김을 실천하는 교사, 생명의 결대로 키우는 교사, 지금을 준비하는 교사, 감성을 열어 미적 체험을 하는 교사로서의 역할이 있어야 한다(권미량, 2005)고 한다.

이러한 유아교사로서의 역할에 대한 재인식은 유아교육과정의 실제 운영에 있어서 교사의 역할을 좀더 유아교육의 특성에 맞게 논의함으로 인해 유아교육 현장의 정체성을 회복하고자 하는 노력들이라고 볼 수 있다. 따라서 유아교육과정의 구성 및 운영의 실천적 과제로서 유아교사의 역할에 대한 지속적 논의가 필요할 것이다.

제 10 장

최근 유아교육과정의 쟁점과 논의

여성의 사회참여, 저출산, 핵가족화라는 사회적 변화와 더불어 유아의 권리에 대한 논의가 증가하면서 유아의 교육권과 국가적 지원과 책임에 근거한 유아교육의 질적 개선을 위한 논의가 끊이지 않고 있다. 유아교육의 질적 개선을 위한 논의의 핵심에 떠오르는 것이 유아교육과정을 어떻게 보고, 접근할 것인가 하는 것이다.

이러한 면에서 최근 유아교육과정의 쟁점과 논의를 살펴보고, 앞으로의 방향을 모색해 나가는 것은 중요한 과정이 될 것이다.

1. 유아교육과정 개념에 대한 논의

유아교육과정은 그 개념적 규정에 있어서 어떻게 바라보느냐에 따라 현장 접근이 상이하게 달라질 수 있다. 지금까지 교육과정은 전통적으로 '무엇을 어떻게 가르칠 것인가?'라는 조직적 접근으로 목표, 내용, 방법의 구체적 조직에 초점을 맞추어 논의되어 왔다. 그러나 최근 이러한 획일화된 교육과정에 대한 이해가 오히려 교육을 성인의 개념과 구조적 사고 방식에 근거해 고립화시키는 결과를 가져온다는 주장을 통해 재논의되고 있는 것이 사실이다.

파이너(Pinar, 1975)는 교육과정의 동향을 전통주의자, 개념·경험주의자, 재개념주의자의 접근 방식이 각기 다름을 제시하였다. 또한 최근에는 포스트모더니즘, 해체론, 다문화주의, 생태주의 등에서 해답을 찾고자 하는 움직임들이 일어나고 있다. 이러한 다양한 논의가 활발한 시점에서 유아교육과정의 바람직한 개념 모색을 위해 지금까지 논의되어 온 교육과정에 대한 개념 체계를 살펴보고자 한다.

1) 전통주의적 접근

전통주의적 교육과정에 대한 이론적 접근은 1918년 보빗(Bobbitt)에서 비롯하여 출발하였다. 보빗은 20세기에 접어들면서 산업화 사회의 효능성을 중시하는 조직원리를 교육에 적용하여 과학적 경영의 효능성에 근거한 교육적 접근을 이루고자 하였다. 즉 과학적 경영관리론에 기초하여 교육에 있어서 공정한 과정과 절차를 밝힘으로써 효율적 교육을 위한 활동분석을 시도하였다. 효율성의 최대화가 조직에 있어서는 무엇보다 중요하기 때문에 교육과정의 교육 절차를 극대화하기 위해 투입과 산출의 관료지향적 체제로의 전환이 요구된다고 보는 것이다.

전통주의 교육과정이론은 1949년 타일러(Tyler)의 목표중심의 체제론적 접근모형에서 구체화되어 이를 계승하고 받아들이는 입장으로 형성되어왔다. 타일러는 『교육과정과 수업의 기본 원리』에서 교육과정 개발에 필요한 4가지 질문으로 다음을 제시하였다.

- 학생들이 달성하고자 하는 교육목표는 무엇인가?
- 이 목표를 달성하기 위하여 어떤 경험을 선정해야 하는가?
- 이 교육적 경험을 어떻게 효율적으로 조직해야 하는가?
- 이 목표의 달성 여부를 어떻게 알 수 있는가?

이러한 요소는 교육과정 구성에서 교육목표의 설정, 교육내용의 선정, 교육내용의 조직, 교육평가에 관련된 내용으로 교육과정 개발 과정에서 전문적으로 고려되어야 할 요소로 인식되어져 오고 있다. 이러한 타일러식의 교육과정 접근은 교육과정의 조직 및 구성의 효율성을 중시하며, 개발과정에 있어서도 합리성이 부각되어진다. 타일러의 전통주의적 교육과정은 이후 타일러에게 영향을 받은 타바(Taba)에 의해 교육목적 및 목표, 교육내용의 선정 및 조직, 학습과 교수형태, 평가의 요소로 부연 조직된 모형으로 나아가는 기초가 되었다.

그러나 이러한 전통주의적 교육과정의 접근은 1960년대 이후부터 수단-목적론적 접근으로서 단지 효율성과 성과 위주의 교육과정 개발에만 초점을 맞추고 있음에 대한 비판이 일어나면서 전통주의적 교육과정에 대한 도전과 새로운 시각이 제기되었다.

2) 개념 · 경험주의적 접근

19세기말부터 지식의 단편화와 효율성을 중시하는 결과 위주의 전통주의적 교육과정 개발에 따른 관료주의적 학교 체제가 비판을 받으면서 경험주의적 접근이 나타나게 되었다.

경험주의적 교육과정은 학생의 경험 그 자체가 교육과정이 될 수 있다는 입장을 견지하게 된다. 따라서 교육과정은 학생을 위해 무엇을 어떻게 할 것인가를 구체적으로 계획하는 문제뿐만 아니라 새로운 상황 속에서 개인이 생성하는 예기치 못한 모든 결과까지도 고려하고 포함해야 한다는 기본 입장을 가지고 있다. 즉 각기 다른 개인의 다양한 경험 양식을 모두 고려하고, 인정하여야 한다고 볼 수 있다.

이러한 측면에서 개념 · 경험주의적 접근은 경험 과학적 방법을 교육과정에 적용시켜 교육과정 현상을 체계적으로 연구하고자 하였다. 교육은 정보전달의 차원이 아니라 과정 자체로 보아야 한다고 보고, 경험론적 방법을 교육과정에 적용하여 실증주의적 합리성에 기초한 교육과정의 연구를 시도하였다. 또한 논리적 실증주의에 기초하여 지식의 구조와 순서를 강조하였다.

존슨(Johnson, 1967)은 수업설계의 모형에 있어서 수업공학 및 수업설계에 관한 체제모형을 제시하면서 구체적이고 논리적 실증을 제시하고자 하였는데 이는 개념·경험주의적 접근의 형태로 볼 수 있다. 또한 브루너(Bruner, 1966)의 학문구조이론은 학문의 구조를 파악하여 가르친다면 누구나 쉽게 가르칠 수 있다는 측면에서 지식의 구조에 근거한 교육과정 접근을 시도하게 만들었다. 특히 교육과정이 '빈사상태'에 있다는 선언으로 도전을 던져준 슈왑(Schwab, 1970)은 교육과정은 실제적인 측면의 복잡한 성격을 담고 있기 때문에 실제성을 강조한 교육과정의 탐구가 필요하다고 보았고, 이는 이후 워커(Walker, 1971)에 의해서도 이어지면서 교육과정의 연구 개발의 본질에 실제적 측면에서의 탐구를 강조하게 되었다.

따라서 개념·경험주의적 교육과정은 전통주의적 관점에 비해 경험적 합치와 논리적 근거를 교육과정 개발에 있어서 중시하였고, 교육과정 탐구에 행동과학적 방법을 도입함으로써 과학적 교육과정 이론을 확립하려는 시도가 있었다.

3) 재개념주의적 접근

1969년 쉬왑(Schwab)이 내놓은 논문이 발화점이 되어 교육과정에 대한 연구와 현실에 대한 문제 제기가 일어났다. 이를 토대로 1970년대부터 본격적으로 재개념주의적 교육과정의 움직임이 나타나기 시작하였다. 이는 학교의 현행 체제에 대한 비판과 문제점에 대한 인식으로 현상학적·해석학적 측면에서 교육과정을 재개념화할 것을 주장하게 된다.

클리바드(Kliebard), 맥도널드(Macdonald), 애플(Apple) 등의 학자들이 전통적 접근과 개념·경험주의자들의 교육과정에 대한 접근을 비판하고 이에 대한 변화의 필요성이 제기되었다. 이러한 교육과정에 대한 재인식 연구를 파이나(Pinar)가 모아서 정리하면서 '재개념주의자' 라고 용어를 사용하게 되고, 재개념주의적 교육과정의 접근이 본격화되었다.

이러한 재개념주의적 접근은 기존의 교육과정이 가지는 방식이 관념이나 행동과학적 방법으로 개념화되어 정형화된 것에 대한 비판에서 출발하여 교육과정의 본질적 재개념화가 필요하다고 주장한다. 개념주의자들은 교육과정의 형식적 구성 조직에 매인 형태를 비판하며 다양한 현상과 사회적 관점으로 살펴질 수 있는 실제 경험과 이미지로서의 교육과정의 본질에 대한 접근을 취하고 있다(Jipson, 1991; Miller & Seller, 1985; Pinar, Reynolds, Slattery & Taubman, 1995). 즉 재개념주의적 접근에서 교육과정은 정치적, 역사적, 문화적, 이념적, 사회적 측면의 다양한 물음을 통해서 재검토의 과정이 필요하다고 보며, 이를 통해 획일적 교육과정의 양상을 탈피하여야 한다고 본다.

물론 재개념론자들마다 이러한 질문에 대한 강조점이 다르기 때문에 때로는 문화적 가치를 강조하며, 때로는 사회적 관계에 강조점을 두기도 한다. 이것은 교육과정의 개발을 넘어서 교육 경험의 실존적 본질에 대한 이해와 변화에 초점을 둔다. 유아교육과정에서도 이러한 재개념주의적 접근에 대한 논의와 더불어 현장의 고정화된 틀에 대한 비판이 일어나고 있다.

따라서 재개념주의적 유아교육과정에서는 기능적이고 행정적 측면을 강조하는 전통주의적 접근과 달리 현상적이고 주관적인 측면을 포함하게 되는 접근으로 교육과정의 범위와 깊이를 좀더 확대시킨 접근이라고 볼 수 있다.

이러한 면에서 현행 유아교육과정의 기능적이고 구조적 접근에 대한 재검토와 더불어 유아의 삶이나 관계에 기초한 교육과정의 의미를 재인식할 필요성이 요구되고 있다. 그러나 재개념주의적 접근이 비판적 입장을 견지하고 실천적 실제를 구체적으로 제시하지 못하고 있다는 점에서 지적이 일어나기도 한다.

4) 다양화의 접근

유아교육과정의 다양화는 유아교육과정의 현상학적 접근, 포스트모더니즘의 탐구 양식, 다문화주의 등의 접근을 통해 활발하게 일어나고 있다. 이는 유아교육과정을 하나의 시각이 아닌 다각적 시각에서 재검토하자는 재개념주의적 접근에서 출발하여 현장의 특성과 시대적 의미를 반영하며 활발하게 전개되고 있다.

현상학적 접근은 경험 그 자체를 이해하려는 노력과 더불어 인간의 삶의 다양성이나 잠재력을 교육과정에 그대로 드러내고자 하는 접근으로 시도되어지고 있다. 유아교육과정의 현상학적 접근은 유아와 교사들의 일상적이고 개인적인 삶의 현상을 그대로 포착하여 경험의 심층적 의미를 찾음으로써 교육적 현상과 인간의 본질을 과학적 체계화의 틀 속에 가두는 오류를 벗어나고자 한다. 즉 다양한 유아의 잠재력에 기초한 삶의 경험 자체를 중시하는 교육적 접근의 필요성을 역설하고 있다고 볼 수 있다.

포스트모더니즘의 탐구 양식을 가지고 유아교육과정을 접근하는 형태는 근대적 과학주의 사고에서 벗어나 교육과정을 포스트모더니즘의 관점에서 접근하고자 한다. 즉 지금까지의 교육체제가 가지고 있는 권위적이고 논리적 근거에 따라 교육의 안정성과 질서를 보장하고 수업의 효율적 접근을 제공하는 시간, 공간, 집단의 모던적 조건을 해체하고 재개념화하려는 접근이라고 볼 수 있다.

따라서 유아교육과정의 포스트모더니즘 접근을 보면 공간과 시간의 조직화에서 벗어나 삶의 역동적 공간으로서 시간을 아우르는 경험의 현장으로 재인식하려는 접근들(양옥승, 1999; Cannella, 1997; Liavitt, 1994)이 일어나고 있다. 양옥승(2008)은 이러한 사회문화적 의미를 공유하는 공간으로 유아교육기관을 재인식하는 예로 레지오 에밀리아

(Reggio Emilia) 접근법을 제시하고 있다.

현대사회의 급격한 변동은 다문화에 대한 사회적 자각을 필요로 하고 이는 교육의 문제로 연결되고 있다. 우리나라 국제결혼이 한 때 사회적 문제로 시작되었다면, 이 사회적 현상은 몇 년 후 다민족으로 구성된 가정을 보듬는 교육의 문제로 이어지게 되었다. 다문화로 변해가는 현대사회는 교육과정에 있어서의 변화를 요구하게 되고, 유아교육과정에서 다문화의 고정관념이나 편견을 넘어서는 다문화주의 교육과정에 대한 이해를 필요로 한다. 이는 교육과정에 문화적 갈등과 불평등을 극복할 수 있는 다문화주의적 가치 체계와 삶의 현실을 포함하기를 요구하고 있다.

교육과정에 있어서 다양성의 반영은 나아가 성평등, 장애통합, 인종적 통합 교육과 같은 다양성을 인정하는 접근을 교육과정의 본질 속에서 새롭게 모색하고자 하는 현대 교육과정의 새로운 과제로 떠오르고 있다.

5) 생태주의적 접근

교육에 있어서 생태주의적 접근은 현대사회의 환경과 교육 본질의 문제 제기에서 출발한다. 산업문명의 발달과 현대문명의 위기는 지속가능사회에 대한 위협을 느끼게 하였고, 이에 대한 교육적 과제가 부여되었다. 현대에 와서 인간과 자연이 단절되고 생명에 대한 각성이 요구되면서 그 관심이 늘어가고 있다. 따라서 교육과정의 생태주의적 접근은 현대의 비인간성과 비자연성을 극복하기 위해 자연과 공존하는 삶의 영역을 개척하자는 견지에서 기술지향주의와 대립되는 접근이다.

생태주의적 접근으로 유아교육의 패러다임을 달리 바라보고자 하는 생태유아교육은 사람과 자연, 사람과 사람, 몸·마음·영혼의 조화와 어우러짐을 지향한다. 생명의 관계 속에서 유아가 행복한 모습으로 자연의 순리에 맞는 시간과 공간의 삶터를 열어가도록 하는 과정을 유아교육과정이라고 보는 것이다. 생태유아교육은 사람, 사회, 생명의 살림을 실천하고자 하는 접근으로 유아가 건강한 삶터에서 흥과 멋을 찾아 자생력과 적응력을 발휘하며 행복하게 살아가도록 자연, 놀이, 아이다움을 되찾아 주고자 하는 접근이다.

생태유아교육과정은 구조·기능론적 틀에서 자유롭지 못한 유아교육의 현장을 삶과 관계로 다시 재조명하고 살림의 길로 나가기 위한 구체적 실천 과정을 담고자 한 접근 방법이다. 이러한 측면에서 살펴보면 생태주의적 접근의 교육과정은 몇 가지 특성을 지닌다고 볼 수 있다.

첫째, 생태유아교육과정은 목표를 구성하고 이에 맞추어 미래 지향적으로 실천하는 교육과정이 아니라 '지금 여기'를 중시하는 교육과정이다. 김은주(2005)는 생태유아교육은 '성장과 성숙'이라는 발달적 관점이 아니라 '지금 여기'라는 현상적 특성을 가지고 있음을 지적한 바 있다. 즉 생태유아교육은 현재 유아들의 삶과 놀이를 통해 행복한 지금을 추구하는 교육과정적 접근을 취하고 있다.

둘째, 생태유아교육과정의 내용은 지식의 구조나 체계에 근거한 개념적 접근이 아니라 삶과 전통 문화에서 열어가는 사회문화적 현장에 두고 있다. 논리나 구조적 체계를 넘어서 자연과 사람의 폭넓고 통합적 삶의 맥락에서 접근되어지는 내용이다. 즉 텃밭, 먹거리, 세시풍속, 산책, 몸짓, 명상, 손끝놀이 등과 같이 유아, 자연, 사회가 어우러지는 삶의 현장이 그대로 교육의 내용이 되도록 하고 있다.

셋째, 생태유아교육과정은 교사가 지식의 구조나 교육의 체계에 근거한 인위적 통합이 아니라 시간과 공간의 흐름을 근거로 한 자연적 통합을 시도한다. 따라서 공간과 시간의 순환과 그 속에서의 안정된 유아의 삶을 중시하는 형태로 접근되어진다. 또한 생태유아교육과정은 관계, 순환, 다양성, 영성과 같은 전체적 통합의 방식으로 실천적 모색을 이루고 있다.

2. 유아의 삶과 교육과정

현대사회는 저출산과 고령화라는 사회적 문제를 안고 유아교육과 복지에 대한 새로운 시각을 요구하고 있다. 유아교육에서는 이러한 사회적 분위기에 발맞추어 유아교육의 변화와 성장을 위해 노력해 왔다.

그렇다면 어떻게 유아교육의 질을 높여 부모와 사회에게 믿음을 던져줄 수 있는가? 아이가 어떤 존재이며 어떻게 교육되어져야 하는가에 대한 질문은 유아교육의 역사와 함께 이루어져 왔다. 유아와 교육의 만남이 이루어지는 순간 우리는 교육에 유아를 맞출 것인지, 아니면 유아에게 교육을 맞출 것인지에 대한 고민과 논의를 하게 된다. 이에 대한 일반적 논의는 후자가 우세하겠지만 실제 교육현장에 대한 반성적 고찰은 상반된 결과를 보인다는 것이 논의의 초점이 될 수 있다.

1) 유아교육에서 삶의 의미

유아교육과정에 대한 논의 중에서 유아교육의 본질을 지식의 구조나 발달적 체계화에 따른 작위적 형태로 보는 것에 대한 재개념적 논의는 유아교육을 유아의 삶의 경험 자체에서 보아야 함을 제시하고 있다. 특히 유아교육과정은 미리 구조화되어지는 형태를 넘어 유아의 삶에서 발견하고 따라가는 일상이어야 한다는 논의가 필요하다. 즉 유아교육은 삶이고, 일상이라는 새로운 시각이 구체화되어지고 있다. 이러한 개념에서 유아교육은 돌봄의 개념과 의식주를 포함한 일상 속에서 교육적 의미를 살피는 유아교육과정에 대한 새로운 접근이 논의될 필요가 있다.

2) 유아교육공동체에 대한 논의

다음으로 유아교육을 삶에서 찾는 명제와 더불어 본다면 유아교육은 자연스러워야 하며, 유아교육과정은 삶의 여정이어야 하며, 유아교육기관은 유아교육공동체이어야 한다. 따라서 유아의 삶을 유아교육과정 속에서 논의할 때 유아교사, 부모, 사회가 함께 논의되어야 한다. 공동체라는 개념은 일반적으로 관계, 공존의 개념과 더불어 서로의 순기능을 다할 수 있을 때 의미를 발휘하게 된다. 공동체란 사전적 의미로 생활 운명을 같이 하는 사회집단으로 규정되어지는데 서로 간의 결속력과 유대가 큰 역할을 가지게 된다.

유아교육공동체라는 접근은 복지국가로 향하는 현대 사회의 유아교육에 새로운 의미를 던져줄 뿐 아니라 바쁘고, 외롭고, 불안한 현대사회를 살아가는 부모의 삶과 유아의 삶을 돌보는 교육적 접근이 될 수 있다. 이러한 접근에서 유아교육기관은 '이웃사촌'과 같은 유대관계를 통한 결속력을 가지고, 교육과 양육에 대한 공통된 의식(意識)을 공유하며, 나아가 함께 돌보는 삶이어야 한다.

우리나라 유아교육현장에서도 이러한 교육환경에 대한 문제를 자각하는 변화의 움직임이 나타나고 있다. 공동육아의 경우 "살아있는 생명인 우리 아이들에게 열려 있는 세계를 만들어 주자"라는 이념으로 공동체라는 삶의 형태에서 출발하여 자연스런 환경을 열어주고자 하는 실천적 의지를 보여 왔다. 이부미(2006)는 공동육아의 교육 환경적 맥락이 공간의 개방성, 시간의 개방성, 체험의 존중임을 제시하며, 자연과 문화와 인간이 친숙해지는 교육적 배려를 중시하고 있다. 이탈리아의 레지오에밀리아 접근법 또한 그 발생적 측면이 이러한 공동체적 삶에서 출발되었다는 것은 유아교육의 본질적 변화에 있어서 교육공동체적 접근이 교육과정 전반에 영향을 미치는 논의점이 될 수 있음을 드러내고 있다.

이러한 측면에서 보면 현대 사회를 살아가는 유아와 부모가 더불어 가족과 자녀를 돌보고, 섬기며, 살피는 공동체적 삶의 과정에 대한 논의가 유아교육과정에서 이루어져야 한다. 이러한 면에서 현대 사회가 가지는 유아교육의 정형화에 대한 재검토와 더불어 유아교육현장의 재접근이 논의될 필요가 있을 것이다.

3) 자연과의 공존적 삶에 대한 요구

2007년 개정 유치원 교육과정은 그 배경에 21세기의 산업사회 및 지식 사회가 가지는 인간성 상실과 자연 파괴의 문제에 대한 반성에 대한 요구를 포함하고 있다. 즉 기본적으로 교육에 있어서 사람과 자연을 존중하고 사랑하는 세계관으로 생각의 전환이 필요하며, 유치원 교육에서부터 이러한 세계관을 확립할 수 있도록 교육을 하여야 한다는 필요성이 부각되고 있다(교육과학기술부, 2009).

유아교육현장에서도 자생적으로 유아교육 삶의 현장을 자연과 더불어 공존하는 현장으로 전환하려는 노력들이 생겨나고 있다. 아이들의 영성을 살리고자 하는 접근을 해 나가기도 하고(이미영, 2007; 황선진, 2007), 자연 속에서 육아의 실천을 이어오기도 하고(임정숙, 2003), 유아교육의 공간과 시간의 변화(서남숙, 2005)를 구성해 나가기도 하며, 유아교육기관에서 환경과 먹을거리를 바꾸어나가려는 시도들(김영중, 2006; 남영옥, 2006; 박숙, 2006)과 숲으로 안내하는 노력들(남효창, 2006)도 생겨나고 있다.

아이들에게 잃어버린 자연과 놀이와 아이다움을 되찾아주어 사람과 자연이 하나 되고, 사람과 사람이 더불어 살며, 아이들이 행복하게 사는 세상을 꾸리고자 하는 운동과 연구로 이어오고 있는 생태유아교육(임재택, 2008)은 우리나라 유아교육 현장에 새로운 도전을 제시하고 있다.

3. 유아교육의 환경과 맥락

유아교육의 환경에 대한 논의는 이론적 기초에서 시작하여 실제 현장에 이르기까지 양적 논의를 넘어서 질적 논의로 이어지고 있다. 어떠한 환경이 유아들에게 최적의 의미를 가질 수 있는가에 대한 현장적 이해에 대한 요구는 다음과 같은 여러 가지 논의를 일으키고 있다.

1) 교수매체 환경의 실용주의적 관점의 재인식

유아교육의 환경 및 교재교구가 기능적 차원에 이론적 기반을 두고 그 효율성이 해석되고 있는 것이 현재 유아교육환경에 대한 일반적 시각이다. 우리나라 전통사회에서 유아의 놀이는 자연을 놀잇감으로 하여 자연과 호흡하는 일상(유안진, 1992)이었다.

그러나 오늘날 유아교육현장은 다양한 교수공학에 근거한 유아교수매체의 개발과 연구로 다각적 교육환경을 제공하기 위해 매진해 왔다. 특히 구체성과 추상성이라는 개념에 근거한 호반(Hoban), 데일(Dale), 올센(Olsen)의 교육 모형은 교수매체에 대한 일반적 이해를 제공하며 유아교육의 교수 매체 및 환경 구성의 근거가 되어 왔다(김종량, 1995; 박숙희 · 염명숙, 2006; 엄정례 · 유향선, 2005).

유아교육 분야에서 나타나는 교재교구에 대한 연구들은 교수 수단으로서의 액면적 효과성(유혜령, 1998)에 초점을 맞추어 왔다. 예를 들어 Bruner의 이론을 참조하여 경험의 학습유형을 단계별로 제시한 데일의 경험의 원추모형을 보면 행동적 경험, 시청각적 경험, 상징적 경험을 제시하고 있다. 이러한 이론에 근거하여 학습자의 수준에 맞게 구체성과 추상성의 정도가 적절하게 통합된 교수매체의 사용이 필요함을 제시하였다. 이러한 이론이 유아교육에 적용되어질 때 대부분의 교수매체는 이들의 경험을 어떻게 하면 다양하게 조직하여 효율적이고 효과적인 제공을 할 것인가의 기능성에 대해 고민을 하게 된다.

하지만 아이들이 세상을 향하는 감각은 잘 짜진 교구의 구조와 기능보다는 유아가 그 교구를 가지고 체험하는 과정과 연속성이 더 중요할 수 있다. 유아의 자연적 본성에 근거한 경험의 성격이 간과된 채 기능적 차원에서 받아들여진다면 교육환경의 실제 의미를 간과하게 된다. 유아에게 의미 있는 환경이 되기 위해서는 도구적 측면으로 '구체성'과 '추상화'를 어떻게 조직하느냐의 문제를 넘어서서 유아가 환경과의 관계를 어떻게 맺느냐 하는 과정 속에 일어나는 맥락을 중시해야 한다. 단편적 기능이 아니라 연결된 의미성이 되기 위해서는 아이의 삶의 맥락인 일상적 체험에서 교육 매체를 찾아야 한다.

단편적으로 보이는 기능적 차원에서 놀잇감의 유용성을 넘어 유아의 일상에서 의미가 될 수 있는 아이의 본성에 맞는 놀이 환경 및 매체가 중요한 것이다. 그러나 지금 아이들이 놀잇감 자체의 기능 및 조직의 체계성에 이론적 근거를 두고 교재교구를 통한 '기능적 효용성'이라는 효과를 내도록 요구받고 있다면 유아교수매체 환경에 대해 다시 생각해 보아야 할 것이다.

자연과 인간이 어우러질 때 가장 보기에 좋을 뿐 아니라 "최선의 진실"이 발생할 수 있다. 즉 자연과 아이의 조화 속에서 이루어지는 일상적 매개체로서의 놀잇감이 관계를 이어주고, 물질을 이어주며, 세상을 향한 시각을 열어줄 때 교육적 의미가 발생할 수 있다.

유혜령(1998)은 이러한 기존의 교수매체 환경이 기능적 차원에서 수단적 효과성을 강조하는 실용주의적 관점에서만 실시되어 오므로 인해 실제 유아가 경험하는 세상에서 어떤 의미를 띠는지에 대한 해석이 미흡했음을 지적한 바 있다. 즉 유아교육에서 주어지는 일반적 교육환경이 실용주의와 기능주의의 이론적 기반에 근거하여 발전되어온 현실은 이론상의 효과와 실제 현상과의 차이를 가져올 수 있다는 점에 대한 논의가 필요하다. 유아교육에서 교수매체 환경은 당연히 있어야 하며, 필요하다는 기능적 차원만을 고려하여 실제 현장에서 아이들이 받아들이고, 교사가 엮어나가는 과정에서 무슨 일이 일어나는지에 대한 이해는 부족했던 것이 사실이다.

과거 전통사회에서 흙과 나무, 돌멩이로 놀던 우리의 전통놀이는 좀 더 조직적이고 기능적으로 구성된 놀잇감으로 대체되고 있다. 요즘 아이들은 훨씬 잘 만들어진 놀잇감으로 인해 더 이상 비석치기를 하지 않고, 더 이상 공기놀이를 하지 않는다. 즉 더 자극적이고 다기능적으로 짜여진 놀잇감으로 인해 역동적인 놀이 맥락이 축소되고 있는 것은 아닌지 반성해 보아야 할 것이다.

2) 교과교재의 양과 질에 대한 논의

2004년 어린이날 특집 다큐멘터리로 이병용 PD가 제작한 「새로 쓰는 장난감 이야기」에서 실시한 '장난감 없는 유치원 프로젝트'는 현대를 살아가는 요즘 유아들의 삶을 드러내 주고 있다. 가정에서 넘쳐나는 놀잇감이 자녀를 위한 부모의 역할로 인식되고, 다양한 흥미영역으로 채워진 교재교구의 양이 유아교육기관의 질을 대표하는 것처럼 인식되는 현실에 대한 재논의가 필요하다는 지적이 늘어나고 있다.

가정에서 연령의 증가와 더불어 늘어나는 장난감의 수는 부모에게 '처치 곤란'이라는 상황을 제공하게 된다. 그럼에도 불구하고 유아들은 재미있는 장난감이 없어서 더 새로운 장난감을 사 달라고 조르게 되는 것이 현실이다. 그렇다면 유아교육기관은 어떠한가? 교사들은 늘 무언가를 오리고, 그리고, 붙여야 한다. 다양한 흥미영역을 채우기 위해, 유아들의 주의집중을 이끌기 위해 늘 새로운 교재교구를 만들어서 제공한다. 그럼에도 불구하고 아이들은 유치원에서 가장 즐거운 시간은 '바깥놀이'라는 아이러니한 현실은 무엇을 말하는 것일까?

현재 유아교육기관에서 이루어지고 있는 교육활동을 위해 기관과 교사는 다양한 시도와 노력을 하고 있다. 유아들의 흥미에 맞는 주제를 선정하고, 이에 맞는 다양한 환경을 구성하며, 다양한 행사를 준비하여 유아와 부모에게 의미있는 무언가를 던져주고자 한다. 그러나 실제 현상학적 접근에서 들여다보면 이러한 의도와는 달리 아이에게 통제의 느낌이나 무기력함을 제시하기도 하고, 아이가 간섭이나 강요로 인식하기도 한다.

전통사회에서 흙과 돌멩이가 놀잇감이었던 시절과는 달리 현대사회는 조직화되고 다기능적인 놀잇감이 유아들의 놀이문화를 차지하고 있다. 그러나 이러한 놀이문화에 대한 문제점도 간과할 수 없는 사회적 문제점으로 부각되고 있다. 다기능적 놀잇감과 게임산업의 발달은 오히려 잘못된 행복을 찾는 놀이문화를 형성시키고 있다.

사실(事實, Fact)보다는 때때로 진실(眞實, Truth)이 더 중요하고 의미가 있을 때가 있다. 왜냐면 그 바라보는 사실과 실재는 맥락과 흐름에 따라 잘못 해석될 수 있기 때문이다. 아이들이 오락을 하며 즐거워하고, 집중을 하고 있다는 '사실'이 그 아이에게 교육적으로 의미가 있다는 '진실'을 보장하지는 못한다. 우리는 눈에 보이는 기능이나 수단적 효과로 그 의미를 과대 해석해서는 안 될 것이다. 즉 성인이 의도성을 가지고 잘 짜서 구조화시킨 놀잇감이 아이들에게 '빨리' 또는 '효과적으로'라는 측면을 충족시키는 사실이 있다고 할지라도 그것은 아이가 행복하게 잘 자라기 위해 나아가야 하는 유아교육의 진실을 제공할 수 있는 것은 아니다.

유아의 감각적 발달 특성에 근거한 교육의 형태라 할지라도 그것이 '최적의 진실'을 포함할 수 있도록 형성할 때 교육적 의미를 지닐 수 있다. 그러나 현대사회는 구체적 사물의 소유나 소비에 집착된 환경을 통해 '가짐'의 양식에 매이도록 하는 놀이문화를 형성하고 있다. 이는 유아의 감각을 동원하여 사물의 소유와 소비를 중시하는 삶의 패턴을 만들어 '가짐과 누림'이라는 가치에서 행복을 찾도록 하는 잘못된 삶의 양식을 만들게 될 수도 있다는 지적을 간과할 수 없는 것이 현실이다.

3) 자연과 유아교육 환경

유아의 교재 교구는 다양화되고 화려해지고 있지만 안전성에 대한 문제는 계속 지적되고 있다. "완구 도매상가와 백화점, 할인점 등에서 3세 미만 유아 대상 완구 26종을 검사한 결과 조사대상 완구의 38.5%에서 DEHP나 DINP가 검출됐다"고 하는 한국소비자보호원의 발표(2008)는 놀라운 현실을 발견케 하였다. DEHP(디에틸헥실프탈레이트)나 DINP(디이소노닐프탈레이트)는 딱딱한 PVC 재질에 탄성을 주기 위해 첨가되는 프탈레이트계 가소제의 일종으로 국제암연구소(IARC)의 발암성 등급 분류에서 발암 가능 물질로 분류돼 있으며, 미국 등 선진국을 중심으로 연구한 결과 인체에 유해한 환경호르몬 추정물질로 꼽히고 있다.

실제로 유아교육기관에서 유아용 교재교구를 제작하는데 사용되는 시트지, 부직포, 펠트지, 락카, 왁스, 본드 등의 성분은 유아가 만질 뿐 아니라 빨거나 무는 등의 직접적 사용에 노출되어 있음에도 불구하고 안전성에 대한 주의가 부족한 실정이다. 이러한 상황에도 불구하고 가정과 유아교육기관에서 교수매체 환경의 중요성 때문에 다양한 장난감 및 놀잇감을 포함한 교재교구를 만들어서 제공하고자 하는 노력은 끊임없이 이어지고 있다.

유아교육현장의 문제 인식은 새로운 교육의 시도로 이어지고 있다. 최근 유럽권에 숲유치원이나 발도르프 프로그램 등의 다양한 시도가 부모와 사회의 관심을 받는 것도 이러한 유아교육의 변화의 필요성을 뒷받침하고 있다. 독일의 숲유치원의 경우 2006년 기준으로 500여 곳의 비약적 발전(이명환, 2006)을 통해 교육적 진가를 입증해 나가고 있다. 이는 비단 독일 뿐 아니라 스웨덴과 덴마크를 비롯한 유럽의 몇몇 국가에서 이미 자연친화적 교육을 하고 있는 숲유치원은 교육적 의미를 입증하고 있다.

그러나 이러한 숲유치원은 특별한 영재 프로그램도 값 비싸고 훌륭한 교구가 있는 것도 아니다. 단지 자연이 교구가 되고, 자연의 변화가 프로그램이 될 뿐이다. 아이들은 최적의 상황에서 스스로 오감을 열게 되고, 교사들은 그들과 함께 한다. 그 아이들을 위해 무언가를 준비하기 위해 밤을 새울 필요도 없고, 그들에게 줄 무언가를 만드는 손재주가 필요한 것도 아니다. 단지 아이들의 몸과 마음을 살피고, 함께 즐겁게 시간과 공간을 엮어나갈 뿐이다.

유아는 오감각을 통해 자연스럽게 세상과 통하게 된다. 그러나 아이가 열어가는 오감각이 아니라 성인이 열게 만드는 오감각이라면 과연 그 아이들에게 어떤 의미가 있을까? 예를 들어 아이가 자연 속에서 소리를 듣고, 움직이는 다람쥐를 보았을 때 어떤 일이 일어날까? 다람쥐를 보지 말라고 하더라도 그 아이는 다람쥐를 보기 위해 자신의 모든 감각을 동원할 것이다. 그러나 교실에 있는 아이에게 다람쥐를 알게 하기 위해 녹음해 온 소리를 듣게 하고, 다람쥐 그림을 그려서 제공하며, 다양한 매체로 주의집중을 시키려고 애쓰는 우리의 현실은 때때로 안쓰럽기까지 하다.

유아가 세상과 호흡하고 살아가기 위한 매개체는 자연이다. 자연이 그들에게 열려 있고 그 속에서 들숨과 날숨이 살아 있을 때 그들은 행복할 수 있고, 의미 있는 변화가 일어날 수 있을 것이다. 이것이 자연의 원리이며 놀이의 원리라고 볼 수 있다.

다음의 〈그림 10-1〉처럼 유아는 자연과 함께 하도록 지어졌고, 자연의 하나로서 존재한다. 그 속에서 때때로 우리는 교육이라는 바람을 불러일으키며 새로운 교육환경을 제시하려고 한다. 그러나 이러한 교육은 유아가 가지는 자연적 본성대로의 들숨과 날숨의 결이 되어야 한다. 바다에 파도가 일더라도 바다를 메우는 하늘이 있고, 하늘을 메우는 바다가 있듯이 유아의 삶 속에서 놀이의 파도를 일으킬 때 아이의 약한 부분을 자연이 메우고 자연 속을 메우는 유아의 어우러짐이 나타날 때 교육의 조화는 있을 수 있다.

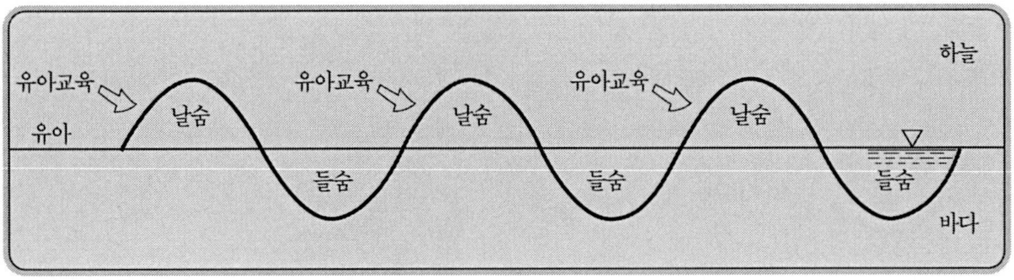

〈그림 10-1〉 들숨과 날숨으로 보는 유아와 환경

유아에게 가장 좋은 교구와 놀잇감은 투박하더라도 유아의 생명성에 맞는 재료이어야 한다. 전통사회에서 아이에게 가장 좋은 놀잇감은 돌멩이, 흙, 물과 같은 것들이었다. 이러한 재료로 유아들은 창의력을 마음껏 발휘할 뿐 아니라 물질의 변화에서부터 다양한 구조화를 스스로 만들어나가는 자율성을 보장받았다. 흙, 물, 바람, 풀잎사귀, 풀벌레는 비록 화려하지 않고, 인공적이지 않아 미흡해 보일 수 있어도 유아에겐 가장 적절한 환경이며 변화의 원천이 될 수 있다.

인간의 창조는 자연과 조화롭게 더불어 살도록 지어졌다. 이는 인간이 자연과 더불어 있을 때 가장 편안한 일상이 이루어질 수 있다는 것이다. 유아에게 놀이는 자연이며, 자연은 유아에게 교육을 일으킬 수 있는 최적의 터전이다. 유아에게 스스로 가장 편안하고 의미있는 교육의 터전이자 놀이환경을 되돌려주는 것이 지금 유아교육과정에 있어서의 또다른 논의점이라고 볼 수 있다.

4. 유아교사의 정체성

유아교사는 아이들에 대한 사랑과 사명감을 가지고 유아교육현장을 향하게 된다. 조경자 · 이현숙(2005)의 연구에서 유아교육과 학생들의 전공 선택 동기를 살펴본 결과 어린이가 좋아서 자신이 하고 싶은 전공을 선택했다는 응답이 56.3%에 이르는 것으로 나타났다. 이렇듯 선생님으로서의 꿈과 사명감을 가지고 노력하고 현장을 열어가는 유아교사의 정체성을 세워 나가는 것은 유아교육과정의 질적 개선을 위한 중요한 논의가 될 수 있다.

1) 유아교사의 역할에 대한 논의

유아교육기관의 불신에 대한 문제를 해결하기 위해서는 무엇보다 교사의 역할 및 자질에 대한 논의가 중요하다는 목소리가 높다. 특히 유아교사의 정체성에 대한 재개념화를 요구하며, 유아교사의 전문성에 대한 새로운 관심과 재인식에 관련된 다각적인 연구(Fromberg, 2003)가 이루어지고 있다. 특히 일반적으로 돌봄이라는 여성적 성향을 비전문성의 영역으로 인식해 오던 경향에 반해 돌봄의 전문성을 강조하고, 이러한 역할의 특성화를 구축하려는 연구들(오경희 · 한대동, 2007; Goldstein, 2002; Noddings, 1984)이 등장하고 있다.

유아교육현장은 영유아의 특성상 가르침의 실천과 돌봄의 행위가 불가피하게 연결될 수밖에 없으며(Rogers & Webb, 1991), 유아교사의 자질과 역할에 있어서 돌봄 윤리(an ethic of care)의 발달(Goodlad, Soder & Sirotnik, 1990; Noddings, 1984)이 주요 관심사로 떠오르고 있다. 그렇다면 돌봄이란 무엇인가? 사전적 의미로 돌봄(Care)이란 관심을 가지고 보살핌을 의미한다. 돌봄의 전문가인 유아교사는 유아에게 관심을 가지고 그 특성에 맞게 보살피는 과정으로 교육의 실제를 엮어 나가야 한다.

근래에 '돌봄'이라는 특성이 전문적 성격의 영역으로 개념화되어져야 한다는 논의들은 유아교사의 역할의 정체성에 대한 새로운 시각을 부여하며, 유아교육과정에서의 유아교사의 역할에 대한 새로운 조명을 던져주고 있다. 특히 유아교사의 특성에 대한 재개념주의적 접근(Freire, 1970; Pinar, 1975)이나 유아교사의 신념에 대한 논의(Clankinin &

Connelly, 1987)는 유아교사의 역할의 특수성을 현장 속에서 해석하려는 논의들과 더불어 삶 속에서 유아교사의 역할을 재인식하려는 움직임을 낳고 있다.

2) 유아교사의 근무여건에 대한 검토

아이를 사랑한다는 이름으로 단 교사라는 이름표가 때로는 무겁게 느껴질 정도로 혼란스러운 현장 속에 살아간다면 우리는 이 문제에 대해서 반성적 고찰이 있어야 한다. 좋은 유아교사는 어떠하며, 좋은 교사는 아이들 앞에서 어떤 모습으로 살아가야 하는가에 대한 원론적이지만 중요한 문제 앞에 다시 옷깃을 여미고 서야 한다.

최근 연구들을 살펴보면 유아교사의 경제적 불안정과 행정적 지원의 부족에 대한 문제 인식들(성기훈, 2004; 송승희, 2004)과 유아교사의 시간부족과 과다한 행사 잡무 등에 대한 논의(염지숙, 2003; 이순자, 2006; 정향림, 2005)들을 통해 유아교사의 직무여건에 대한 재검토가 있어야 함을 지적하고 있다.

교육기본법 가운데 제14조 제1항에는 '학교교육에서 교원의 전문성은 존중되며, 교원의 경제적 · 사회적 지위는 우대되고 그 신분은 보장된다' 라고 명시하고 있다. 그러나 실제 현 유아교육현장에서 유아교사들이 경제적 보수 여건, 근무시간, 신분보장 등에 있어서 낮은 처우와 여건을 통해 유아교육 실천의 질을 저해하고 있는 요인에 대한 개선이 필요하다.

3) 유아교사교육의 과제

유아교사가 자신의 교직 생활을 행복하게 실행하기 위해서는 유아교사를 위한 직전교육과 현직교육을 통한 교사상의 재정립이 필요하다. 대학에서 또는 연수기관에서 유아교사는 지속적으로 전문성 향상을 위해 교육을 받는다. 이러한 유아교사교육은 교사로서의 기준을 세우게 되고 그 기준에 따라 자신을 반성적으로 점검하게 된다. 만약 그 기준이 제대로 잡히지 않았다면 지속적인 상실감과 혼돈이 생기게 될 것이고, 어느 순간 잘못된 기준에 스스로 맞추어가는 과정에 만족하며 새로운 편견을 가지게 될지도 모른다.

우리나라 유아교사 직전교육은 예비유아교사를 양성하기 위해 교육기관에서 자격취득을 제공하는 양성교육을 의미하는 것으로 4년제 유아교육학과와 관련 학과와 더불어 전문대학에서의 유아교육학과와 관련 학과에서 이루어지고 있다. 대부분의 유아교사의 양성교육과정이 교양과정, 전공과정, 교직과정으로 이루어져 있다. 반면 현직교육은 유치원 현장에서 필요로 하는 자질 및 역할을 지원하기 위한 연수과정으로 자격연수, 일반연수, 직무연수, 특별연수 등의 다양한 형태로 이루어지고 있다.

교사교육의 형태도 과거 1960년대 경험과학적 접근이 교육과정에 영향을 미침으로써 교사교육도 행동주의적 실증적 논리가 주류를 이루었으나 근래에 와서 해석적·비판적 패러다임으로의 변화가 일어나고 있다. 그러나 이러한 다양한 변화 시도에도 불구하고 우리나라 유아교사교육의 양상은 몇 가지 한계를 지니고 있다.

첫째, 교사의 자질과 역할에 대한 교육을 위해서는 교사의 전문성과 자질에 대한 재검토가 필요하다. 유아교사에 대한 정체성을 기반으로 한 확고한 교사교육의 의지와 방향성이 없이 단편적 실제에 머무는 교사교육은 질적 체계화를 연결시키지 못하게 된다. 따라서 좀더 현장 속에 살아있는 유아교사의 정체성을 발견하고 이를 교육으로 연결시키는 노력들이 필요할 것이다. 유아교사들의 유아교사상과 유아교육 전문가로서의 정체성을 유아의 삶과 직결되는 교사의 자리에서 찾고 이에 대한 교육적 접근이 이루어질 필요가 있다.

둘째, 유아교사의 역할 수행을 강화하기 위해서는 예비유아교사를 위한 교육의 변화와 개선이 요구되고 있다. 실제 유아교사의 자질과 자격의 개선을 위한 다각적 시도가 필요하며, 특히 유아교사교육에 있어서 전문성 향상을 위한 심화된 교육과정의 체계성(박은혜, 2003; 배소연, 2002)과 영혼의 성장에 대한 돌봄의 교육(송순재 외, 2002; 염지숙, 2005)에 대한 필요가 논의되고 있다. 현행 초등 행정 전문가들에 의한 유아교사교육의 일관된 구성과 조직은 직전교육 뿐 아니라 현직교육에 이르기까지 유아교육에 대한 전문성의 약화라는 한계를 유발시키고 있다. 이러한 측면에서 유아교사의 특수성과 그들의 삶과 교육을 돌보는 유아교사교육의 능동적 변화가 필요하다.

셋째, 유아교사교육을 이론적 관점 위주로 접근하고 있다는 점이다. 유아교사교육의 방법론적 측면을 볼 때 기존의 이론적 접근의 문제점이 부각되어지고 있다. 즉 유아교사교육에 있어서 실천적 소양을 갖추기 위한 교사로서의 역할 지원에 소홀했다는 지적이 일어나고 있다. '실천적 지식'에 대한 교육 실재의 강조(Elbaz, 1981)는 실행과 체득 위주의 교수법의 필요성(배소연, 1993; 박은혜, 2003)을 제안하고 있다. 특히 유아의 일상과 놀이를 돌보는 교사의 경우 자연적 일상을 통해 접근하는 교사교육의 패러다임 변화가 요구된다. 현행 우리나라 대학들 중에서 P대학은 유아교사교육의 방법으로 텃밭 농사를 직접 짓는 과정을 통해 체득하도록 하고 있고, K대학은 산과 들에서 직접 자연놀이를 체험하는 강의방식을 채택하고 있다. 이러한 변화는 유아교사교육을 강의실 위주의 이론적 접근에서 탈피하고자 하는 현실적 변화로 볼 수 있다.

따라서 교사상을 정립하고, 유아와 함께 행복한 일상과 현장을 엮어 나갈 수 있는 유아교사의 전문성을 확보하기 위해서는 직전교육과 현직교육의 재정비가 필요하다고 볼 수 있다. 유아교육현장의 심층적 이해에 기반한 교사교육의 변화는 유아교육과정의 운영의 변화를 통하여 유아교육의 질을 변화시키는 연구와 실천이 요구되고 있다.

참고문헌

곽노의(2008). 2007년 개정 유치원 교육과정 건강 생활 영역. 한국유아교육학회 2008년 춘계학술대회 자료집, pp. 120-135.

교육과학기술부(2009). 유치원 교육과정 해설 II 건강 생활・사회 생활. 서울: 미래엔 컬처그룹.

__________(2009). 유치원 교육과정 해설 III 표현 생활・언어 생활・탐구 생활. 서울: 미래엔 컬처그룹.

__________(2009). 유치원 교육과정 해설 I 총론. 서울: 미래엔 컬처그룹.

__________(1994). 유치원교육과정해설. 서울: 대한교과서주식회사.

교육부(1998). 유치원 교육 과정 해설. 서울: 대한교과서주식회사.

_____(1998). 유치원 교육과정. 서울: 선명인쇄주식회사.

교육인적자원부(2007). 유치원 교육과정. 서울: 신일문화사.

__________(2008). 유치원 교육과정. 서울: 신일문화사.

권미량(2005). 생태유아교사교육 프로그램 모형 개발연구. 부산대학교 대학원 박사학위논문.

_____(2008). 유아 발달의 이해. 유치원1급 자격연수 자료집. 부산광역시 교육연수원.

_____(2008). 제6차 유치원 교육과정과 2007년 개정 유치원 교육과정의 비교 연구. 아동연구, 17, 81-93.

권미량・손영환(2006). 유아교육기관 운영관리. 서울: 파란마음.

권미량・조채영・좌승화・최진원(2009). 유아교육개론. 경기: 공동체.

김명순(2008). 2007년 개정 유치원 교육과정 표현 생활 영역. 한국유아교육학회 2008년 춘계학술대회 자료집, pp. 140-148

김영옥(2008). 유아교육과정에 있어서 통합의 의미와 과제. 한국유아교육학회 2008년 정기 학술대회 자료집, pp. 25-51.

김영옥・조부경・홍혜경・김희진・김순주(2004). 제6차 유치원 교육과정 실태조사 및 발전방향 연구. 서울: 교육인적자원부.

김영중(2006). 제주도에서는 우영밭을 가꾸어요. 생태유아교육학회 2006년 추계학술대회 자료집: 생태유아교육은 지금 어디에 와 있는가?, pp. 163-172.

김은주(2003). 생태유아교육의 사상체계 및 실천원리 연구. 부산대학교 대학원 박사학위논문.

김은주・권미량(2008). 유아교사교육-생태적 접근. 경기: 공동체.

김종량(1995). 교육공학. 서울: 문음사.

김진숙(2006). 교육과정의 연계성 탐구: 유치원-초등학교 교육과정을 중심으로.

교육과정연구, 24(4), 83-108.

______(2008). 유치원 교육과정 개정의 경과. 한국유아교육학회 부산・울산・경남지회 학술발표회 자료집, pp. 3-9.

남영옥(2006). 자연과 교감하는 텃밭. 생태유아교육은 지금 어디에 와 있는가? 생태유아교육학회 2006년 추계학술대회 자료집: 늦게 피어도 아름다운 꽃, pp. 144-152.

남효창(2007). 얘들아 숲에서 놀자. 2007년 서남재단 국제유아교육 심포지움 자료집: 늦게 피어도 아름다운 꽃, pp. 223-240.

문미옥(2008). 2007년 개정 유치원 교육과정 총론 이해. 한국유아교육학회 2008년 춘계학술대회 자료집, pp. 96-119.

문미옥(2008). 교육과 보육을 위한 영유아교육과정. 서울: 창지사.

문미옥・김영실・이혜상・고영미・한선아(2008). 유치원 교육 활동 지도 자료집 개발의 방향: 총론. 한국교육과정평가원, pp. 3-14.

박숙(2006). 아이들이 가꾸는 텃밭. 생태유아교육학회 2006년 추계학술대회 자료집: 생태유아교육은 지금 어디에 와 있는가, pp. 125-136.

박은혜(2002). 유아교사교육과정에서의 교수 방법에 대한 고찰. 유아교사교육의 최근 연구 동향. 서울: 이화여대출판부.

박재환(2006). 유아교육과정. 서울: 형설출판사.

방인옥・박찬옥・이기현・김은희(2005). 유아교육과정. 서울: 정민사.

배소연(1993). 유아교사의 실천적 지식과 교사교육의 방향. 교육학연구, 31(5), 153-170.

______(2002). 4년제 대학교의 유아교사양성교육과정 연구: 전공과목을 중심으로. 유아교사교육의 최근 연구 동향. 서울: 이화여대출판부.

부산광역시 교육청(2008). 부산광역시 유치원 교육과정 편성・운영 지침. 부산광역시 교육청.

서남숙(2005). 유아교육공간, 다시 태어나기. 2005년 서남재단 국제유아교육 심포지움 자료집: 늦게 피어도 아름다운 꽃, pp. 253-262.

서영희(2008). 표준보육과정과 생태보육과정의 운영 실제에 관한 연구-교사와 유아의 일과를 중심으로. 부산대학교 대학원 박사학위논문.

______(2008). 표준보육과정과 생태보육과정의 운영 실제에 관한 연구. 부산대학교육 대학원 박사학위논문.

성기훈(2004). 유아교육기관 원장의 지도성 유형과 교사의 직무스트레스와의 관계 연구. 관동대학교 교육대학원 석사학위논문.

손영환・권미량(2008). 교육학개론. 서울: 창지사.

손영환・신수균(2007). 교육행정 및 교육경영. 서울: 동문사.

송순재・고병헌・황덕명(2002). 영혼의 성장과 자유를 위한 교사론. 서울: 내일을 여는 책.

송승희(2004). 유아교사의 직무 스트레스, 성취동기 수준과 이직과의 관계연구. 경희대학교 교육대학원 석사학위논문.

신주연(2007). 아이들의 영성을 살리는 명상 프로그램. 생태유아교육학회 2007년 추계학술대회: 생태유아교육, 내 안의 영성을 찾아서, pp. 160-175.

양옥승(1999). 유아교육과정에 대한 관점 탐구. 교육연구, 7, 137-152.

양옥승・나은숙(2005). 물리적 환경구성과 유아의 자유선택활동의 의미에 관한 질적 연구. 열린유아교육연구, 10(1), 21-40.

양옥승(2008). 유아교육과정 탐구. 서울: 학지사.

엄정례・유향선(2005). 유아교재교구 연구 및 지도법. 서울: 정민사.

여성가족부(2007). 표준보육과정의 구체적 보육내용 및 교사지침. 서울: 여성가족부.

염지숙(2003). 교사-신나는 선생님/좌절하는 선생님: 유아교사들의 교직경험: 현장으로부터의 목소리. 한국유아교육학회 2003년 연차 학술대회: 21세기 우리나라 교육의 방향, pp. 63-91.

_____(2005). 유아교육현장에서 돌봄의 실천과 한계. 유아교육연구, 25(5), 147-171.

오경희・한대동(2007). '배움', '돌봄', 그리고 진정한 '만남'의 유아교육공동체 형성. 미래유아교육학회지, 14(4), 219-244.

유네스코21세기세계교육위원회 편(1997). 21세기 교육을 위한 새로운 관점과 전망-유네스코 21세기 세계교육위원회 종합보고서. 서울: 오름.

유안진(1992). 한국전통사회의 유아교육. 서울: 서울대학교 출판부.

유혜령(1998). 교수매체 환경과 유아의 경험양식에 관한 현상학적 연구: 자유선택활동을 중심으로. 유아교육연구, 18(1), 131-152.

윤정일・허형・이성호・이용남・박철홍・박인우(2005). 신교육의 이해. 서울: 학지사.

이기숙(2005). 유아교육과정. 서울: 교문사.

이기숙・김정원・이현숙・전선옥(2008). 영유아교육과정. 고양: 공동체.

이명환(2006). 숲유치원의 교육학적 원리와 실제. 열린유아교육연구, 11(1), 125-152.

_____(2008). 유아교육 제도와 정책, 아이와 교사의 행복한 공간을 위해 도움이 되는가? 한국생태유아교육학회 2008년도 추계학술대회: 유아교육공간, 아이와 교사를 행복하게 하는가, pp. 89-112.

이미영(2007). 생태위기시대 유아영성교육 사례. 생태유아교육학회 2007년 추계학술대회 자료집: 생태유아교육, 내 안의 영성을 찾아서, pp. 119-145.

이병용(2005). 장난감을 버려라 아이의 인생이 달라진다. 서울: 살림.

이부미(2006). 공동육아 아이들의 놀이와 놀잇감. 2006년 서남재단 국제유아교육심포지움 자료집: 늦게 피어도 아름다운 꽃, pp. 277-294.

이순자(2000). 초등학교 병설유치원 교사의 교직생활에 관한 문화기술적 사례연구. 유아교육연구, 20(4), 77-106.

______(2006). 교육현장 문제에 대한 유아교육기관 유형별 교사의 인식 비교. 유아교육학논집, 10(4), 233-264.

이연승(2008). 2007년 개정 유치원 교육과정 언어생활 영역. 한국유아교육학회 2008년 춘계학술대회 자료집, pp. 149-165.

이위환 · 김용주(2007). 교육심리학. 청목출판사.

임재택(1989). 상호작용론적 유아교육 프로그램. 서울: 창지사.

______(1993). 현대 유아교육과정. 서울 : 양서원.

______(2005). 생태유아교육개론. 서울: 양서원.

______(2008). 생태유아교육개론-제3판. 경기: 양서원.

임재택 · 김은주 · 하정연 · 권미량 · 조채영(2008). 생태유아교육 프로그램. 경기: 공동체.

임정숙(2003). 유아교육, 아이들과 함께 하는 삶. 2003년 서남재단 국제유아교육 심포지움 자료집: 늦게 피어도 아름다운 꽃, pp. 86-93.

장상호(2003). 학문과 교육(상). 서울: 서울대학교출판부.

전선옥(1996). 한국 유치원 교육과정의 변천과정. 이화여자대학교 대학원 박사학위논문.

정옥분(2007). 아동발달의 이해. 서울: 학지사.

정윤경(1998). 발도르프학교 교육과 한국의 대안교육. 한독교육학연구, 3(1), 237-246.

정향림(2005). 공·사립 유치원 교사의 직무 스트레스와 직무 만족도와의 관계: 경인지역을 중심으로. 이화여자대학교 교육대학원 석사학위논문.

조경자 · 이현숙(2005). 유아교육과 학생들의 전공 선택 동기와 유아교사직에 대한 인식. 미래유아교육학회지, 12(1), 289-312.

조부경(2008). 2007년 개정 유치원 교육과정 탐구 생활 영역. 한국유아교육학회 2008년 춘계학술대회 자료집, pp. 166-169.

조부경 외(2008). 유치원 교육 활동 지도 자료집 개발의 방향. 한국교육과정평가원.

조성연 · 이정희 · 천희영 · 심미경 · ·황혜정 · 나종혜(2006). 아동발달의 이해. 서울: 신정.

조채영(2006). 생태유아교육기관에서의 유아들의 일상생활에 관한 문화기술적 연구. 부산대학교 대학원 박사학위논문.

하정연(2004). 생태유아교육 프로그램에 관한 문화기술적 연구- 부산대학교 부설 어린이집을 사례로. 부산대학교 대학원 박사학위논문.

______(2008). 유아교육기관에서의 놀이, 아이들은 즐거운가? 한국생태유아교육학회 2008년도 춘계학술대회, 한국유아교육, 아이들을 행복하게 하는가? 부

산대 본관3층 대회의실. 6월 21일. 75-84.

한국유아교육학회(2000). 유아교육사전(용어편). 서울: 한국사전연구사.

황선진(2007). 마리학교에서의 영성교육: 성년식을 중심으로. 생태유아교육학회 2007년 추계학술대회 자료집: 생태유아교육, 내 안의 영성을 찾아서, pp. 176-198.

Biber, B., Shapiro, E., & Wickens, D.(1977). *Promoting cognitive growth: A developmental interaction point of view*(2nd ed.). Washington, D.C.: National Association for the Education of Young Children.

Bissell, J. S.(1974). The cognitive effects of preschool programs for disadvantaged children. In G. H. Frost(Ed.), *Revisiting early childhood education readings*(pp. 223-240). NY: Holt, Rinehart & Winston.

Bobbitt, F.(1918). *The Curriculum.* NY: Houghton Mifflin.

Bredekamp, S.(1992). The early childhood profession coming together. *Young Children, 47*(6), 36-39.

Bruner, J.(1966). *The process of education.* New York: Vantage.

Canella, G. S.(2002). 유아교육이론 해체하기: 비판적 접근[*Deconstructing early childhood education: Social justice and revolution*]. (유혜령 역). 서울: 창지사. (원전은 1997에 출판)

Carson, R.(2002). 침묵의 봄[*Silent spring*].(김은령 역). 서울: 에코리브르. (원전은 1986에 출판)

Clankinin, D. J., & Connelly, F. M.(1987). Teachers' personal knowledge: What counts as personal' in studies of the personal. *Journal of Curriculum Studies, 19*(6), 487-500.

Comenius, J. A.(1987). 대교수학[*The great didactic*]. (정확실 역). 서울: 교육과학사. (원전은 1910에 출판)

Decker, C. A., & Decker, J. R.(1997). *Planning and administering early childgood programs.* NJ: Merrill/Prentice Hall.

Eisner, E. W.(1999). 교육적 상상력: 교육과정의 구성과 평가. (이해명 역). 서울: 단국대학교 출판부. (원전은 1985에 출판).

Elbaz, F.(1981). The teacher's "practical konwledge": Report of a case study. *Curriculum Inquiry, 11*(1), 43-70.

Engelmann, S., & Carnine, D.(1975). *Distar Arithmatic I.* Chicago: Science Research Association. Inc.

Fogarty, R.(1991). Ten ways to integrate curriculum. *Educational Leadershiip. 49*(2), 61-65.

Fogarty, R.(1998). 교사를 위한 교육과정 통합의 방법[*The Mindful School:*

How to Integrate the Curricila]. (구자억·구원회 역). 서울: 원미사. (원전은 1979에 출판)

Freire, P.(1970). *Pedagogy of the oppressed.* New York: Seabury.

Fromberg, D. P.(2002). The professional and social status of the early childhood educatior. In J. P. Isenberg, & M. R. Jalongo(Eds.), *Major trends and issues in early childhood education*(pp. 177-192). New York: Teachers College Press.

Frost, J. L., & Kissinger, J. B.(1976). *The young child and the educative process*. Holt, Rinehart & Winston.

Gandini, L.(1993). *Fundamentals of the Reggio approach to early childhood education. Young Children, 49,* 4-8.

Goldstein, L. S.(2002). *Reclaiming caring in teaching and teacher education.* New York: Peter Lang Publishing, Inc.

Goodlad, J. I., Soder, R., & Sirotnik, K. A.(1990). *The moral dimensions of teaching.* San Francisco: Jossey-Bass.

Gullo, D. F.(1992). *Development appropriate teaching in early childhood: curriculum, implimentation, evaluation.* Wachington, DC: National Educational Association.

Ingram, J. B.(1996). 교육과정 통합과 평생교육[*Curriculum intergration and lifelong education*]. (배진수·이영만 공역). 서울: 창지사. (원전은 1979에 출판)

Jipson, J.(1991). Developmentally appropriate practice: culture, curriculum, connection. *Early Education and Development, 2*(2), 120-136.

Johnson, M. J.(1969). The Translation of Curriculum and Instruction. *Journal of Curriculum Studies, 1*(2), 115-131.

Kamii, C., & Devries, R. (1988). 삐아제 이론과 유아교육[*Piaget for early education.*].(박재규 역). 서울: 창지사. (원전은 1979년에 출판)

Katz, G. L., & Chard, S. C.(1989). *Engaging children's mind: The project approach.* Norwood, NJ: ABLEX.

Kohlberg, L., & Mayer, R.(1972). Development as the aim of education. *Harvard Educational Review, 42,* 449-496.

Leavitt, R. L.(1994). *Power and emotion in infant-toddler day care.* Albany, NY: State University of New York Press.

Mazza, K. A. (1982). Reconceptual inquiry as an alternative mode of curriculum theory and practice: a critical study. *The Journal of Curriculum Theorizing, 4*(2), 5-89.

Mayer, R. S.(1972). A comparative analysis of preschool curriculum model. In

R. M. Anderson & H. G. Shanel(Ed.), *As the twig is bent: Readings in early childhood education.* Boston: Moughton Mifflin Co.

Miller, J. P., & Seller, J.(1985). *The educational spectrum: Orientations to curriculum.* NY: Longman.

Morrison, G. S.(1984). *Early childhood education today(3rd ed.).* Columbus, OH: Merrill.

NAEYC(1991). Guidelines for appropriate curriculum content and assessment in programs serving children ages 3 through 8. *Young Children, 30,* 21-38.

Noddings, N.(1984). *The challenge to care in school; An alternative approach to education.* New York: Teachers College Press.

Peters, D. L., Neisworth, J. T., & Yawkey, T. D.(1985). *Early childhood education: From theory to practice.* Monferey, Cal.: Brooks/Cole.

Piaget, J.(1932). *The moral judgment of the child.* New York: Free Press.

Pinar, W. F.(1975). *Curriculum theorizing: The reconceptualists.* Berkeley, CA: McCutchan.

Pinar, W. F., Reynolds, W. M., Slattery, P., & Taubman, P. M.(1995). *Understanding curriculum: An introduction to the study of historical and contemporary curriculum discourses.* New York: Peter Lang.

Ranines, S., & Johnston, J.(2003). Developmental appropriateness: New contents and challenges. In J. P. Isenberg, & M. R. Jalongo(Eds.), *Major trends and issues in early childhood education*(pp. 85-96). New York: Teachers College Press.

Schwab, J.(1970). *The practical: A language for curriculum. Washington.* CD: National Education Association.

Schwartz, S. L., & Robinson, N. F.(1982). *Designing curriculum for early childhood.* Boston: Allyn & Bacom.

Skilbeck, M. (1972). Forms of curriculum integration. *General Education, 18,* 7-13.

Skinner, B. F.(1954). The science of learning and the art of teaching. *Harvard Educational Review, 24,* 86-97.

Vygotsky, L. S.(1978). *Mind in society.* Cambridge, MA: Harvard University Press.

Walker, D.(1971). A naturalistic model for curriculum development. *School Review, 80*(1), 51-65.

Weikart, D. P.(1972). Relationship of curriculum, teachers, and learning in preschool education. In J. C. Stanley(Ed.), *Preschool programs for the disadvantaged: Five experimental approaches to early childhood education*. Baltimore: The Johns Hopkins University Press.

Wortham, S. C.(2002). *Early childhood curriculum*. Upper Saddle River, NJ: Merrill/ Prentice Hall.

Zimiles, H.(1986). The social context of early childhood in an era of expanding preschool education. In B. Spodek(Ed.), *Today's kindergarten: Exploring the knowledge base expanding the curriculum*(pp. 1-14). New York: Teachers College Press.

Zimiles, H.(1987). The bank street approach. In J. L. Roopnarine, & J. E. Johnson(Ed.), *Approaches to early childhood education*(pp. 163-178). Columbus, OH: Merrill Publishing Company.

부 록

〈부록 1〉

2007년 개정 유치원 교육과정

유치원 교육과정 개정 고시

교육인적자원부 고시 제2007-153호

유아교육법 제13조 제2항에 의거하여 유치원 교육과정을 다음과 같이 고시합니다.

2007년 12월 19일

부총리 겸 교육인적자원부장관

부칙

1. 이 교육과정은 2009년 3월 1일 신입생부터 시행합니다.
2. 교육부 고시 제1998-10호 유치원 교육과정(1998.6.30)은 2009년 2월 28일로 폐지합니다.

교육과정의 성격

이 교육과정은 유아교육법 제13조 제2항에 의거하여 고시한 국가 수준의 교육과정으로 유치원의 교육 목적과 목표를 달성하기 위하여 유치원에서 편성·운영하여야 할 학교 교육과정의 공통적, 일반적인 기준을 제시한 것이다. 이 교육과정의 성격은 다음과 같다.

가. 국가 수준의 공통성과 지역, 유치원, 개인 수준의 다양성을 동시에 추구하는 교육과정이다.

나. 유아의 전인적인 성장 발달과 행복을 추구하기 위한 교육과정이다.

다. 유아의 자율성과 창의성을 신장하기 위한 유아 중심의 교육과정이다.

라. 유아의 일상생활과 놀이 속에서 통합적으로 실현해 가는 교육과정이다.

마. 교육청과 지역 사회, 유치원, 교원, 유아, 학부모가 함께 실현해 가는 교육과정이다.

바. 유치원 교육의 질적 수준을 유지, 관리하기 위한 교육과정이다.

제1장 교육과정의 편성과 운영

Ⅰ. 교육과정 구성의 방향

1. 추구하는 인간상

우리나라의 교육은 홍익인간의 이념 아래 모든 국민으로 하여금 인격을 도야하고, 자주적 생활 능력과 민주 시민으로서 필요한 자질을 갖추게 하여 인간다운 삶을 영위하게 하고, 민주 국가의 발전과 인류 공영의 이상을 실현하는 데 이바지하게 함을 목적으로 하고 있다.

이러한 교육 이념을 바탕으로, 유치원 교육과정이 추구하는 인간상은 다음과 같다.

가. 전인적 성장의 기반 위에 개성을 추구하는 사람
나. 기초 능력을 토대로 창의적인 능력을 발휘하는 사람
다. 폭넓은 교양을 바탕으로 진로를 개척하는 사람
라. 우리 문화에 대한 이해의 토대 위에 새로운 가치를 창조하는 사람
마. 민주 시민 의식을 기초로 공동체의 발전에 공헌하는 사람

2. 교육과정의 구성 방침

이 교육과정은 21세기 지식 정보화 시대를 주도할 '사람과 자연을 존중하고 사랑하는 한국인 육성'을 기본 방향으로 한다. 이에 따른 구성 방침은 다음과 같다.

가. 사람과 자연을 존중하고 사랑하는 세계관을 바탕으로 구성한다.
나. 유아의 기본 생활 습관과 전통문화, 창의성을 강조하여 구성한다.
다. 지역과 유치원의 자율성을 확대하도록 구성한다.
라. 유치원 교육의 정체성을 살리며 초·중등학교와 연계하여 구성한다.
마. 유아의 발달 특성을 고려하여 수준별 교육과정을 구성한다.

바. 교육과정 평가 체제를 통하여 교육에 대한 질 관리를 강화하도록 구성한다.

Ⅱ. 유치원 교육 목적과 목표

유치원 교육은 유아에게 알맞은 교육 환경을 제공하여 유아를 교육하고 심신의 조화로운 발달을 돕는 것을 목적으로 한다. 이를 실현하기 위하여 다음과 같은 교육 목표를 둔다.

가. 몸과 마음을 건강하게 하며 기본 생활 습관을 기른다.
나. 더불어 사는 태도와 우리 전통문화를 사랑하는 마음을 가진다.
다. 자신의 생각과 느낌을 자유롭고 창의적으로 표현하는 경험을 가진다.
라. 의사소통을 위한 언어 능력을 기르며, 바른 언어 사용 습관을 기른다.
마. 호기심을 가지고 주변 세계를 탐구하며 자연을 존중하는 태도를 가진다.

Ⅲ. 교육과정의 영역과 시간

가. 교육과정은 건강 생활, 사회 생활, 표현 생활, 언어 생활, 탐구 생활의 5개 영역으로 구성한다.
나. 연간 교육 일수는 180일, 하루 교육 시간은 180분을 최소 기준으로 하되, 연간 교육 일수 및 하루 교육 시간은 시・도 교육청의 지침과 유치원 실정에 따라 유치원에서 자율적으로 결정한다.

Ⅳ. 교육과정 편성・운영 지침

1. 지역 및 유치원에서의 편성・운영

1) 시・도 교육청

(1) 편성

가. 시・도 교육청은 유아, 교원, 유치원의 실정, 학부모 및 지역 주민의 요구, 지역의

특수성 등에 대한 조사 결과를 기초로 하여 시·도의 교육 중점을 설정하며, 다음 사항이 포함된 유치원 교육과정 편성·운영 지침을 작성하고, 이를 관내 지역 교육청과 유치원에 제시한다.

① 교육 일수에 관한 사항
② 교육 시간에 관한 사항
③ 학급 편성에 관한 사항
④ 교육 활동 계획 및 운영에 관한 사항
⑤ 환경 구성에 관한 사항
⑥ 교육과정 편성·운영에 관한 평가와 질 관리에 관한 사항
⑦ 부모 교육 및 참여에 관한 사항
⑧ 특수아, 귀국자 및 다문화 가정의 자녀 교육에 관한 사항
⑨ 초등학교 교육과의 연계에 관한 사항
⑩ 기타 필요한 사항

나. 시·도 교육청은 교육과정 편성·운영에 관한 조사·연구와 자문 기능을 담당할 교육과정 위원회를 구성하여 운영한다. 이 위원회에는 교원, 교육 행정가, 교육과정 전문가, 학부모, 지역 사회 인사, 산업체 인사 등이 참여할 수 있다.

다. 시·도 교육청은 유치원이 새 학년도 시작에 앞서 교육과정 편성·운영에 관한 계획을 세울 수 있도록 교육과정 편성·운영 자료를 개발, 보급한다.

(2) 운영

가. 시·도 교육청은 교원 연수 및 수급과 전보계획을 수립하여 단위 유치원의 교육과정이 원활하게 운영될 수 있도록 한다.

나. 시·도 교육청은 관내 지역 교육청의 교육과정 운영 지원 실태 및 유치원의 교육과정 편성과 운영 실태를 정기적으로 파악하고, 교육과정의 효과적인 운영과 질 관리에 필요한 행·재정적 지원, 지도, 조언을 한다.

① 유치원 교육과정에 제시된 각 영역이 통합적으로 운영되도록 지도와 조언을 한다.
② 교육과정 운영에 필요한 각종 교육 활동 자료를 연구, 개발하여 보급한다.
③ 교육과정 편성·운영의 개선을 위한 연구·시범 유치원을 운영하고, 수업 개선을 위한 연구 교사를 두어 적극적으로 지원한다.
④ 학부모의 요구와 지역의 실정에 알맞게 하루의 교육 시간을 조정할 수 있도록 지원한다.
⑤ 특정 분야에서 탁월한 재능을 보이는 유아와 학습 장애가 있는 유아를 위한 교육 기회를 마련하고 지원한다.
⑥ 귀국자 자녀와 다문화 가정의 자녀가 가진 교육 경험의 특성과 배경을 고려하여, 이 교육과정을 이수하는 데 어려움이 없도록 지원한다.

2) 지역 교육청

(1) 편성

가. 지역 교육청은 시 · 도 교육청의 유치원 교육과정 편성 · 운영 지침을 기초로 하여 다음 사항이 포함된 유치원 교육과정 편성 · 운영에 관한 장학 자료를 작성하여 유치원에 제시한다.

① 지역의 특수성에 바탕을 둔 중점 교육 활동에 관한 사항

② 유치원 교육과정의 편성 · 운영에 필요한 교육 자료 및 지원에 관한 사항

③ 유치원 간 교육과정 편성 · 운영의 협조에 관한 사항

④ 유치원 간 교원의 순회 및 수급 협조에 관한 사항

⑤ 유치원 간 교육시설과 설비의 공동 활용에 관한 사항

⑥ 유치원 교육과정의 평가와 질 관리에 관한 사항

⑦ 기타 필요한 사항

나. 지역 교육청은 지역 특성에 적합한 유치원 교육과정 편성 · 운영을 지원하기 위하여 교원, 교육 행정가, 교육과정 전문가, 학부모 등이 참여한 교육과정 위원회를 구성하여 운영한다.

다. 유치원 간에 공동으로 협의하여 유치원 교육과정을 편성, 운영할 수 있도록 지원한다.

(2) 운영

가. 지역 교육청은 각 유치원의 교육과정 운영이 충실히 이루어질 수 있도록 장학 활동 계획을 수립하고, 정기적으로 시행한다.

나. 지역 교육청은 관내 유치원의 교육과정 편성과 운영 실태를 정기적으로 파악하고, 효과적인 교육과정의 운영과 개선 및 질 관리에 필요한 적절한 행 · 재정적 지원, 지도, 조언을 한다.

① 유치원 교육과정 편성 · 운영 방법에 관한 지역별 교원 연수를 다양하게 실시한다.

② 관내 유치원의 교육과정 편성 · 운영을 지원하기 위한 각종 자료를 개발, 보급한다.

③ 특수아, 귀국자 및 다문화 가정의 자녀를 위한 교육 기회를 마련하여 운영한다.

④ 유치원 교육과정의 효과적인 운영을 위하여 유치원 교원의 원활한 교류, 유치원 간 시설과 설비의 공동 활용, 자료의 공동 개발 활용에 관하여 유치원 간, 인접 교육청 간, 유치원과 교육청 간의 협조 체제를 구축한다.

⑤ 관내 유치원의 교육과정 편성 · 운영의 개선을 위한 연구 · 시범 유치원을 운영하고, 수업 개선을 위한 연구 교사를 두어 적극적으로 지원한다.

3) 유치원

(1) 편성

가. 유치원은 이 교육과정과 시 · 도 교육청의 유치원 교육과정 편성 · 운영 지침, 지역 교육청의 유치원 교육 과정 편성 · 운영에 관한 장학 자료를 바탕으로, 모든 교원이 전문성을 발휘하여 참여하는 민주적인 절차와 과정을 거쳐 유치원 실정에 알맞은 유치원 교육과정을 편성, 운영한다.

나. 교육과정을 합리적으로 편성하고 효율적으로 운영함으로써 교육의 질 관리를 위하여 노력한다.

다. 교육 활동 전반을 통하여 기본 생활 습관 교육, 사람과 자연을 존중하는 인성 교육, 전통문화 교육, 창의성 교육을 강조하고, 교육과정에 적극 반영한다.

라. 이 교육과정의 5개 영역의 내용은 지도의 순서를 의미하는 것이 아니므로, 각 영역의 내용을 시기와 상황, 필요에 따라 선정하여 통합적으로 편성한다.

마. 이 교육과정의 각 영역의 수준별 내용은 연령별 내용을 의미하는 것이 아니므로, 유아의 발달 및 흥미의 연속성을 고려하여 수준별 교육과정을 편성 · 운영한다.

바. 연간 교육 일수와 하루의 교육 시간은 시 · 도 교육청의 지침 및 유치원과 유아, 학부모의 요구와 필요 등을 고려하여 결정한다.

(2) 운영

가. 유치원은 다음과 같은 사항에 유의하여 유치원 교육과정을 운영한다.

① 유아의 일상생활과 놀이를 중심으로 교육과정을 통합적으로 운영한다.

② 유치원의 실내외 교육 환경은 다양한 흥미 영역으로 구성하여 운영한다.

③ 유아의 성별, 종교, 가족 배경, 신체적 조건, 민족 배경으로 인한 편견을 가지지 않도록 편성, 운영한다.

나. 유치원 교육과정을 편성 · 운영함에 있어서는 교원 조직, 유아의 실태, 학부모의 요구, 지역 사회의 실정, 교육 시설 · 설비 및 교육 여건과 환경이 충분히 반영되도록 한다.

① 지역 사회의 실정과 특수성을 반영하고 학부모 자원을 활용하여 운영한다.

② 부모 교육은 부모와 유치원의 실정에 따라 다양하게 실시한다.

다. 유치원은 장애아를 위한 특수 학급을 설치하는 경우, 유아의 장애 정도와 능력에 따라 이 교육과정을 조정하여 운영하거나 특수학교 교육과정 및 교수 · 학습 자료를 활용할 수 있다.

라. 유치원은 특수 교육 대상 유아가 부모와 관계 전문가의 도움을 받아 적절한 교육을 받도록 안내한다.

마. 유치원은 교사 모임, 현장 연구, 지역 연수 등을 통해서 교사들의 교육 활동 개선이 이루어지도록 한다.

바. 유치원은 유치원 교육과정 편성과 운영의 적합성, 타당성, 효과성을 자체 평가하여 문제점과 개선점을 추출하고, 다음 학년도의 교육과정 편성·운영에 그 결과를 반영한다.

사. 민주 시민 교육, 인성 교육, 환경 교육, 경제 교육, 에너지 교육, 근로정신 함양 교육, 보건 교육, 안전 교육, 성 교육, 소비자 교육, 진로 교육, 통일 교육, 한국 문화 정체성 교육, 국제 이해 교육, 해양 교육, 정보화 및 정보 윤리 교육, 청렴 교육, 물 보호 교육, 양성 평등 교육, 장애인 이해 교육, 인권 교육, 안전·재해 대비 교육, 저출산·고령 사회 대비 교육, 여가 활용 교육, 호국·보훈 교육, 효도·경로·전통 윤리 교육, 아동·청소년 보호 교육, 다문화 교육, 문화 예술 교육, 농업·농촌 이해 교육, 지적 재산권 교육, 미디어 교육, 의사소통·토론 중심 교육 등 범교육과정적 주제는 유치원에서 필요할 경우에 교육과정의 편성·운영에 융통성 있게 반영하고, 지역 사회 및 가정과의 연계 지도에도 힘쓴다.

2. 교육과정 평가와 질 관리

가. 국가 수준에서는 교육과정의 질 관리를 위하여 주기적으로 교육과정 편성·운영에 관한 평가를 실시한다.

① 유치원의 교육과정 편성·운영에 대한 교육청의 지원 상황을 파악하기 위하여 주기적으로 교육청에 대한 평가를 실시한다.

② 교육과정 편성·운영과 지원 체제의 적절성과 실효성을 평가하기 위한 연구를 수행한다. 교육과정 평가 연구는 교육과정의 편성·운영 지침의 적절성과 그 적용 효과에 중점을 둔다.

나. 국가 수준에서는 유치원이 교육과정 평가를 원활히 할 수 있도록 다양한 평가 방법과 절차, 도구 등을 개발하여 유치원에 제공한다.

다. 교육과정 운영 평가는 다음과 같은 사항을 고려하여 이루어져야 한다.

① 교육 내용이 일상생활과 놀이 속에서 통합적으로 편성·운영되는지를 평가한다.

② 교수·학습 방법이 유아의 흥미와 활동의 특성에 적합한지를 평가한다.

③ 교육 환경 및 교육 활동 자료가 활동 주제, 활동 내용, 유아들의 발달 특성, 교육 활동의 효율성 등을 고려하여 구성되는지를 평가한다.

④ 평가 결과는 다음 학년도의 교육과정 편성·운영에 반영한다.

V. 교수 · 학습 방법 및 평가

유치원의 교육 활동에서 교사는 다음 사항에 유의하여 교수·학습 및 교육 평가를 하도록 한다.

1. 교수 · 학습 방법

가. 유아의 발달과 흥미를 고려하여 놀이 중심의 통합적인 교육 활동을 전개 한다.
나. 하루의 교육 활동 운영은 동적인 활동과 정적인 활동, 실내 활동과 실외 활동, 개별 활동과 소집단 · 대집단 활동, 유아 주도 활동과 교사 주도 활동 등이 균형 있게 이루어지도록 한다.
다. 유아가 또래와 교사 및 주변 환경과 다양한 상호작용을 할 수 있도록 한다.
라. 긍정적이고 수용적이며 사랑과 정성이 담긴 언어와 태도로 유아를 대한다.
마. 교육 활동별 특성에 따라 다양한 질문을 하여 창의적 사고를 유도한다.
바. 개별 유아의 잠재력이 최대한 발현될 수 있도록 유아를 지속적으로 관찰하고 적절한 지원을 한다.
사. 주변의 다양한 자료와 자연물을 적극 활용하여 유아들이 직접적이고 구체적인 경험을 할 수 있도록 한다.
아. 흥미 영역은 계절, 주제, 행사 및 유아의 요구 등에 따라 재구성한다.
자. 시간 연장제 및 종일제의 오후 일과는 오전의 교육 활동을 그대로 반복하거나 지식 및 기능 위주 교육을 하기보다는, 편안한 휴식과 함께 바깥 놀이와 개별 유아의 특성을 충분히 고려한 놀이 중심의 활동으로 구성한다.

2. 교육 평가

가. 교육과정 목표와 내용을 준거로 유아의 특성과 변화 정도를 평가한다.
나. 유아의 태도, 지식, 기능 등이 종합적으로 포함되도록 평가한다.
다. 유치원 일과 속에서 생활과 교육 활동 전반에 걸쳐 포괄적으로 평가가 이루어지도록 한다.
라. 관찰, 활동 결과물 분석, 면담 등 다양한 방법을 사용하여 종합적으로 평가하고, 그 결과를 기록한다.
마. 평가 결과는 유아에 대한 이해와 유아 지원을 위한 의사결정, 교수·학습 방법 개선,

교육과정의 편성과 운영, 부모 면담, 생활 기록부 작성 등을 위한 기초 자료로 활용한다.

제 2 장 교육과정의 영역

Ⅰ. 건강 생활

1. 성 격

건강 생활은 긍정적 자아 개념과 일상생활에 필요한 기초 체력을 기르며, 유아의 심신을 조화롭게 발달시키기 위한 영역이다.

이 영역은 '나의 몸 인식하기', '나의 몸 움직이기', '건강하게 생활하기', '안전하게 생활하기'의 네 가지 내용으로 구성한다.

'나의 몸 인식하기'는 기본적인 감각 기능을 기르고 자신의 신체를 긍정적으로 인식하도록 하는 데 중점을 둔다.

'나의 몸 움직이기'는 유아기에 해야 할 운동을 체계적이고 규칙적으로 실시하여 기본적인 운동 능력을 기르고 기초 체력을 증진하는 데 중점을 둔다.

'건강하게 생활하기'는 청결, 영양, 질병 예방, 휴식을 통한 신체 건강뿐 아니라 정신 건강을 유지하고 건강한 생활 습관을 형성하는 데 중점을 둔다.

'안전하게 생활하기'는 자신과 타인의 몸을 소중히 여기고, 우리 주변에서 발생할 수 있는 위험을 예방하며, 재난에 대비하는 데 필요한 지식과 기능 및 태도를 기르는 데 중점을 준다.

건강 생활 영역의 교육 활동에서는 다양한 감각 및 신체 활동을 통하여 생활 교육으로 이루어지게 하며 다른 영역의 내용과 통합해 다루도록 한다. 특히 감각 기관을 적극적으로 활용하고 다양한 방법으로 몸을 활발하게 움직일 수 있는 기회를 규칙적으로 제공한다. 또한 실내·외 신체 활동을 통해 긴장감을 해소하고 즐거움을 느끼게 하며, 안전하고 쾌적한 환경을 제공하여 건강한 생활을 할 수 있게 한다.

2. 목 표

자신의 신체를 긍정적으로 인식하고 생활에 필요한 기초 체력을 기르며, 건강하고 안전한 생활 습관을 가진다.

가. 자신의 몸과 주변 세계를 긍정적으로 인식한다.
나. 기본 운동 능력과 기초 체력을 기른다.
다. 건강한 몸과 마음을 기른다.
라. 안전한 생활 습관을 가진다.

3. 내 용

가. 내용 체계

내용	하위 내용
나의 몸 인식하기	감각 기관을 활용하기 나의 몸을 인식하고 움직이기
나의 몸 움직이기	이동하며 움직이기 제자리에서 움직이기 도구 및 놀이 시설을 활용하기 바깥에서 신체 활동하기
건강하게 생활하기	몸과 주변을 깨끗이 하기 바른 식생활 하기 질병 예방하기 즐겁게 생활하기
안전하게 생활하기	나와 다른 사람의 몸을 소중히 하기 안전하게 놀이하기 교통안전 규칙 지키기 위험한 상황을 알고 대처하기 환경오염이나 재난에 대비하기

나. 수준별 내용

<table>
<tr><th rowspan="2">내용</th><th rowspan="2">하위 내용</th><th colspan="2">수준별 내용</th></tr>
<tr><th>Ⅰ</th><th>Ⅱ</th></tr>
<tr><td rowspan="3">나의 몸 인식하기</td><td>감각 기관을 활용하기</td><td>· 감각 기관을 활용해본다.</td><td>· 감각 기관을 협응하여 활동한다.</td></tr>
<tr><td rowspan="2">나의 몸을 인식하고 움직이기</td><td>· 몸의 각 부분에 관심을 가지고 움직인다.</td><td>· 몸의 각 부분의 특성을 활용하여 움직인다.</td></tr>
<tr><td colspan="2">· 자신의 신체 능력을 긍정적으로 인식하고 움직인다.</td></tr>
</table>

<table>
<tr><td rowspan="4">나의 몸 움직이기</td><td>이동하며 움직이기</td><td>· 걷기, 달리기, 뛰기 등을 하면서 몸을 움직인다.</td><td>· 걷기, 달리기, 뛰기 등을 하면서 제시된 조건에 따라 몸을 움직인다.</td></tr>
<tr><td>제자리에서 움직이기</td><td>· 제자리에서 몸을 다양하게 움직인다.</td><td>· 제자리에서 제시된 조건에 따라 몸을 균형감 있게 움직인다.</td></tr>
<tr><td>도구 및 놀이 시설을 활용하기</td><td colspan="2">· 공, 리본, 후프, 평균대, 매트 등 도구와 놀이 시설을 활용하여 신체 활동을 한다.</td></tr>
<tr><td>바깥에서 신체 활동하기</td><td colspan="2">· 규칙적으로 바깥에서 신체 활동을 한다.</td></tr>
<tr><td rowspan="10">건강하게 생활하기</td><td rowspan="3">몸과 주변을 깨끗이 하기</td><td>· 이를 깨끗이 한다.</td><td>· 스스로 이를 깨끗이 하는 습관을 기른다.</td></tr>
<tr><td>· 손과 몸을 깨끗이 한다.</td><td>· 스스로 손과 몸을 깨끗이 하는 습관을 기른다.</td></tr>
<tr><td>· 자기 주변을 깨끗이 한다.</td><td>· 스스로 자기 주변을 깨끗이 하는 습관을 기른다.</td></tr>
<tr><td rowspan="3">바른 식생활 하기</td><td>· 음식물의 필요성을 알고 골고루 먹는다.</td><td>· 몸에 필요한 음식을 적당한 양으로 골고루 먹는다.</td></tr>
<tr><td colspan="2">· 음식을 소중히 여긴다.</td></tr>
<tr><td colspan="2">· 음식을 바른 자세로 즐겁게 먹는다.</td></tr>
<tr><td rowspan="3">질병 예방하기</td><td>· 질병의 위험성을 알고 주의한다.</td><td>· 질병을 예방하는 방법을 알고 실천한다.</td></tr>
<tr><td colspan="2">· 날씨와 상황에 알맞게 옷을 입는다.</td></tr>
<tr><td colspan="2">· 놀이 후에는 적절한 휴식을 취한다.</td></tr>
<tr><td>즐겁게 생활하기</td><td colspan="2">· 다양한 신체 활동을 통해 긴장감을 해소하고 즐거운 마음으로 생활한다.</td></tr>
<tr><td rowspan="12">안전하게 생활하기</td><td rowspan="2">나와 다른 사람의 몸을 소중히 하기</td><td colspan="2">· 나와 다른 사람의 몸이 소중함을 안다.</td></tr>
<tr><td colspan="2">· 다른 사람이 나의 몸을 함부로 만지지 않도록 한다.</td></tr>
<tr><td rowspan="3">안전하게 놀이하기</td><td colspan="2">· 놀잇감, 도구, 시설물의 사용법을 알고 안전하게 사용한다.</td></tr>
<tr><td colspan="2">· 안전한 장소에서 안전한 방법으로 놀이한다.</td></tr>
<tr><td></td><td>· 미디어에는 유익한 것과 유해한 것이 있음을 알고 바르게 사용한다.</td></tr>
<tr><td rowspan="2">교통안전 규칙 지키기</td><td colspan="2">· 보행 안전 규칙을 지킨다.</td></tr>
<tr><td colspan="2">· 교통수단을 안전하게 이용한다.</td></tr>
<tr><td rowspan="2">위험한 상황을 알고 대처하기</td><td colspan="2">· 위험한 물건과 상황에 대해 알고, 대처한다.</td></tr>
<tr><td colspan="2">· 위험한 상황에서 도움을 요청하여 자신을 보호한다.</td></tr>
<tr><td rowspan="3">환경오염이나 재난에 대비하기</td><td colspan="2">· 환경오염의 위험성을 알고 안전하게 생활하는 방법을 실천한다.</td></tr>
<tr><td colspan="2">· 환경오염을 예방하는 방법을 알고 실천한다.</td></tr>
<tr><td colspan="2">· 인적 재난이나 자연 재난에 대해 알아보고 정기적으로 대피 훈련에 참여한다.</td></tr>
</table>

4. 지도상의 유의점

교사는 다음 사항에 유의하여 지도하도록 한다.

첫째, 감각을 통해 자신의 몸과 주변 세계를 바르게 인식하도록 유아의 발달 수준을 고려한다. 이를 위해 다양한 수준의 도구와 활동을 마련하여 제공한다.

둘째, 넓은 공간이나 바깥에서 규칙적으로 활동함으로써 유아기에 필요한 기본 운동 기능과 기초 체력을 기르도록 한다. 교사는 유아의 흥미와 관심이 자연을 향하도록 바깥놀이 활동 범위를 점차 확대하여 계획하고, 안전한 장소에서 유아가 충분히 뛰어놀 수 있도록 한다.

셋째, 대근육 활동 시 교사는 체계적 활동을 통해 유아가 몸을 움직임으로써 신체를 조절하고 성취감을 맛볼 수 있도록 지도한다. 이를 위해 교사는 발달에 적합한 활동을 구성하여 유아의 흥미와 관심을 높여 적극적으로 활동에 참여할 수 있도록 한다.

넷째, 유아의 건강 생활은 일과 중 활동을 통해 생활 교육으로 이루어지게 해야 한다. 무엇보다 유아의 건강 상태와 신체 리듬을 고려하여 규칙적인 생활을 할 수 있도록 지도하며, 스스로 이 닦기와 손 씻기, 주변을 깨끗이 하기, 바른 식생활과 옷 입기 등을 실천함으로써 건강하고 안전한 생활 습관과 태도를 갖도록 한다.

다섯째, 교사는 유아가 안전하게 놀이할 수 있도록 유의해야 한다. 활동 공간에 따른 적절한 인원 수, 기구의 견고성, 공간 바닥 등에 대해 정기적으로 안전 점검을 실시하고, 기구나 도구의 안전한 사용법을 지도하여 유아 스스로 자신의 안전을 지킬 수 있는 능력과 태도를 갖도록 한다.

여섯째, 유아기는 신체를 조절하거나 환경을 지각하는 능력이 부족한 시기이므로 안전사고를 예방해야 한다. 이를 위해 위험한 장소, 위험한 놀이, 여러 가지 재난에 대해 유아가 자신을 보호할 수 있는 지식, 기능, 태도를 기르도록 지속적으로 지도한다.

Ⅱ. 사회 생활

1. 성 격

사회 생활은 유아가 자신을 알고 소중하게 여기며, 다른 사람과 함께 살아가는 방법을 익히고, 주변 세계에 관심을 갖고 적응해 나갈 수 있는 기초 능력을 기르기 위한 영역이다.

이 영역은 '나를 알고 사랑하기', '가족과 함께 생활하기', '이웃과 더불어 생활하기', '사회 현상에 관심가지기'의 네 가지 내용으로 구성한다.

'나를 알고 사랑하기'는 유아가 자신을 소중하게 여기며 이를 바탕으로 자신의 일을 스스로 하고, 자기감정을 알고 조절하는 데 중점을 둔다.

'가족과 함께 생활하기'는 유아가 가족과 화목하게 지내고, 협력하며 생활하는 태도를 기르는 데 중점을 둔다.

'이웃과 더불어 생활하기'는 유아가 다른 사람들과 함께 살아가는 데 기본적으로 필요한 예절 바른 생활 태도를 가지며 다른 사람을 이해하고 존중하며 협력하는 능력을 기르는 데 중점을 둔다. 특히 친구와 사이좋게 지내고 공공장소에서 지켜야 할 질서와 규칙을 실천하도록 하는 데 중점을 둔다.

'사회 현상에 관심가지기'는 유아를 둘러싼 문화와 생활양식에 바탕을 두어 유아가 생활하는 주변 지역, 경제생활, 우리나라와 세계 여러 나라의 문화에 관심을 갖는 데 중점을 둔다.

사회 생활 영역의 교육 활동에서는 유아의 생활을 중심으로 토의, 역할놀이, 공동 작업, 협동 게임 등의 다양한 방법을 통하여 다루도록 한다. 교사의 설명이나 지시보다는 유아가 적극적으로 참여하게 하여 사회적 기능, 태도 및 사회 과학적 지식을 형성하도록 한다. 특히, 기본생활습관은 생활 전반에 걸쳐 꾸준히 지도하여 유아가 바른 습관을 자연스럽게 형성하도록 하며, 가정과 긴밀한 협조가 이루어지도록 한다.

2. 목 표

자신과 다른 사람을 존중하고, 더불어 살아가는 능력을 기른다.

가. 자신을 소중하게 여기고 스스로 생각하여 행동하며 감정을 조절한다.
나. 가족과 화목하게 지내며 서로 협력한다.
다. 예절 바르게 행동하고 질서를 지키며 이웃과 더불어 생활한다.
라. 우리가 살고 있는 사회 현상에 대하여 관심을 가진다.

3. 내 용

가. 내용 체계

내 용	하위 내용
나를 알고 사랑하기	나를 소중하게 여기기 나의 일 스스로 하기 나의 감정 알고 조절하기
가족과 함께 생활하기	가족과 화목하게 지내기 가족과 협력하기
이웃과 더불어 생활하기	예절 바르게 생활하기 다른 사람을 이해하고 존중하기 질서와 규칙 지키기 두레의 소중함을 알고 협력하기
사회 현상에 관심 가지기	주변 지역에 관심 가지기 경제생활에 관심 가지기 우리나라와 우리 전통문화에 관심 가지기 다양한 문화에 관심 가지기

나. 수준별 내용

<table>
<tr><th rowspan="2">내 용</th><th rowspan="2">하위 내용</th><th colspan="2">수준별 내용</th></tr>
<tr><th>Ⅰ</th><th>Ⅱ</th></tr>
<tr><td rowspan="8">나를 알고 사랑하기</td><td rowspan="2">나를 소중하게 여기기</td><td colspan="2">• 나에 대해 알아보고 소중하게 생각한다.</td></tr>
<tr><td colspan="2">• 내가 하는 일에 자신감을 가진다.</td></tr>
<tr><td rowspan="4">나의 일 스스로 하기</td><td colspan="2">• 내가 할 수 있는 일을 스스로 한다.</td></tr>
<tr><td colspan="2">• 해야 할 일을 책임 있게 한다.</td></tr>
<tr><td>• 하고 싶은 일을 스스로 선택하고 해 본다.</td><td>• 하고 싶은 일을 계획하고 실천한다.</td></tr>
<tr><td>• 하루 일과에 적응한다.</td><td>• 하루 일과를 알고 생활한다.
• 규칙적인 생활을 한다.</td></tr>
<tr><td rowspan="2">나의 감정 알고 조절하기</td><td>• 여러 가지 감정이 생길 수 있음을 안다.</td><td>• 상황에 따라 감정이 변할 수 있음을 안다.</td></tr>
<tr><td>• 나의 감정을 조절해야 할 필요성을 안다.</td><td>• 나의 감정을 조절하여 적절하게 표현한다.</td></tr>
</table>

<table>
<tr><td rowspan="4">가족과 함께 생활하기</td><td rowspan="2">가족과 화목하게 지내기</td><td colspan="2">· 가족의 소중함을 알고 화목하게 지낸다.</td></tr>
<tr><td colspan="2">· 부모, 형제 등 가족과 사이좋게 지낸다.</td></tr>
<tr><td rowspan="2">가족과 협력하기</td><td>· 가족 구성원을 안다.</td><td>· 다양한 가족 구조에 대해 알아본다.</td></tr>
<tr><td>· 가정에서 내가 할 수 있는 일을 찾아보고 해 본다.</td><td>· 가족을 위해 할 수 있는 일을 알아보고 실천한다.</td></tr>
<tr><td rowspan="12">이웃과 더불어 생활하기</td><td rowspan="4">예절 바르게 생활하기</td><td colspan="2">· 정직하게 말하고 행동한다.</td></tr>
<tr><td colspan="2">· 친구와 어른께 바르게 인사한다.</td></tr>
<tr><td>· 도움을 받거나, 잘못했을 때 표현하는 말을 안다.</td><td>· 도움을 받거나, 잘못했을 때 적절한 말과 태도로 표현한다.</td></tr>
<tr><td colspan="2">· 옷차림을 바르게 한다.</td></tr>
<tr><td rowspan="2">다른 사람을 이해하고 존중하기</td><td colspan="2">· 친구와 사이좋게 지낸다.</td></tr>
<tr><td>· 사람은 서로 다르다는 것을 안다.</td><td>· 사람의 서로 다른 점을 존중하며 함께 지낸다.</td></tr>
<tr><td rowspan="3">질서와 규칙 지키기</td><td colspan="2">· 다른 사람과 한 약속을 지킨다.</td></tr>
<tr><td>· 질서를 지켜야 함을 안다.</td><td>· 질서를 지킨다.</td></tr>
<tr><td colspan="2">· 공공장소에서 지켜야 할 규칙을 알고 지킨다.</td></tr>
<tr><td rowspan="3">두레의 소중함을 알고 협력하기</td><td>· 친구와 함께 활동에 참여해 본다.</td><td>· 친구의 의견을 존중하며 집단 활동에 참여한다.</td></tr>
<tr><td>· 다른 사람을 도와주는 경험을 해본다.</td><td>· 다른 사람과 협력한다.</td></tr>
<tr><td>· 물건을 함께 사용해 본다.</td><td>· 물건을 나누어 쓰고 양보한다.</td></tr>
</table>

사회 현상에 관심 가지기	주변 지역에 관심 가지기	· 우리 동네의 이름과 집의 위치를 알아본다.	· 우리 동네의 특징을 알아본다.
		· 우리 동네에 있는 여러 기관을 알아본다.	· 우리 동네에 있는 여러 기관의 역할을 알아본다.
	경제생활에 관심 가지기	· 물건을 잘 간수하고 아껴 쓴다.	
		· 다시 쓸 수 있는 물건을 재활용한다.	
		· 물건을 살 때 돈이 필요함을 안다.	· 필요한 물건을 계획해서 사 본다.
		· 우리 가족의 직업에 대해 알아본다.	· 여러 가지 직업에 대해 알아보고 모든 직업이 소중함을 안다.
	우리나라와 우리 전통문화에 관심 가지기	· 태극기, 애국가, 무궁화 등 우리나라 상징에 관심을 가진다.	· 태극기와 애국가에 대한 예절을 알고 지킨다.
			· 통일에 관심을 가진다.
		· 전통문화에 관심을 가진다.	· 전통문화를 존중하고 친밀감을 가진다.
	다양한 문화에 관심 가지기	· 여러 나라 사람에 대해 관심을 가진다.	· 여러 나라의 사람에 대해 알아보고 존중한다.
		· 여러 나라의 문화에 관심을 가진다.	· 여러 나라의 문화를 알아보고 존중한다.

4. 지도상의 유의점

교사는 다음 사항에 유의하여 지도하도록 한다.

첫째, 사회 생활에 관한 교육 활동의 계획과 운영은 유아가 기초적인 사회적 태도와 기능, 지식 등을 포괄적으로 익히고 활용하는 데 중점을 둔다. 유아가 규범이나 사회적 지식을 아는 데 그치지 않고 그것을 행동에 옮겨 습관화하여 바람직한 사회 생활 태도를 가지도록 지도한다.

둘째, 현대사회에서 사회 생활 영역이 갖는 교육적 개념은 상호 존중과 상호 의존임을 명확히 인식하고 이러한 개념들이 유아의 생활 속에서 자연스럽게 형성되도록 교육 활동을 계획하고 운영한다. 인간과 인간 간의 관계가 더욱 중요시 되는 현대사회에서 유아들이 자신과 다른 사람의 유사점, 차이점을 인식하고 존중하며 더불어 살아갈 수 있도록 하며, 특히 다문화 교육, 반편견 교육에 대한 교육 내용 요소를 교사가 먼저 바르게 인식하여 교육 활동을 계획하고 사회 생활 영역 전반에 걸쳐 지도한다.

셋째, 기본 생활 습관은 생활 전반에 걸쳐 반복적으로 꾸준히 지도하여 유아가 바른 생활 습관을 자연스럽게 형성하도록 한다. 교사는 좋은 모범을 보이도록 하며, 특히 가정에서 기본 생활 습관의 기초가 이루어지므로 유치원과 가정에서의 교육이 일관성 있는 교육이 되도록 학부모와 밀접한 관계를 갖고 협력하여 지도한다.

넷째, 유아가 다양한 사회적 관계를 경험할 수 있도록 교사의 언어적 설명이나 지시보다는 따뜻한 격려와 직접적인 문제 제기, 문제 해결을 위한 유도, 확산적 질문 등을 사용하도록 한다. 그리고 공동 작업, 협동 게임, 소집단 토의 활동, 극화 활동 등을 통해 유아들 간의 갈등과 경쟁을 극복하여, 경험을 공유하고 협동하는 능력을 기르도록 한다. 또한 현장을 견학하거나 자원 인사를 초빙하여 일터의 소중함과 일하는 사람의 보람 등을 직접 공감하는 기회를 갖도록 한다.

다섯째, 각 지역의 특성과 문화적 자원을 충분히 활용하도록 한다. 유아가 생활하는 지역 사회의 특성과 문화를 경험하게 함으로써 지역 사회 문화에 대한 이해와 더불어 애향심, 공동체 의식, 지역에 대한 자긍심 등을 기를 수 있도록 지도한다.

Ⅲ. 표현 생활

1. 성 격

표현 생활은 풍부한 감성과 심미적 태도 및 창의적 표현력을 기르며, 다양한 예술 표현 방식을 존중하고 즐기는 태도를 기르기 위한 영역이다.

이 영역은 '자연과 생활에서 아름다움 찾아보기', '예술적 표현 즐기기', '감상하기'의 세 가지 내용으로 구성한다.

'자연과 생활에서 아름다움 찾아보기'는 유아가 자연과 주변 환경에서 자연스럽게 접할 수 있는 소리나 음악, 움직임, 조형물에 관심을 기울이며, 예술 활동의 기본이 되는 다양한 요소를 찾아보는 경험에 중점을 둔다.

'예술적 표현 즐기기'는 유아가 다양한 예술 활동에 참여하여 생각과 느낌을 자유롭게 표현하는 데 중점을 둔다. 또한 음악, 움직임과 춤, 조형 활동, 극놀이를 통합적으로 경험하며 예술 활동 과정을 즐기는 데 중점을 둔다.

'감상하기'는 유아나 다른 사람이 표현한 예술 작품 및 자연과 생활 속의 아름다움, 우리 전통 예술에 유아가 관심을 가지고 즐기도록 하는 데 중점을 둔다.

표현 생활 영역의 교육 활동에서는 특정한 예술적 개념이나 기능 습득 보다는 생각과 느낌을 자유롭고 창의적으로 표현해보는 경험을 중심으로 한다. 직접 보고, 듣고, 만지고 느껴보는 능동적인 활동 과정을 강조하고 유치원의 일과 중 자연스럽게 다양한 탐색 및 감상활동의 기회를 제공하며, 대 · 소집단 활동과 자유선택활동에서 골고루 경험하도록 통합적으로 다루도록 한다.

2. 목 표

생각하고 느낀 것을 예술적으로 표현하고 감상함으로써 심미적 태도와 창의적 표현력을 기른다.

가. 자연과 생활 속에서 예술적 요소를 찾아본다.
나. 생각과 느낌을 음악, 움직임과 춤, 조형, 극놀이 및 통합적 활동으로 표현하는 과정을 즐긴다.
다. 자연과 사물, 다양한 예술 작품과 우리 전통 예술 등을 감상함으로써 풍부한 감성과 심미적 태도를 기른다.

3. 내 용

가. 내용 체계

내용	하위 내용
자연과 생활에서 아름다움 찾아보기	소리 · 움직임 · 조형물에 관심 가지기 예술적 요소 찾아보기
예술적 표현 즐기기	음악으로 표현하기 움직임과 춤으로 표현하기 조형 활동으로 표현하기 극놀이로 표현하기 통합적으로 표현하기 창의적인 표현 과정 즐기기
감상하기	아름다움 느끼기 예술적 표현 존중하기 우리 전통 예술 감상하기

나. 수준별 내용

<table>
<tr><th rowspan="2">내용</th><th rowspan="2">하위 내용</th><th colspan="2">수준별 내용</th></tr>
<tr><th>I</th><th>II</th></tr>
<tr><td rowspan="4">자연과 생활에서 아름다움 찾아보기</td><td>소리·움직임·조형물에 관심 가지기</td><td colspan="2">·자연과 주변 환경의 소리, 음악, 움직임, 조형물에 관심을 가진다.</td></tr>
<tr><td rowspan="3">예술적 요소 찾아보기</td><td colspan="2">·목소리, 신체, 사물, 악기로 소리의 빠르기·세기·리듬 등을 찾아본다.</td></tr>
<tr><td colspan="2">·자연과 주변 환경에서 움직임의 모양·힘의 세기·빠르기·흐름 등을 찾아본다.</td></tr>
<tr><td colspan="2">·자연과 주변 환경에서 색·형태·질감 등을 찾아본다.</td></tr>
<tr><td rowspan="12">예술적 표현 즐기기</td><td rowspan="3">음악으로 표현하기</td><td>·노래를 즐겨 부른다.</td><td>·노래로 자신의 생각과 느낌을 표현한다.</td></tr>
<tr><td colspan="2">·전래 동요를 즐겨 부르며 관련된 놀이를 한다.</td></tr>
<tr><td>·신체나 리듬 악기를 사용하여 간단한 리듬 패턴을 만들어 본다.</td><td>·단순한 즉흥 연주를 해본다.</td></tr>
<tr><td rowspan="3">움직임과 춤으로 표현하기</td><td>·신체를 이용하여 친숙한 대상의 움직임을 표현한다.</td><td>·신체를 이용하여 주변의 움직임을 다양하게 표현한다.</td></tr>
<tr><td colspan="2">·도구를 활용하여 창의적으로 움직인다.</td></tr>
<tr><td colspan="2">·움직임과 춤을 통해 생각과 느낌을 자유롭게 표현한다.</td></tr>
<tr><td rowspan="3">조형 활동으로 표현하기</td><td colspan="2">·조형 활동을 통해 자신의 생각과 느낌을 창의적으로 표현한다.</td></tr>
<tr><td></td><td>·협동적인 조형 활동을 통해 생각과 느낌을 표현한다.</td></tr>
<tr><td>·조형 활동에 필요한 재료와 도구에 관심을 가지고 사용한다.</td><td>·조형 활동에 필요한 재료와 도구를 다양하게 사용한다.</td></tr>
<tr><td>극놀이로 표현하기</td><td>·경험이나 간단한 이야기를 극놀이로 표현한다.</td><td>·소품, 배경, 의상 등을 계획하여 협동적으로 극놀이를 한다.</td></tr>
<tr><td>통합적으로 표현하기</td><td colspan="2">·주제에 대한 자신의 생각과 느낌을 음악, 춤, 조형 활동, 극놀이 등을 통합하여 표현한다.</td></tr>
<tr><td>창의적인 표현 과정 즐기기</td><td>·예술 활동에 참여하여 표현 과정을 즐긴다.</td><td>·다양한 예술 활동을 스스로 선택하여 시도한다.</td></tr>
<tr><td rowspan="4">감상하기</td><td rowspan="2">아름다움 느끼기</td><td colspan="2">·자연과 다양한 음악, 춤, 조형물, 극놀이 등을 듣거나 보고 즐긴다.</td></tr>
<tr><td></td><td>·자연과 다양한 음악, 춤, 조형물, 극놀이 등을 감상하고 생각과 느낌을 나눈다.</td></tr>
<tr><td>예술적 표현 존중하기</td><td>·나와 다른 사람의 예술 표현을 소중히 여긴다.</td><td>·나와 다른 사람의 예술 표현의 차이를 느낀다.</td></tr>
<tr><td>우리 전통 예술 감상하기</td><td>·전통 예술에 관심을 갖고 친숙해진다.</td><td>·전통 예술을 즐긴다.</td></tr>
</table>

4. 지도상의 유의점

교사는 다음 사항에 유의하여 지도하도록 한다.

첫째, 유아를 둘러싼 자연이나 주변 환경에서 친근하게 접할 수 있는 대상에서 예술적 요소를 자발적으로 찾아보도록 한다. 소리, 음악, 움직임 및 조형물에 대해 관심을 가지고 찾아보는 경험은 유치원의 일과 중에 자연스럽게 이루어지도록 지도한다.

둘째, 유아가 예술적 활동에 대해 개별적인 생각과 느낌을 표현하는 과정을 즐기도록 자유로운 분위기를 조성한다. 교사는 유아가 소리와 음악, 움직임과 춤, 만들기와 그리기, 극놀이 활동의 자유로운 표현 과정에서 자신의 생각이나 느낌을 좀 더 풍부하게 확장해 나가도록 지도한다. 교사가 미리 정해 놓은 활동을 유아가 그대로 따라하게 하거나, 한 가지 정답이나 모델만을 제시하고 언어적으로 표현하도록 하기, 만들어진 결과물에 대해서만 격려하고 전시하기 등은 유아의 창의적인 표현을 감소시킬 수 있으므로 유의한다.

셋째, 소집단・대집단 활동뿐 아니라 자유선택활동에서 예술적 표현활동을 수시로 제공하되 유아가 개별적으로 활동과정에 몰입하도록 적극 지원한다. 유아가 표현활동에 지속적으로 참여함으로써 점차 자신만의 독특한 표현 방식을 시도하고 즐기도록 지도한다.

넷째, 유아가 사전경험이나 흥미에 따라 활동을 스스로 선택하여 자기 나름의 의미를 갖도록 지도한다. 이를 위해 생활 속에서 친근하게 자주 접하는 자연, 음악, 조형작품 등을 자연스럽게 보고, 듣고, 만지는 경험을 통해 아름다움을 느끼고, 표현하며, 이를 즐겨 감상할 수 있도록 배려한다.

다섯째, 교사는 유아의 창의적인 표현을 존중하는 태도를 지닌다. 유아가 창의적이고 개별적으로 표현한 음악, 움직임, 춤, 조형작품, 극놀이에 대해 표정, 몸짓, 언어 등을 이용하여 긍정적으로 지지해 준다.

여섯째, 음악, 춤, 조형, 극놀이 활동 등은 가능한 통합적으로 이루어지도록 한다. 예를 들면 세찬 바람 소리를 그림으로 표현한 후에 이를 움직임이나 춤으로 나타낼 수 있다. 다양한 예술적 요소를 찾아보고 표현하며 감상하는 것은 정해진 순서 없이 한 활동에서 통합적으로 경험되도록 지도한다.

Ⅳ. 언어 생활

1. 성 격

언어 생활은 유아가 일상생활에서 언어 사용을 즐기며, 의사소통 능력을 기르고, 바른 언어 사용 능력과 태도를 기르기 위한 영역이다.

이 영역은 '듣기', '말하기', '읽기', '쓰기'의 네 가지 내용으로 구성한다.

'듣기'는 일상적인 이야기와 문학 작품을 듣는 가운데, 바르게 듣고 이해하는 능력을 기르고, 문학적 흥미와 우리말의 재미를 느끼도록 하는 데 중점을 둔다.

'말하기'는 자신의 생각과 느낌을 바르게 말하는 능력을 기르며, 상대방을 배려하여 말하는 태도를 기르는 데 중점을 둔다.

'읽기'는 주변의 친숙한 글자나 책의 내용에 대해 궁금해 하며 글의 의미에 관심을 가지도록 하는 데 중점을 둔다.

'쓰기'는 자신의 생각과 느낌을 그림이나 긁적거리기 등 다양한 형태로 나타내기를 즐기며, 여러 가지 쓰기도구에 관심을 가지는 데 중점을 둔다.

언어 생활 영역의 교육 활동에서는 이야기 나누기, 동화 읽어주기 등의 교사 주도적인 활동과 또래와의 역할놀이, 동극 등 유아 주도적인 활동 간의 균형을 고려한다. 특히 초등학교 단계의 글자 교육이 아닌 점에 유의하여 읽기, 쓰기에 관심을 가지고, 긁적거리기, 그림책 보고 이야기하기 등의 활동을 통하여 말과 글에 자연스럽게 친숙해지도록 한다.

2. 목 표

말과 글을 즐겁고 바르게 사용하기 위한 기초 능력과 태도를 기른다.

가. 말하는 사람의 의도를 고려하여 주의 깊게 듣고 이해한다.
나. 자신의 생각과 느낌을 적절하게 말한다.
다. 주변의 글자와 책에 친숙해지는 경험을 통하여 읽기에 관심을 가진다.
라. 글자의 기능을 인식하고 자신의 생각과 느낌을 그림이나 글로 나타내는 데 관심을 가진다.

3. 내 용

가. 내용 체계

하위 영역	내 용
듣기	낱말과 문장 듣고 이해하기 이야기 듣고 이해하기 문학 작품 즐겨 듣기 바른 태도로 듣기
말하기	낱말과 문장으로 말하기 생각과 느낌 말하기 이야기 지어 말하기 바른 태도로 말하기
읽기	읽기에 관심 가지기 책에 관심 가지기
쓰기	쓰기에 관심 가지기 쓰기 도구 사용하기

나. 수준별 내용

<table>
<tr><th>하위 영역</th><th>내용</th><th>Ⅰ수준</th><th>Ⅱ수준</th></tr>
<tr><td rowspan="10">듣기</td><td>낱말과 문장 듣고 이해하기</td><td colspan="2">· 일상생활과 관련된 낱말과 문장을 듣고 이해한다.</td></tr>
<tr><td rowspan="3">이야기 듣고 이해하기</td><td colspan="2">· 다른 사람의 이야기를 주의 깊게 듣고 이해한다.</td></tr>
<tr><td colspan="2">· 지시를 주의 깊게 듣고 이해한다.</td></tr>
<tr><td></td><td>· 지시를 듣고 적절하게 행동한다.</td></tr>
<tr><td rowspan="3">문학 작품 즐겨 듣기</td><td colspan="2">· 다양한 문학 작품 듣기를 즐긴다.</td></tr>
<tr><td></td><td>· 다양한 문학 작품을 듣고 그 내용을 이해한다.</td></tr>
<tr><td colspan="2">· 전래 동화, 동요, 동시를 듣고 우리말의 재미를 느낀다.</td></tr>
<tr><td rowspan="3">바른 태도로 듣기</td><td colspan="2">· 말하는 사람을 바라보며 듣는다.</td></tr>
<tr><td></td><td>· 반응을 보이며 주의 깊게 듣는다.</td></tr>
<tr><td colspan="2">· 말하는 사람의 이야기를 끝까지 듣는다.</td></tr>
</table>

<table>
<tr><td rowspan="15">말하기</td><td rowspan="3">낱말과 문장으로 말하기</td><td colspan="2">· 정확하게 발음해 본다.</td></tr>
<tr><td>· 새로운 어휘에 관심을 가진다.</td><td>· 다양한 어휘를 사용하여 말한다.</td></tr>
<tr><td colspan="2">· 문장으로 구성하여 말한다.</td></tr>
<tr><td rowspan="4">생각과 느낌 말하기</td><td>· 사물이나 사건에 대해 말한다.</td><td>· 사물이나 사건에 대해 정확하게 말한다.</td></tr>
<tr><td>· 자신의 요구와 생각을 말한다.</td><td>· 자신의 요구와 생각을 정확하게 말한다.</td></tr>
<tr><td>· 자신의 느낌을 말한다.</td><td>· 자신의 느낌을 적절한 어휘를 사용하여 말한다.</td></tr>
<tr><td colspan="2">· 주제에 대하여 함께 이야기를 나눈다.</td></tr>
<tr><td rowspan="3">이야기 지어 말하기</td><td colspan="2">· 이야기 지어 말하기를 즐긴다.</td></tr>
<tr><td rowspan="2"></td><td>· 다양한 자료를 보고 창의적으로 꾸며 말한다.</td></tr>
<tr><td>· 동화, 동시를 창의적으로 지어본다.</td></tr>
<tr><td rowspan="5">바른 태도로 말하기</td><td>· 듣는 사람의 생각과 느낌에 관심을 가진다.</td><td>· 듣는 사람의 생각과 느낌을 고려하여 말한다.</td></tr>
<tr><td>· 말할 차례를 지켜 말한다.</td><td>· 말할 차례를 지키며 바른 태도로 이야기를 나눈다.</td></tr>
<tr><td colspan="2">· 어른께 존댓말을 사용한다.</td></tr>
<tr><td colspan="2">· 바르고 고운 말을 사용한다.</td></tr>
<tr><td></td><td>· 때와 장소, 대상을 고려하여 상황에 맞게 말한다.</td></tr>
<tr><td rowspan="5">읽기</td><td rowspan="2">읽기에 관심 가지기</td><td>· 주변에서 친숙한 글자를 찾아 본다.</td><td>· 주변에서 친숙한 글자를 찾아 읽어 본다.</td></tr>
<tr><td colspan="2">· 여러 가지 맥락을 활용하여 글의 내용을 추측해 본다.</td></tr>
<tr><td rowspan="3">책에 관심 가지기</td><td>· 책의 그림을 단서로 내용을 추측해 본다.</td><td>· 책의 그림을 단서로 추측하여 읽는다.</td></tr>
<tr><td colspan="2">· 책 보는 것을 즐기고 책을 소중하게 다룬다.</td></tr>
<tr><td colspan="2">· 궁금한 것을 책에서 찾아본다.</td></tr>
<tr><td rowspan="4">쓰기</td><td rowspan="2">쓰기에 관심 가지기</td><td>· 말이나 생각을 글로 옮길 수 있음을 안다.</td><td>· 자신의 생각과 느낌을 그림으로 나타내거나 긁적거리기를 즐긴다.</td></tr>
<tr><td>· 자기 이름의 글자에 관심을 가진다.</td><td>· 자기의 이름을 써본다.</td></tr>
<tr><td rowspan="2">쓰기 도구 사용하기</td><td colspan="2">· 여러 가지 쓰기 도구에 관심을 가진다.</td></tr>
<tr><td></td><td>· 쓰기 도구의 바른 사용법에 관심을 가진다.</td></tr>
</table>

4. 지도상의 유의점

교사는 다음 사항에 유의하여 지도하도록 한다.

첫째, 문자 언어 발달의 기초인 음성 언어 발달의 중요성을 인식하고 이를 위한 다양한 활동을 계획하고 실시한다. 유아에게 익숙한 음성 언어를 통하여, 언어의 다양한 기능을 익히고 즐기는 성향을 갖게 함으로써, 유아가 호기심과 흥미를 가지고 문자 언어를 익히고자 하는 동기를 갖도록 지도한다.

둘째, 유아의 문자 언어 발달에 있어, 환경 및 자료의 중요성을 인식하고 이를 언어활동에 적극적으로 반영하도록 한다. 특히 쓰기 영역뿐 아니라, 학급의 곳곳에 쓰기 도구를 비치하여 둠으로써, 유아들이 쓰기의 필요성을 느낄 때 언제라도 쉽게 그림이나 긁적거리기로 자신의 생각을 표현할 수 있도록 한다.

셋째, 교사는 유아가 적극적으로 언어 사용에 대한 원리를 구성해 나가도록 의미 있고 실제적인 활동을 제공한다. 이를 위해 기능적이고 실제적인 맥락 속에서 언어 사용의 효과를 경험할 수 있는 다양한 활동이 제시되도록 한다.

Ⅴ. 탐구 생활

1. 성 격

탐구 생활은 자연을 존중하는 마음을 바탕으로 창의적으로 사고하고 탐구하며, 논리적이고 합리적으로 문제를 해결하는 능력과 태도를 기르기 위한 영역이다.

이 영역은 '탐구하는 태도 기르기', '과학적 기초 능력 기르기', '수학적 기초 능력 기르기'의 세 가지 내용으로 구성한다.

'탐구하는 태도 기르기'는 주변의 사물과 자연환경에 대해 지속적으로 호기심을 가지고 적극적으로 탐구하며, 창의적으로 사고하는 태도를 기르는 데 중점을 둔다.

'과학적 기초 능력 기르기'는 유아가 주변의 사물과 생명체 및 자연현상에 대하여 능동적으로 탐구하는 경험을 통하여 자연을 존중하는 마음과 과학적으로 사고하는 능력을 기르는 데 중점을 둔다.

'수학적 기초 능력 기르기'는 유아가 주변을 탐색하고 놀이하면서 부딪히는 문제를 논리· 수학적으로 해결하는 경험을 통하여 기초적인 수, 공간 및 도형과 측정에 대한 통찰력을 기르며, 규칙성을 이해하고 자료 정리 및 결과 나타내기의 능력을 기르는 데 중점을 둔다.

탐구 생활 영역의 교육 활동에서는 다양한 실물 자료와 자연체험의 기회를 풍부하게 제공하여, 유아가 자발적으로 문제를 발견하고 탐구하는 과정에 적극적으로 참여하도록 한다. 유아가 일상생활 경험에서 구성한 지식을 바탕으로 다양한 시도를 해보고 추론하는 활동을 통해 과학적·수학적 기초 능력을 의미 있게 확장해갈 수 있도록 한다. 탐구 결과와 생각을 구체물, 그림, 표, 쓰기, 말하기 등의 다양한 매체를 사용하여 나타내고 다른 사람과 공유하도록 한다.

2. 목 표

자연을 존중하고, 창의적으로 탐구하며, 논리적으로 문제를 해결하기 위한 기초 소양을 기른다.

가. 사물과 자연현상에 대해 호기심을 가지고 지속적으로 탐구하는 태도를 기른다.
나. 사물과 자연현상에 대한 기초 지식을 이해하고 탐구하는 능력을 기른다.
다. 생활 주변의 문제를 논리, 수학적으로 해결하기 위한 기초 능력을 기른다.

3. 내 용

가. 내용체계

내용	하위 내용
탐구하는 태도 기르기	사물과 현상에 지속적인 관심 가지기 탐구 과정 즐기기
과학적 기초 능력 기르기	물체와 물질에 대해 알아보기 생명체와 자연환경 소중하게 여기기 자연현상에 대해 알아보기 간단한 도구와 기계 활용하기
수학적 기초 능력 기르기	수 감각 기르기 공간 및 도형에 대해 알아보기 기초적인 측정해 보기 규칙성 이해하기 자료 정리 및 결과 나타내기

나. 수준별 내용

<table>
<tr><th>내용</th><th>하위 내용</th><th>I</th><th>II</th></tr>
<tr><td rowspan="4">탐구하는 태도 기르기</td><td rowspan="2">사물과 현상에 지속적인 관심 가지기</td><td>· 생활 주변의 사물과 현상에 대해 호기심을 가진다.</td><td>· 궁금한 점에 대해 지속적으로 관심을 가진다.</td></tr>
<tr><td colspan="2">· 과학이나 수학에 대한 탐구 이야기에 관심을 가진다.</td></tr>
<tr><td rowspan="2">탐구과정 즐기기</td><td>· 궁금한 점을 알 수 있는 방법을 궁리한다.</td><td>· 내가 궁리한 방법대로 해 본다.</td></tr>
<tr><td>· 다른 사람과 함께 탐구과정에 참여한다.</td><td>· 나의 생각이 다른 사람과 다를 수 있음을 안다.</td></tr>
<tr><td rowspan="15">과학적 기초 능력 기르기</td><td rowspan="3">물체와 물질에 대해 알아보기</td><td colspan="2">· 친숙한 물체의 특성을 다양한 방법으로 탐색한다.</td></tr>
<tr><td colspan="2">· 물체와 물질을 변화시킬 수 있는 다양한 방법을 탐색한다.</td></tr>
<tr><td>· 물체와 물질의 변화에 관심을 가진다.</td><td>· 물체와 물질의 변화 과정을 알아본다.</td></tr>
<tr><td rowspan="4">생명체와 자연환경 소중하게 여기기</td><td>· 나의 몸에 대해 관심을 가진다.</td><td>· 나의 출생과 성장에 대해 알아본다.</td></tr>
<tr><td>· 주변의 동식물에 관심을 가진다.</td><td>· 관심 있는 동식물의 특성을 알아본다.</td></tr>
<tr><td>· 주변의 모든 생명체를 존중하고 돌보는 마음을 가진다.</td><td>· 생명체는 서로 함께 살아가는 것임을 안다.</td></tr>
<tr><td></td><td>· 생명체가 살아가기에 좋은 환경에 대해 알아본다.</td></tr>
<tr><td rowspan="3">자연현상에 대해 알아보기</td><td colspan="2">· 생활 주변의 자연물(돌, 물, 흙 등) 탐색을 즐긴다.</td></tr>
<tr><td>· 자연물의 상태와 변화에 관심을 가진다.</td><td>· 자연물의 상태와 변화를 관찰한다.</td></tr>
<tr><td>· 낮과 밤, 계절의 변화에 관심을 가진다.</td><td>· 낮과 밤, 계절의 변화와 규칙성을 알아본다.</td></tr>
<tr><td rowspan="4">간단한 도구와 기계 활용하기</td><td colspan="2">· 관심 있는 도구나 놀잇감을 여러 가지 방법으로 만들고 즐긴다.</td></tr>
<tr><td>· 도구와 기계의 편리함에 관심을 가진다.</td><td>· 편리한 물건이 때로는 해가 될 수 있음을 안다.</td></tr>
<tr><td colspan="2">· 생활 속에서 간단한 도구와 기계를 활용한다.</td></tr>
<tr><td></td><td>· 우리 전통사회에서 발명된 도구와 기계에 관심을 가진다.</td></tr>
<tr><td rowspan="3">수학적 기초</td><td rowspan="3">수 감각 기르기</td><td colspan="2">· 생활 속에서 사용되는 수의 여러 가지 의미를 안다.</td></tr>
<tr><td colspan="2">· 생활 속에서 수량의 많고 적음을 비교한다.</td></tr>
<tr><td>· 주변의 물체를 10까지 세고 숫</td><td>· 생활 속에서 익숙한 큰 수를 세</td></tr>
</table>

		자와 연결해 본다.	는 경험을 한다.
			· 구체물을 가지고 더하고 빼는 경험을 해본다.
	공간 및 도형에 대해 알아보기	· 나를 중심으로 위, 아래, 앞, 뒤, 옆을 알아본다.	· 위치나 경로를 여러 가지 방법으로 나타내본다.
		· 기본 입체(둥근기둥, 상자, 공 모양 등) 및 평면 도형(세모, 네모, 동그라미 등)의 생김새를 구별하고 이름을 알아본다.	· 기본 입체 및 평면 도형의 특징을 알아본다.
			· 기본 평면 도형을 합하거나 나누어서 여러 가지 모양을 구성해 본다.
능력 기르기			· 그림을 보고 구성물을 만들거나 만든 구성물을 그려 본다.
	기초적인 측정해 보기	· 주변 물체의 여러 가지 측정 가능한 속성(길이, 크기, 무게, 들이, 시간)을 탐색한다.	
		· 두 물체의 길이와 크기를 비교하고 말한다.	· 길이, 크기, 무게, 들이를 비교하고 순서지어 본다.
		· 임의 측정(손 뼘, 블록 등) 단위에 관심을 가진다.	· 임의 측정 단위를 사용해서 길이, 들이 등의 측정 경험을 한다.
	규칙성 이해하기	· 여러 가지 물체나 무늬의 배열에서 단순하게 반복되는 규칙을 찾아본다.	· 생활 주변에서 반복되는 규칙을 알고 다음에 올 것을 예측해 본다.
	자료 정리 및 결과 나타내기	· 한 가지 기준에 따라 자료를 분류하고 설명한다.	· 처음에 분류한 기준과 다른 기준으로 다시 분류한다.
		· 여러 가지 자료를 모으고 비교해 본다.	· 모은 자료를 다양한 방법으로 나타내 본다.

4. 지도상의 유의점

교사는 다음 사항에 유의하여 지도하도록 한다.

첫째, 일상생활 속에서의 다양한 활동을 통하여 유아가 수학과 과학에 대해 탐구하는 태도를 갖고 그 과정을 즐기도록 지도한다. 이를 위해 유아가 생활 주변의 사물과 환경에 관심을 갖고 자연스럽게 생겨나는 궁금증을 해결하기 위해 스스로 다양한 시도를 해 보고 결론을 내려 보는 경험을 갖도록 격려한다.

둘째, 다른 사람과 함께 관심 있는 현상이나 주제 탐구에 지속적으로 참여하면서 발견한 사실을 나누도록 지도한다. 자신이 알아내고 발견한 사실을 발표하는 기회를 통해 유아의 탐구하는 태도가 길러지게 하며 동시에 다른 유아들에게도 탐구 동기를 유발하도록 한다.

셋째, 유아가 생명체와 자연환경을 소중하게 여기고 이를 보호해야 함을 알 수 있는 상황을 조성해 준다. 유치원에서 동식물을 길러 자연과 인간과의 관계를 일상생활에서 접할 수 있도록 기회를 제공하는 것도 한 방법이 된다. 동식물을 기르는 과정에서 자연스럽게 죽음을 직면하게 될 경우, 유아가 동식물의 입장을 생각해 보면서 작은 생명 하나라도 소중히 여겨야 함을 알아가도록 지도한다.

넷째, 유아가 자신에게 의미 있는 수학적 상황을 해결하기 위해 이미 알고 있는 지식을 적용하여 타당한 결론을 이끌어 내도록 지도한다. 이를 위해 생각할 수 있는 충분한 시간을 주어, 각자의 전략으로 문제를 해결할 수 있도록 한다. 또한 유아가 지닌 수학적 생각을 구체물, 그림, 표, 쓰기, 말하기 등으로 다양하게 나타내고, 또래들과 상호 작용을 하도록 격려한다.

다섯째, 유아가 수학이나 과학적 현상에 흥미를 가지고 지속적으로 몰입할 수 있는 활동과 자료를 제시해 준다. 유아는 여러 가지 속성을 동시에 생각하기 어렵기 때문에, 지나치게 다양한 자료를 한꺼번에 제시해 주는 것은 오히려 탐구에 도움이 되지 못함을 유의해야 한다.

〈부록 2〉

표준보육과정의 구체적 보육내용 및 교사지침

여성가족부 고시 제2007-1호

영유아보육법 시행규칙 제30조에 의거하여 표준보육과정의 구체적 보육내용 및 교사지침 등 필요한 사항을 다음과 같이 고시한다.

2007년 1월 3일
여 성 가 족 부 장 관

영유아보육법 시행규칙 제30조 [별표 8의 2]에서 정하고 있는 표준보육과정에 의거한 보육과정의 영역 및 연령별 구체적 보육내용, 교사지침 등은 별책과 같다.

부 칙

이 표준보육과정의 구체적 보육내용 및 교사지침은 2007년 1월 3일부터 시행한다.

제1장 표준보육과정의 구성

1. 표준보육과정의 성격

가. 표준보육과정은 영유아보육법 제29조 제2항 및 제4항에 따라 영유아보육법 시행규칙 제 30조에 규정한 것으로 보육시설 영유아의 보육 목적과 목표를 달성하기 위한 국가수준의 보육과정이며, 보육시설에서 운영해야 할 보편적 보육내용을 제시한 것이다.

나. 표준보육과정은 만 6세 미만의 영유아가 갖추어야할 바람직하고 적합한 태도와 가치, 지식과 기술을 포함하며, 이를 통해 영유아의 잠재력을 최대한 발휘하고 영유아가 완전한 어른으로 성장하도록 한다.

다. 표준보육과정 운영을 통해 보육환경의 질을 높이고 교사의 역할을 강화하며 부모, 가족, 지역사회와 협력을 꾀한다. 또한 표준보육과정은 영유아와 보호자의 성, 연령, 종교, 사회적 신분, 재산, 장애, 출생지역, 민족배경 등에 따라 차별하지 않고 운영한다.

2. 표준보육과정의 구성체계

보육과정의 구성 체계는 다음과 같다.

가. 총 6개 영역으로 구성한다.

표준보육 과정은 영유아보육법 시행규칙 제 30조 [별표 8의 2]에 의거하여 기본생활, 신체운동, 사회관계, 의사소통, 자연탐구, 예술경험의 여섯 영역으로 구성한다. 각 영역은 영유아가 건강하고 안전하며 바르게 생활하는 데 필요한 내용과 신체, 사회, 언어, 인지, 정서 등 전인적 발달을 위해서 영유아가 갖춰야 할 지식, 기술, 태도를 포함한다.

나. 각 영역은 연령집단별로 구분한다.

연령집단은 만 2세 미만, 만 2세, 만 3~5세 영유아로 구분한다. 각 영역은 연령별 목표와 내용을 기술하되, 세 연령 집단의 보육목표와 내용을 계열성 있게 경험하도록 제시한다.

다. 각 연령집단별 보육내용은 각각의 수준으로 나누어서 구분한다.

수준은 연령, 발달, 개인차를 말한다. 보육과정에서 만 2세 미만 보육내용은 1·2·3수준, 만 2세 보육내용은 1·2수준, 만 3~5세 보육내용은 1·2·3수준으로 구분한다.

제 2 장 표준보육과정의 영역별 구체적 보육내용

표준보육과정의 구체적 보육내용은 영유아의 전인적인 성장을 도모하기 위해 건강·안전·바른 생활 태도를 기르는 기본생활, 긍정적으로 신체를 인식하고 기본운동능력을 기르는 신체운동, 긍정적인 자아개념을 형성하고 더불어 살아가는 능력을 기르는 사회관계, 언어생활의 기초가 되는 듣기·말하기·읽기·쓰기 능력을 기르는 의사소통, 탐색 및 문제해결 능력을 기르는 자연탐구, 그리고 예술적 요소를 경험하고 즐기는 예술경험 등 6개영역으로 이루어진다.

1. 기본생활

1) 성격

기본생활 영역은 '건강한 생활', '안전한 생활', '바른 생활'의 세 가지 내용범주로 구성된다. '건강한 생활'에서는 건강 · 영양 · 위생적인 생활을 강조하며, 영유아가 신체의 청결과 위생, 수면과 휴식, 바른 식생활 등 의식주에 대한 올바른 습관을 기르도록 하여 발달을 촉진하고 심신을 건강하게 한다. '안전한 생활'에서는 안전사고 예방 · 대처 능력의 향상을 강조하며, 영유아가 안전하게 놀이하는 방법과 위험한 상황을 알고, 위험한 상황에 처하게 되었을 때 침착하고 적절하게 대처하며, 자신의 안전뿐만 아니라 타인의 안전을 배려하며 안전생활을 습관화하도록 한다. '바른 생활'에서는 예절 · 질서 · 절약을 강조하며, 영유아가 공동생활과 인간관계의 기본이 되는 예절과 질서를 알고 지키며 습관화하고, 일상생활 속에서 절약을 실천하여 즐겁고 원만한 사회생활을 영위할 수 있도록 한다.

2) 목표

건강, 안전, 바른 생활에 관한 지식 · 기술 · 태도를 배우고 익히며 올바른 습관을 길러, 자신의 건강과 안전을 자기 스스로 보호 하고 타인을 존중하며 즐겁게 생활한다.

가. 청결과 위생, 수면과 휴식, 바른 식생활, 의생활 및 심신의 건강을 바탕으로 발달을 촉진한다.

나. 위험 요인과 상황에 대해 알고 안전하게 대처하는 능력을 길러서 자신과 타인을 보호한다.

다. 일상 속에서 예의 바르고 질서를 잘 지키며 절약하는 행동을 습관화하여 즐겁게 생활한다.

3) 연령별 목표와 내용

내용범주	만 2세 미만	만 2세	만 3~5세
건강한 생활	· 몸을 깨끗이 하기 · 즐겁게 먹기 · 알맞게 잠자기와 휴식하기 · 즐겁게 생활하기 · 규칙적인 배설 습관 갖기	· 몸을 깨끗이 하기 · 올바른 태도로 먹기 · 알맞게 잠자기와 휴식하기 · 즐겁게 활동하기 · 규칙적인 배설 습관 갖기 · 스스로 옷 입고 벗기 · 건강에 관심 갖기	· 몸과 주변 환경을 깨끗이 하기 · 식생활을 바르게 하기 · 적당한 잠자기와 휴식하기 · 적극적으로 활동하기 · 규칙적인 배설 습관 갖기 · 옷을 상황에 맞게 입기 · 건강에 관심을 갖고 건강생활 실천하기
안전한 생활	· 놀잇감을 안전하게 사용하기 · 위험한 상황을 알기	· 놀이규칙에 따라 안전하게 놀이하기 · 위험한 상황을 알고 조심하기 · 탈것의 위험을 알고 안전하게 다니기	· 안전하게 놀이하고 다른 사람의 안전을 배려하기 · 위험한 상황에 처했을 때 안전하게 행동하기 · 교통안전 실천하기 · 안전교육의 중요성을 알고 참여하기
바른 생활	· 예절 바르게 생활하기 · 질서 지키며 생활하기	· 예절 바르게 생활하기 · 질서 지키며 생활하기	· 예절 바르게 생활하기 · 질서 지키며 생활하기 · 아끼며 생활하기

가. 만 2세 미만

(1) 목표

심신을 건강하게 하고 기본적인 안전생활습관을 길러 최적의 발달을 꾀하고 바른 생활습관을 형성한다.

① 청결과 위생, 수면과 휴식, 바른 식생활, 의생활과 심신의 건강을 바탕으로 발달을 촉진하고 건강을 증진한다.

② 위험 요인을 파악하고 이에 대해 기본적인 대처능력을 길러 자신을 보호한다.

③ 일상 속에서 기초적인 예절과 질서를 익혀 즐겁게 생활한다.

(2) 수준별 내용

<table>
<tr><th>내용 범주</th><th>내 용</th><th>1수준</th><th>2수준</th><th>3수준</th></tr>
<tr><td rowspan="13">건강한 생활</td><td rowspan="3">몸을 깨끗이 하기</td><td colspan="3">몸을 깨끗이 했을 때 기분이 좋음을 안다.</td></tr>
<tr><td colspan="2">도움을 받아 손을 씻는다.</td><td>스스로 손 씻기를 시도한다.</td></tr>
<tr><td></td><td colspan="2">도움을 받아 이를 닦는다.</td></tr>
<tr><td rowspan="3">즐겁게 먹기</td><td>편안하게 안겨서 우유(모유)를 먹는다.</td><td>단단한 음식에 적응한다.</td><td>제공된 음식을 골고루 먹는다.</td></tr>
<tr><td colspan="2"></td><td>먹을 수 있는 음식과 먹을 수 없는 음식을 구별한다.</td></tr>
<tr><td colspan="2"></td><td>도구를 사용하여 정해진 자리에서 먹는다.</td></tr>
<tr><td rowspan="2">알맞게 잠자기와 휴식하기</td><td colspan="3">수면을 충분히 취한다.</td></tr>
<tr><td colspan="3">편안하게 쉰다.</td></tr>
<tr><td rowspan="2">즐겁게 생활하기</td><td colspan="3">익숙한 공간에서 안정된 마음을 갖는다.</td></tr>
<tr><td colspan="3">하루 일과에 즐겁게 참여한다.</td></tr>
<tr><td>규칙적인 배설 습관 갖기</td><td></td><td>배설의 의사를 표현한다.</td><td>정해진 곳에서 배설한다.</td></tr>
<tr><td rowspan="2">안전한 생활</td><td>놀잇감을 안전하게 사용하기</td><td colspan="2">놀잇감을 안전하게 살핀다.</td><td>놀잇감을 용도에 맞게 사용한다.</td></tr>
<tr><td>위험한 상황을 알기</td><td></td><td colspan="2">위험하다고 알려주면 주의한다.</td></tr>
<tr><td rowspan="3">바른 생활</td><td>예절 바르게 생활하기</td><td></td><td colspan="2">만나고 헤어질 때 인사한다.</td></tr>
<tr><td rowspan="2">질서 지키며 생활하기</td><td colspan="2"></td><td>자기 순서를 안다.</td></tr>
<tr><td></td><td>놀잇감이 있는 자리를 안다.</td><td>도와주면 놀잇감을 정리한다.</td></tr>
</table>

나. 만 2세

(1) 목표

건강하고 건전한 생활습관을 길러 자신의 건강을 보호하고 바르게 생활한다.

① 청결과 위생, 수면과 휴식, 바른 식생활, 의생활 및 심신의 건강을 바탕으로 발달을 촉진하고 건강을 증진한다.

② 위험 요인과 상황에 대해 알고 안전하게 대처하는 능력을 길러서 자신과 다른 사람을 보호한다.

③ 일상에서 예절과 질서 지키기를 생활화하여 즐겁게 생활한다.

(2) 수준별 내용

내용 범주	내 용	1수준	2수준
건강한 생활	몸을 깨끗이 하기	이를 닦는다.	
		손과 얼굴을 씻는다.	
	올바른 태도로 먹기	음식을 골고루 먹는다.	
		먹을 수 있는 것과 먹어서는 안 될 것을 구분한다.	
		식사에 즐겁게 참여하고 올바른 식사태도를 가진다.	
	알맞게 잠자기와 휴식하기	일과에 따라 규칙적으로 잠을 잔다.	
		정해진 시간에 알맞게 휴식한다.	
	건강한 배설습관 갖기	정해진 곳에서 배설한다.	
		배설 후에 손을 씻는다.	
	스스로 옷 입고 벗기	스스로 옷 입기와 벗기를 시도한다.	
	즐겁게 활동하기	또래와의 놀이에 즐겁게 참여한다.	
		하루 일과에 즐겁게 참여한다.	
	건강에 관심 갖기	건강검진과 예방접종 등에 참여함으로써 건강에 관심을 가진다.	
안전한 생활	놀이 규칙에 따라 안전하게 놀이 하기	놀이에 규칙이 있음을 안다.	규칙을 지켜 놀이한다.
		놀이기구와 놀잇감을 안전하고 올바르게 사용한다.	
	위험한 상황을 알고 조심하기	시설물의 위험성을 안다.	
		화재의 위험성을 알고 조심한다.	
		위험물질(약품류, 세제류 등)을 알고 만지거나 먹지 않는다.	
	탈것의 위험을 알고 안전하게 다니기	탈것의 위험을 안다.	탈것의 위험성을 알고 조심한다.
		신호등의 의미를 안다.	신호등의 신호에 맞춰 성인과 함께 횡단보도를 건넌다.
바른 생활	예절 바르게 생활하기	상황에 맞게 인사를 한다.	
		바른 말을 사용한다.	
		다른 사람을 방해하지 않는다.	
	질서 지키며 생활하기	자기 순서를 안다.	순서를 기다린다.
		물건을 제자리에 정리한다.	
		간단한 약속을 지킨다.	

다. 만 3~5세

(1) 목표

건강하고 건전한 생활습관을 길러 자신의 건강을 유지하고 안전하고 바른 생활을 하며 다른 사람을 배려하고 즐겁게 생활한다.

① 청결과 위생, 수면과 휴식, 바른 식생활과 의생활로 발달을 촉진하고 기초적인 건강관리를 실천하여 질병을 예방하고 건강을 증진한다.

② 위험한 요인과 상황에 대해 인식능력과 대처능력을 키워 자신과 다른 사람을 보호

하는 능력을 기른다.

③ 일상에서 기본적인 예절과 질서를 지키며 절약을 실천하고, 여러 활동에 적극적으로 참여하며 즐겁게 생활한다.

(2) 수준별 내용

<table>
<tr><th>내용 범주</th><th>내 용</th><th>1 수준</th><th>2 수준</th><th>3 수준</th></tr>
<tr><td rowspan="21">건강한 생활</td><td rowspan="5">몸과 주변 환경을 깨끗이 하기</td><td colspan="2">이를 깨끗이 닦기를 시도한다.</td><td>스스로 이를 깨끗이 닦는다.</td></tr>
<tr><td>스스로 손을 씻는다.</td><td colspan="2">손 씻는 습관을 기른다.</td></tr>
<tr><td>몸을 씻는다.</td><td>스스로 몸을 씻는다.</td><td>몸을 씻는 습관을 기른다.</td></tr>
<tr><td colspan="2">더러워진 옷을 갈아입는다.</td><td>옷을 깨끗하게 입는다.</td></tr>
<tr><td colspan="2">주변을 깨끗이 한다.</td><td>주변을 깨끗이 하는 습관을 가진다.</td></tr>
<tr><td rowspan="5">식생활을 바르게 하기</td><td>음식을 골고루 먹는다.</td><td colspan="2">적당량의 음식을 골고루 먹는다.</td></tr>
<tr><td colspan="3">영양이 건강에 중요함을 안다.</td></tr>
<tr><td colspan="3">감사하는 마음으로 음식을 소중히 여긴다.</td></tr>
<tr><td>안전한 음식을 안다.</td><td colspan="2">안전한 음식을 먹는다.</td></tr>
<tr><td colspan="2">올바른 태도로 식사한다.</td><td>식사 예절을 지킨다.</td></tr>
<tr><td rowspan="2">알맞게 잠자기와 휴식하기</td><td colspan="3">규칙적으로 잠을 잔다.</td></tr>
<tr><td colspan="2">알맞은 휴식이 필요함을 안다.</td><td>스스로 알맞게 휴식을 취한다.</td></tr>
<tr><td rowspan="3">건강한 배설습관 갖기</td><td>스스로 화장실에서 배변한다.</td><td colspan="2">배변 후 적절한 뒤처리를 한다.</td></tr>
<tr><td colspan="3">화장실을 깨끗하게 사용한다.</td></tr>
<tr><td colspan="3">배설 후에 손을 씻는다.</td></tr>
<tr><td rowspan="2">상황에 맞게 옷 입기</td><td colspan="3">놀이에 적합한 옷을 입는다.</td></tr>
<tr><td colspan="2">날씨에 맞는 옷을 입는다.</td><td>때와 장소에 맞는 옷을 선택하여 입는다.</td></tr>
<tr><td rowspan="2">적극적으로 활동하기</td><td colspan="3">여러 가지 놀이에 적극적으로 참여한다.</td></tr>
<tr><td colspan="2">하루 일과에 즐겁게 참여한다.</td><td></td></tr>
<tr><td rowspan="2">건강에 관심을 갖고 건강생활 실천하기</td><td>건강에 관심을 가진다.</td><td colspan="2">건강의 중요성을 안다.</td></tr>
<tr><td>건강검진과 예방접종의 중요성을 안다.</td><td colspan="2">건강검진과 예방접종의 중요성을 알고 적극적으로 참여한다.</td></tr>
</table>

안전한 생활	안전하게 놀이하고 다른 사람의 안전을 배려하기	놀이기구나 놀잇감을 가지고 안전하게 놀이한다.	다른 사람을 배려하면서 안전하게 논다.	
		안전한 장소에서 놀이한다.		
	위험한 상황에서 안전하게 행동하기	화재, 재난, 사고 상황을 인식한다.		화재, 재난, 사고가 일어났을 때 안전하게 행동한다.
		시설물을 안전하게 이용한다.		
		학대, 성폭력, 유괴 상황을 인식한다.	학대, 성폭력, 유괴상황을 알고 주위에 도움을 요청하는 방법을 안다.	
	교통안전 실천하기	교통규칙을 지켜서 안전하게 보행한다.		
		탈것을 안전하게 이용한다.		
		차량 보호 장구를 올바르게 사용한다.		
	안전교육의 중요성 알고 참여하기	안전교육에 적극적으로 참여하고 안전하게 행동한다.		
바른 생활	예절 바르게 생활하기	정직하게 행동한다.		
		예절바른 언어를 사용한다.		
		약속을 지킨다.		
		실수에 대해 미안하게 생각한다.		실수에 대하여 사과한다.
		다른 사람의 도움과 친절에 고마움을 표현한다.		
	질서 지키며 생활하기	공공규칙을 인식한다.	공공규칙을 지킨다.	
		자신의 물건과 남의 물건을 구별한다.	자신의 물건을 정리· 정돈한다.	
	아끼며 생활하기	자원을 아낀다.	자원을 아끼고 재활용 한다.	
				시간의 소중함을 안다.

2. 신체운동

1) 성격

신체운동 영역은 '감각과 신체 인식', '신체조절과 기본 운동', '신체활동 참여'의 세 가지 내용범주로 구성된다. '감각과 신체 인식'에서는 영유아가 감각능력을 기르고 감각기관을 활용하며 자신의 신체를 긍정적으로 인식하도록 한다. '신체조절과 기본 운동'에서는 영유아가 협응력과 신체조절 능력을 기르고 신체균형감을 익히며 이동, 비이동, 조작 운동 등의 기본 운동능력을 습득하여, 자신의 신체를 유연하고 활발하게 움직이는 의지와 능력을 키우도록 한다. '신체활동 참여'에서는 영유아가 신체활동을 할 때 적극적으로 참여하고, 다양한 기구를 활용하여 안전하고 즐겁게 신체활동을 하는 경험을 통해서 기초 체력을 형성하고 생활하면서 규칙적으로 운동할 수 있도록 한다.

2) 목표

자신의 신체를 긍정적으로 인식하고 즐겁게 신체활동에 참여함으로써 영유아기에 필요한 기본 운동능력을 기른다.

가. 기본적 감각능력을 키우고, 자신의 신체를 긍정적으로 인식한다.

나. 신체를 조절하고 기본운동 능력을 기른다.

다. 신체활동에 즐겁게 참여한다.

3) 연령별 내용과 목표

내용범주	만 2세 미만	만 2세	만 3~5세
감각과 신체 인식	· 감각적 자극에 반응하기 · 감각기관으로 탐색하기 · 신체 탐색하기	· 감각능력 기르기 · 감각기관 활용하기 · 신체를 인식하고 움직이기	· 감각능력 기르기 · 감각기관 활용하기 · 신체를 인식하고 움직이기
신체조절과 기본 운동	· 대근육 조절하기 · 소근육 조절하기 · 협응력 기르기 · 균형감 기르기 · 이동 운동 시도하기 · 비이동 운동 시도하기	· 신체조절력 기르기 · 신체균형감 기르기 · 이동 운동하기 · 비이동 운동하기 · 조작 운동하기	· 신체 조절력과 균형감 기르기 · 이동 운동하기 · 비이동 운동하기 · 조작 운동하기 · 움직임의 요소를 인식하고 움직이기
신체활동 참여	· 몸 움직임 즐기기 · 기구를 이용하여 신체활동 시도하기	· 신체활동에 참여하기 · 기구를 이용하여 신체활동 하기 · 안전하게 신체활동 하기	· 자발적으로 신체활동에 참여하기 · 여러 기구를 이용하여 신체활동 하기 · 안전하게 신체활동 하기

가. 만 2세 미만

(1) 목표

기본적 감각능력으로 주변 환경을 탐색하고 자신의 신체를 긍정적으로 인식하며, 신체 조절 능력을 획득한다.

① 감각기능을 발달시키고 자신의 신체를 인식한다.

② 신체를 조절하고 기본 운동 능력을 기른다.

③ 신체활동에 참여한다.

(2) 수준별 내용

내용 범주	내 용	1 수준	2 수준	3 수준
감각과 신체 인식	감각적 자극에 반응하기	시각, 청각, 촉각, 후각, 미각 등 감각적 자극을 느낀다. 시각, 청각, 촉각, 후각, 미각 등 감각적 자극에 반응한다.		
	감각 기관으로 탐색하기	감각 기관으로 주변 환경을 탐색한다.		
	신체 탐색하기	손과 발 등을 바라보며 탐색한다.	얼굴, 몸 등 신체부분을 탐색한다.	팔과 다리 등 신체 부분의 움직임을 탐색한다.
신체조절과 기본운동	대근육 조절하기	목을 가눈다. 뒤집기 등 몸을 조절하여 위치를 바꾼다.	누웠다 앉기 등 몸을 조절하여 위치를 바꾼다.	허리를 굽혔다 펴기 등 몸을 조절하여 위치를 바꾼다.
	소근육 조절하기	물체를 잡는다.	양손으로 물체를 잡거나 놓는다. 엄지와 검지로 물체를 잡는다.	간단한 쓰기 도구를 잡고 끼적인다.
	협응력 기르기	보이는 물체에 손을 뻗는 등 눈과 손의 협응을 시도한다.	물체 쌓기 등 눈과 손의 협응을 시도한다.	물체를 끼우기 등 눈과 손의 협응을 시도한다.
	균형감 기르기 이동 운동 시도하기	앉히면 앉는다. 배밀이 등 이동 운동을 시도한다.	붙잡고 서 있기, 혼자 서 있기 등 자세를 시도한다. 기기, 붙잡고 걷기, 걷기 등 이동 운동을 시도한다.	안정되게 서있기 등 자세를 취한다. 걷기 등 이동 운동을 한다.
	비이동 운동 시도하기	팔다리 뻗기 등 간단한 비이동 운동을 시도한다.	팔다리 흔들기 등 비이동 운동을 시도한다.	서있기, 앉기 등 비이동 운동을 시도한다.
신체활동 참여	몸 움직임 즐기기	몸을 활발히 움직인다.		다양한 몸의 움직임을 시도한다.
	기구를 이용하여 신체활동 시도하기		밀고 끌기 등 기구를 이용하여 신체활동을 시도한다.	간단한 기구를 이용하여 신체활동을 시도한다.

나. 만 2세

(1) 목표

신체활동에 참여함으로써 기본적 운동수행능력의 발달을 꾀하여 기초체력을 기른다.

① 감각적 차이를 알고, 자신의 신체를 긍정적으로 인식한다.

② 신체를 조절하고 기본 운동 능력을 기른다.

③ 안전하게 신체활동에 참여한다.

(2) 수준별 내용

내용 범주	내 용	1수준	2수준
감각과 신체 인식	감각능력 기르기	감각적 차이에 반응한다.	다양한 감각적 차이에 반응한다.
	감각 기관 활용하기	감각 기관으로 주변 환경을 탐색한다.	
	신체를 인식하고 움직이기	손, 발, 얼굴 등 기본적인 신체 명칭을 안다.	신체 각 부분의 명칭을 안다.
		신체 각 부분의 움직임을 탐색한다.	
신체조절과 기본운동	신체 조절력 기르기	팔, 다리의 움직임을 조절한다.	팔, 다리, 목, 허리 등의 움직임을 조절한다.
	신체 균형감 기르기	안정된 자세를 시도한다.	
	이동 운동하기	안정된 걷기 등 이동 운동을 한다.	
	비이동 운동하기	몸을 펴고 굽히는 등 간단한 비이동 운동을 시도한다.	팔과 몸통을 움직여 보는 등 간단한 비이동 운동을 시도한다.
	조작 운동하기	간단한 사물을 조작한다.	
		공 던지기 등 간단한 조작 운동을 한다.	공차기 등 간단한 조작 운동을 한다.
신체활동 참여	신체활동에 참여하기	간단한 신체활동에 참여한다.	
		몸의 움직임을 다양하게 시도한다.	
	기구를 이용하여 신체활동 하기	아기용 미끄럼틀 등 기구를 이용하여 신체활동을 시도한다.	아기용 세 발 자전거 등 기구를 이용하여 신체활동을 시도한다.
	안전하게 신체활동 하기	안전하게 신체활동에 참여한다.	

다. 만 3~5세

(1) 목표

여러 가지 신체활동을 경험하고, 적극적으로 참여하여 신체운동 능력을 증진한다.

① 기본적 감각능력을 기르고 자신의 신체를 긍정적으로 인식한다.

② 신체를 조절하고 기본 운동 능력을 기른다.

③ 다양한 신체활동에 참여한다.

(2) 수준별 내용

<table>
<tr><th>내용 범주</th><th>내 용</th><th>1 수준</th><th>2 수준</th><th>3 수준</th></tr>
<tr><td rowspan="6">감각과 신체인식</td><td>감각능력 기르기</td><td colspan="2">감각적 차이를 구분한다.</td><td>미세한 감각적 차이를 구분한다.</td></tr>
<tr><td rowspan="2">감각기관 활용하기</td><td colspan="3">여러 감각기관을 활용한다.</td></tr>
<tr><td colspan="2">두 가지 이상의 감각기관을 동시에 활용한다.</td><td>감각으로 대상이나 사물의 특성과 차이를 인식한다.</td></tr>
<tr><td rowspan="3">신체를 인식하고 움직이기</td><td colspan="2">신체 각 부분의 명칭을 안다.</td><td>신체 각 부분의 구조와 기능을 이해한다.</td></tr>
<tr><td>신체 각 부분의 움직임을 인식한다.</td><td>신체 각 부분의 특징을 알고 움직인다.</td><td>신체 각 부분의 특징을 활용하여 움직인다.</td></tr>
<tr><td colspan="3">자신의 신체 능력을 긍정적으로 인식한다.</td></tr>
<tr><td rowspan="8">신체조절과 기본운동</td><td rowspan="3">신체조절력과 균형감 기르기</td><td>안정된 자세를 취한다.</td><td colspan="2">신체균형을 유지하면서 다양한 자세를 취한다.</td></tr>
<tr><td colspan="3">신체 각 부분의 움직임을 조절한다.</td></tr>
<tr><td colspan="2">바른 자세로 앉고 선다.</td><td>바른 자세로 걷는다.</td></tr>
<tr><td>이동 운동하기</td><td>빨리 걷기, 달리기 등 다양한 이동 운동을 시도한다.</td><td>안정된 자세로 달리기 등 다양한 이동 운동을 한다.</td><td>두 발로 뛰기, 빠르게 달리기 등 이동 운동을 능숙하게 한다.</td></tr>
<tr><td>비이동 운동하기</td><td>팔과 몸통을 움직여 보는 등 비이동 운동을 한다.</td><td>몸을 흔들거나 꼬기 등 여러 가지 비이동 운동을 한다.</td><td>한발로 균형 잡기 등 숙련된 자세의 비이동 운동을 한다.</td></tr>
<tr><td rowspan="2">조작 운동하기</td><td>가위나 크레파스 등 간단한 도구를 사용해 본다.</td><td>그리기나 만들기 도구 등을 활용한다.</td><td>그리기나 만들기 도구 등을 능숙하게 활용한다.</td></tr>
<tr><td colspan="2">공을 던지거나 잡기 등 조작 운동을 한다.</td><td>도구를 활용하여 여러 가지 조작 운동을 한다.</td></tr>
<tr><td>움직임의 요소를 인식하고 움직이기</td><td></td><td>동작의 크기나 빠르기 등 동작의 요소(공간, 시간, 흐름, 힘)를 인식한다.</td><td>동작의 크기나 빠르기 등 동작의 요소(공간, 시간, 흐름, 힘)를 활용하여 움직인다.</td></tr>
</table>

<table>
<tr><td rowspan="7">신체활동 참여</td><td rowspan="5">자발적으로 신체활동에 참여하기</td><td>신체활동에 참여한다.</td><td colspan="2">신체활동을 지속적으로 한다.</td></tr>
<tr><td>몸을 다양하게 움직인다.</td><td colspan="2">새로운 신체활동과 기술을 시도한다.</td></tr>
<tr><td>여러 가지 신체활동을 시도한다.</td><td>여러 가지 신체활동에 골고루 참여한다.</td><td>집단으로 하는 신체활동에 적극적으로 참여한다.</td></tr>
<tr><td></td><td></td><td>신체활동을 할 때 책임감 있게 행동한다.</td></tr>
<tr><td></td><td colspan="2">자신과 다른 사람의 신체 운동 능력의 차이를 존중한다.</td></tr>
<tr><td>여러 가지 기구를 이용하여 신체활동 하기</td><td colspan="2">여러 가지 기구를 이용하여 신체활동을 한다.</td><td>여러 가지 기구를 이용하여 신체활동을 능숙하게 한다.</td></tr>
<tr><td>안전하게 신체활동하기</td><td colspan="3">안전하게 신체활동에 참여한다.</td></tr>
</table>

3. 사회관계

1) 성격

사회관계 영역은 '자기존중', '정서인식과 조절', '사회적 관계', '사회적 지식'의 네 가지 내용범주로 구성된다. '자기존중'에서는 영유아가 자신의 독특한 자아에 대해 인식하고, 자신감과 독립심을 기르도록 한다. '정서인식과 조절'에서는 영유아가 자신과 다른 사람의 다양한 정서를 인식하고, 자신의 정서를 조절하고 표현할 수 있도록 한다. '사회적 관계'에서는 영유아가 가족, 또래와 지역사회의 구성원으로서 관련된 다른 사람들과의 관계를 이해하고, 그들과 더불어 조화롭게 기능하며 살아가는 능력을 기르도록 한다. '사회적 지식'에서는 영유아가 지역사회, 우리나라, 세계의 구성원으로서 필요한 자질을 갖추고 능력을 함양하며, 자신과 관계된 여러 사회현상에 관심을 가지고 이해하도록 한다.

2) 목표

자신에 대해 존중감을 키우고, 자신과 다른 사람의 정서를 인식하고, 이를 사회적 관계에서 적절히 조절하여 활용할 수 있도록 하며, 가족, 또래, 지역사회와 긍정적인 관계를 형성하고, 유능한 사회 구성원으로 기능하게 하기 위하여 필요한 사회적 지식을 획득하도록 한다.

가. 자신의 독특한 자아에 대해 인식하고 자신감과 독립심을 기른다.

나. 자신과 다른 사람의 정서를 이해하고 표현하며, 자신의 정서를 조절하고 활용한다.

다. 다른 사람과의 관계를 이해하고 더불어 살아가는 능력을 기른다.

라. 자신을 둘러싼 사회현상에 관심을 가지고 이해한다.

3) 연령별 목표와 내용

내용범주	만 2세 미만	만 2세	만 3~5세
자기 존중	· 자신을 분리된 존재로서 인식하기	· 자신을 다른 사람과 구별하기 · 자신에 대해 긍정적으로 생각하기 · 독립적으로 행동하기	· 자신의 소중함을 알기 · 자신감과 독립심 기르기 · 성정체감 형성하기
정서인식과 조절	· 자신의 정서를 느끼고 표현하기	· 자신의 정서를 적절하게 표현하기 · 다른 사람의 정서에 관심 가지기	· 자신과 다른 사람의 다양한 정서를 인식하고 표현하기 · 자신의 정서를 조절하고 활용하기
사회적 관계	· 다른 사람에게 관심 가지기 · 양육자와 애착 형성하기	· 가족관계 이해하기 · 또래에게 관심 가지기 · 자신이 속한 집단 알기	· 가족과 화목하게 지내기 · 또래와 사이좋게 지내기 · 공동체 정신 기르기
사회적 지식			· 지역사회에 관심 가지고 이해하기 · 우리나라에 관심 가지고 이해하기 · 세계와 여러 문화에 관심 가지기 · 경제생활에 관심 가지고 이해하기

가. 만 2세 미만

(1) 목표

다른 사람과 분리된 존재로서의 자신을 인식하고, 양육자와 긍정적으로 애착 관계를 형성하며, 기본 정서를 다른 사람과의 관계에서나 주변 환경의 맥락 속에서 느끼고 표현한다.

① 나와 다른 사람을 분리된 존재로서 인식한다.

② 분화된 정서를 느끼고 표현한다.

③ 주변 환경을 탐색하고 주요 어른과 밀접한 관계를 형성한다.

(2) 수준별 내용

<table>
<tr><th>내용범주</th><th>내용</th><th>1수준</th><th>2수준</th><th>3수준</th></tr>
<tr><td rowspan="3">자기존중</td><td rowspan="3">자신을 분리된 존재로서 인식하기</td><td colspan="3">거울속의 자신을 보고 웃거나 알아본다.</td></tr>
<tr><td></td><td colspan="2">자신의 모습과 다른 사람의 모습을 구별한다.</td></tr>
<tr><td></td><td colspan="2">자신의 몸을 스스로 움직일 수 있음을 안다.</td></tr>
<tr><td rowspan="3">정서인식과 조절</td><td rowspan="3">자신의 정서를 느끼고 표현하기</td><td colspan="3">여러 가지 표정에 반응한다.</td></tr>
<tr><td>여러 가지 음성과 소리를 듣고 반응한다.</td><td colspan="2">자신의 감정과 욕구를 다른 사람이 알도록 표현한다.</td></tr>
<tr><td colspan="2"></td><td>자신에게 여러 가지 정서가 있음을 안다.</td></tr>
<tr><td rowspan="4">사회적 관계</td><td rowspan="2">다른 사람에게 관심 가지기</td><td>다른 사람과 시선을 맞춘다.</td><td colspan="2">다른 사람을 관찰하고 모방한다.</td></tr>
<tr><td>양육자의 목소리를 인식한다.</td><td colspan="2">친숙한 사람에게 애정을 표현한다.</td></tr>
<tr><td rowspan="2">양육자와 애착 형성하기</td><td colspan="3">양육자와 안정적인 애착을 형성한다.</td></tr>
<tr><td colspan="3">양육자와 친숙해지고 신뢰감이 생긴다.</td></tr>
</table>

나. 만 2세

(1) 목표

자아를 정확하게 확립하고 독립적으로 행동하며, 자신의 정서를 적절한 방법으로 표현하고 다른 사람의 정서를 이해한다. 또 주변의 어른, 또래와 긍정적인 관계를 형성한다.

① 자기 존중감을 확고히 형성한다.

② 자신과 다른 사람의 정서를 인식하고 표현한다.

③ 주변 환경에 반응하고 어른, 또래와 사회적 관계를 형성한다.

(2) 수준별 내용

<table>
<tr><th>내용범주</th><th>내용</th><th>1수준</th><th>2수준</th></tr>
<tr><td rowspan="6">자기존중</td><td rowspan="2">자신을 다른 사람과 구별하기</td><td colspan="2">자신의 신체 부분을 안다.</td></tr>
<tr><td colspan="2">다른 사람이 자신을 부를 때 반응한다.</td></tr>
<tr><td rowspan="2">자신에 대해 긍정적으로 생각하기</td><td colspan="2">자신의 생김새와 신체적 능력에 대해 긍정적으로 느낀다.</td></tr>
<tr><td>스스로 할 수 있는 일에 대해 즐거움을 느낀다.</td><td>자신이 노력해서 성취한 일에 대해서 자부심을 갖는다.</td></tr>
<tr><td rowspan="2">독립적으로 행동하기</td><td colspan="2">자신이 할 수 있는 일을 경험한다.</td></tr>
<tr><td colspan="2">혼자서 할 수 있는 일을 스스로 해본다.</td></tr>
<tr><td rowspan="4">정서인식과 조절</td><td rowspan="2">자신의 정서를 적절하게 표현하기</td><td colspan="2">자신의 정서와 욕구를 인식한다.</td></tr>
<tr><td>자신의 감정을 동작과 언어로 표현한다.</td><td>긍정적 정서와 부정적 정서를 적절한 방법으로 표현한다.</td></tr>
<tr><td rowspan="2">다른 사람의 정서에 관심 가지기</td><td>다른 사람의 정서에 관심을 보인다.</td><td></td></tr>
<tr><td></td><td>다른 사람의 정서를 인식하고 반응을 보인다.</td></tr>
<tr><td rowspan="6">사회적 관계</td><td>가족관계 이해하기</td><td>자신에게 가족이 있음을 안다.</td><td>가족 구성원을 안다.</td></tr>
<tr><td rowspan="3">또래에게 관심 가지기</td><td colspan="2">다른 영아와 함께 지내는 것을 경험한다.</td></tr>
<tr><td></td><td>다른 영아와 의사소통을 한다.</td></tr>
<tr><td></td><td>다른 영아와 함께 놀이한다.</td></tr>
<tr><td rowspan="2">자신이 속한 집단 알기</td><td>자신이 속한 반과 교사를 안다.</td><td>자신이 속한 반과 보육시설에는 기본적인 규칙과 약속이 있음을 안다.</td></tr>
<tr><td>자신이 속한 반의 활동에 참여한다.</td><td>다른 사람에게 인사하고 고마움을 표시한다.</td></tr>
</table>

다. 만 3~5세

(1) 목표

자기 존중감을 키우고, 자신과 다른 사람의 정서를 이해하고 표현하며, 다른 사람과 더불어 생활하고, 자신을 둘러싼 사회현상에 관심을 가지며 이해한다.

① 자신의 독특한 자아에 대해 인식하고 자신감과 독립심을 기른다.

② 자신과 다른 사람의 정서를 이해하고 표현하며, 자신의 정서를 조절하고 활용한다.

③ 다른 사람과의 관계를 이해하고 더불어 살아가는 능력을 기른다.

④ 자신을 둘러싼 사회현상에 관심을 가지며 이해한다.

(2) 수준별 내용

<table>
<tr><th>내용범주</th><th>내용</th><th>1수준</th><th>2수준</th><th>3수준</th></tr>
<tr><td rowspan="7">자기존중</td><td rowspan="2">자신의 소중함을 알기</td><td colspan="2">자신과 다른 사람의 같은 점과 다른 점을 안다.</td><td>자신과 다른 사람의 차이를 인정한다.</td></tr>
<tr><td colspan="3">자신에 대해 긍정적으로 생각하고, 자신의 소중함을 안다.</td></tr>
<tr><td rowspan="3">자신감과 독립심 기르기</td><td colspan="2">자신이 할 수 있는 일을 알고 실천한다.</td><td>자신이 할 수 있는 일을 혼자서 자신 있게 해본다.</td></tr>
<tr><td colspan="2">자신이 하고 싶은 일을 한다.</td><td>자신이 하고 싶은 일을 계획하고 마무리한다.</td></tr>
<tr><td colspan="2"></td><td>자신감과 독립심을 가지고 새로운 경험을 시도한다.</td></tr>
<tr><td rowspan="2">성정체감과 양성평등 의식가지기</td><td>자신의 성별을 안다.</td><td>남자와 여자의 특성과 차이를 안다.</td><td>자신이 일생동안 같은 성을 가지며, 외모와 행동이 변해도 성은 변하지 않음을 안다.</td></tr>
<tr><td></td><td colspan="2">양성평등 의식을 갖는다.</td></tr>
<tr><td rowspan="5">정서인식과 조절</td><td rowspan="2">자신과 다른 사람의 여러 가지 정서를 인식하고 표현하기</td><td colspan="2">자신과 다른 사람이 여러 정서를 가질 수 있음을 인식한다.</td><td>자신과 다른 사람의 다양한 정서를 이해하고 공감한다.</td></tr>
<tr><td colspan="3">다른 사람과 상황을 고려하여 자신의 정서를 긍정적인 방법으로 표현한다.</td></tr>
<tr><td rowspan="3">자신의 정서를 조절하고 활용하기</td><td colspan="3">자신의 정서를 긍정적으로 조절한다.</td></tr>
<tr><td></td><td colspan="2">자신의 정서가 다른 사람에게 미치는 영향을 이해한다.</td></tr>
<tr><td colspan="2"></td><td>문제해결과정에서 적절하게 정서를 이용한다.</td></tr>
<tr><td rowspan="8">사회적 관계</td><td rowspan="3">가족과 화목하게 지내기</td><td colspan="3">가족의 소중함을 안다.</td></tr>
<tr><td colspan="2">가족구성원을 안다.</td><td>가족구조가 다양하다는 것을 이해한다.</td></tr>
<tr><td colspan="2">가족을 위하여 내가 할 수 있는 일을 한다.</td><td>가족이 행복해지기 위해서는 함께 노력해야 한다는 것을 이해한다.</td></tr>
<tr><td rowspan="3">또래와 사이좋게 지내기</td><td colspan="3">다양한 상황에서 또래와 놀이하는 것을 즐긴다.</td></tr>
<tr><td></td><td colspan="2">또래와 협동한다.</td></tr>
<tr><td></td><td>자신과 다른 사람의 의견에 차이가 있음을 안다.</td><td>또래와의 갈등을 여러 방법으로 해결한다.</td></tr>
<tr><td rowspan="2">공동체 정신 기르기</td><td colspan="3">도움이 필요할 때 다른 사람과 도움을 주고받는다.</td></tr>
<tr><td colspan="2">자신이 속한 집단의 구성원으로서 소속감이 생긴다.</td><td>집단 구성원의 상호 협조 관계를 이해하고 협력한다.</td></tr>
</table>

<table>
<tr><td rowspan="2"></td><td rowspan="2"></td><td colspan="2">보육시설, 가정, 사회에서 지켜야 할 규칙을 지킨다.</td><td>교실에서 필요한 규칙을 협의하여 만들고 지킨다.</td></tr>
<tr><td colspan="2">자신의 소유물과 다른 사람의 소유물을 구별한다.</td><td>자신과 다른 사람의 감정, 권리, 소유물을 존중한다.</td></tr>
<tr><td rowspan="15">사회적 지식</td><td rowspan="3">지역사회에 관심 가지고 이해하기</td><td>우리 동네의 이름을 안다.</td><td colspan="2">우리 동네의 좋은 점을 안다.</td></tr>
<tr><td colspan="2">우리 동네에 있는 익숙한 기관의 위치를 알아본다.</td><td>지도에서 자신에게 의미 있는 곳을 찾아본다.</td></tr>
<tr><td colspan="2"></td><td>시간의 흐름에 따른 지역사회의 변화를 안다.</td></tr>
<tr><td rowspan="3">우리나라에 관심가지고 이해하기</td><td colspan="3">우리나라 명절과 풍습 등의 전통문화에 대하여 알아보고 경험한다.</td></tr>
<tr><td colspan="2">우리나라를 상징하는 것을 안다.</td><td>국경일을 알고 기념한다.</td></tr>
<tr><td></td><td>남북분단에 대해 관심을 가진다.</td><td>통일에 대해 관심을 가진다.</td></tr>
<tr><td rowspan="5">세계와 여러 문화에 관심 가지기</td><td colspan="3">세계 여러 나라의 사람들에 대해 관심을 가진다.</td></tr>
<tr><td></td><td colspan="2">세계 여러 나라의 이름과 상징, 문화적 특징에 대해 관심을 가진다.</td></tr>
<tr><td colspan="2"></td><td>평화를 위해 세계 여러 나라가 협력해야 함을 안다.</td></tr>
<tr><td colspan="3">다양한 능력과 문화를 존중한다.</td></tr>
<tr><td colspan="2"></td><td>자신과 다른 사람이 차이점 때문에 어려움을 겪을 때 적극적으로 대처한다.</td></tr>
<tr><td rowspan="4">경제생활에 관심가지고 이해하기</td><td>물건을 사기 위해서는 돈이 필요함을 안다.</td><td>돈의 가치를 안다.</td><td>돈의 소중함을 알고, 아껴 쓰며 저축한다.</td></tr>
<tr><td></td><td>필요한 물건과 원하는 물건의 차이를 안다.</td><td>계획을 세워 물건을 구입해 본다.</td></tr>
<tr><td>다양한 직업에 관심을 가진다.</td><td>다양한 직업의 특성을 안다.</td><td>자신의 장래의 직업에 대해 관심을 가진다.</td></tr>
<tr><td></td><td colspan="2">다양한 직업에 종사하는 여러 사람에게 고마운 마음을 가진다.</td></tr>
</table>

4. 의사소통

1) 성격

의사소통 영역은 '듣기', '말하기', '읽기', '쓰기'의 네 가지 내용범주로 구성된다. '듣기'에서는 영유아가 주변의 소리에 관심을 가지고 구분하여 들을 수 있는 기회와 환경을 제공하고, 일상 대화나 동요 · 동시 · 동화 등을 잘 듣고 이해할 수 있도록 한다. '말하기'에서는 영유아가 언어적·비언어적 의사소통을 할 수 있는 기회와 환경을 제공하고, 바른 태도와 정확한 발음으로 자신의 생각이나 경험을 대상과 상황에 맞게 표현할 수 있도록 한다. '읽기'에서는 영유아가 주변의 글자나 그림책에 흥미를 가지고 이해하는 능력을 길러 읽기에 흥미를 느낄 수 있도록 한다. '쓰기'에서는 영유아가 소근육을 사용하여 끼적거리기를 해보며 글자의 느낌을 경험하고, 쓰기 도구와 매체를 사용하여 자신의 느낌, 생각, 경험을 쓰기로 표현하기에 흥미를 갖고 참여할 수 있도록 한다.

2) 목표

듣고 말하는 것을 즐기며 상황에 맞는 언어를 익혀 바른 언어생활을 하도록 하고 일상생활에 필요한 의사소통능력과 기초적인 문해능력을 기른다.

가. 다른 사람의 이야기를 주의 깊게 듣는 태도와 이해력을 기른다.
나. 바르게 말하는 태도와 정확한 발음으로 자신의 느낌, 생각, 경험을 말로 표현하는 능력을 기른다.
다. 주위의 사람들과 대화하고 여럿이 함께 토론하며 서로의 의견을 나누는 경험을 하게 한다.
라. 글과 글자에 친숙해지는 경험을 쌓아 읽기와 쓰기에 흥미를 갖게 한다.

3) 연령별 목표와 내용

내용범주	만 2세 미만	만 2세	만 3~5세
듣기	· 소리 구분하여 듣기 · 경험과 관련된 말의 의미 알기 · 운율이 있는 말 듣기	· 말소리 구분하여 듣기 · 말소리 듣고 의미 알기 · 운율이 있는 말 듣고 즐기기	· 낱말의 발음 경청하기 · 낱말과 문장을 듣고 이해하기 · 이야기 듣고 이해하기 · 동요, 동시, 동화 듣기 · 바른 태도로 듣기
말하기	· 발성과 발음으로 소리내기 · 친숙한 사물의 이름 말하기 · 말소리와 몸짓으로 의사표현하기	· 바르게 발음 해보기 · 사물의 이름 말하기 · 자신의 느낌과 생각 말하기 · 행동에 맞게 말하기	· 바르게 발음하여 말하기 · 낱말과 문장으로 말하기 · 자신의 느낌, 생각, 경험 말하기 · 상황에 맞는 언어 사용하기 · 바른 태도로 말하기
읽기	· 읽어 주는 짧은 글에 흥미 가지기 · 그림책에 흥미 가지기	· 글자 모양에 흥미 가지기 · 읽어 주는 글 즐기기 · 그림책에 흥미 가지기	· 읽기에 흥미 가지기 · 동요, 동시, 동화 읽기 · 읽어 주는 글 이해하기 · 그림책 읽기를 즐기기

<table>
<tr><td>쓰기</td><td>· 끼적거리기 시도하기
· 쓰기 도구에 흥미 가지기</td><td>· 끼적거리기
· 쓰기 도구에 흥미 가지기</td><td>· 낱말과 문장으로 쓰기에 흥미 가지기
· 자신의 느낌, 생각, 경험 쓰기에 흥미 가지기
· 쓰기 도구와 매체 사용하기
· 말과 글의 관계 알기</td></tr>
</table>

가. 만 2세 미만

(1) 목표

듣고 말하는 것을 즐거워하고, 상황에 따라 적절한 언어로 표현한다.

① 주변의 소리와 말소리를 듣고 좋아하며 반응한다.

② 몸짓과 소리로 의사를 표현하여 주고받기를 즐긴다.

③ 그림책에 관심을 보이며, 끼적거리기를 시도한다.

(2) 수준별 내용

<table>
<tr><th>내용 범주</th><th>내 용</th><th>1 수준</th><th>2 수준</th><th>3 수준</th></tr>
<tr><td rowspan="5">듣기</td><td rowspan="2">소리 구분하여 듣기</td><td colspan="3">여러 가지 소리와 말소리 듣기에 흥미를 보인다.</td></tr>
<tr><td></td><td colspan="2">익숙한 목소리를 듣고 반응한다.</td></tr>
<tr><td rowspan="2">경험과 관련된 말의 의미 알기</td><td colspan="2">일상적인 행동과 말소리를 연결하여 듣는다.</td><td>행동과 관련된 말을 듣고 따른다.</td></tr>
<tr><td></td><td colspan="2">익숙한 사물의 명칭과 자신의 이름을 알아듣는다.</td></tr>
<tr><td>운율이 있는 말 듣기</td><td colspan="3">운율이 있는 짧은 말소리 듣기를 즐긴다.</td></tr>
<tr><td rowspan="5">말하기</td><td rowspan="2">발성과 발음으로 소리내기</td><td>여러 가지 소리를 내고, 옹알이를 한다.</td><td colspan="2">여러 가지 말소리를 낸다.</td></tr>
<tr><td colspan="2">옹알이와 말소리에 대해 말로 반응해 주면 모방하여 소리 낸다.</td><td>교사의 말을 모방하여 발음한다.</td></tr>
<tr><td>친숙한 사물의 이름 말하기</td><td colspan="2">친숙한 사물을 가리켜 말하려 한다.</td><td>친숙한 사물의 이름을 말한다.</td></tr>
<tr><td rowspan="2">말소리와 몸짓으로 의사표현하기</td><td colspan="3">필요에 따라 소리와 몸짓을 사용한다.</td></tr>
<tr><td colspan="2"></td><td>말로 의사표현을 한다.</td></tr>
</table>

읽기	읽어주는 짧은 글에 흥미 가지기	리듬감 있게 읽어 주는 말소리를 즐겨 듣는다.	
	그림책에 흥미 가지기	그림책 속에 있는 친숙한 그림이나 사진을 본다.	이야기를 들을 때 그림을 알아본다.
			선호하는 그림책을 자주 본다.
쓰기	끼적이기를 시도하기		팔 전체를 사용하여 마음대로 끼적인다.
			자신의 끼적이기에 관심을 가진다.
	쓰기 도구에 흥미 가지기		종이와 쓰기 도구를 반복하여 탐색한다.

나. 만 2세

(1) 목표

듣고 말하는 것을 즐거워하고, 상황에 맞는 언어를 익힌다.

① 주변의 소리와 말소리를 듣고 좋아하며 반응한다.

② 생각과 느낌을 말로 주고받기를 즐긴다.

③ 그림책에 관심을 가지며, 끼적이기를 좋아한다.

(2) 수준별 내용

내용 범주	내 용	1수준	2수준
듣기	말소리 구분하여 듣기	높낮이와 세기 등 말소리의 차이를 구분한다.	
			다양한 말소리에 담긴 감정을 느낀다.
	말소리 듣고 의미 알기	시키는 말에 따라 행동한다.	
	운율이 있는 말 듣고 즐기기	짧은 이야기와 노랫말 듣기를 즐긴다.	짧은 이야기와 노랫말을 듣고 따라한다.
말하기	바른 발음 시도하기	바른 발음으로 말하기를 시도한다.	
	사물의 이름 말하기	사물의 이름을 알아보고 말하기를 즐긴다.	
	자신의 느낌과 생각 말하기	원하는 것을 말로 요구한다.	
			자신의 감정을 말로 표현한다.
	행동에 맞는 말하기	먹는다, 잔다와 같은 행동에 맞는 말을 한다.	
			고마워, 반가워 등 상황에 맞는 말을 한다.

읽기	글자 모양에 흥미 가지기	여러 가지 모양을 탐색한다.	글자의 기초가 되는 모양을 구분한다.
	읽어주는 글 즐기기	읽어 주는 글에 관심을 가진다.	
			글자를 읽는 흉내를 낸다.
	그림책에 흥미가지기	그림책에 있는 그림과 내용에 관심을 보인다.	
		그림책을 보고 읽는 흉내를 낸다.	
쓰기	끼적이기	의도적으로 끼적인다.	글자형태로 끼적인다.
	쓰기 도구에 흥미 가지기	여러 가지 쓰기 도구를 가지고 논다.	

다. 만 3~5세

(1) 목표

일상생활에 필요한 의사소통능력과 기초적인 문해능력을 기르고, 바른 언어생활 태도와 습관을 형성한다.

① 다른 사람의 이야기를 주의 깊게 듣는 태도와 이해력을 기른다.

② 자신의 느낌, 생각, 경험을 말로 표현하는 능력을 기른다.

③ 바르게 말하는 태도와 정확한 발음으로 말하는 능력을 기른다.

④ 주위의 사람들과 대화하고 여럿이 함께 토론하며 서로 의견을 주고받는다.

⑤ 글과 글자에 친숙해짐으로써 읽기와 쓰기에 흥미를 가진다.

(3) 수준별 내용

내용 범주	내 용	1 수준	2 수준	3 수준
듣기	낱말의 발음 경청하기	낱말 각각의 발음에 관심을 가진다.		
		비슷한 발음의 낱말을 주의 깊게 구별하여 듣는다.		
	낱말과 문장 듣고 이해하기	일상생활과 관련된 낱말과 문장을 듣고 뜻을 안다.		
		교사가 제시하는 사항을 듣고 지시에 따른다.		
			질문에 적절하게 대답한다.	
	이야기 듣고 이해하기	이야기를 듣고 내용을 이해한다.		
		이야기를 듣고 기억하여 다시 말한다.		
			이야기를 듣고 궁금한 것에 대해 질문한다.	
	동요, 동시, 동화 듣기	동요, 동시, 동화를 다양한 매체를 통하여 듣는다.		
			동화, 동시, 동요를 듣고 자신의 느낌을 다양하게 표현한다.	
	바른 태도로 듣기	다른 사람이 이야기 할 때 주의 깊게 듣는다.		
			다른 사람의 이야기를 끝까지 듣는다.	

			이야기의 내용을 집중하여 듣는다.	
말하기	바르게 발음하여 말하기	여러 낱말을 바르게 발음한다.		
				정확한 발음으로 또렷하게 말한다.
	낱말과 문장으로 말하기	일상생활의 경험을 낱말과 문장으로 말한다.		
			낱말과 문장을 문맥에 맞게 말한다.	
				여러 상황을 다양한 어휘로 말한다.
	자신의 느낌, 생각, 경험 말하기	자신의 느낌, 생각, 경험을 다른 사람에게 말한다.		
			경험한 것을 동시나 간단한 동화로 꾸며 말한다.	
			주제를 정하여 함께 이야기를 나눈다.	
			간단한 내용의 말을 듣고 다른 사람에게 내용을 전달한다.	
				자신의 느낌, 생각, 경험을 다른 사람이 알아듣도록 말한다.
	상황에 맞는 언어 사용하기	듣는 사람에게 적절하게 말한다.	듣는 사람, 때, 장소에 알맞게 말한다.	
			듣는 사람의 생각과 느낌을 헤아려 말한다.	
	바른 태도로 말하기	듣는 사람과 마주 보며 말한다.		
		말할 차례를 지켜 말한다.	상대방의 반응을 헤아리고 차례를 지켜 말한다.	
읽기	읽기에 흥미 가지기	일상생활에서 자주 접하는 글자를 흥미를 가지고 읽어본다.		
		여러 가지 읽기놀이를 한다.		
			자신의 이름을 알아본다.	
				주변에서 자주 보는 글자를 읽는다.
	동요, 동시, 동화읽기	동요, 동시, 동화를 여러 매체를 이용하여 읽어 본다.		
				동요, 동시, 동화를 읽고 자신의 느낌을 다양하게 표현한다.
	읽어 주는 글 이해하기	읽어 주는 글의 내용에 관심을 보인다.		
			읽어 주는 내용에 대해 서로 이야기를 나눈다.	
	그림책 읽기를 즐기기	책에 흥미를 가지고 그림책을 즐겨 본다.		
		좋아하는 책을 자주 본다.		
		책을 소중하게 다룬다.		

		궁금한 것이 있을 때는 교사와 함께 책을 찾아본다.		스스로 다양한 주제의 그림책을 찾아 읽는다.
쓰기	낱말과 문장으로 쓰기에 흥미 가지기	낱말과 문장을 그림으로 표현하거나 끼적거린다.	낱말과 문장을 글자와 비슷한 형태나 글자로 쓴다.	
			글자를 보고 모방하여 쓰기를 한다.	
				자신의 이름을 쓴다.
	자신의 느낌, 생각, 경험, 쓰기에 흥미 가지기	자신의 느낌, 생각, 경험을 그림으로 표현하거나 끼적거린다.	자신의 느낌, 생각, 경험을 글자와 비슷한 형태나 글자로 쓴다.	
			다른 사람에게 하고 싶은 이야기를 그림과 글자로 쓴다.	
	쓰기 도구와 매체 사용하기	여러 가지 필기구와 종이, 키보드, 마우스 그 밖의 쓰기 관련 매체를 사용한다.		
	말과 글의 관계 알기	유아의 말을 교사가 글로 받아 적을 때, 말이 글로 바뀌는 과정에 관심을 보인다.		

5. 자연탐구

1) 성격

자연탐구 영역은 '탐구적 태도', '수학적 탐구', '과학적 탐구'의 세 가지 내용범주로 구성된다. '탐구적 태도'에서는 영유아가 주변의 사물과 자연현상에 대하여 관심을 가지고 보고 듣고 느끼고 궁금해 하며, 끊임없이 알아가고자 하는 태도를 갖게 하고 이에 필요한 기초기술을 습득하도록 한다. '수학적 탐구'에서는 영유아가 일상생활에서 수량과 공간을 인식하고 비교하며 규칙성을 인식하는 등 구체적인 경험과 조작활동으로 수학의 기초능력을 기르도록 한다. '과학적 탐구'에서는 영유아가 주변의 사물, 생명체, 자연현상에 대하여 관심을 가지고 능동적이고 적극적으로 탐색하는 과정에서 과학적 기초지식을 습득하도록 한다.

2) 목표

주변의 사물과 자연현상을 지각하고 호기심을 가지며, 지속적으로 탐구하는 태도를 가지며 문제해결을 위한 기초능력을 기르고, 자연을 사랑하는 마음을 가진다.

가. 주변사물과 자연환경에 대해 지속적으로 호기심을 가지고 탐구하는 태도를 가진다.

나. 일상생활의 여러 상황과 문제를 수학적으로 이해하고 해결하기 위하여 기초능력을 기른다.

다. 주변사물과 자연현상에 대한 기초 지식을 쌓고 자연을 사랑하는 마음을 가진다.

3) 연령별 목표와 내용

내용범주	만 2세 미만	만 2세	만 3~5세
탐구적 태도	· 주변의 사물과 자연현상에 관심 가지기 · 반복하여 탐색하기	· 주변의 사물과 자연현상에 호기심 가지기 · 반복하여 탐색 즐기기 · 문제해결에 관심 가지기	· 주변의 사물과 자연현상에 지속적으로 호기심 가지기 · 탐구과정 즐기기 · 기초 탐구 기술 활용하기
수학적 탐구	· 수량 지각하기 · 주변 공간 탐색하기 · 비교하기 · 간단한 규칙성 지각하기	· 수량 인식하기 · 공간과 도형 인식하기 · 비교하기 및 순서 인식하기 · 간단한 규칙성 인식하기 · 구분하기	· 수 개념 형성하기 · 공간과 도형 개념 형성하기 · 측정하기 · 규칙성 이해하기 · 자료 수집하기와 분석하기
과학적 탐구	· 주변의 사물 지각하기 · 주변 생명체에 관심 가지기 · 자연 현상 지각하기	· 물체와 물질의 특성 탐색하기 · 주변 생명체의 외적 특성 알기 · 자연현상 인식하기 · 생활 도구에 관심 가지기	· 물체와 물질의 기본 특성 알기 · 생명체와 환경과의 관계 알기 · 자연현상 이해하기 · 도구와 기계 활용하기

가. 만 2세 미만

(1) 목표

주변 사물과 자연현상에 대하여 관심을 가지고 보고 듣고 만지고 느끼는 등 다양한 감각과 조작으로 지각하고 반복하여 탐색한다.

① 주변의 사물과 자연현상에 관심을 가진다.

② 감각과 조작으로 수학적 경험을 한다.

③ 주변의 사물과 자연현상을 감각적으로 지각하고 탐색한다.

(2) 수준별 내용

<table>
<tr><th>내용 범주</th><th>내용</th><th>1수준</th><th>2수준</th><th>3수준</th></tr>
<tr><td rowspan="2">탐구적 태도</td><td>주변의 사물과 자연현상에 관심 가지기</td><td colspan="3">주변의 여러 가지 사물과 자연현상에 관심을 가진다.</td></tr>
<tr><td>탐색 반복하기</td><td>주변의 사물을 보고 만지고 빨기를 반복한다.</td><td colspan="2">관심 있는 사물을 반복하여 탐색한다.</td></tr>
<tr><td rowspan="8">수학적 탐구</td><td>수량 지각하기</td><td>있고 없는 상황을 지각한다.</td><td>'있다'와 '없다'를 구별한다.</td><td>'한 개'와 '여러 개'를 구별한다.</td></tr>
<tr><td rowspan="3">주변 공간 탐색하기</td><td colspan="3">주변 공간을 탐색한다.</td></tr>
<tr><td></td><td colspan="2">물체가 없어지는 상황에 관심을 보이며 (없어진 물체를) 찾는다.</td></tr>
<tr><td></td><td colspan="2">여러 가지 물체의 모양을 지각한다.</td></tr>
<tr><td rowspan="2">비교하기</td><td colspan="3">사물의 여러 가지 속성을 탐색한다.</td></tr>
<tr><td colspan="2"></td><td>크기 관련 어휘를 사용한다.</td></tr>
<tr><td>간단한 규칙성 지각하기</td><td colspan="3">주변의 간단한 규칙성을 지각한다(소리, 동작 등).</td></tr>
<tr><td rowspan="5">과학적 탐구</td><td rowspan="2">주변의 사물 지각하기</td><td colspan="3">주변의 여러 가지 자극에 반응한다.</td></tr>
<tr><td></td><td colspan="2">보고 만지고 듣고 맛보는 등의 감각적 행위를 통하여 사물을 지각한다.</td></tr>
<tr><td rowspan="2">주변 생명체에 관심 가지기</td><td colspan="3">주변(환경)의 움직이는 생명체를 지각한다.</td></tr>
<tr><td colspan="3">자신과 주변 사람의 신체의 부분을 탐색한다.</td></tr>
<tr><td>자연 현상 지각하기</td><td colspan="3">주변의 자연현상((바람, 해, 비, 눈 등)을 보고 만지고 느낀다.</td></tr>
</table>

나. 만 2세

(1) 목표

주변의 사물과 자연현상에 호기심을 가지고 여러 가지 방법으로 탐색하며 일상생활에서 충분히 수학적, 과학적 경험을 한다.

① 주변의 사물과 자연환경에 호기심을 가진다.

② 생활에서 수학적 경험을 한다.

③ 주변의 사물과 자연현상을 여러 가지 방법으로 탐색한다.

(2) 수준별 내용

<table>
<tr><th>내용 범주</th><th>내 용</th><th>1 수준</th><th>2 수준</th></tr>
<tr><td rowspan="3">탐구적 태도</td><td>주변의 사물과 자연현상에 호기심 가지기</td><td colspan="2">주변의 여러 가지 사물과 자연현상에 대해 호기심을 가지고 궁금해 한다.</td></tr>
<tr><td>반복적인 탐색 즐기기</td><td colspan="2">관심 있는 사물을 반복하여 탐색하기를 즐긴다.</td></tr>
<tr><td>문제해결에 관심 가지기</td><td colspan="2">시행착오를 통해 문제를 해결(하고자) 한다.</td></tr>
<tr><td rowspan="14">수학적 탐구</td><td rowspan="3">수량 인식하기</td><td>'하나', '둘' 정도의 수 이름을 말한다.</td><td>'하나', '둘', '셋' 정도의 수 이름을 말한다.</td></tr>
<tr><td>많고 적음을 구별한다.</td><td>'많다', '적다' 등의 수량 비교 어휘를 말한다.</td></tr>
<tr><td></td><td>물체가 더해지고 줄어드는 것을 경험한다.</td></tr>
<tr><td rowspan="4">공간과 도형 인식하기</td><td colspan="2">익숙한 위치와 장소를 안다.</td></tr>
<tr><td colspan="2">물체의 위치 변화를 인식한다.</td></tr>
<tr><td colspan="2">위치와 방향 관련 어휘를 사용한다.</td></tr>
<tr><td colspan="2">물체의 모양에 따라 특성을 인식한다.</td></tr>
<tr><td rowspan="4">비교하기와 순서 인식하기</td><td colspan="2">사물의 여러 가지 속성을 탐색한다.</td></tr>
<tr><td colspan="2">일상에서 두 물체의 크기와 길이 비교를 경험한다.</td></tr>
<tr><td colspan="2">용량, 크기, 길이, 시간 관련 어휘를 사용한다.</td></tr>
<tr><td colspan="2">일상의 단순한 순서를 인식한다.</td></tr>
<tr><td>간단한 규칙성 인식하기</td><td colspan="2">소리, 동작, 단어 등의 단순한 규칙성을 인식한다.</td></tr>
<tr><td rowspan="2">구분하기</td><td colspan="2">한 가지 속성에 따라 자료를 구분한다.</td></tr>
<tr><td colspan="2">비슷한 것끼리 짝을 짓는다.</td></tr>
<tr><td rowspan="8">과학적 탐구</td><td>물체와 물질의 특성 탐색하기</td><td colspan="2">물체와 물질에 대한 여러 가지 탐색을 적극적으로 시도한다.</td></tr>
<tr><td rowspan="4">주변 생명체의 외적 특성 알기</td><td>주변의 애완동물이나 (작은) 곤충 등의 특성을 지각한다.</td><td>익숙한 동물의 기본 특성(소리, 생김새, 움직임 등)을 구별한다.</td></tr>
<tr><td></td><td>주변 식물의 기본 특성(색깔, 생김새 등)에 관심을 보인다.</td></tr>
<tr><td colspan="2">자신의 신체 각 부분의 특성을 안다.</td></tr>
<tr><td colspan="2">주변 사람의 신체적 특징(목소리, 움직임 등)을 구분한다.</td></tr>
<tr><td>자연현상 인식하기</td><td colspan="2">다양한 자연현상(바람, 눈, 비, 낮, 밤 등)을 인식한다.</td></tr>
<tr><td rowspan="2">생활 도구에 관심 가지기</td><td colspan="2">쌓고 넣고 끼우는 등의 조작 놀잇감을 사용한다.</td></tr>
<tr><td colspan="2">주변의 단순한 기계와 시설(TV・녹음기 등의 스위치, 문의 손잡이 등)을 조작한다.</td></tr>
</table>

다. 만 3~5세

(1) 목표

사물과 자연환경에 대해 지속적으로 탐구하려는 마음과 탐구과정을 즐기는 태도를 기르고, 기초 탐구 기술과 과학적 기초지식을 확장하고, 자연을 사랑하는 마음을 가진다.

① 주변의 사물과 자연현상에 대해 호기심을 가지고 지속적으로 탐구하는 버릇을 들인다.

② 논리 수학적으로 사고하고 문제를 해결하기 위한 기초능력을 기른다.

③ 주변의 사물과 자연현상에 대해 기초지식과 탐구능력을 기르고 자연을 사랑하는 마음을 키운다.

(2) 수준별 내용

내용 범주	내 용	1 수준	2 수준	3 수준
탐구적 태도	주변의 사물과 환경에 지속적으로 호기심 가지기	관심 있는 사물과 자연현상에 대해 지속적으로 궁금해 한다.		
			궁금한 점이 무엇인지(를) 분명하게 인식한다.	
	탐구과정 즐기기	궁금한 점에 대해 지속적으로 탐구하여 알아내는 버릇을 들인다.		
		스스로 답을 찾는다.	스스로 답을 찾고 이를 적용해 본다.	자신의 답이 바뀔 수 있다는 인식을 한다.
				여러 사람의 서로 다른 의견을 존중한다.
	기초 탐구기술 활용하기	궁금한 점을 알 수 있는 방법(관찰, 실험, 질문 등)을 찾는다.	자신이 알아낸 방법대로 해 본다.	나타난(탐구) 결과를 모으고 해석한다.
수학적 탐구	수 개념 형성하기	다섯 개 가량의 구체물을 세고(헤아리고) 수량을 안다(이해한다).	열 개 가량의 구체물을 세고(헤아리고) 수량을 안다(이해한다).	스무 개 가량의 구체물을 세고(헤아리고) 수량을 안다(이해한다).
		다섯 개 가량의 구체물을 가지고 '같다/더 많다/더 적다'의 관계를 안다.	열 개 가량의 구체물을 가지고 '같다/더 많다/더 적다'의 관계를 안다.	스무 개 가량의 구체물을 가지고 '같다/더 많다/더 적다'의 관계를 안다.
			다섯 개 가량의 구체물에서 부분과 전체를 안다.	열 정도 구체물에서 부분과 전체를 안다.
			구체물을 가지고 도합 다섯까지 더하기를 한다.	구체물을 가지고 도합 열까지 더하기를 한다.
			구체물을 가지고 다섯 개에서 빼기를 한다.	

수학적 탐구		처음과 끝을 안다.	다섯 번째까지 서수를 안다.	
			열 가량의 숫자 읽기와 쓰기를 한다.	
	공간과 도형 개념 형성하기	익숙한 위치와 장소를 안다.		
		위치와 방향 관련 어휘를 사용한다.		
			단순한 지도를 만들고 사용한다.	
		물체의 모양에 따른 특성을 인식한다.	크기와 방향이 다양한 도형(입체, 평면)의 공통점과 차이점을 인식한다.	
			도형 옮기기, 뒤집기, 돌리기(칠교놀이, 조각그림 맞추기 등)를 한다.	
				대칭을 찾는다.
			도형을 보거나 기억하여 그린다.	
				형태에 대한 설명대로 그리거나 만든다.
	측정하기	사물의 여러 가지 속성을 탐색한다.		
		길이, 무게, 용량, 크기, 시간 관련 어휘를 사용한다.		
		두 물체의 크기와 길이 비교를 한다.	길이, 무게, 용량, 면적, 시간의 속성에 따라 비교하고 순서를 매긴다.	
		일상의 간단한 순서를 인식한다.	사건의 순서를 안다.	
			길이, 용량, 시간을 비표준화 단위를 사용하여 측정한다.	길이, 용량, 시간, 무게, 면적을 비표준화 단위를 사용하여 측정한다.
				어림하여 측정한다.
	규칙성 이해하기	주변에서 반복되는 규칙성(색, 모양 등)을 인식한다.	주변에서 반복되는 규칙성을 파악하고 다음에 올 것을 예측한다.	반복 및 확장되는 규칙성을 파악하고 다음에 올 것을 예측한다.
		소리, 동작, 단어, 문장 등의 간단한 규칙성을 즐긴다.		한 가지 유형의 규칙성을 다른 유형으로 바꾼다.
				스스로 규칙성을 만들어 본다.
	자료 수집과 분석하기			필요한 정보나 자료의 수집 방법을 찾는다.
		관계있는 것끼리 짝을 짓는다.	한 가지 속성에 따라 자료를 분류한다.	다른 속성에 따라 다시 분류한다.
				두 가지 속성을 동시에 고려하여 분류한다.

			구체물이나 그림, 사진을 사용해 그래프로 나타낸다.	기호나 숫자를 사용해 그래프로 나타낸다.
				자료 수집과 분석의 결과를 설명한다.
과학적 탐구	물체와 물질의 기본 특성 알기	여러 가지 물체와 물질의 기본 특성(색, 크기, 모양, 무게, 질감 등)을 여러 가지 방법으로 탐색한다.		
		주변의 여러 가지 물질의 상태를 관찰한다.	주변의 여러 가지 물체와 물질의 상태를 비교한다.	
		물체와 물질의 변화에 관심을 가진다.	물체와 물질을 변화시킬 수 있는 여러 가지 방법을 탐색한다.	
		여러 가지 물체의 움직임을 관찰한다.	물체의 여러 가지 움직임을 비교한다.	
			자신의 행위와 물체의 움직임과의 관계를 안다.	
	생명체와 환경의 관계 알기	주변의 동·식물의 탄생과 성장에 관심을 가진다.	관심 있는 동물과 식물의 탄생, 성장, 죽음에 대하여 알아본다.	
		주변 동·식물의 기본 특성(소리, 움직임, 색(깔), 생김새 등)에 관심을 가진다.		주변 동·식물의 성장에 필요한 조건(영양, 호흡, 배설 등)을 알아본다.
		나의 출생과 성장에 대하여 관심을 가진다.		나의 출생과 성장에 대하여 알아본다.
		생명의 소중함을 알고 더불어 살려는 마음이 생긴다.		
	자연현상 이해하기	돌, 물, 흙 등 자연물을 즐겨 탐색한다.		
		돌, 물, 흙 등 자연물의 특성을 비교한다.		
			지구, 달, 해, 별 등에 관심을 가진다.	
		계절의 변화에 관심을 가진다.	계절의 변화와 규칙성을 안다.	
		하루에는 낮과 밤이 있음을 안다.	낮과 밤의 차이점을 안다.	낮과 밤의 변화와 규칙성을 안다.
		자신과 주변 환경의 관계에 관심을 가진다.		우리가 살아가는 좋은 환경에 대해 안다.
		자연의 소중함을 알고 더불어 살려는 마음이 생긴다.		
		자연보호에 관심을 가진다.		자연보호의 방법을 안다.
			다시 쓸 수 있는 자원을 찾아보고 재활용	

			한다.	
	도구와 기계 활용하기	주변의 간단한 도구와 기계를 활용한다.		
				필요에 따라 새로운 도구를 만든다.
		주변의 여러 가지 물건(적목, 상자 등)을 조립한다.		
		도구와 기계의 편리성에 관심을 가진다.		편리한 물건이 자연과 사람에게 해가 될 수 있다는 것을 안다.

6. 예술경험

1) 성격

예술경험 영역은 '심미적 탐색', '예술적 표현', '예술 감상'의 세 가지 내용범주로 구성된다. '심미적 탐색'에서는 영유아가 주변의 친근한 자연이나 생활 환경에서 음악적 · 동작적 · 가작적 · 미술적 요소에 관련된 현상이나 사물을 흥미롭게 보며 집중하여 탐색하도록 한다. '예술적 표현'에서는 영유아가 음악 · 움직임 · 모방 · 미술 경험을 마음껏 시도하고 표현하며 자유롭게 즐기도록 한다. '예술 감상'에서는 친근한 소리나 노래, 아름다운 사물이나 환경, 춤 · 극놀이 · 미술작품을 즐기며 생활에서 예술에 대해 지속적으로 흥미를 가지도록 한다.

2) 목표

주변의 친근한 환경과 생활에서 예술적 요소에 관심을 보이고 흥미롭게 경험하고 즐김으로써 창의성과 감성을 기른다.

가. 주변 생활에서 발견한 단순한 예술적 요소에서부터 점차 다양한 요소까지 아름다움에 관심을 보이고 탐색한다.

나. 자신의 생각과 느낌을 음악, 움직임과 춤, 극놀이, 미술활동으로 표현하는 것을 즐기며 점차 다양하고 창의적으로 표현한다.

다. 생활에서 자연, 사물, 예술 작품들을 보고 즐긴다.

3) 연령별 목표와 내용

내용범주	만 2세 미만	만 2세	만 3~5세
심미적 탐색	· 소리, 움직임, 시각적 자료에 호기심 가지기	· 주변 환경의 예술적 요소 탐색하기	· 음악적 요소 탐색하기 · 움직임과 춤 탐색하기 · 가작화 요소 탐색하기 · 미술적 요소 탐색하기
예술적 표현	· 리듬 있는 소리로 반응하기 · 몸동작으로 반응하기 · 모방행동 즐기기 · 단순한 미술 경험 시도하기	· 리듬 있는 소리, 노래, 춤으로 표현하기 · 모방과 단순한 가작놀이하기 · 단순한 미술활동 즐기기	· 리듬 만들기 · 노래 부르기 · 춤으로 표현하기 · 극놀이로 표현하기 · 미술활동 즐기기 · 다양한 미술재료 사용하기 · 통합적으로 표현하기
예술 감상	· 소리나 노래 즐겨듣기 · 주변의 아름다움 경험하기	· 주변 환경의 예술적 요소에 관심 갖고 즐기기	· 음악 감상하기 · 춤 감상하기 · 극놀이 감상하기 · 미술작품 감상하기

가. 만 2세 미만

(1) 목표

자신의 신체와 감각자극에 호기심을 보이며, 소리나 간단한 노래를 즐겨 듣고 점차 소리나 몸 움직임, 끼적이기 등의 복잡한 반응을 즐긴다.

① 자신의 신체와 주변의 감각자극에 호기심을 가진다.

② 모방행동을 즐기며 소리와 몸 움직임으로 반응하고 단순한 미술경험을 한다.

③ 친근한 소리나 노래를 즐겨 듣고, 사물의 형태를 눈여겨본다.

(2) 수준별 내용

<table>
<tr><th>내용 범주</th><th>내 용</th><th>1수준</th><th>2수준</th><th>3수준</th></tr>
<tr><td rowspan="2">심미적 탐색</td><td rowspan="2">소리, 움직임, 시각적 자료에 호기심 가지기</td><td colspan="3">주변의 소리와 움직임에 호기심을 가진다.</td></tr>
<tr><td>시각적 자료에 호기심을 가진다.</td><td colspan="2">친근한 사물의 미술적 요소(색, 질감)에 호기심을 가진다.</td></tr>
<tr><td rowspan="7">예술적 표현</td><td rowspan="3">리듬 있는 소리로 반응하기</td><td rowspan="2">좋아하는 소리에 반응한다.</td><td colspan="2">리듬과 음높이에 맞추어 소리를 낸다.</td></tr>
<tr><td></td><td>노래의 한 마디를 따라 부른다.</td></tr>
<tr><td></td><td colspan="2">주변의 사물이나 리듬악기로 단순한 소리를 만든다.</td></tr>
<tr><td>몸동작으로 반응하기</td><td colspan="2">단순한 손 놀이와 몸 움직이기를 한다.</td><td>단순한 몸동작으로 반응한다.</td></tr>
<tr><td>모방행동 즐기기</td><td>소리나 얼굴 표정, 몸동작 등을 모방한다.</td><td colspan="2">단순한 모방행동을 놀이처럼 즐긴다.</td></tr>
<tr><td rowspan="2">단순한 미술 경험 시도하기</td><td></td><td colspan="2">간단한 감각적 경험을 한다.</td></tr>
<tr><td colspan="2"></td><td>끼적거리기를 한다.</td></tr>
<tr><td rowspan="2">예술 감상</td><td>소리나 노래 즐겨듣기</td><td colspan="3">일상생활에서 리듬 있는 소리와 노래를 관심 있게 듣는다.</td></tr>
<tr><td>주변의 아름다움 경험하기</td><td colspan="3">자연이나 주변 환경, 사물의 아름다움을 일상생활에서 경험한다.</td></tr>
</table>

나. 만 2세

(1) 목표

주변 사물, 환경, 자연에서 아름다움을 발견하고 즐기는 경험으로 창의성과 감성이 풍부해지고 발달해가는 기초를 마련한다.

① 주변 생활에서 예술적 요소를 발견하고 흥미롭게 탐색한다.

② 모방이나 단순한 가작놀이를 즐기고 간단한 리듬이나 노래, 몸 움직임, 미술활동을 자유롭게 시도하고 즐긴다.

③ 주변의 환경과 자연에서 예술적 요소를 관심 있게 보고 즐긴다.

(2) 수준별 내용

<table>
<tr><th>내용 범주</th><th>내 용</th><th>1 수준</th><th>2 수준</th></tr>
<tr><td rowspan="2">심미적 탐색</td><td rowspan="2">주변 환경의 예술적 요소 탐색하기</td><td colspan="2">주변 환경에서 나는 다양한 소리와 움직임을 탐색한다.</td></tr>
<tr><td colspan="2">주변 환경에서 미술적 요소(색, 질감, 형태)를 탐색한다.</td></tr>
<tr><td rowspan="6">예술적 표현</td><td rowspan="3">리듬 있는 소리, 노래, 춤으로 표현하기</td><td colspan="2">신체, 악기, 사물을 이용하여 간단한 리듬과 소리를 만든다.</td></tr>
<tr><td colspan="2">친근한 노래를 즐겨 부른다.</td></tr>
<tr><td>노래나 리듬에 맞춰 춤추기를 즐긴다.</td><td>간단한 도구를 이용하여 몸 움직이기를 한다.</td></tr>
<tr><td>모방과 단순한 가작놀이하기</td><td>모방 행동을 놀이처럼 즐긴다.</td><td>일상생활에서 경험한 단순한 가작화 놀이를 즐긴다.</td></tr>
<tr><td rowspan="2">단순한 미술활동 즐기기</td><td colspan="2">그리기와 단순한 만들기를 자발적으로 한다.</td></tr>
<tr><td colspan="2">풀 등 미술재료와 도구를 다룬다.</td></tr>
<tr><td rowspan="2">예술 감상</td><td rowspan="2">주변 환경의 예술적 요소에 관심 갖고 즐기기</td><td colspan="2">자연과 생활의 소리나 움직임, 친근한 음악과 춤을 관심 있게 보고 듣는다.</td></tr>
<tr><td colspan="2">자연과 사물에서 미술적 요소(색, 질감)에 관심을 가지고 즐겨본다.</td></tr>
</table>

다. 만 3~5세

(1) 목표

자연이나 생활, 예술작품에서 아름다움을 발견하고 음악, 움직임, 극놀이, 미술 활동에 적극적으로 참여하는 것을 즐겨 다양한 방법으로 자신의 생각과 느낌을 표현하며, 우리나라의 전통예술을 자연스럽게 경험한다.

① 음악, 춤과 움직임, 극놀이, 미술의 다양한 예술적 요소에 관심을 가지고 자유롭게 탐색한다.

② 노래, 리듬, 움직임, 극놀이, 미술활동에 즐겁게 참여하며 창의적으로 자신의 생각과 느낌을 표현한다.

③ 음악, 춤, 극놀이나 미술작품을 듣고 보는 것을 즐기며 아름다움을 느낀다.

(2) 수준별 내용

내용 범주	내 용	1 수준	2 수준	3 수준
심미적 탐색	음악적 요소 탐색하기	음악적 요소(강약, 속도, 리듬)에 관심을 가지고 다양한 소리, 악기, 음악을 탐색한다.		음악적 요소(멜로디, 장단)에 관심을 가지고, 다양한 소리, 악기, 음악을 탐색한다.

심미적 탐색	움직임과 춤 탐색하기	움직임과 춤에 관심을 가지고 탐색한다.		움직임과 춤의 요소를 탐색한다.
	가작화 요소 탐색하기	가상적 움직임과 목소리를 탐색한다.	역할, 사물, 행동이나 상황 등 가작화 요소를 탐색한다.	관객, 배우, 무대 등 극놀이의 기본적인 요소를 탐색한다.
	미술적 요소 탐색하기	자연과 사물에서 미술적 요소(색, 크기, 질감, 형태, 공간)를 적극적으로 탐색한다.		
		여러 가지 재료와 도구를 자유롭게 탐색한다.	여러 상황에 필요한 재료와 도구를 적절하게 선택한다.	
예술적 표현	리듬 만들기	목소리나 신체, 여러 자료를 이용하여 다양한 소리(속도, 리듬, 셈여림)를 만든다.		즉흥적으로 리듬과 음악을 만든다.
		리듬악기를 이용하여 간단한 리듬을 만든다.	노래에 맞추어 리듬악기를 연주한다.	
	노래 부르기	간단한 노래를 듣고 따라 부른다.	노래를 여러 가지 방법으로 부른다.	자신의 생각과 느낌을 노래로 표현한다.
		전래동요를 즐겨 부르며 이와 관련된 놀이를 한다.		
	춤으로 표현하기	다양한 자극에 대해 느낀 것을 춤이나 움직임으로 자유롭게 표현한다.		간단한 춤을 만들어서 표현한다.
		도구를 활용하여 움직임을 창의적으로 표현한다.		
	극놀이로 표현하기	일상생활에서 경험한 내용의 역할놀이에 참여한다.	다양한 역할, 사물, 행동, 상황이 설정된 극놀이에 참여한다.	사전계획을 세워 협동적으로 극놀이를 한다.
		간단한 이야기나 상상한 것을 극화해 본다.	소품, 배경, 의상 등을 사용하여 극놀이를 한다.	음악, 미술, 춤을 극놀이에 활용한다.
	미술활동 즐기기	미술 활동으로 자신의 생각과 느낌을 독창적으로 표현한다.		
			미술활동작품을 활용하는 경험을 즐긴다.	
			협동적인 미술활동에 참여하여 즐긴다.	
	여러 가지 미술재료 사용하기	미술 재료와 도구를 적절히 사용한다.	미술 재료와 도구를 다양하게 사용한다.	
	통합적으로 표현하기	다양한 소재에 대해 음악, 움직임, 미술, 극 놀이를 통합하여 표현한다.		
예술 감상	음악 감상하기	여러 종류의 음악을 듣고 즐긴다.		좋아하는 음악을 집중하여 듣는다.
			음악을 듣고 자신의 생각과 느낌을 이야기한다.	
	춤	친근한 여러 종류의 춤을 보고 즐긴다.		

	감상하기			여러 종류의 춤을 보고 생각과 느낌을 서로 이야기 한다.
	극 놀이 감상하기	극 놀이를 보고 즐긴다.		극 놀이를 보고 생각과 느낌을 서로 나눈다.
	미술작품 감상하기	자연과 사물의 아름다움을 느낀다.	다양한 자연, 사물, 미술작품을 접하고 생각과 느낌을 서로 나눈다.	
		자신과 다른 사람의 미술작품을 소중히 다룬다.		
		우리나라의 전통예술에 관심을 갖고 친숙해진다.		
				다른 문화의 미술작품에 관심을 가진다.

제 3 장 표준보육과정의 영역별 교사 지침

표준보육과정의 영역에 따른 연령집단별 교사지침은 연령별 보육목표와 내용뿐 아니라 교사가 각 영역에서 알아야 할 영유아에 대한 발달 지식, 바람직한 물리적 환경 구성과 지도방법, 지도할 때 유의할 점 등을 포함한다.

보육교사는 보육과정을 계획하고 운영할 때 교사지침의 내용을 숙지하여 환경구성 및 영유아 지도 시 이를 반영하고 교사와 영유아간 바람직한 상호작용이 이루어질 수 있도록 한다.

1. 기본생활

가. 만 2세 미만

내용범주	지침
건강한 생활	➢ 영아와 어른 사이에 신뢰감을 형성하고 증진하기 위하여 영아가 자신의 욕구를 자신만의 방식으로 표현할 때 즉시 반응하고 해결한다. ➢ 영아의 청결, 영양, 배설, 수면 그리고 상호작용 등 기본적인 욕구를 적절하게 충족시킨다. ➢ 영아기는 면역력이 약하고 생리적인 변화가 심하다는 것을 알고 질병에 걸리지 않도록 환경을 조성하고 영아의 상태변화를 민감하게 관찰하고 적절한 조치를 취하여야 한다. 특히 전염병이 있는 영아는 적절히 격리한다. ➢ 영아가 가정과 같이 편안하게 느끼게 하고 사람들과 신뢰관계를 형성하도록 한다. ➢ 영아의 다양한 표현방식을 이해하고 격려한다. 또 수유, 기저귀 갈기 등을 할 때 따뜻하게 대하고 영아를 격려하면서 진행한다.
안전한 생활	➢ 주변 환경에서 위험요소를 제거하거나 안전장치를 하여 안전한 보육환경을 조성한다. ➢ 영아에게 응급상황이 발생하였을 때 가족과 관련기관에 재빨리 연락하고 적절한 조치를 한다. ➢ 놀이 중 안전사고를 예방하기 위하여 지속적으로 영아를 관찰하고 영아가 위험한 행동을 하지 않도록 지도한다. ➢ 안전 점검표에 따라 정기적으로 실내외 시설물과 물품의 위험요인을 점검한다.
바른 생활	➢ 아는 사람에게 미소를 짓거나 간단한 인사를 하도록 한다. ➢ 놀이과정에서 영아가 순서 개념을 점차 이해하게 되면 차례를 기다릴 수 있도록 한다. ➢ 교구장 등에 사진이나 그림을 붙여 두어 영아들이 사용한 놀잇감을 스스로 정리할 수 있도록 한다.

나. 만 2세

내용범주	지침
건강한 생활	➢ 영아가 식사, 수면, 배설, 청결 등에 긍정적인 기본생활습관이 길러지도록 여러 가지 방법으로 계속하여 지도한다. ➢ 영아의 의사를 존중하여 자존감을 높여주고 다른 영아들과 다툼이 일어나지 않도록 공간과 놀잇감 배분을 모자라지 않고 적절하게 한다. ➢ 영아가 질병에 걸리지 않도록 예방에 힘쓰고 아플 때 적절하게 표현할 수 있도록 교육하며 영아가 표현할 때 따뜻하게 반응하고 적절한 조치를 한다. 특히 전염병이 의심될 때 적절하게 격리 · 조치하고 보고한다. ➢ 영아 주변을 정돈하고 스스로 손 씻기, 이 닦기 등 기본적인 건강습관이 길러지도록 지도하고 영아가 수행했을 때 격려한다. ➢ 영아에게 예방접종, 청결 지도 등을 할 때 친절하게 설명해주고 영아가 수행했을 때 격려한다.
안전한 생활	➢ 환경의 위험요소를 제거하거나 안전장치를 하여 안전한 보육환경을 조성한다. ➢ 놀이 중 안전사고를 예방하기 위하여 끊임없이 영아를 관찰하고 영아가 위험한 행동을 하지 않도록 지도한다. ➢ 안전 점검표에 따라 정기적으로 실내외 시설물과 물품의 위험요인을 점검한다. ➢ 정기적으로 교통안전교육, 약물오남용 안전교육, 화재대피훈련을 실시한다. ➢ 영아에게 응급상황이 발생했을 때 부모와 관련 기관에 재빨리 연락하고 적절한 조치를 한다.
바른 생활	➢ 아는 사람을 만났을 때 하는 언어적 인사법을 가르쳐 주고 영아가 수행했을 때 격려한다. ➢ 부모님과 웃어른께 존댓말을 사용하며 도움을 받았을 때 고마운 마음을 말로 표현하도록 안내한다. ➢ 다른 영아의 기분을 이해하도록 지도하고 놀이할 때 놀잇감을 모자라지 않게 제공하여 다른 사람을 방해하지 않도록 한다. ➢ 식사시간이나 놀이시간에 자기 차례를 기다려야 함을 인식하게 하고 기다리는 동안 영아가 지루해 하지 않도록 다양한 활동거리를 마련한다. ➢ 놀잇감, 개인용품 등 물건에 영아의 소유 표시를 해주고 각 영아의 공간을 마련하여 영아가 정리 · 정돈할 수 있도록 한다.

다. 만 3~5세

내용범주	지침
건강한 생활	➢ 유아에게 건강의 중요성을 강조하고 기본적인 식사, 수면과 휴식, 배설, 청결, 의생활 등이 건강에 미치는 영향을 하루의 일과로 계획하여 일관성 있게 지도한다. ➢ 유아가 스스로 청결, 식사량, 활동량 및 휴식량을 조절할 수 있도록 지도한다. ➢ 유아의 의사를 존중하여 자존감을 높이고 각 유아의 스트레스 원인을 파악하고 유아가 자신의 스트레스를 적절하게 발산할 수 있도록 돕는다. ➢ 정기적인 건강검진과 예방접종, 적당한 운동, 바른 식생활의 중요성을 설명하여 유아가 건강에 관심을 갖도록 하고 적극적으로 참여할 수 있도록 한다. ➢ 질병과 사고는 예방이 최선이라는 점을 인식하고 유아에게 예방교육을 실시한다. ➢ 유아가 말로 표현하는 질병의 증상들을 주의 깊게 듣고 유아의 안색이나 행동을 관찰하여 휴식을 취하게 하거나 적절한 치료를 받게 하고 전염병의 증상이 의심되면 적절하게 격리시키고 조치한다.
안전한 생활	➢ 유아의 활동영역에서의 위험요소를 확인하고 다양한 안전습관을 형성할 수 있도록 안전교육을 실시한다. ➢ 유아가 놀잇감이나 놀이기구의 사용법을 올바르게 인식하여 목적에 맞도록 사용하고 다른 사람의 안전을 고려한 행동을 실천하도록 격려한다. ➢ 유아는 운동능력과 지각 판단 능력이 미숙하여 놀이 상황에서 자신과 타인에게 위험이 되는 행동을 할 수 있으므로 주의 깊게 감독한다. ➢ 유아가 학대나 유괴가 무엇인지를 알도록 하며 이에 대한 대처방법을 알도록 한다. ➢ 정기적으로 교통안전, 약물오남용 예방, 화재가 났을 때 대피, 재난 방지 등에 대한 안전교육의 중요성을 알고 교육에 적극적으로 참여하도록 격려한다. ➢ 교통수단의 이용에 따른 위험을 알고 안전하게 이용하도록 하며 차량 보호장구의 중요성에 대해 알게 한다. ➢ 유아에게 응급상황이 발생하였을 때 부모와 관련 기관에 재빨리 연락하여 적절한 조치를 한다.
바른 생활	➢ 유아에게 정직의 중요성을 강조하고 지켜야 할 예절과 공공규칙을 예를 들어 설명하고 일과 중에 반복하며 실제 상황이 발생했을 때 강조한다. ➢ 일과 중에 차례를 기다리거나 놀잇감을 서로 바꾸거나 양보하는 상황에서 유아에게 질서의 중요성을 강조하고 유아가 잘 수행했을 때 격려한다. ➢ 자신의 물건에 이름을 써서 소중히 여기고 제자리에 정리정돈 하도록 지도한다. ➢ 자원을 아끼는 방법을 구체적으로 지도하여 절약을 생활화하고 자원을 재활용하는 방법을 교육하고 시간이라는 자원도 매우 소중한 자원임을 인식시킨다.

2. 신체활동

가. 만 2세 미만

내용범주	지침
감각과 신체인식 감각과 신체인식	➢ 감각운동이 발달의 기초가 되는 시기임을 고려하여 영아가 여러 가지 감각적 경험을 할 수 있도록 시각, 청각, 촉각, 후각 등의 감각적 자극을 제공한다. ➢ 일상생활 속에서 접할 수 있는 감각적 경험을 충분히 활용한다. ➢ 교사와 함께하는 신체활동에서 애착이 커지고 심리적 안정감을 얻도록 배려한다. ➢ 신체를 이용한 놀이를 통해 자연스럽게 신체 부분을 인식하도록 한다. ➢ 영아가 몸을 움직일 때 신체 부분이나 움직임에 대해 언어로 표현해 준다.
신체조절과 기본운동	➢ 움직임이 불안정한 영아들의 안전을 위해 바닥 재료의 선별이나 가구 모서리 처리 등 환경 준비를 철저히 한다. ➢ 높이가 낮은 오르고 내리기 기구, 매트, 스폰지 블록 등 대근육 활동을 촉진할 수 있는 기구를 제공한다. ➢ 물건 잡기, 밀고 당기기 등 손을 이용하는 다양한 활동과 놀잇감을 제공한다. ➢ 교사는 머리를 가누는 시기나 걷기 위하여 습득해야 할 균형감 등 영아기의 신체조절력과 운동발달 특성을 이해하고, 또한 개인차가 많은 시기임을 고려한다. ➢ 영아의 신체 발달 속도가 매우 빠르므로 시간에 따라 달라지는 영아의 움직임과 신체 조절 능력을 잘 관찰한 후 적절하게 상호 작용한다. ➢ 간단한 신체놀이를 반복함으로써 운동능력과 협응 능력이 발달할 수 있도록 돕는다.
신체활동 참여	➢ 영아가 자유롭게 몸을 움직일 수 있도록 개방된 공간을 제공하고, 안전을 위하여 반드시 교사가 지켜보도록 한다. ➢ 영아가 다양한 움직임을 시도해보도록 격려한다.

나. 만 2세

내용범주	지침
감각과 신체인식	➢ 오감을 자극할 수 있는 다양한 자료를 준비하고 환경을 구성한다. ➢ 먹고, 씻는 등의 일상생활과 자연 환경 속에서 접할 수 있는 다양한 감각적 경험을 충분히 활용한다. ➢ 영아의 감각적 차이에 대한 반응을 관찰하고 격려한다. ➢ 신체를 이용한 놀이나 게임을 통해 자연스럽게 신체 부분을 인식하도록 한다. ➢ 영아가 몸을 움직일 때 신체의 명칭이나 움직임에 대해 언어적 상호작용을 한다.
신체조절과 기본운동	➢ 영아용 정글짐이나 탈 것 등 대근육 발달이나 신체조절력과 균형 감각을 증진할 수 있는 놀이기구를 제공한다.

	➢ 커다란 크기의 끼우기나 간단한 조작 교구를 제공함으로써 영아들의 소근육 발달을 돕고 눈과 손의 협응력을 기르도록 돕는다. ➢ 교사는 안정된 걷기는 가능하나 동작기술이나 조절능력이 미숙한 영아기의 신체발달 특성을 이해한다. ➢ 빠르게 변화하는 영아의 움직임과 신체 조절 능력을 잘 관찰하고, 개인차를 고려하여 적절하게 상호 작용한다. ➢ 반복되는 신체놀이에서 다양한 놀이를 시도해 볼 수 있도록 환경을 마련하고 격려한다.
신체활동 참여	➢ 영아가 자유롭게 신체를 움직일 수 있도록 적절한 공간을 제공하고, 기본적인 신체운동을 할 수 있는 시간을 규칙적으로 제공한다. ➢ 교사는 영아의 신체 움직임에 적절히 반응함으로써 신체 활동을 격려한다. ➢ 실내외 놀이기구를 안전하게 설치하고 관리함으로써 영아가 안전하게 신체활동을 할 수 있도록 배려한다. ➢ 위험 요소에 대해서 영아가 인식하도록 안내한다. ➢ 신체활동 후에는 간단한 휴식 시간을 마련하여 신체 리듬의 조절을 돕는다.

다. 만 3~5세

내용범주	지침
감각과 신체인식	➢ 다양한 감각적인 경험을 할 수 있도록 환경을 구성한다. ➢ 일상생활과 자연 환경, 계절의 변화에서 접할 수 있는 다양한 감각적 자극에 대해 민감하게 느끼고 반응하도록 한다. ➢ 유아가 느끼는 감각적 차이에 대한 표현해 보도록 격려한다. ➢ 신체의 명칭과 기능에 대하여 인식하도록 돕는다. ➢ 놀이와 다양한 신체 활동을 통해 유아 스스로 신체에 대해 인식할 수 있도록 돕는다. ➢ 자신의 신체적 특징이나 다른 사람과의 차이를 긍정적으로 인식할 수 있게 한다.
신체조절과 기본운동	➢ 신체 활동을 위해서 교육적으로 적절한 실내외 환경을 마련한다. ➢ 놀이 기구나 시설을 이용한 신체 활동 이외에도 다양한 신체 놀이나 게임 등을 계획한다. ➢ 교사는 매우 능동적이고 활동적이며 몸을 빠르게 움직이는 것을 좋아하는 유아기의 신체운동 특성을 이해하고 격려한다. ➢ 유아의 개별적인 신체 조절 능력을 세심하게 관찰하고, 신체 활동이 안정되고, 숙달될 수 있도록 지도한다. ➢ 기본 동작을 변형한 다양한 신체 활동을 시도해보도록 격려한다. ➢ 유아가 신체 활동을 하면서 공간, 시간, 힘, 흐름 등 동작의 기본 요소를 인식하고, 그러한 요소를 반영하여 움직일 수 있도록 교사가 적극적으로 상호작용한다.
신체활동 참여	➢ 유아들이 다양한 신체활동을 할 수 있도록 일과 중에 신체활동 시간을 충분히 마련한다. ➢ 유아기는 신체 조절 능력이나 안전 의식이 충분히 발달되지 못한 상태이므로 신체활동을 할 때 교사가 유아 안전에 세심하게 주의를 기울이고, 유아 스스로도 자신의 안전을 지킬 수 있도록 지도한다. ➢ 신체활동만큼 휴식도 중요하므로 활발한 신체활동 후에는 반드시 휴식하도록 한다.

3. 사회관계

가. 만 2세 미만

내용범주	지침
자기 존중	➢ 자신을 인식할 수 있도록 개별적인 침대, 침구, 서랍장, 그 밖의 개인 소지품에 영아의 얼굴 사진을 붙여주고 이름을 적어준다. ➢ 영아가 자신을 볼 수 있도록 거울을 제공한다. ➢ 영아에게 신체적 접촉과 언어적 표현으로 자주 애정을 표현한다. ➢ 영아와 일 대 일로 얼굴을 마주보며 상호작용을 한다. ➢ 간식시간, 기저귀 갈기나 낮잠시간 등의 일상생활 중에 대화하면서 영아들과 함께 하루일과를 진행한다.
정서 인식과 조절	➢ 영아의 울음이나 몸 움직임은 영아의 주된 의사소통 방법임을 인식한다. ➢ 이 시기 영아는 부정적인 정서표현도 할 수 있음을 이해하고, 부정적 정서표현을 받아들인다. ➢ 영아의 기본적인 욕구에 지속적이고 신속하게 반응함으로써, 영아가 자신을 돌보는 교사를 믿고 세상이 안전한 곳임을 알게 한다. ➢ 영아의 언어적, 비언어적 신호를 해석하여 민감하고 일관성 있게 대한다. ➢ 영아의 기질적 특성을 이해하고 반응속도와 생물학적 리듬을 파악하여 조화로운 관계를 유지한다.
사회적 관계	➢ 영아는 낯가림을 할 수 있고, 낯선 어른보다 친숙한 어른과 활발하게 상호작용 한다는 것을 이해한다. ➢ 양육자와 안정적인 애착을 형성하고, 돌보는 교사와 상호 신뢰 관계를 형성하는 것이 무엇보다 중요함을 안다. ➢ 영아가 새로운 상황과 환경에 직면했을 때 안정감을 갖고 편안히 적응할 수 있도록 배려한다.

나. 만 2세

내용범주	지침
자기 존중	➢ 영아는 자신에 대해 긍정적인 느낌과 자아개념을 가지고, 다른 사람에 대해 이해하기 시작한다는 것을 지각한다. ➢ 영아 자신을 인식할 수 있도록 개별적인 침대, 침구, 서랍장, 그 밖에 개인 소지품을 사용하게 하고 영아의 얼굴사진을 붙여주고 이름을 적어준다. ➢ 영아와 개별적으로 신체적, 언어적 상호작용을 하며 일 대 일로 얼굴을 마주보며 상호작용을 한다. ➢ 영아가 혼자서 할 수 있는 일은 스스로 해볼 수 있는 기회를 제공하고 기다려주며, 자신을 조절할 수 있도록 돕는다. ➢ 영아 스스로 한 일에 대해서 항상 격려를 해주어, 자신이 능력 있고 귀한 존재임을 느낄 수 있도록 한다. ➢ 영아가 친근한 물체나 음식을 선호하고 친근한 사람들을 선택하는 것을 존중한다.

정서 인식과 조절	➢ 영아가 정서를 표현하는 방법이 훨씬 다양해짐을 이해한다. ➢ 영아가 다양한 방법으로 정서를 표현할 수 있도록 영아의 정서표현을 격려하는 대화를 많이 한다. ➢ 영아가 부정적 정서를 나타낼 경우 영아의 신체적, 심리적 원인을 파악하고 상황을 바꾸어 주고, 단호한 목소리와 표정으로 말한다. 영아에게 대안을 제시하여 선택하도록 하고, 영아의 자기통제 행동을 격려한다.
사회적 관계	➢ 또래에 대해 관심을 가지나, 아직까지는 사물을 가지고 하는 놀이나 병행놀이 단계임을 이해한다. ➢ 영아는 좌절 상황에 대처할 수 있는 기술이 없기 때문에 공격적이 되고 다른 영아에게 상해를 입힐 수 있다는 것을 이해하고 사전에 대처한다. ➢ 놀잇감을 넉넉하게 준비하고 똑같은 놀잇감을 여러 개 마련하여, 분쟁을 사전에 예방하도록 한다. ➢ 영아가 다른 친구들과 함께 놀이하고 생활하기 위해서 지켜야할 기본적인 규칙과 약속이 있다는 것을 알게 하여 지킬 수 있도록 일관성 있게 지도한다. ➢ 같은 놀잇감을 서로 가지려고 다툴 때 영아가 자신의 충동과 행동을 통제할 수 있도록 돕는다.

다. 만 3~5세

내용범주	지침
자기 존중	➢ 유아가 자기 자신에 대해 알고 자아를 형성하는 과정에서 남과 다른 독특하고 소중한 존재임을 깨달을 수 있도록 한다. ➢ 유아가 자신의 성을 명확히 알 수 있고, 일생동안 같은 성을 갖게 된다는 것을 이해하며 양성평등의식을 가질 수 있도록 돕는다. ➢ 훈육이 필요할 경우에는 체벌이나 벌을 줄 때도 유아가 사랑을 느낄 수 있도록 하고, 어떤 행동이 좋고 나쁜지 의견을 말하는 민주적인 태도를 갖게 하여 자신이 존중과 신뢰를 받고 있다고 느끼도록 한다. ➢ 가족은 유아의 자아존중감에 절대적인 영향을 미치므로, 가정에서도 부모와 형제가 유아를 존중할 수 있도록 부모교육을 실시한다.
정서 인식과 조절	➢ 유아 자신의 정서나 감정을 정확하게 인식하고 이를 적절한 방법으로 표현할 수 있도록 돕는다. ➢ 하면 안 되는 행동을 하고 싶은 유혹에 대해 스스로 자제할 수 있도록 유아의 자기조절능력을 키운다. ➢ 상상놀이, 책보기, 다양한 예술적 경험으로 유아가 감정에 대해 배우고 정서를 이해할 수 있는 기회를 자주 제공한다. ➢ 유아의 감정변화에 민감하게 반응해 주고, 유아 자신의 감정이 주변에 영향을 미칠 수 있음을 깨닫게 돕는다. ➢ 유아의 감정을 언어로 표현해주며, 이를 통해 유아가 정서와 감정의 다면성을 알고 다른 사람의 감정도 이해할 수 있도록 돕는다.
사회적 관계	➢ 유아가 협동하며 활동할 수 있는 실내외 공간을 마련한다. ➢ 집단토의, 역할놀이, 게임, 견학 등 사회적 관계를 경험할 수 있는 다양한 활동을 통합적으로 제공한다. ➢ 유아가 다른 사람과 나누고, 협력하고, 문제해결을 할 수 있도록 다양한 활

	동의 기회를 제공한다.
사회적 지식	➢ 다양한 가족구성원이 있는 사진 등의 자료를 제공하여 각 가정 안에 다양한 문화와 가치, 태도가 있음을 이해하도록 돕는다. ➢ 지역사회 구성원으로서 자부심을 가질 수 있도록 지역사회와 지역사회 기관과 관련된 구체적인 경험을 할 수 있도록 기회를 제공한다. ➢ 우리나라와 관련된 다양한 활동으로 대한민국 국민으로서 자질과 능력을 함양하고 자기 스스로 정체성을 확립할 수 있도록 한다. ➢ 세계 여러 나라에 대한 구체적인 자료와 다양한 경험을 할 수 있도록 기회를 제공하여 세계 여러 나라 사람들과 자신들의 유사점과 차이점을 이해할 수 있도록 한다. ➢ 가족, 지역사회와 연계된 다양한 경제관련 활동을 통하여 유아들이 경제적 능력을 갖춘 유능한 사회인으로 성장할 수 있도록 지원한다.

4. 의사소통

가. 만 2세 미만

내용범주	지침
듣기	➢ 소리의 감각적인 자극에 관심을 보이고, 익숙한 말소리에 반응하며, 표정과 몸짓으로 말의 뜻을 알아듣는 정도의 활동을 하도록 한다. ➢ 영아가 말을 못 알아듣더라도 가능한 말로 반응하여 풍부한 언어적 자극을 제공한다. ➢ 자유롭게 만지거나 흔들면 소리가 나는 놀잇감을 제공하고, 영아의 주의를 끌 수 있도록 손뼉 치기, 두드리기, 콧노래, 노래 등을 들려준다.
말하기	➢ 다양한 소리와 옹알이를 시도하고, 말소리 내기를 즐기며, 말소리와 몸짓으로 자기 의사를 교사와 주고받는 정도의 활동을 하게 한다. ➢ 영아가 쿠잉이나 옹알이로 소리 낼 때 주의하여 들어주며, 눈을 맞추고 정다운 목소리로 반응하여 교사의 말을 영아가 모방하여 말해보게 한다. ➢ 인형이나 그림, 사진, 그림책 같은 여러 가지 자료를 갖추어 언어적 상호작용이 많이 할 수 있는 환경을 마련해주고, 매일 매일 대화를 하여 영아가 새로운 말과 발음을 익히며 의사소통 기술을 습득할 수 있도록 한다.
읽기	➢ 작은 그림책 들고 다니기, 그림 보기, 책장 넘기기 등 그림책 자체의 속성에 대한 관심에서부터, 리듬감 있게 읽어주는 말소리를 즐기고, 좋아하는 그림책을 읽어달라고 요구하는 정도의 행동을 할 수 있도록 한다. ➢ 넘기기 쉬운 딱딱한 종이책, 여러 가지 촉감을 느낄 수 있는 헝겊책, 비닐책 등 다양한 책을 제공한다. ➢ 그림책을 읽어줄 때 그림에 묘사된 구체적인 상황에 대해 물어보고 이야기를 하며 그림을 함께 보도록 한다.
쓰기	➢ 손의 소근육을 사용하고, 손과 팔을 의도적으로 움직이는 즐거움과 선을 그을 때 나타나는 흔적을 즐기는 정도의 끼적이기 활동을 하도록 한다. ➢ 종이와 무독성 크레용 등 쓰기 도구를 제공하여 마음껏 끼적이도록 배려하고, 영아가 끼적인 것에 관심을 보인다.

나. 만 2세

내용범주	지침
듣기	➢ 사람의 말소리를 구분하여 듣기부터 짧은 이야기와 노래에 담긴 운율 있는 말을 듣고 즐기는 정도의 활동을 할 수 있도록 한다. ➢ 일상생활의 다양한 상황을 구체적인 말로 표현하여 영아에게 들려주도록 한다. ➢ 영아에게 보통의 목소리, 큰소리, 작은 소리, 귀에 속삭이는 소리 등으로 변화있게 말해줌으로써 영아가 소리크기에 따른 감정을 느끼고 집중해서 듣는 태도를 기르도록 한다. ➢ 교사가 하고 있는 일이나 생각을 영아에게 짧은 이야기로 들려주어 영아가 상황에 맞는 어휘와 표현을 익히도록 한다.
말하기	➢ 말하는 것을 즐기고 단순한 행동이나 상황에 적절한 말을 할 수 있도록 하는 정도의 활동을 할 수 있도록 한다. ➢ 말하고 싶은 것은 많으나 표현이 잘 안 되는 시기이므로, 교사는 영아가 천천히 말할 수 있도록 기다려주고 열심히 들어주도록 한다. ➢ 가작화 활동이 활발해지는 시기이므로 전화(마이크)놀이, 인형놀이 등 놀이를 하게 하여 혼잣말을 하거나 어른의 말투를 흉내 내며 인형과 대화놀이를 할 수 있도록 환경을 마련한다.
읽기	➢ 책에는 그림과 글자가 있다는 것을 인식하는 데서부터, 교사가 읽어주는 글에 관심을 갖고 그림책을 읽는 흉내를 내는 정도의 활동을 하도록 한다. ➢ 이 시기에 들은 많은 이야기들이 중요한 언어적 정보가 된다는 점에서, 교사는 그림책을 많이 읽어주고 일상과 관련된 이야기나 자연의 변화에 대한 감정 표현하기 등 언어적 자극을 제공하도록 한다. ➢ 천으로 된 그림책, 그림과 글자가 함께 있는 광고지, 영아의 사진이 들어있는 가족 앨범 등을 갖추어 놓도록 한다.
쓰기	➢ 끼적거리며 놀이하면서 손목의 힘이 길러지고, 자신만의 그림을 그리며, 글자와 비슷한 모양을 그려내기도 하고, 끼적이면서 영아의 생각을 담은 혼잣말을 하는 등 쓰기 활동이 이루어지도록 한다. ➢ 영아에게 무해한 크레파스나 두꺼운 펜, 커다란 도화지, 신문지, 달력 뒷장 등을 제공하도록 한다.

다. 만 3~5세

내용범주	지침
듣기	➢ 낱말 발음에 주의를 기울여 듣는 수준에서 낱말, 문장, 이야기를 듣고 이해하는 정도까지 활동이 이루어지도록 한다. ➢ 유아가 말소리와 이야기에 관심을 가지도록 동물, 우리 가족, 주말 지낸 이야기 같은 유아가 좋아하는 주제의 이야기를 들려준다. ➢ 유아가 이해하기 쉽게 간단명료하게 말한다. ➢ 유아가 이야기할 때 무릎을 낮추고 유아의 눈을 주시하며, 유아의 이야기를 적극적으로 듣는다. ➢ 융판 동화 · 막대 동화 등 여러 종류의 동화, 생활주제와 관련된 동요 · 동시 ·

	동화를 담고 있는 카세트테이프, 그리고 카세트레코더, CD플레이어, 헤드폰, 동요 · 동시 · 동화를 담고 있는 CD-ROM, 컴퓨터, 프린터 등을 언어영역에 제공한다.
말하기	➢ 일상생활에 필요한 낱말이나 문장을 자유롭게 말하는 수준에서 자신의 느낌, 생각, 경험을 문맥에 맞게 말하는 정도까지 활동이 이루어지도록 한다. ➢ 여러 가지 말소리를 편하게 발음하기부터 정확한 발음으로 또렷하게 말하는 수준까지의 활동이 포함되도록 한다. ➢ 유아가 일상생활에서 접하는 여러 사물과 상황, 자신의 느낌, 생각, 경험에 대해 직접 언급할 수 있도록 개방적인 분위기를 조성하고, 여러 가지 질문을 하여 유아에게 말할 기회를 준다. ➢ 존댓말, 예삿말 등으로 듣고 있는 상대방과 상황에 맞게 말할 수 있는 예절과 관련된 어휘를 유아에게 알려준다. ➢ 생활주제와 관련된 수수께끼 카드, 화보, 손인형, 손가락인형, 인형극 틀 등의 교구를 제공한다.
읽기	➢ 일상생활에서 접하는 글자에 관심을 갖는 수준에서 주변에서 자주 보는 글자를 읽는 정도까지 활동이 이루어지도록 한다. ➢ 그림책에서 그림으로 책 내용을 이해하는 수준에서 자주 보는 그림책에서 아는 글자를 읽고, 궁금한 것에 대해 책을 찾아보는 수준까지의 활동이 포함되도록 한다. ➢ 유아가 글씨를 서툴게 읽더라도 다시 한 번 읽어주며 유아의 읽고자 하는 의욕을 북돋워준다. ➢ 여러 가지 인쇄물(신문, 안내책자 등)을 제공하고, 교실에 있는 사물, 영역 표시판, 친구이름, 옷장 이름표 등을 문자로 적어 게시한다. ➢ 언어영역에 생활주제와 관련된 동화CD-ROM, 컴퓨터, 그림동화, 테이블 동화, 자석동화와 같은 여러 종류의 동화, 퍼즐, 읽기게임교구 등을 제공하여 여러 매체를 이용하여 읽을 수 있도록 한다. ➢ 발달에 적합한 다양한 주제와 형식의 그림책을 제공하고, 개별 · 소집단 · 대집단별로 그림책을 읽어준다.
쓰기	➢ 낱말과 문장, 자신의 느낌, 생각, 경험을 그림으로 표현하는 수준에서 글자와 비슷한 형태, 맞춤법에 맞지 않더라도 유아에게 친숙한 글자를 쓰는 정도까지 활동이 이루어지도록 한다. ➢ 유아의 느낌, 생각, 경험을 유아가 하는 말로 받아 적어주며, 글로 표현되는 과정을 보여준다. ➢ 맞춤법이나 글씨가 예쁘거나 미운 것과는 상관없이 유아의 쓰고자 하는 욕구와 글의 내용에 초점을 맞춰 상호작용 함으로써 '쓴다'는 행위에 흥미를 가질 수 있도록 격려한다. ➢ 편지쓰기와 같은 짧은 글 쓰기나 놀이할 때 필요한 쓰기 활동(병원 놀이 시 병원 이름 쓰기, 차트 쓰기 등)등 놀이와 일상생활에서 쓰기 활동이 자연스럽게 이루어지도록 한다. ➢ 색연필, 사인펜, 연필 등 필기도구와 종이나 모래글자판, 컴퓨터, 프린터 등 쓰기 도구를 제공하여 여러 매체를 이용하여 쓰기 활동을 할 수 있도록 한다.

5. 자연탐구

가. 만 2세 미만

내용범주	지침
탐구적 태도	➢ 표정, 몸짓, 의성어와 의태어가 섞인 언어 표현을 써서 영아와 감각적, 조작적 경험을 공유한다. ➢ 영아의 기질과 성향에 따라 조용하고 미세한 탐색을 주로 하는 영아도 있고, 반경이 크고 행동 강도가 높은 탐색을 즐기는 영아도 있다는 점을 고려한다. ➢ 반복적으로 탐색하는 것은 지속적으로 탐구하는 태도를 갖게 하기 위한 기초 요소로서 매우 중요하다는 것을 염두에 둔다. ➢ 빨기를 이용한 탐색 욕구가 강한 시기이므로 영아가 작은 물건을 삼키거나 비위생적인 물건을 빨지 않도록 주변을 세심하게 정리한다.
수학적 탐구	➢ 일상생활 속에서 '하나, 둘, 있다, 없다, 많다, 적다, 여기, 저기'등의 어휘를 사용함으로써 영아들이 수학적 용어를 들을 수 있게 한다. ➢ 공, 블록, 소꿉, 한두 조각 그림 맞추기 등의 놀잇감을 제공하여 다양한 수학적 경험을 할 수 있도록 한다. ➢ 까꿍 놀이, 숨기기 놀이, 짝짜꿍, 죄암죄암, 도리도리 등의 놀이를 제공하여 다양한 수학적 경험을 격려한다.
과학적 탐구	➢ 일상생활에서 영아들이 다양한 감각적 경험을 할 수 있도록 시각, 청각, 촉각, 후각, 미각(빨기) 등의 감각적 자극을 제공한다. ➢ 영아들도 움직이는 곤충이나 떨어지는 나뭇잎, 열매 등에 관심을 보이는 경우가 많다. 이때 세밀히 관찰할 수 있는 기회를 제공하여 생명체와 자연에 대한 관심을 갖도록 한다. ➢ 산책할 수 있는 기회를 충분히 줌으로써 자연의 변화를 느끼고 즐길 수 있게 한다. ➢ 비 소리, 바람 소리 등 자연의 소리를 직접 경험하게 하거나 녹음하여 들려준다.

나. 만 2세

내용범주	지침
탐구적 태도	➢ 일상생활의 여러 가지 경험을 통하여 탐구심을 가질 수 있도록 다양한 사물과 현상을 탐색할 기회를 충분히 제공한다. ➢ '이게 뭐야?'라는 질문에 성실하게 대답하여 영아들의 호기심을 자극한다. ➢ 관심을 다른 곳으로 돌리기보다는 한 가지에 지속적으로 관심을 가질 수 있도록 한다. ➢ 영아가 관심을 가지는 문제에 대해 적극적으로 반응함으로써 호기심과 문제해결 의지를 북돋운다. ➢ 영아에게 직접적으로 지식을 전달하려하기보다는 사고발달과 문제해결력 발달에 중점을 두고 지도한다.

수학적 탐구	➢ 일상생활에서 '하나・둘・셋', '많다・적다', '높다・낮다', '동그라미・네모', '크다・작다' 등의 어휘를 사용한다. ➢ 영아들도 수학적 어휘를 적절하게 사용해 보도록 격려한다. ➢ 일상생활에서 '어느 것이 더 많아?', '누가 먼저 가지고 있었니?' 등의 질문을 통해 수학적 사고를 하도록 격려한다. ➢ 일상의 간단한 순서를 알고 지키도록 격려한다. ➢ 구슬 꿰기, 블록, 자연물, 자동차, 인형 등 놀잇감을 제공하여 여러 가지로 수학 활동을 할 수 있도록 배려한다. ➢ 세어 보기, 목표물 맞추기, 점토놀이, 비교해 보기, 반복하는 노래나 율동, 비슷한 것끼리 짝짓기 등의 활동을 제공하여 수학적 경험을 많이 할 수 있도록 한다.
과학적 탐구	➢ 자기 의지가 형성되는 시기로서 사물과 자연에 관해 특별히 흥미가 생기고 집중력이 발달하는 적기임을 고려한다. ➢ 욕구가 다양해지고 대소근육의 움직임이 더욱 쉬워짐에 따라 호기심을 가지고 의도적인 탐구를 시작하는 시기임을 인식한다. ➢ 영아가 여러 가지 물건과 재료로 시도하려는 의지를 가능한 한 격려하여, 탐구적 행동을 허용할 뿐 아니라 가치 있는 것으로 생각하도록 배려한다. ➢ 탐색의 반경이 커지고 때때로 위험한 탐구를 시도할 수 있으므로 안전에 유의한다. ➢ 다양한 사회적 상호작용을 시도하고 즐기기 시작하는 시기이므로 친구나 형들과 함께 탐구에 참여하도록 격려한다. ➢ 물, 모래놀이 등으로 물체와 물질에 관심을 가지도록 배려한다. ➢ 주변에서 동・식물을 접할 수 있는 기회를 충분히 줌으로써 많은 생명체가 있음을 인식하게 한다. ➢ 생활기기, 가구, 놀잇감 등 일상생활의 도구 탐색에 관심이 많아지므로 이를 적극 격려하고 여러 가지 도구를 활용해 볼 수 있도록 한다.

다. 만 3~5세

내용범주	지침
탐구적 태도	➢ 유아기에는 탐구적 태도가 수학적, 과학적 지식보다 중요시되어야 함을 이해한다. ➢ 유아들이 활동을 하는 과정에서 능동적이고 적극적인 태도를 가지고 참여할 수 있도록 지원한다. ➢ 주제를 여러 가지로 바꾸기보다는 관심 있는 한 가지 주제를 지속적으로 탐구하도록 한다. ➢ 수학, 과학 활동을 하는 과정에서 탐구심을 갖고 궁금한 점을 해결할 수 있도록 교육적으로 풍부한 자료와 충분한 시간을 제공한다. ➢ 혼자서 뿐 아니라 친구들과 함께 탐구하는 기회를 갖도록 한다. ➢ 자신의 생각을 주장함과 동시에 다른 사람의 생각을 받아들이는 태도를 격려한다.
	➢ 교육기관에 오기 전에 유아가 일상생활에서 자발적으로 수학에 대한 많은 비형식적 지식을 습득한다는 것을 염두에 둔다.

수학적 탐구	➢ 교사의 개입 없이 이뤄지는 자발적인 수학 학습이나 우연히 발생하는 상황을 토대로 가르치는 비형식적 학습뿐만 아니라 교사가 계획하고 의도한 형식적 학습의 기회도 제공한다. ➢ 구체물의 조작이나 놀이 그 자체만으로 수학학습이 자동적으로 이뤄지는 것이 아니라, 일상적인 활동들에 자연스럽게 내포된 수학적 개념을 유아에게 명확하게 드러내어 주는 것이 교사의 역할임을 인식한다. ➢ 일상생활에서 수세기를 경험할 수 있는 기회를 많이 제공하고, 실제적인 문제해결을 위해 더하거나 빼기, 같은 분량으로 나누기를 할 수 있게 한다. ➢ 수세기를 경험할 수 있는 게임도구(주사위를 이용한 판게임 등)를 제공하거나 유아가 스스로 만들어 보도록 지도한다. ➢ 칠교놀이, 조각그림 맞추기 등의 놀이로써 다양한 위치와 방향으로 놓인 여러 유형의 도형에 접할 수 있게 하고, 도형의 속성을 탐색하도록 한다. ➢ 사방치기, 비석치기 등 거리와 위치를 가늠하는 놀이를 활용한다. ➢ 여러 도형을 이용하는 평면 퍼즐과 입체 퍼즐을 활용한다. ➢ 교사가 용어를 비교하여 사용하는 모델을 보여준다. ➢ 같은 대상을 서로 다른 임의 단위를 사용해서 측정한 후 그 결과에 대해 논의 하도록 지도한다. ➢ 임의 단위로 사용할 수 있는 재료(끈, 막대, 그릇 등)와 표준화된 측정도구(계량컵, 되, 홉 등)를 제공한다. ➢ 주변 환경에서 여러 유형(색, 모양, 수, 소리 등)으로 나타나는 규칙성을 발견하도록 격려한다. ➢ 그리기, 늘어놓기, 꿰기 등의 활동을 통해 규칙성을 표현해 보도록 한다. ➢ 수집된 자료를 색, 크기, 모양 등의 속성별로 분류·조직하고 표나 그래프로 나타내도록 지도한다. ➢ 구체물이나 표, 그래프로 나타낸 것에 대해 설명하도록 한다.
과학적 탐구	➢ 물체와 물질을 탐색하기 위해서는 충분한 시간이 필요하므로 교사가 섣불리 개입하기보다는 기다려주며 유아의 탐구 태도를 관찰한다. ➢ 유아들은 동시에 여러 가지 속성을 고려할 수 없으므로 탐구하고자 하는 하나의 속성으로 변인이 통제된 자료를 제시하여야 한다. ➢ 유아들은 자신이 직접 행위를 가하여 일어나는 변화에 관심을 많이 보이므로 다양한 변화를 만들어 볼 수 있는 기회를 준다. ➢ 물체나 물질의 변화나 움직임에 시간이 많이 걸리는 활동보다는 유아들 눈앞에서 즉각적으로 변하거나 움직임이 일어나는 활동을 제공하는 것이 바람직하다. ➢ 유아들이 흔히 하는 "왜 그래요?"라는 질문은 인과적인 답보다는 어떻게 그러한 결과가 나타났는지에 대한 현상적, 지각적 수준의 답을 요구하는 경우가 대부분임을 염두에 두고 답변한다. ➢ 과학적 소양이 높은 유아들의 경우 간혹 깊이 있는 과학적 개념을 알고자 하는 경우가 있으므로, 이때에는 관련 책자나 인터넷을 활용하여 교사가 함께 알아보는 자세를 보인다. ➢ 교사가 먼저 자연의 소중함을 인식해야 한다. ➢ 단순히 동물과 식물을 길러보는 것에 머무르지 말고 생명체의 소중함을 인식하도록 이끈다. ➢ 동물과 식물을 기르는 경우에 교사가 잘 보살펴주는 모범을 보이고 유아들이

과학적 탐구	이를 따르도록 지도한다. ➢ 낮과 밤이 있고, 날씨와 계절이 바뀌는 것과 같이 일상생활에서 변화하는 것들을 인지할 수 있도록 한다. ➢ 자연현상에는 변화하면서도 규칙성이 있음을 이해하도록 한다. ➢ 한 가지로 사용할 수 있는 놀잇감보다는 유아가 다양하게 바꾸어 볼 수 있는 자료와 물리적 환경을 준비한다.

6. 예술경험

가. 만 2세 미만

내용범주	지침
심미적 탐색	➢ 주변 환경물(모빌)이나 소리 나는 놀잇감에 영아의 시선이 맞추어졌을 때 소리를 듣거나 사물을 보려는 영아의 시도를 적극적으로 권장한다. ➢ 영아가 사용하기 쉽고 안전한 작은 북, 리듬악기나 물건(예: 냄비뚜껑, 페트병)들을 자유롭게 두드리며 소리나 리듬을 탐색할 기회를 제공한다. ➢ 여러 가지 색깔이나 모양, 질감을 탐색할 수 있는 놀잇감이나 촉감책, 생활용품, 사물을 제공한다.
예술적 표현	➢ 의성어, 의태어, 반복되는 부분이 많은 노래의 일부분이나 리듬 있는 운율을 교사의 음성으로 자주 들려준다. ➢ 짝짜꿍이나 까꿍 놀이처럼 영아와 간단한 손 놀이를 하고 리듬에 맞춰 몸을 움직여 주거나 영아의 놀이 시도에 대해 격려한다. ➢ 다양한 소리, 표정, 몸동작 등을 일상생활에서 규칙적으로 많이 들려주고 보여준다. ➢ 하루 일과에서 영아의 얼굴과 신체부위의 이름을 자주 말해주며 영아의 팔과 다리를 움직이게 한다. ➢ 자신의 신체와 일상생활 활동에서 나타나는 영아의 자기 가작화 행동(예: 거울을 보고 표정을 지음)을 격려하고 반응한다. ➢ 영아가 자신의 몸 전체를 비쳐볼 수 있는 크기의 안전거울을 제공한다. ➢ 소근육을 사용하는 종이에 끼적이기, 얇은 종이 찢기, 스티커 붙이기, 손바닥으로 문지르기 등의 단순한 미술활동을 많이 하게 한다.
예술 감상	➢ 동물의 소리에 관심이 많은 영아에게 동물의 소리가 녹음된 테이프를 들려주고, 동물의 소리를 흉내 내는 것에 반응한다. ➢ 자연이나 친근한 사물의 아름다움에 영아가 반응하도록 반복적으로 경험하게 한다.

나. 만 2세

내용범주	지침
심미적 탐색	➢ 주변의 물건이나 단순한 리듬악기(예: 안전한 탬버린, 작은북)를 이용하여 빠르고 느린 소리, 크고 작은 소리를 탐색하도록 한다. ➢ 일상생활에서 경험하는 자연의 모습(예: 낙엽 떨어짐, 눈 내림, 꽃이 핌)이나 사건(예: 크리스마스 장식에서 빛이 반짝거림), 물건 등에서 자연스럽게 아름다움과 변화를 보도록 한다. ➢ 다양한 자연의 소리나 움직임, 변화를 보고 들을 수 있도록 실외활동을 자주 계획한다.
예술적 표현	➢ 악기나 사물을 이용하여 여러 가지 방법(예: 치기, 흔들기, 문지르기)으로 자유롭게 소리 낼 수 있는 기회를 마련한다. ➢ 친근한 노래(전래동요)를 자주 들려주고, 영아가 노래를 부르려고 시도할 때 교사가 영아의 속도에 맞추어서 함께 불러준다. ➢ 하루 일과에서 신체 각 부분의 이름과 움직임을 표현한 낱말을 자주 사용한다. ➢ 영아가 남을 방해하지 않고 안전하고 편안하게 움직임을 표현해 볼 수 있는 공간을 확보해 주고 다양한 질감이나 색깔의 헝겊 등의 도구를 가지고 자유롭게 움직여 보도록 한다. ➢ 다른 사람의 행동을 가작화하거나(예: 엄마처럼 마루 닦기) 다른 사람이나 놀잇감에 가작화를 적용하는(예: 인형에게 우유먹이기) 행동을 장려하고 적극적으로 반응한다. ➢ 일상용품이나 소품(예: 접시, 컵, 모자, 옷, 신발)을 많이 제공해주고 전신거울을 마련해 놓는다. ➢ 손쉽게 쓸 수 있는 기본적인 미술재료(예: 안전한 크레파스, 색연필, 밀가루 반죽, 풀)를 항시 제공하고 기본 기술(예: 풀칠하고 붙이기)을 습득하도록 지원한다. ➢ 영아가 시도한 미술표현에 대해 적극적으로 격려한다.
예술 감상	➢ 실내에서 들을 수 있는 다양한 소리(시계소리, 전화기소리)를 녹음하여 들려주고 일상생활에서 자연스럽게 여러 종류의 음악을 들려준다(예: 잠자려고 할 때 조용한 음악, 등원할 때 가볍고 경쾌한 음악을 들려줌). ➢ 실외놀이에서 자연환경의 색이나 형태, 움직임이나 변화에 대한 것을 보고 느끼도록 언어적으로 반응한다(예: 나뭇잎이 노랗게, 빨갛게 되어 나무가 예뻐졌네).

다. 만 3~5세

내용범주	지침
심미적 탐색	➢ 주변 환경이나 사물에서 들리는 다양한 자극(소리, 음악, 움직임, 형태 등)에 대해 유아들이 호기심을 가지고 자발적으로 탐색하는 것을 즐기도록 시간과 공간, 관련 도구나 자료를 충분히 제공한다. ➢ 리듬악기로 소리나 리듬을 탐색하도록 유아의 수를 헤아려 여러 가지 악기를 준비한다. ➢ 미술재료와 도구의 사용법을 자유롭게 습득하도록 배려하고 능숙하게 다룰 수 있도록 돕는다. ➢ 일상생활에서 미술활동을 자연스럽게 탐색할 수 있도록 이끈다.
예술적 표현	➢ 유아의 연령, 흥미, 주제, 상황에 맞는 노래나 음악을 일상생활에서 자주 들려주고 부르는 것을 권장하되 좋아하는 노래는 반복적으로 부른다. ➢ 목소리, 신체, 악기, 사물 등으로 다양한 소리나 리듬을 만들도록 기회를 자주 제공하고 즐거운 분위기가 되도록 격려한다. ➢ 유아가 즉흥적으로 만드는 리듬이나 노래, 춤을 주의 깊게 관찰하여 격려한다. ➢ 하루 일과에서 춤과 동작활동을 날마다 규칙적으로 즐기도록 기회를 제공한다. ➢ 움직임을 다양하게 경험할 수 있는 도구(예: 리본테이프, 스카프)를 충분히 제공한다. ➢ 유아가 충분히 사전경험을 한 친근한 주제의 극놀이를 할 수 있도록 의상과 소품을 제공해 주고 다양한 역할에 참여하여 즐기도록 배려한다. 극놀이 주제를 활성화하기 위해 견학, 새로운 사건, 인물소개, 그림책 읽기 등의 경험을 제공한다. ➢ 하루 일과에서 자유놀이시간을 충분히 제공하여 여러 가지 극놀이에 유아가 협동적으로 참여할 수 있도록 한다. ➢ 교사는 유아의 미술표현에 대한 생각과 느낌을 존중해주는 언어적/비언어적(예: 미소, 고개 끄덕임) 표현으로 적절하게 반응해 주고, 미술활동에서 과정을 즐기도록 격려한다. ➢ 유아가 한 가지 미술 재료를 여러 방법으로 사용하여 표현하도록 하고 협동하여 하나의 작품을 만드는 기회를 제공한다.
예술 감상	➢ 자연과 주변 사물에서 들리는 소리나 움직임, 미술적 요소(예: 색, 질감, 모양, 면, 선) 들을 즐겁게 듣고 볼 수 있는 시간과 장소를 충분히 제공한다. ➢ 우리나라와 다른 나라의 다양한 음악과 춤, 미술작품에 대해 가깝게 느끼고 즐길 수 있도록 관련 자료(예: 사진, 비디오, 공연인쇄물)를 전시하거나 경험하도록 실제 관람 기회를 제공한다. ➢ 자신과 다른 사람의 미술작품이나 춤의 특성에 대해 이야기를 나누는 경험을 즐기도록 한다.

제4장 평 가

보육과정에 대한 평가는 보육 목표의 달성 정도, 보육 내용과 교수학습 방법의 적절성 등에 대한 정보를 제공하며, 영유아의 발달 및 성취 정도를 알려준다. 따라서 보육시설은 보육과정에 대한 정기적인 평가를 통해 보육의 질적 수준을 향상시키고 영유아의 전반적인 발달 수준을 파악하도록 한다.

평가는 보육과정 평가와 영유아 평가로 이루어지며 보육과정의 목표와 내용을 준거로 한다.

가. 보육과정에 대한 평가

(1) 보육과정의 질 관리를 위하여 각 보육시설에서 주기적으로 보육과정 구성과 운영에 관한 적절성과 실효성을 평가한다.

(2) 보육과정의 모든 내용을 포괄적으로 포함하여 평가한다.

(3) 영유아의 발달수준, 흥미, 요구에 적합한 경험 및 학습을 촉진할 수 있는 다양한 활동과 교수학습 방법이 계획되고 통합적으로 운영되는지를 평가한다.

(4) 평가 결과는 다음 년도의 효율적인 보육과정 수립 및 운영에 반영한다.

나. 영유아에 대한 평가

(1) 영유아의 전반적인 발달 특성과 정도를 평가한다.

(2) 영유아의 성장 변화를 질적이고 종합적으로 기술하되 총체적으로 평가한다.

(3) 관찰기록, 작품분석, 부모면담 등 다양한 평가 방법을 사용하여 영유아 자신 뿐 아니라 영유아를 둘러싼 총체적 환경을 포함하여 평가한다.

(4) 평가결과는 영유아의 전인적인 성장, 생활기록부 작성, 학부모와의 면담자료로 활용한다.

찾아보기

[저자 소개]

• 권미량

고신대학교 아동학과 졸업
부산대학교 교육대학원 유아교육전공(교육학 석사)
부산대학교 대학원 유아교육과 졸업(교육학 박사)
전 하늘땅어린이집, 하늘숲어린이집 시설장
전 대동대학 유아교육과 교수
현 부산 동래구 보육위원 및 보육시설 평가인증사무국 심의위원
현 생태유아교육학회 상임이사
현 고신대학교 유아교육과 교수
현 고신대학교 부설 어린이집 운영위원장

유아교육과정

2018년 9월 5일 중판인쇄
2018년 9월 10일 중판발행

저 자 권 미 량
발행인 유 성 열
발행처 청목출판사
서울특별시 영등포구 신길로 40길 20
전화 (02) 849-6157(代) · 2820
FAX (02) 849-0817
등록 제318-1994-000090호

파본은 바꾸어 드립니다. 값 18,000원

http : //www.chongmok.co.kr

ISBN 978-89-5565-317-5